|高等教育现代化研究丛书|

董泽芳◇主编

四川省高等教育人才培养质量和教学改革重点项目（JG2021-1263）的项目成果

基于高师院校教师教育实践的“四元多维”模式研究

JIYU GAOSHI YUANXIAO JIAOSHI JIAOYU SHIJIAN DE “SIYUANDUOWEI”MOSHI YANJIU

艾小平 / 著

華中師範大學出版社

新出图证（鄂）字10号
图书在版编目（CIP）数据

基于高师院校教师教育实践的“四元多维”模式研究／艾小平著.
— 武汉：华中师范大学出版社，2023.6
（高等教育现代化研究丛书／董泽芳主编）
ISBN 978-7-5769-0141-2

Ⅰ.①基… Ⅱ.①艾… Ⅲ.①高等师范院校—教师教育—研究—中国 Ⅳ.①G451.2

中国国家版本馆CIP数据核字（2023）第095364号

基于高师院校教师教育实践的“四元多维”模式研究
© 艾小平 著

责任编辑：卢格蕙　　**责任校对**：肖 阳　　**封面设计**：罗明波
编辑室：学术出版中心　　**电话**：027-67867792
出版发行：华中师范大学出版社有限责任公司
社址：湖北省武汉市洪山区珞喻路152号　　**邮编**：430079
销售电话：027-67863426（发行部）　　**传真**：027-67863291
网址：http://press.ccnu.edu.cn　　**电子邮箱**：press@mail.ccnu.edu.cn
印刷：湖北恒泰印务有限公司　　**督印**：刘 敏
开本：710mm×1000mm 1/16　　**印张**：24.25
版次：2023年6月第1版　　**印次**：2023年6月第1次印刷
字数：350千字　　**定价**：98.00元
欢迎上网查询、购书

总　　序

教育是国之大计、党之大计。党的二十大报告提出了“实施科教兴国战略，强化现代化建设人才支撑”的重要论断，围绕教育优先发展、科技自立自强、人才引领驱动等作出新的全面部署。这为我们在全面建设社会主义现代化国家新征程上加快建设教育强国、科技强国、人才强国指明了方向。

高校承担着人才培养、科学研究、社会服务、文化传承创新与国际交流合作等重要职能，是教育高地、科技高地、人才高地的融合体。习近平总书记指出，高等教育发展水平是一个国家发展水平和发展潜力的重要标志。国家对高等教育的需要比以往任何时候都更加迫切，对科学知识和卓越人才的渴求比以往任何时候都更加强烈。实现高等教育现代化是实现教育现代化的核心内容，是建设教育强国、科技强国与人才强国的重要保障，是全面实现中国式现代化的强大基础，是推进中华民族伟大复兴的先导工程。

实现我国高等教育现代化，既要顺应国际高等教育的发展潮流，符合全球高等教育发展的共同愿景，体现世界一流的高等教育理念、体系、质量和水平；也要具有鲜明的中国特色，契合中国的国情，坚持社会主义办学方向，重视对优秀传统文化、核心价值理念和正确教育思想的弘扬，走出一条在高等教育大国基础上建设高等教育强国的道路；还要遵循我国现代化发展、教育现代化发展与人才发展自身的规律。高等教育现代化是一个立足本国、向他国学习，并不断自我创新的过程。基于此，我国高等教育现代化应该是立足于人口规模巨大国情的现代化，是追求人的全面发展、全体人民共同富裕、物质文明和精神文明协调并进、人与自然和谐共生的现代化，走和平发展道路的现代化。

实现我国高等教育现代化要把握机遇，用好机遇。当今世界正处于国际形势大变动时期，中国的发展也进入新时代，综观国际、国内形势，我国正处在进一步发展的重要战略机遇期，这为高等教育现代化发展提供了千载难逢的机遇。如世界经济格局新变化为高等教育现代化提供了强大的外部动力，“科教兴国”与“人才强国”战略为高等教育现代化建设提供了重要的战略支撑，经济持续发展与对高教投入加大为高等教育现代化发展提供了必要的物质保障，全党全社会对“教育优先发展”战略的认识深化为高等教育现代化发展创造了良好的精神环境，广泛的国际开放与合作背景拓宽了我国高等教育现代化国际交流平台，等等。在促进我国高等教育现代化发展的进程中，我们必须以高度的使命感把握机遇，用好机遇。

实现我国高等教育现代化也必须正视问题、研究问题。这些问题主要有：一是有些理念滞后，表现在很多大学对大学主体是什么、为什么办大学以及大学应该怎样办等缺乏深层次的理性认识；二是价值取向偏颇，表现在重功利价值轻学术价值，重科技价值轻人文价值，重局部近期价值轻整体长远价值，重个人发展价值轻社会发展价值，重效率价值轻公平价值，重适应社会的价值轻社会导引的价值，重分化的价值轻整合的价值，重维护稳定价值轻改革创新等方面，价值取向上的偏颇必然导致办学方向的迷茫、培养目标的模糊与高等教育功能的萎缩；三是发展定位不当，表现在我国当前许多高校在定位上仍然存在着办学目标雷同、服务面向不清、办学层次混乱、发展模式单一、办学特色淡化等问题；四是经费投入不足，表现在我国生均财政经费偏低，不同地区高校生均经费差距很大，公办高校经费投入与规模发展不相适应，不少高校的硬件建设和软件建设受到极大限制；五是制度建设薄弱，表现在大学与政府、社会的关系尚未理顺，大学自身的主体性的失落，有些大学内部也因种种原因出现行政权力异化，如职能官位化、作风衙门化、学术行政化等现象；六是教师现状堪忧，表现在部分高校教师人文素质偏低、敬业意识淡薄、价值观念偏颇和师德教风不佳等方面；七是培养模式僵化，反映在部分高校培养目标过专、专业划分过细、专业设置求全、教学方法重灌、学习方法过死、评价方法单一等；八是教学质量堪忧，主要反映在学生的自主学习能力不高、实践能力偏弱、创新人才较差等方面。我们必须以高度的责任感研究问题、破解难题。

本套丛书正是基于上述认识，围绕我国社会现代化进程中高等教育现代化面临的问题进行了探究。如有专著根据高等教育现代化是为了实现科教强国、人才强国的目标，将有效开发高校人力资源作为研究对象，以当今国际形势变动、国内发展转型、学校自身变革对高校教师开发以及人才培养的需求为研究切入点，重点评介了国内外高校人力资源开发与管理的相关理论，结合对当前高校人力资源开发与管理现状的调查研究，着重分析了高校人力资源选、用、管、评的机制优化与实施策略。有专著依据我国高等教育现代化追求公平与质量并重的目标，阐释了评价考生入学公平的最终标准是人人都能接受适合自己的高质量高等教育，人人都能成为社会的有用之才，人人都有出彩的机会；高等教育分流机制创新的根本目的是促进高等教育公平，前提条件是保证教育质量，高等教育分流机制创新必须合目的性、合规律性、合条件性。有专著认为实现乡村振兴是我国高等教育现代化的重要任务，提出了“培育一粒种子，带动一个专业，服务一群产业，扶持一方经济”“以师兴乡”的办学理念，开展了研究生层次乡村工匠之师培养培训创新实践与理论研究，总结出了“三界共振＋三双共振＋三术共振”要素之和及其相互作用的“全息共振”模式。有专著围绕高等教育对乡村振兴的智力支持的理念，采用访谈、个案等形式对某些具有典型性的农村社区进行实证调查，分析了高等教育对乡村振兴进行智力渗透方面的成绩与问题，提出了实现高等教育为乡村振兴提供切实有效智力支持的对策建议。有专著基于“制度—环境—行为”和“行为—环境—制度”两条主线，围绕制度、社会结构与组织环境、行为主体三大中心及其相互作用，对应用型本科高校教师工作考核制度的变迁机制和运行现状进行了探究。有专著立足于高等教育现代化是追求全体人民共同富裕、城乡协调发展的现代化，提出高师实践教学改革应以实习支教为抓手，整合教师教育实践教学改革和农村师资补充，建构地方政府推动下高校实习生、高校教师、乡村教师与城镇教师循环流转的“四元多维”模式，以促进贫困地区教育发展。有专著基于高职院校服务战略产业的方向，研究了区域战略性新兴产业对人才的需求，调查了职业院校人才培养现状，探讨和建构了推进职业院校服务区域战略性产业的路径和相关政策保障。有专著根据高等教育现代化的目标，从新制度主义理论视角出发，研究了推动高校分类发展，引导应用型本科高校特色发展，完善教师权益保障制度、工资薪酬制度和职称评定制度等的思路与对策。有专著以 112 所地方本科师范院校为样本，对组织目标、组织结构、组织行为等方面的转型问题进行了研究，提出了建立省级统筹下的教师教育体系、形成分类评估的制度、促进适合区域特色的本土化发展之路等对策。有专著基于知识生产模式理论的分析视角，综合运用多种方法，研究了西南地区地方高校的学科建设问题，剖析了地方高校与学科、地方高校与知识、学科与知识的逻辑关系，总结了西南地区地方高校学科建设的基本经验，梳理了地方高校学科建设中的主要问题，提出了在高等教育现代化进程中优化地方高校学科建设的基本路径。有专著以教育博士专业学位研究生培养模式为研究对象，以知识生产模式转型为理论视角，考察了我国教育博士专业学位研究生培养中的问题，提出了构建“系统集群—结构要素”组合的教育博士专业学位研究生培养模式和改革路径。

本套丛书在选题上都是紧紧围绕高等教育现代化发展，立足于问题研究，着眼于学科发展，致力于实践服务，既有宏观的政策考察，也有中观的制度分析，更有微观的对策探讨；书中提出的可行性建议与举措，对促进我国高等教育改革与发展具有一定的参考价值，希望能为构建中国式现代化高等教育体系，推进高等教育现代化发展贡献微薄之力。本套丛书的作者有些是资历尚浅的青年学者，书中有些观点和论证还显稚嫩和不足，但他们对教育深厚的人文情怀与现实关切令人感动。

中国高等教育现代化建设是一个系统工程，还有许多值得研究的问题。由于作者水平所限，以及对高等教育现代化发展的规律认识不深，本套丛书必有诸多不足，希望诸位读者不吝赐教。在此要特别感谢华中师范大学出版社领导、编辑部主任及各位编辑对本套丛书的大力支持。

董泽芳

2023 年 5 月 12 日

目　录

绪　论

教师是“打开知识大门的一把钥匙、拱门中的拱顶石、用以识别地图的图例和音乐和声中的调”[①]。教师是教育事业的第一资源和核心要素，也是教育改革成败的关键。“教师承担着传播知识、传播思想、传播真理的历史使命，肩负着塑造灵魂、塑造生命、塑造人的时代重任，是教育发展的第一资源，是国家富强、民族振兴、人民幸福的重要基石。”[②] 实践是教师职业的根本特性之一，也是现行教师教育最为重要且最为薄弱的部分。联结教师教育实践教学和农村师资补充的实习支教是教育实习的创新形式，也是教师教育实践教学改革的希望和难点。现有实习支教各种模式的设计缺陷使实习支教背离了“双赢”的初衷，实践效果差强人意。加强和改进实践，是当前教师教育改革的重点；推进城乡义务教育一体化发展，是当前基础教育改革的重点；加快乡村振兴和脱贫攻坚，是当前社会改革的重点。三元耦合下，决定了以“实习支教”为抓手整合多种教育政策的“四元多维”模式可以成为一体化教师教育实践教学模式的创新尝试和区域教育生态建设及乡村教育发展的有效路径。“四元多维”模式既是以师范生培养为核心和本体价值的教师教育实践教学模式，又是以教师专业发展为主线、追求多元价值目标实现、促进区域教育生态发展的综合教育改革模式。

---

① 瞿葆奎．教育学文集：教师［M］．北京：人民教育出版社，1991：15-22．

② 中共中央、国务院．关于全面深化新时代教师队伍建设改革的意见［EB/OL］．（2018-01-20）［2022-08-08］．http://www.moe.gov.cn/srcsite/A10/s3735/202009/t20200903_484941.html．

一、本书基本框架

本书以教师专业发展为主线，依据文献分析—理论关照—实践反思—模型建构—策略应用的基本思路，主要运用文献分析法和系统分析法，从微观实践教学和宏观教育管理两个视角，探讨“四元多维”模式的建构基础、理论内涵、建构原则、运行要求及应用策略。“四元多维”模式针对现有“实习支教”三种模式的缺陷升级而成，在完善实践主体关系、加强实践场域转换以促进教师教育一体化的同时，摄入城乡义务教育均衡发展、基础教育教师轮训和免费师范生教育等项目，统合了更多教育改革与发展目标，致力于区域教育生态建设。全书除绪论外分为八章：

绪论主要介绍本书的基本结构、价值目标和研究方法。

第一章主要分析教师培养的国内外困境和时代要求。教师作为教育事业的核心资源和第一要素，其培养过程中要面对重要性与艰巨性并存、学术性与师范性博弈，理论与实践融合不良、职前教育与职后教育整合困难等“国际难题”，同时还要面对教师教育系统性与实践性不足、生态化不佳、贫困乡村教育限制性因素太多等“中国困难”，还需要顺应专业化、一体化、生态化的国际潮流，建构一体化实践教学模式的现实需求，响应以实习支教促进一体化实践教学的政策要求。

第二章主要探讨“四元多维”模式的研究基础与基本内涵。通过对教师教育中理论与实践、实践教学、教育实习、实习支教及教育生态等研究的梳理和相关概念的辨析，确立“四元多维”模式建构的认识基础。“四元多维”模式是在系统思维下摄入多个改革项目，具有目标任务契合、要素关系重构、系统效益辐合等特征，以教师专业发展为主线，追求多元价值目标实现的综合教育改革模式。对“四元多维”模式内涵的把握需要明晰实践教学、教师教育实践教学和教师教育实践教学模式等概念的基本内涵及其在本书中的特定所指。

第三章主要呈现“四元多维”模式建构的理论基础、政策指引及实践依据。“四元多维”模式是在建构主义与情境学习理论、教师专业发展理论、渐进性教育改革理论和教育生态学理论指导下，响应国家加强教师教育及农村教育、推动实践教学改革和教育综合改革试点等政策，针对现有实习支教的“单纯支教”模式、“置换培训”模式和“二次置换”模式中的设计缺陷与现实困境而建构起来的。

第四章主要分析“四元多维”模式的理论内涵。从理念、向度、目标、要素和特征等方面对“四元多维”模式进行深度解析，既深化对该模式的认识，又进一步证明该模式的独特性与合理性。“四元多维”模式借助实习支教的中介和联结作用，以“整体和谐”的存在型实践理念、“实践反思”的学习型教师理念、“多元共生”的生态型教育理念为指导，以连续的时间向度、整合的空间向度、融合的关系向度、投入的主体向度、具体的情境向度和内在的系统向度为内核，整合教师教育职前职后一体化，城乡基础教育发展一体化，教师教育与基础教育一体化和教师发展与学校发展、教育发展一体化等多个目标，摄入实习支教、基础教育教师轮训、城市教师援教农村和免费师范生教育等项目，将高校、教育主管部门、城市中小学和农村中小学等机构整体联结，在实习生、高校教师、城市中小学教师和农村中小学教师的“混合编队”和循环流转中促进各类教师的发展和各类学校的和谐共生，在教师、学校和教育的一体化发展中促进区域教育生态建设。突出“四元多维”模式实践设计的纵向系统性与横向交融性、实践目标的多层多元性、实践主体的混合协作性、实践资源的整合优化性和实践效益的系统辐合性等特征。

第五章主要阐明“四元多维”模式的建构原则。依据教育的历史使命、时代理念和现实目标，充分考虑模式实施中的结构要素、过程要素和影响因素各自内部及彼此间的关系，确定“四元多维”教师教育模式建构的整体与局部辩证统一、理论与实践融合嵌入、能力与价值互济并重、先进性与适应性兼顾平衡、现代性与民族性有机结合等基本原则。

第六章则用系统思维提出“四元多维”模式的运行要求。从系统观和辩证思维的角度，强调“四元多维”模式在运行中关注整合效益与个性价值、组织支持与大胆创新、位元责任与合作共生的有机结合。

第七章主要介绍新疆南疆和四川凉山的实习支教实践。通过问卷调查和个案研究，参照“四元多维”模式的理想状态，呈现两地实习支教过程中取得的经验与存在的问题，并从参与主体、各方认识、统筹协调及推进过程等展开积极的反思。

第八章主要提出“四元多维”模式的应用策略。在科学发展观指导下，遵循教育发展规律、创新教育发展理念，依据“高校牵头指导、政府保障协调、中小学积极参与”的互动运行机制，从系统的组织文化建设、改革高师实践教学、重视模式前期设计、加强实施过程评估和建设教师实践共同体等方面对“四元多维”模式的薄弱基础、重要部分和关键环节等进行贴近现实的设计和建议，帮助模式能顺利实施并取得预期效益。

结论部分主要阐明本书的目标追求和研究定位，重申“四元多维”模式的价值与特色。同时反思现有研究的不足，指出“四元多维”模式设计的理想化及实践运行可能面临的阻碍，展望其未来前景和后续研究的发展。

二、本书的价值目标

本书的理论价值有：

（1）试图基于理论与实践的新型关系建构由实践教学方式、实践教学环节和实践教学课程构成的全程、全员、全域职前教师实践教学体系，重构理论教学与实践教学之间的关系，研究成果有助于创新和发展教师教育实践教学理论，并对课程理论、实践教学理论等相关理论有所启示，同时充实和丰富教师教育理论和教育基本理论体系。

（2）试图建构跨时空、广联合、多协同的“四元多维”模式，促进各类教师共同发展，跳出传统囿于时间、空间或特定事件的发展模式，突出基于实践的情境学习，推动教师专业发展转向教师专业学习，将教师专业发展理论推向深入。

（3）尝试建构的“四元多维”模式主要针对贫困地区教师教育、农村教育而设计，具有显著的综合教育改革特色和教育生态建设愿景，有助于教育政策理论及教育生态理论的进一步发展。

本研究的实践意义有：

（1）尝试构建职前教师教育新型实践教学体系。“四元多维”模式以培养未来教师（指师范生和计划进入教师队伍的文理科大学生，下同）专业能力为目标，依托教师教育核心课程，以“实习支教”为教育实习的常态，改革课程设置，设计课堂内外配合、校园内外交互的全程实践教学体系，强化实践教学，凸显师范性并推动其与学术性的融合。

（2）尝试构建职前职后一体化实践教学体系。“四元多维”模式通过准教师、在职教师与高校教师的“混合编队”，依托实践共同体推动各类教师的协同发展，推动教师专业发展迈向教师专业学习，形成教师发展的新模式，帮助各类教师转变教育研究与实践的理念。“四元多维”模式打破教师实践总体薄弱、与理论割裂、职前职后分离的状态，将理论指导下充分的职前实践与职前职后结合进行的实践发展为教师教育实践的基本样态。

（3）模式的应用可以促进贫困地区教育生态建设。“四元多维”模式以教师专业发展为主线，通过统整多个改革项目，整合地实现多项教育改革与发展目标。终极目标是要建立区域教育生态系统，这种内生的、“造血”式发展将为贫困地区的教育发展提供可资借鉴的思路。

三、研究思路与基本方法

（一）研究思路

本书从宏观教育政策和微观教学改革两个视角，依据模式建构与应用的构成要素和基本过程，从静态与动态两个维度展开。根据文献分析—理论关照—实践反思—模型建构—策略应用的基本研究思路，紧紧围绕“四元多维”教师教育模式的理论建构，在对教师教育及其实践教学发展趋势和相关研究的分析基础上，阐明实习支教何以成为我国教师教育实践教学改革的新路向，确定“四元多维”模式的核心和基调；在对理论基础、政策要求和现实需要的综合考量中，通过对现有实习支教实践模式的利弊分析提出建构“四元多维”模式的必要性与可能性，奠定“四元多维”模式建构的条件和基础；在对“四元多维”模式内涵的解析中，通过对理念、内核、目标、要素及特征的细致分析与准确把握，论证“四元多维”模式建构的合理性；在对实习支教和综合教育改革现实困境的折射下，对“四元多维”模式的运行原则、要求及策略进行设计和阐释，阐明“四元多维”模式在实践中的可行性。

（二）研究方法

本研究以理论思辨为主、实证方法为辅，主要采用文献分析法、系统分析法进行“四元多维”模式的理论建构，以问卷调查法、访谈法和课堂观察法等收集到的资料为模式建构提供基本导向和基础数据，尝试进行面向实践的理论建构，试图在理论与实践之间架设桥梁，弥合裂缝。

1. 文献分析法

收集教师教育实践教学、实习支教、综合教育改革及教育生态建设等相关理论研究成果和实证研究成果，为以“四元多维”实践教学模式建构及教师教育一体化实践教学体系的成型提供理论指导和现实参照；收集民族教育、教师教育及高等教育的相关研究成果，提供“四元多维”教师教育模式的建设思路和基本框架；分析喀什地区和凉山州政府、教育管理部门、承担乡村师资培养的高师院校及培训机构的制度文件、培养（培训）方案、实践教学方面的管理规范及数据信息，为“四元多维”教师教育模式的运行与应用提供佐证信息、归因指引和策略参考。

2. 系统分析法

系统分析法来源于系统科学，是横跨自然科学与社会科学的新兴学科，指以系统思维为主调，把要解决的问题作为一个系统，对系统要素及其过程进行综合分析，找出解决问题的可行方案。它的出现标志人类思维从“以实物为中心”转向“以系统为中心”，具有革命性意义。作为一种研究方略，系统分析法适用于在不确定情况下，以整体思维考察对象系统，在对诸多要素的综合分析中确定问题的本质和起因，并尝试从系统思维角度设计整体性的解决方案，以便在复杂的问题和环境中做出科学的抉择。本研究运用系统分析法，既从宏观视角考察教育系统中不同阶段、不同地域教育之间的关系，也从微观视角考察不同教育改革项目、不同组织、不同主体内部及相互间的关系，并以系统思维设计“四元多维”综合教育改革模式，尝试在时空联结背景下整合多个教育改革项目，促进不同教育组织机构与实践主体之间的全面、深度协作，推进教师、学校和教育内部及其间的整体协同发展，建设区域教育生态系统。

3. 实证研究方法

田野观察法。研究者在南疆地区工作期间，利用工作交流、课题研究和学术会议等机会对南疆地区部分中小学进行了实地考察，对其中比较典型的学校发展与改进案例和实习支教中的主要经验与突出问题进行了观察与记录，为模式的建构及模式运行中一些具体问题的处理提供了参考或支撑。后来回到四川，研究者主动申请到凉山州越西县驻点指导实习支教一学期，更深入地了解到该地实习支教过程中的各个环节及工作细节，为“四元多维”模式的应用与改进提供了资源和思考。

问卷调查法。通过对实习支教工作的基本了解，借鉴已有关于实习的调查问卷，研究者编制出适用于本研究面向新疆南疆支教学生和指导老师的调查问卷。学生问卷总计 9 个封闭性问题，5 个开放性问题。封闭性问题内容涵盖学生对实习支教目的的理解、生活保障、学生支教前后的自我评价等；开放性问题涉及高校课程设置及实习支教的指导与管理等。问题指向实习支教政策、接受学校、实习生和高校等主体。教师问卷为 10 个封闭式问题。前 5 个为单选题，主要包括教师个人信息和对基础教育的认识；后 5 个为多选题，主要包括教师对实习支教政策的认识、对支教学生表现和能力的评价、对高校人才培养和选派带队教师的建议等。

访谈法。通过对教师培养培训机构的负责人、部分在职教师、新入职教师的深度访谈，获取问卷不能涉及或深入的信息，了解他们对实习支教的态度，对当前教师教育职前培养及职后培训的认识、态度及行动，为“四元多维”教师教育模式的建构提供实践的参照。

个案研究法。以在凉山州越西县驻点指导实习支教过程中遭遇的典型学校（含派出高校和受援中小学）为个案，用“解剖麻雀”的方法深入分析实习支教过程中取得的成绩和遇到的问题，并以系统演化思维对各影响因素进行分析，试图探寻阻碍“四元多维”模式顺利施行并发挥实效的因素及其间关系，为模式的应用与改进提出对策和建议。

第一章　建构“四元多维”模式的时代背景

20 世纪后半叶人类进入知识经济时代以来，全球经济社会发展呈现出诸多新特征，直接影响人们对社会的认识和对人才的认定，也间接影响到教育的发展。人们逐渐认识到，国际社会、公共当局和当地社区（尤其是家长、校长和教师）是有助于教育改革成功的三个主要相关方面①。教育向社会中心位移的过程中教育的系统性和教师在教育发展中的关键性日益受到重视，但也反衬出师资状况的糟糕和教育内部系统改进的不足，倒逼教师教育改革，引发国际国内以教师教育改革为主题的教育改革热潮。实践教学作为教师教育长期以来的“软肋”，已经成为教师教育改革的重点。在我国教育改革日渐深入的当下，研究和探索系统思维下有效可行的实践教学路径以整体提升教师教育质量是必要和有益的。顺应国际教师教育改革的专业化、一体化、生态化等趋势，针对我国教师教育中实践性不强、系统化与生态化不足及乡村教育中的师资困境，加强实践教学，并创新实践教学形式，成为建构“四元多维”模式的背景与动因。

第一节　教师培养的发展历程

埃德加·富尔在《学会生存——教育世界的今天和明天》序言中开

① 联合国教科文组织. 教育：财富蕴藏其中［M］. 北京：教育科学出版社，1996：14.

篇就说：“很多国家认为，现代人的教育是一个特别困难的问题，而所有的国家都认为，它又是最为重要的问题之一。”① 这充分说明教育对各国的重要性、发展教育的复杂性和人们对教育的纠结态度。随着人类步入知识经济时代，以知识的传播、知识型劳动者的培养为主要任务的教育就从社会的边缘逐渐迈向社会的中心，成为国家发展的坚实基础和重要支撑。“未来国家之间的竞争实质是教育制度的竞争”，这一说法深刻反映了教育与知识技术及国家综合实力之间的密切关系，凸显教育在未来社会发展中的重要作用。从“在社会发展的一切阶段上，教育对社会的命运都曾有过贡献……它传播着人类最高尚的理想”② 到“教育是可持续发展全球综合框架的关键”③，无不证明教育是人与社会发展的必需，不仅具有“为全世界所关心”的共同特性，在当前更是我们“努力适应变化、改造我们生活其中的世界的核心”④。进入 21 世纪后，教育的重要性再次提升，教育发展也有了新的目标和主题——“可持续发展”成为全球各国共同的核心关切。社会经历的深刻变革呼吁教育发生相应的变革，以培养未来人与社会可持续发展所需要的能力。

随着教育从社会边缘向中心位移，教师职业经历了从非专门到专门再到专业的演变过程。在此过程中，人们逐渐意识到教师是影响教育质量的关键变量，对孩子的教育成功起到更大的作用。提高教师质量会对处于不利状况、濒临学业失败的学生带来积极影响，比减小班级规模或增加资金投入效果更明显⑤。这一方面表明“优质的基础教育是在瞬息

---

① DARLING-HAMMOND L. 有力的教师教育：来自杰出项目的经验［M］. 鞠玉翠，等译. 上海：华东师范大学出版社，2009：17.

② 联合国教科文组织国际教育发展委员会. 学会生存：教育世界的今天和明天［M］. 北京：教育科学出版社，1996：26.

③ 联合国教科文组织. 反思教育：向全球共同利益转变？［M］. 联合国教科文组织总部中文科，译. 北京：教育科学出版社，2015：序.

④ 联合国教科文组织国际教育发展委员会. 学会生存：教育世界的今天和明天［M］. 北京：教育科学出版社，1996：38.

⑤ DARLING-HAMMOND L. 有力的教师教育：来自杰出项目的经验［M］. 鞠玉翠，等译. 上海：华东师范大学出版社，2009：17.

万变的复杂世界中实现终身学习的必要基础”，另一方面折射出保证优质教育的关键因素——高水平教师对未来世界发展的特殊意义。作为教育事业的执业者的教师，被赋予了越来越大的价值和越来越多的责任。然而，越强调教师在教育中的重要作用，就越会发现教师素质与教育发展要求的差距，越为培养优质师资的艰难而焦虑。毕竟，教师专业地位的确立和专业素养的提升经历了艰辛漫长的历程。

一、教师培养的初步系统化

古希腊作家卢奇安曾说，“神所不喜欢的人成了教师”，反映的不仅是教师职业地位的尴尬，更说明教师职业使命的尴尬：一方面要理解和宣传真理，维护秩序和统治；另一方面却不能违背真理昧着良心迎合统治者和世俗的要求。古代社会教育的主要任务是学习知识，教授文字基础的教师只需要识文断字就可以胜任；甚至在以记忆为要的古希腊、古罗马教育中，教师不过是学生学习的“监工”，只有教授高级学科的教师才需要丰富高深的知识。从中世纪学位博士（doctor 源于拉丁文 docere，意为“教”）和硕士（master，后发展为教师，男教师称为 schoolmaster）的内涵和发展可以看出，对教师仅有学科知识的要求，取得某学科/专业的相应学位后就可以成为教师。法国作家蒙田在《迂腐的教师》中细致刻画了教师令人失望和厌恶的表现：无知、滥用职权、缺乏自制、沉溺于知识而远离生活、唱高调、陈词滥调……文艺复兴时期，人们认识到做好教育工作需要教师在学科知识外拥有勇气和智慧。维韦斯的《论教育》、基督教兄弟会的《学校管理》《教学大全》反复强调教学技能及其获得途径与过程，教师的专门训练由此得到重视。16 世纪，面对初等教育比中等教育更为急迫的对合格教师的需求，库特在《英国学校教师》中呼吁成衣商、织布工、零售商及教师通过听学生阅读课本的方法来保证教育的进行。德国普鲁士在弗里德瑞克大帝的支持下，先是确立了教师的公务员地位，要求教师不得从事低于教师职业或分散其精力的其他职业，后来对忠于教学职责和坚持发展的教师予以提升，对终身自我改进的教师给予养老金。中间尽管有接受退役老兵进入教师职业的妥协，但他们在三年制教师讲习所中的专门训练，总体上促进了教师培养的发展，让普鲁士的学校成为欧洲国家中最好的学校。哈雷教师讲习所早期重视的是教师对任教学科知识的理解和熟练，后来在裴斯塔洛齐等的教育思想影响下，才开始提出和重视教学法，并使其逐步复杂化、体系化。他们断言，经由教学法训练之后，哪怕是没什么天赋的人也能成为成功的教师①。第斯多惠开始主张教师终身学习。他相信人的本性是耽于世俗利欲的，而通过教师所开展的遵循自然规律和文化规律的教育会让儿童变得理性、有良知，越来越接近真善美。在追求真善美的征途上，肯定会“因为人类的弱点或种种原因而遇到重重困难和阻力”，因此教师自身也需要接受教育，不断修养，坚持终身学习。他甚至视“教师的自我教育和自我培养”为最崇高的目的。因为一个人如果自己一贫如洗，绝不可能对他人慷慨解囊；教师只有诚心诚意地自我教育，才能诚心诚意地去教育别人②。

殖民地时期的美国，尽管由奴隶和雇工构成的底层、中产阶级和上层人士中都有从事教师职业的，但底层的人主要从事小学教育工作，上层的人主要从事大学教育工作，教师素质也参差不齐。为了加强教师的培养，美国的师范教育经历了不同阶段的崎岖发展。早年受普鲁士教育的影响，提议设立教师讲习所，在熟练掌握学科知识的同时重点进行教学技能训练。耶鲁教授金斯利建议设立一种介于小学和大学之间的学校，以改变小学师资从未接受过小学以上教育的严重问题，后来耶鲁教授会提议把小学教师的训练提升到大学教育水平。1818 年在费城设立模范学校（model school），兰卡斯特主持工作并实验了著名的“导生制”。在“阿卡德米”增设的教师训练部提升了小学教师的学术水平和业务技能，但依然不能为预备师资提供充足的训练。后来随着教育思想中心从欧洲转移到美国，在经过上述一系列变革，在教师专业训练和文

---

① 布鲁贝克. 教育问题史［M］. 单中惠，王强，译. 济南：山东教育出版社，2012：497-508.

② 第斯多惠. 德国教师培养指南［M］. 袁一安，译. 北京：人民教育出版社，1990：25.

化及学科知识之间几度摇摆之后，终于在裴斯塔洛齐教育思想影响下建立起以教学技能训练为特色的新型师范学校——奥斯维哥州立师范学校。另一所在赫尔巴特教育思想影响下建立的诺马尔州立师范学校，开设了由教育基本理论、教育史、教学法和实习教学构成的专业科目，对未来教师进行了较为全面系统的教育教学训练。它们与“列克星敦阿卡德米”设立附属学校加强观察与实习一起，形成了美国师范教育的三条不同路径。与此同时，设立在公立学校的师资训练班和天主教下属的私立师范学校也在补充教师方面发挥了作用，天主教教师训练中的“见习”传统更是奠定了师范教育的实践教学基础。由于进入师范学校的半数以上学生仅受过小学教育，而其良好的教育训练使之成为中学师资的培养所之一，因此只能通过延长训练时间来提高培养质量以通过专门机构的认证，师范学校的课程设置就由四年再向后延伸两年。对师范学院是否开展学术训练和大学是否开展教学技能训练的论争，催生了专门培养高级教师的高等师范学院，并设置了对应的教育学学位。

二、教师培养在阻力中前行

19 世纪中后期，德国哲学家尼采敏锐感知到教育规模扩大和教育的世俗化、功利化使得教育抛弃了其真正内涵，无法培养出大学生“哲学的悟性”“正确的艺术感觉”和“古典人文的修养”，因而需要大力改变。然而，教师素质太差阻碍了改变的努力。数量过多的中等教育机构不断需要大量的教师，导致大量不合格教师进入这些机构，并凭借物以类聚的本能让极少数真正优秀的教师被边缘化了，部分有志于真教育的教师甚至感到无助和绝望[①]。

美国较早认识到教师需要专业地位并发展其专业性，因而启动教师教育改革。从 20 世纪 80 年代开始，美国发布了《国家在危急中》《准备就绪的国家》《明日之教师》《明日之学校》《明日之教育学院》《什么最重要：为美国未来而教》《做什么最重要：投资于优质教育》等系列

① 尼采. 教育何为［M］. 周国平，译. 北京：北京十月文艺出版社，2019：27-40.

报告，在强调教育是经济发展、机会平等、实现国家理想的基础的同时，分析了经济发展对人才、技能的要求，提出对中小学学校、教师、教学等进行改革，以赢得公众对教育和教师的信任，树立教师的专业形象。还提出确立教师资格标准、改革学历认定（先获得文理学位才可以修教育学学位、尽量上扬到硕士学位）、加强少数民族教师培养、保障教师职业的专业待遇、划分教师等级、保障学术性、丰富和重组知识等配套建议。其中，《明日之教师》提出为理解而教和学、将学校建设为学习共同体、为学生提供平等的教育、所有教育者和管理者均应继续学习、对教和学进行长期的反思和探究、创建专业发展学校六条原则，特别强调学校是一个人人参与学习、人人获得提高的学习共同体，包括中小学的教师、学生和管理者、大学来的实习教师（师范生）、大学的指导教师（教师教育家），甚至学生家长和社区教育工作者等都需要在专业学校中学习和发展。专业发展学校（Professional Development Schools，简称 PDS）提供了融教师职前培养、在职研修和学校改革为一体的整合发展路径，能同时促进未来教师、中小学教师和大学教师的发展，密切大学与中小学的关系，促进双方合作开展教育研究。但志愿参与的形式只能让部分教师得到发展，大学与中小学两种不同文化、制度之间的层级差异和长期隔离导致 PDS 有关人员的角色转变较为困难，参与者的时间、精力投入不足等问题比较明显①。虽然加拿大学者哈格里夫斯认为自然形成的教师合作文化优于人为促成的教师合作文化，但在专业发展学校的特殊设计下，有意识促成的不同教师之间的合作也十分重要。此外，由于合作机制的健全程度和执行力度等问题导致部分合作发展目标难以实现，其实施效果依然难以让学生、家长和公众满意。在 1999 年 9 月召开的全美教师质量大学校长高峰会议上，大学校长们会前填写问题征集表并围绕“使命与结构”“合作伙伴关系”和“绩效责任”等展开热烈讨论，教育部部长雷利特别提到反映美国教师教育缺

① 赵昌木．美国教师专业发展学校：理念、实施与问题［J］．外国教育研究，2003（10）：42-46．

陷的一些关键性问题：文理学院如何与教育学院整合？是否设计与 K-12 合作的更好的教师教育课程以使教授们精通 K-12 课程标准及熟悉中小学课堂实际？教育学院的学生是否有足够的机会与有经验的中小学老师在一起进行实践体验？在“合作伙伴关系”小组讨论中特别强调“今天的教师培养单靠教育学院独立完成是不够的，因为有发展潜力的教师需要掌握充分的学科知识和在挑战日趋激烈的课堂中向多样化的学生讲授这些知识的教学技能”①。

第二节　教师培养的世界难题

“培养高素质教师是提高教育质量、促进教育公平的基础和关键。”② 尽管各国都认识到培养优质教师的必要性和重要性，但在各种教育改革实践和研究中均发现，通过科学的制度设计大规模培养优质教师的艰难性远超预期，且其难度会随着社会对人才需求的变化而逐步增加。

一、重要性与艰巨性并存

当高深学问、社会需求和创新创造都成为新时代教育想要实现的重要目标时，社会对教育的期望就会越来越高，对教师的要求也到了几乎“神化”的地步。教师不仅要传授知识、教导生活，还要紧跟时代，掌握新的技术，完善学生人格与精神，兼顾学生未来职业发展。新的时代背景下，更增加了多元文化教育能力、教育技术能力、终身学习能力和教育创新能力等要求。合格的教师不仅需要拥有牢固学科知识背景以把一般知识和技能整合进课堂，还需要较强的思维和语言能力、丰富的教育教学知识，熟练的教学设计与实施技能、班级管理策略和处理特殊事件的方法等。丰富和复杂的标准与要求使得传统的教师培养模式捉襟见肘，无法从根本上实现未来教师在多类知识之间，知识与技能、策略之

① 赵中建．美国 80 年代以来教师教育发展政策述评 [J]．全球教育展望，2001 (9)：72-78.

② 钟秉林，宋萑．专业化与去专业化：美国教师教育改革悖论：中美教师教育比较研究之一 [J]．高等教育研究，2011 (4)：56-61.

间的融合。无论是“好教师是天生而非培养的”的说法，还是“好的教师教育项目事实上并不存在”的观念，都反映了人们对师资培养艰巨性的认识和对优质教师教育求而不得的忧虑。“长期以来，教师教育就被指责对教师生活作用很小，几乎不能对教师从自身作为学生带来的观念和行为产生什么影响。”① 有人甚至主张将烦琐的教师教育课程从教师教育认证标准中移除。由于对传统教师培养模式的失望，美国 1988 年在总统布什建议下发展了选择性教师教育模式，即筛选取得文理学士学位的大学生参加一定时期（一般为 5 周）的专门教育理论学习，然后进入中小学校进行一年的专门实践，合格者可以取得教师资格证书。虽然在短期的横断研究中选择性教师教育项目培养的教师与传统教师教育项目培养的教师在教育教学的适应、能力及效果等方面并无显著差异，但并无研究证明在往后漫长的教师职业生涯中是否会出现差异。而且，选择性教师教育项目虽然拓宽了教师培养的途径与模式，但并不能显著提高教师培养的质量，依然不能满足公众对教育和教师的较高期待。2000 年 5 月的威廉姆斯诉加州政府案，提出了“以大量不合格教师涌入学校为表象体现的教师教学经验的缺乏，使得许多学生被剥夺了受教育的基本权利”，反映了多数民众对教师的基本诉求和对教师教育的不满。同时，专业内部对传统教师教育培养过程中存在的知识基础不牢、理论与实践分离也非常不满，呼吁重建教师教育。

在新的时代，教育的目标和教师的职责已经不仅限于知识的传授与掌握，而是要确保有不同学习需求的学生真正进行学习。学习和学习者成为教育的首要目标和教师的核心关切。如何鼓励学生通过聚焦性的、深入的学习带来清晰深刻的思考和精熟的操作，如何针对学生个体的经验、兴趣、天分、需求、文化背景等做出反应，成为教师们努力追求和期望达成的专业性目标。只有那些没受过专业训练的教师才被建议采用“不良记录”技术，即通过一成不变的作业“套餐”和“武断的纪律训

① DARLING-HAMMOND L. 有力的教师教育：来自杰出项目的经验［M］. 鞠玉翠，等译. 上海：华东师范大学出版社，2009：5.

练”来维持课堂秩序和取得期望的分数。首先要把差异巨大的个体培养成教师，然后再期望这些教师使差异巨大的学生群体达到更高的标准，这对当前的教师培养来说显然是十分困难的。因为，要求教师具有的深入理解学习和准确掌握学生个性的相关知识与能力并不能在职前教师教育阶段直接传授（让有这种意识和经验的人传递处理学生学习问题的技术、程序或策略），而是需要未来教师在职前培养阶段积极参与教学与研究的实践——如何收集、利用学生的信息，如何整合学生与学科、环境等信息并在不同变量起主导或有变化时做出适当的实时决策，如何在旧的信息中融入新的信息并做出合适的调整。专业发展学校或卓越教师教育项目中的“习明纳”会帮助未来教师在具体、真实的实践中观察、记录、甄选、识别影响教育教学实践的重要信息并分析，模拟不同信息之间的关系，逐步形成常见问题的基本处理程序和典型问题的常用行为模式。在此基础上关注学生个体之间的差异性和特殊问题的独特影响因素，慢慢形成以学习和学习者为中心的问题分析模型并发展成动力定型（条件反射链索结构，也可称为职业敏感或专业直觉）。当然，这一过程是漫长且持续的，职前教育只是奠定基础，形成基本的知识、技能与策略等，养成从学习和学习者角度分析教育教学问题的意识和习惯。更为高级的知识整合、技艺提升及策略的组合与创新等只能在教师职后的理性实践与反思改进中实现。由于这一过程涉及多科多类知识的整合、充分的实践、理论与实践的融合和多方面条件的保障，因此并不容易开展也不容易保证其有效性。

二、学术性与师范性博弈

对教师培养的学术性与师范性的关注由来已久。荀子曾提出“师术有四，而博习不与焉。尊严而惮，可以为师；耆艾而信，可以为师；诵说而不陵不犯，可以为师；知微而论，可以为师”[①]。意即教师除了有

---

① 荀况. 荀子·致士［EB/OL］.（2017-07-28）［2022-07-24］. https://www.liuxue86.com/a/3337561.html.

渊博的学问之外，应具备四个基本条件：一要有尊崇的威信；二要有丰富的阅历和崇高的信仰；三能诵读解说经典但不超越违背经典；四能懂得精微的道理，善于阐发微言大义，而不是记问之学。可见，古时的大儒就已经认识到教师不仅要有学术能力，更要有道德、理想及讲授、分析等教学能力。

（一）学术性与专业性的内涵

学术性反映的是对未来教师的学科专业要求，即某专业师范生在专业学习中掌握专业知识、方法及发展研究能力的状况等。这种主张源于人们对“学好专业就能教好对应学科”的认识和假设，以及对职前教师教育课程效用的质疑，与之相关的是“综合性大学培养教师更有优势”的主张。师范性是指教师培养的特殊性，主要指培养的未来教师应具备一般教育学、特殊教学法和关于学生、课程及教育环境等方面的知识与技能，主要通过修习心理学、教育学、教学法等教育理论以及参与见习、实习等实践课程来获得。师范性主张源于人们对教师职业专业性的认识与呼吁、当下育人目标的变化及对教学过程的深入认识，与之相关的是，是否需要设置独立的教师培养系统。可以说，学术性决定了教师教育与其他学科一样，在大学中既具有独立且平等的地位，亦具有自身的学科体系和知识建构；专业性决定了教师教育与传统的文理基础学科不同，具有极强的应用特征，必须紧密联系和服务于教育教学实践。

学术性传统萌芽很早，但由于早期科学发展缓慢和对教师尤其是蒙师的知识要求并不高，算不得严格的学术性。真正意义上的学术性传统确立于师范教育大学化（含师范学校升格为本科、师范学院升格为大学和综合性大学开设教育院系）的过程之中，一般有通识教育优势明显、中小学实践不强、教师教育者专业发展水平较高等特点①。学术性与基础学科发展密切相关，既是现代科学技术发展的源头与重要阵地，也是培养高质量师资的保证。主张学术性的人们认为：只有高水平的专业教

① 李默．美国教师教育大学化的发展历程、特点及启示［J］．现代教育科学，2015（3）：157-160.

育，才能培养高水平的未来教师；只有通晓任教学科的知识，未来教师在从教时才有立足讲台并成为优秀教师的可能。师范性主张源于早期教师培训的“技艺观”，中间受学术性要求冲击而势弱，直到20世纪初随卡内基基金会对教育专业课程的改革和杜威对教育实践性的呼吁才再次受到重视，并因20世纪60年代教师专业发展改革和行为科学主义的课程理念而逐步得到强化。两者间的论争主要来源于文理科高等教育和师范高等教育各自不同的培养体系、培养传统和师资来源等。如柯南特所言，20世纪早期大多数大学文理科教员是根据自己的经验来发展教学的，而且认为“那些专门教别人如何教的先生们是没有存在的理由的”①。文理科教授对教育学院和教育系的人们有敌对情绪，两个派系的教授经常争吵甚至相互攻击。这种攻击的背后反映了文理科教授和教育学教授对课程、教学和教师、教育及其作用的不同认识，以及各自主张在现实中的不完美（总会存在缺陷或问题）。学术性与师范性的论争本质上反映的是经济、政治、种族乃至意识形态的矛盾。

我国学者叶澜曾将师范教育的学术性与师范性之争称为“一个真实的假问题”——真实存在于教师培养的过程与教师教育演变的历史中，但两者本身并不存在逻辑上的矛盾，类似于“鱼与熊掌”因为外部原因不可兼得，但“鱼”与“熊掌”本身并不存在本质上的对立与矛盾。争论究竟是更重学术性的综合性大学培养的教师质量更高，还是更重师范性的师范院校培养出来的教师更专业，本身没有太大意义。无论持哪种主张，都同意更重学科知识的高中教师由综合性大学和研究型师范大学培养更有优势，更重教育素养的义务教育阶段教师由专门师范院校培养更有优势。如何促进两者由竞争走向融合，才是当前讨论和权衡学术性与师范性的重点。

学术性是教师培养的基础目标。教师素养要求的历史发展证明，学科知识是对教师的最初要求，而且历经不同时代，依然是对教师的首要要求。已有研究和实践表明，在基础教育中，当教育目标主要着眼于学

---

① 柯南特．柯南特教育论著选［M］．陈友松，等译．北京：人民教育出版社，2017：153.

生的知识掌握时，教师的学科背景和专业知识最受重视，对教师的其他能力或素养的要求相对较低。随着教育目标从“两基”（知识与技能）历经“三维”（知识与技能、过程与方法、情感态度与价值观）再走向核心素养时，对教师素养的要求也变得更加多元和立体，但学术性依然是对教师的首要和基础的要求。可以说，各国师范教育“大学化”的历程都是对教师教育学术性的“宣称”和“捍卫”。在“大学化”之前，教学被视为技艺，教师被视为技术人员，教师教育就是一种纯粹的职业教育。教师培训主要是任教学科课程与教学法课程，由于两者的要求都不高，学术性与专业性都不强，在“教什么”和“怎么教”上都捉襟见肘，引发社会与公众不满。1958—1960 年间美国教师教育与专业标准委员会（NCTEP）组织召开了三次教师教育研讨会，确立了学者型教师的培养目标，也推动了教师教育“大学化”进程。“大学化”并非仅指综合性大学参与举办师范教育，也内在地包含了教师教育的第一阶段师范生修习专业课程并获得学士学位作为取得教师资格的基础条件（如德国“教师教育本—硕学历结构”中第一阶段大概是 7—10 学期，第二和第三分别为“见习阶段”和“继续教育阶段”）①，即未来教师在培养过程中培养层次与学历的普遍上扬。德国师范教育在从师资培训转向系统化培养的过程中，承认师范高校具有博士学位和教授职称授予权，不仅提升了教师培养的天花板，也挑动了综合大学的敏感神经。综合大学以其学术优势或者成立教育学院或者“收编”邻近的师范院校来积极参与教师培养，打破了原本封闭的师范教育结构，促成了开放教师教育体系的形成，也增强了教师职前教育的学术韵味。

师范性是教师培养的高级追求与未来趋势。基础教育的目标不仅是让学生学习知识，还需要促进学生多方面发展。即使是在知识学习过程中，也并非教师懂得越多就能教得越好，还会受制于教师对学生心理发展状况、认知规律及学习过程等多种心理、教育知识的掌握和组织课

① 巫锐. 师范性与学术性的张力：21 世纪德国综合性大学教师教育课程体系改革研究［J］. 教育发展研究，2021（9）：56-62.

堂、知识呈现、沟通与互动等多种教育教学技能的掌握。这就需要教师从师范性课程及实践中学到的“专业”知识与技能来支撑，表现出教师的专业性，即教师应具备的一般教育学知识、特殊教学法知识和关于学生、课程及教育环境等方面的知识，主要表现为教师培养过程与结果的师范性。从教师专业化进程来看，提升教师的专业地位、确立教师的专业标准和增强教师的专业素养等更侧重对教师师范素养的要求。虽然学科专业知识的掌握和积淀是教师站稳讲台的基础条件，但基础教育中很多问题的解决和目标（包括教学目标）的达成必须依赖教师学科专业知识以外的知识和技能，主要是教师的教育教学知识和技能，也包含教师的一般知识素养和人格特征等。

教师培养的师范性主要表现为培养过程中对师范性的突出和对培养对象的师范性要求。培养过程的师范性主要表现为突出目标拟定、课程设置、教师教育者素质等方面的师范性要求。这种要求立足于早期教师培训中作为“技艺”的教师教学技能，后来受欧洲先进教育思想影响尤其是裴斯泰洛齐和赫尔巴特思想的影响逐步加强，在“大学化”进程中和专业化背景下出现飞跃：提升为具有依据心理、教育规律而开展科学的教学设计与实施和多样融合的育人活动的师范性综合素养。如美国早期师范学校的课程设置中只有哲学意义上的心理学和教育科学与艺术两门师范性课程，主要通过指导者示范、教学方法评论、教学艺术讲座和自身教学实践等方式增强师范“技艺”①。随着师范学校向师范院校升级，在社会发展和教育科学分化等影响下师范性课程大幅增加，美国小学教师的培训课程约一半是师范性课程，包括普通教学法、各科教学法、心理学、心理测验、教育原理、课堂管理、教学讨论及生理学、卫生学、学校制度、幼儿教育、教学参观与实习等 26 门课程。中学教师培训中约三分之一是师范性课程，在心理学、教育原理、普通教学法、各科教学法等课程基础上增加了生理学、卫生学、课堂管理、心理测

---

① 宋萑，钟秉林. 走向实践与技艺化危险：中美教师教育模式改革研究：中美教师教育比较研究之二 [J]. 高等教育研究，2011 (9)：64-69.

验、教学讨论、学校制度、教育史、参观和实习等课程①。通过大量师范类课程尤其是原理类师范课程的开设和学习，教师培养目标和培养过程的“理论和研究”倾向逐步确立起来，教师被要求为懂得理论的“教育工作者”，培养的未来教师亦被定位为学者型教师。德国为破解综合大学参与到教师培养中出现的教师教育“边缘化”困境，开始在综合大学成立教师教育中心，统整教师培养事务，在保障教师教育地位的同时增强了教师培养的师范性。我国的教师培养同样表现出早期以中等、高专师范教育模式为主，突出独立定向、实践技能和教学基本功，“技艺”色彩浓厚；而今则以高等师范教育模式为主，突出多元开放、理论素养和学科知识②。师范类课程设置呈现出“钟摆式”震荡：以中学教师培养为例，新中国成立初期高师的教育专业课程与教育实习占总学时的30%左右，1960年降至6.5%，1961年回升至13%，20世纪80年代初下降至5%左右，1989年回升至14%后就基本稳定在这一比例③。

培养对象的师范性主要表现为所培养的未来教师的专业知识、专业能力、专业情意和专业智慧等专业素养。Linda Darling-Hammond认为，教师不仅要像医生或律师一样运用快速复杂的判断和熟练的技能把诊断和分析能力转化为非惯例式的具体情境中的行动，还要面对比医生和律师更复杂的情境——同时服务多个对象，平衡所有变量多维的，有时甚至是相互冲突的目标，协调不同内容的要求及个体与群体的需求④。这些复杂的问题显然是学科知识难以解决的。可以说，对教师专业性的要求既体现了教师培养中除学科知识以外的多重目标与任务所构成的综合性、复杂性，也反映了基础教育中育人目标与过程的多元性、

① 戴伟芬. 学术性与师范性的抉择与融合：美国教师教育课程思想流变［J]. 教师教育研究，2012（1）：93-96.

② 宋萑，钟秉林. 走向实践与技艺化危险：中美教师教育模式改革研究：中美教师教育比较研究之二［J]. 高等教育研究，2011（9）：64-69.

③ 刘丽群，刘景超. 师范院校百年发展中的“师范”坚守与时代流变［J]. 大学教育科学，2018（6）：105-110.

④ DARLING-HAMMOND L. 有力的教师教育：来自杰出项目的经验［M]. 鞠玉翠，等译. 上海：华东师范大学出版社，2009：27.

复杂性甚至是冲突性。不难看出，学术性代表的是“学”，强调“教什么”；师范性代表的是“术”，强调“怎么教”。前者是基础，要求“教之有物”；后者要求更高，追求“教之有效”。“学术性”是专业性的基础，“师范性”则是专业性的核心。两者并不是必然的对立与博弈的关系，亦可以协调配合，共同服务于教师培养。

如果说，起源于19世纪教学“技艺观”的美国教师教育课程，要求教师具备任教科目的专业知识和教学法知识的观念孕育了“学术性”的嫩芽，那么综合性大学参与教师培养就逐步确立起教师教育的学术性传统。二战后，《费希尔法案》的提出和法律化，体现出损害师范性加强学术性的意图，再次推崇和强化了学术性的地位。直到柯南特主张的行为主义教育思想和“教育临床教授”的出现，才扭转师范性不足的局面，促进了“资格能力本位”教师教育项目的产生。也将学术性与师范性的矛盾拉扯进教师培养的过程中，转化为如何在有限的时间内确保教师培养的学术性目标与师范性目标都能得以实现，即学术性目标、课程与实践等和师范性目标、课程与实践等对师范生的观念、时间与精力的争夺。

在对人才培养标准大幅提高的时代背景下，未来教师在学习过程中因为面向学段的不同和学习时间及精力的限制等因素影响，通常难以让学术水平和师范专业能力都达到较高水平。借用管理方格理论的划分，在以专业性为横轴，师范性为纵轴构成的平面坐标系中，如果目前的教师培养质量都能达到（9，9）位置，或者只在（1，1）位置，学术性与师范性之争压根就不存在。只有在（1，9）至（9，9）和（9，1）至（9，9）的中间区域，才有讨论学术性与师范性孰轻孰重及如何协调平衡的必要。至于具体是停留在（5，5）至（9，9）的45度斜线上，还是在这条斜线两边摆动，则要看时代的要求和具体培养过程。在时代要求已经明确的当下，培养过程中的课程设置、教师教育者和教学过程等，就是促进学术性与师范性融合的关键因素了。

培养教师的院校和教师教育者则面临艰难的抉择。学术性与师范性之争反映了教师培养理念并影响课程设置、教学方法取向及其他一系列变化。在教师培养制度化、规模化之后，高师院校是要坚守大学研究高深学问的传统还是要顺应服务社会的现实要求突出师范性？教师教育者是要追求和输出所在学科或专业的专业知识还是要所在学科或专业的育人之道？如果重视学术性，就要加大课程设置中学科专业课程的难度、广度和比重等；如果重视师范性，则需要对教师教育类课程的难度、广度和比重等做出要求。对教师教育者来说，一般是学科专业课教师多不具备教师教育专业背景，纯学术性的培养过程和职业成长过程导致教师教育者的发展取向、知识构成、研究旨趣、工作方式都充满强烈的学术性特色①。教师教育类课程的任课教师则多数来自师范专业，也有少数教师教育课程的任教者未接受过师范专业训练。教师教育者的职称晋升需要的科研成果也以考察学术性为主，服务于人才培养的研究都划归教研范畴，要求的量值或比例极低。这些都可能导致部分教师教育者不重视甚至不认同未来教师培养中突出师范性的理念，或虽然认同师范性理念却因缺少相关教育教学训练导致无力实现自身教学中的师范性目标，更难在学科知识的教学及其与教育教学知识的融合方面做出良好的示范。当然，如果高校对师范性非常重视，是可以通过规划人才引进、专门培训、日常引导和制度激励等来强化和提升教师教育者的师范性的，以避免综合性大学由于深厚的学术性传统导致未来教师培养质量不高（主要是师范素养与能力欠缺）、教师教育职能模糊、与基础教育实践脱钩等问题②。师范类高校在教师培养中尽管有深厚的底蕴，其培养的未来教师在学术水平不及综合大学毕业生之外依然面临师范实践能力不足的指责（当然在教育理论方面明显优于综合性大学毕业生）。

学术性与专业性的博弈还表现为对传统教师教育模式和选择性教师教育项目的审视、比较与选择。1980 年《时代周刊》上一篇《天啊，教师不会教书》的文章披露师范专业学生在“美国大学测试项目”（American College Testing Program，简称 ACT）和“研究生入学考

① 余宏亮，魏捷．大学教师专业发展的困境与策略［J］．中国高教研究，2009（6）：70-71.

② 黎大志，姜新生．综合性大学教师教育专业的反思：趋势、问题与出路［J］．大学教育科学，2011（3）：60-64.

试”（Graduate Record Exam，简称 GRE）中垫底，引发公众对教师职业的热烈讨论和对教师教育的普遍质疑，政策制定者基于“提高师范专业学生的学术水平就可以提高教学质量”的假设再次引起人们对学术性与师范性的关注。由高师院校开办师范专业培养教师的模式被称为传统教师教育模式，其基本特征是按顺序开设通识课程、专业课程和师范类课程，尽管师范类课程中理论课程的门数和实践课程的时数随时代而变化（当然师范类课程在总课程中的比例亦会发生相应变化），但重视师范类课程尤其是重视教师教育理论课程的特色一直未变。因为该模式的设计者与实践者坚信系统的教育理论课程是培养未来教师的教育理念、教育知识和教育教学技能的必要而坚实的基础。“选择性教师教育项目一般由公司、非营利组织或学区等非高校机构实施，招收具有大学文凭的学员，教育培训时间为 1 周至 1 个月，毕业后即进入中小学任教，在其任教过程中会由这类机构或学校安排指导教师，支持其教育教学工作。”① 该项目由弗吉尼亚州于 1982 年开发，此后得到迅速发展，至 2010 年全美有近 50 万名教师由该项目提供，部分州的教师中约有三分之一来自此项目。该项目“快速、低廉、灵活”的特征在得到公众广泛认可的同时，又招致教师教育者的批评、担忧与专业协会的指责。尽管在一项两个项目的比较研究中传统教师教育项目的教师有 80%报告已为第一年的教学做好了准备，而选择性教师教育项目的教师有 50%（且传统教师教育项目的教师在满足多样化学习者的需要、创造积极的学习环境、管理课堂、激发学生动机以及实施评价等方面更具信心和效能感）；但在另一项弗吉尼亚的研究中显示“选择性资格项目实习生、试用教师和临时资格教师在六条标准中的五条中都没有显著差异”。尽管目前尚无长时程的追踪研究成果比较选择性教师教育项目培养的教师与传统教师教育项目培养的教师在整个职业生涯中的质量高下与发展后劲，但对于传统教师教育项目培养的教师不愿去的“内城”教育、高需

① 钟秉林，宋萑. 专业化与去专业化：美国教师教育改革悖论：中美教师教育比较研究之一［J］. 高等教育研究，2011（4）：56-61.

学校而言，对美国整个基础教育发展中出现的“师荒”而言，它是极具意义的。

柯南特认为，文理教授和教育学教授两个阵营相互敌视的最大原因是教师检定对课程设置的影响[①]，即教师资格认定影响学术性课程与师范类课程的内容与比例。从中学教师的培养来看，2000年美国加州州立大学北岭分校物理学师范专业的学科专业课程占比48%，同期我国华中师范大学汉语言文学师范专业的学科专业课程占比62%[②]，足见我国对“学高为师”的重视及学术性理解。无论是美国曾经的“4＋2”（四年文理学士课程加两年教育艺术硕士课程）、“4＋1”（本科生的五年一贯制课程），还是我国的“2＋2”（前两年以通识课程与专业课程为主，后两年以教师教育类课程为主）课程模式，都还未达到学术性与师范性俱佳的培养期望。

（二）学术性与师范性融合是教师培养的高级追求与未来趋势

蔡元培先生曾说：“学必借术以应用，术必以学为基本，两者并进始可。”[③] 概括了作为“学”的学术性与作为“术”的师范性之间的内在关系，但在不同历史时期、不同学段的教师培养中，“学”与“术”的侧重各有不同。当教育目标主要着眼于学生的知识掌握时，教师的学科背景和专业知识最受重视，对教师的其他能力或素养的要求相对较低。由于很多教师和学校领导认为，教育教学知识是可以伴随实践而自然累积的，一开始对新进教师是否具有师范背景并不在意，经过一段时间的考察和对比后，通常会更看好接受过系统师范教育的新教师。基础教育目标从“双基”到“三维”再到“核心素养”的变化，同样反映了从重“学”到重“术”的变化及两者融合的必要。核心素养的培养首先立足于学科核心素养，教师教学工作的开展也首先依赖和检验学科教学

---

① 柯南特．柯南特教育论著选［M］．陈友松，等译．北京：人民教育出版社，2017：163．

② 高有华，方孙飞．我国教师教育课程的设置研究：基于与美国教师教育课程的对比［J］．高校教育管理，2011（2）：72-77．

③ 高平叔．蔡元培教育论著选［M］．北京：人民教育出版社，1991：329．

知识。学科核心素养的培养效果及综合核心素养的培养则更多依靠教师的教育专业知识与能力。需要说明的是，对教师的“学术性”要求并不等同于综合大学中对专业学习者的“学术性”要求，虽然两者都要求对所在学科或专业的知识有系统掌握，熟悉专业研究方法，有较好的专业理解能力。专业学习者重点关注专业知识的应用和特定知识的创生，未来教师则更多着眼于学科知识的体系结构、对特定知识之间关系的思考和探究等，对特定知识的创生则属于期待之外的高要求。

教师教育培养目标的兼顾平衡主要是协调好学术性知识与实践性技艺的范围、比例和在培养对象身上的融合，具体表现为课程设置中专业性课程与师范性课程的比例与内部结构、理论性课程与实践性课程的比例及内容系列。柯南特认为，学术专家反对的不是师范性课程本身，而是结构不良、实效不强却比例不低的“拼盘”式教师教育课程。他主张整合优化教师教育课程，加强师范性课程自身的科学性建设，由此促进了“资格能力本位”教师教育项目的产生。该项目重视培育教师在实践中形成的理念和发展的能力，强调培养过程的实践性、综合性，建议通过“4＋1”的本科模式或“4＋2”的教育硕士模式等来培育兼具学术性、师范性的教师。

20 世纪 80 年代，世界各国掀起以提高教师质量为关键的第一次教育改革浪潮。《变革教师教育的呼吁》(1985)、《国家为培养 21 世纪的教师做准备》(1986)、《明天的教师》(1986) 三个报告都肯定了提高教师质量是提高教育质量的关键，建议通过设置理论与实践相融合、学术性与师范性相结合的教师教育课程来提高教师培养质量，促进教师专业化。舒尔曼、格罗斯曼等人提出和发展的教师“学科教学知识”表征了这种结合的目标与结果①。因为学术性与师范性兼顾并不是简单地要求具备学科专业知识和教育教学知识或使两者达到一定比例，而是需要在掌握两类知识的基础上促进两类知识的融合。舒尔曼提出的“实践性知

① 戴伟芬. 学术性与师范性的抉择与融合：美国教师教育课程思想流变 [J]. 教师教育研究，2012 (1)：93-96.

识”定义了教师“学科教学知识”的性质，反映了“学科教学知识”综合性、实践性、个体性和缄默性等特征，也提供了知识生成的方向和路径，但促进两者融合的过程颇为艰难，依旧面临诸多困扰。

（三）学术性与专业性在新时代具有新内涵与新关系

无论是美国卡内基教学促进基金会确立的由基础课程、任教课程和教育专业课程构成的教师教育课程结构框架，还是在20世纪中叶美苏争霸背景下重新重视学科知识而调整的由普通教育课程、学科专业课程、专业教育课程和教育实习构成的培养学者型教师的“四元结构”课程体系①，抑或是20世纪后期“教育临床教授（clinical professor of education）”的提出和实践等，都反映了不同社会和教育发展阶段对学术性与师范性关系的论争、态度与实践，并在论争与实践探索中逐步形成共识：学术性与师范性并非是单纯博弈关系，而是在统筹兼顾中逐步实现两者的融合，这种融合不仅体现在对两者关系的认识中，最终落脚在在职教师的实践性知识和实践智慧上，更要协调于教师职前培养和职后培训的全过程中。

博耶提出的“教学学术”为理解学术性与师范性的关系提供了新思路。“随着科学存在形态的多元化和科学研究的分层化，随着对人类创造能力理解的多样化，随着高等教育功能的复杂化，人们已开始重新审视‘学术水平’这个概念。”② 认识到理论与实践之间相互依存的双向因果关系和各种知识之间的非线性关系，美国卡内基促进教学基金会前主席欧内斯特·博耶在《学术水平反思》中提出拓展对学术水平的理解，学术应包括“发现的学术、整合的学术、运用的学术和教学的学术”四种③。“发现的学术”即传统意义上的学术，以研究与创新为主

---

① 钟秉林，宋萑．专业化与去专业化：美国教师教育改革悖论：中美教师教育比较研究之一［J］．高等教育研究，2011（4）：56-61.

② 叶澜．一个真实的假问题：“师范性”与“学术性”之争的辨析［J］．高等师范教育研究，1999（2）：10-16.

③ 波依尔．学术水平反思［M］//国家教育发展研究中心．发达国家教育改革的动向和趋势：第五集．北京：人民教育出版社，1994：23.

要特征，是衡量学术的重要基础。“整合的学术”是指研究者“超出传统学科的界限，与其他领域的同事进行交流，发现相关连的模式”，是应对今天科学发展“分化与综合”趋势和创造性地解决复杂问题的学术形式。“运用的学术”主要指将知识运用于实践中并通过对实践的反思返回理论，既包括科学知识的技术化与应用过程，也包括人文知识作用于实践并经由反思转化为主体的洞察力或实践智慧，以及对此应用过程的审视与反思后引向理论的完善、矫正甚至创生。“教学的学术”是传播知识的学术，包括同辈之间的学术交流和在教室里与未来学者的交流。从作用上讲，“发现的学术”主要对应大学的科研职能，“运用的学术”主要对应大学的服务职能，“教学的学术”则主要对应大学的育人职能，“整合的学术”则可能出现在三种职能中，四者都是大学教师学术水平的重要组成部分。

“教学的学术”的提出刷新人们对师范性与学术性融合的认识，也赋予两者融合的新内涵。“教学”被视为“学术”而非传统意义上的应用型“技术”，是因为教学中的教师对知识的“已知”并不必然能引领学生从“未知”达到“已知”，还因为教学过程创生“未知”，更因为教学面对特点各异的学习对象需要“创造”：创造共同知识基础、创造启思情境、创造知识联结、创造特定方法或方法组合、创造特定程式等。“教学的学术”将学术性与师范性的融合推到了新的高度，将教学视为“学术”不仅可以改变教师教育者对学术性与师范性的“二元对立”式认知，也可以帮助教师教育者重视教学实践、提升教学能力，更可以促进学科知识与教学知识的融合，帮助教师积极发展专属于个人的“实践性知识”。

舒尔曼、格罗斯曼等人提出和发展的教师“学科教学知识”表征了学术性与师范性融合的目标与结果。舒尔曼从“专业”的属性和高度提出教师开展专业工作所必需的知识基础——教师专业知识。在涵盖了知识、技能与能力的广义“知识”内涵中，建构起教师的专业知识结构。教师专业知识由学科知识、一般教学知识、课程知识、学科教学知识、学生及其学习特点的知识、教育情景知识和教育目的与价值的知识 7 种知识构成[①]。虽然7种知识中有6种是师范性的或与师范性有关的知识，但舒尔曼的学生，也是舒尔曼论文集《实践智慧：论教学、学习与学会教学》的编者 Suzanne M. Wilson 却说："舒尔曼对教学领域最重要的贡献在于他对学科知识（subject matter）重要性的强调和坚持。"[②] 这表明师范性知识只是辅助性、条件性知识，目的是服务于学科知识的教学，两者需有机交融才能达成教学和教育的目的。舒尔曼将"学科教学知识（Pedagogical Content Knowledge，简称 PCK）"定义为"教师个人教学经验、教师学科内容知识和教育学的特殊整合"，认为 PCK 是"教师将学科内容转化和表征为有教学意义的形式、适合于不同能力和背景学生的能力"，诸如类比、样例、图示、解释和演示等易于学生理解的表征方法，教师了解到的有关学生对某一特定学习内容感到容易理解或困难的原因，怎样组织、表达特定的话题、问题、论点以便于不同兴趣、能力和背景的学生易于理解教学内容等。格罗斯曼将 PCK 梳理为四类知识：一门学科的统领性观点（关于学科性质的知识和最有学习价值的知识）；学生对于特定学习内容容易理解和误解的知识；特定学习内容在横向和纵向上组织和结构的知识；将特定学习内容呈现给不同学生的策略知识。其中的第二类和第四类知识都表明学科知识与教育知识的充分结合，反映了学术性与师范性在新形式下的融合之路。PCK 的形成以职前教育为基础，职后实践和培训为重点。但相关研究表明，整合多类知识形成 PCK 的过程并不容易，受传统知识观、教学观和评价观影响形成的 PCK 也不利于学生知识的建构和能力的发展。如何帮助教师建构或更新建立在科学学习理论基础上的 PCK，是各国都需要面对的挑战[③]。

并非只有在综合性大学和师范院校之间才存在学术性与师范性的矛

---

① 陈向明. 实践性知识：教师专业发展的知识基础 [J]. 北京大学教育评论，2003（1）：104-112.

② 舒尔曼. 实践智慧：论教学、学习与学会教学 [M]. 王艳玲，等译. 上海：华东师范大学出版社，2014：译者前言 2.

③ 马敏. PCK 论 [D]. 上海：华东师范大学，2012：129.

盾，在师范大学内部也时时发生学术性与师范性的较量，同样需要对两者进行整合。

整合学术性和师范性并非要改变两者自身属性并将两者调和成水乳交融的状态，而是在必要的多层面整合的基础上保持两者间适当的张力。徐辉建议通过校院层面、学科与专业层面及其教育者的分工与合作，借助教师资格认定和师范专业认证提高教育学院的专业化水平，保持并突出师范专业、教师教育课程的师范性特质，以此来处理师范大学办学中的学术性与师范性矛盾①。德国通过改革教师教育课程与教学来保持学术性和师范性的张力，以确立集中体现“师范性”的教育科学课程标准为起点，通过对教师教育课程内容改革、对课程重点内容提出教学方法建议，重点培养未来教师的教学能力、教化能力、评价能力和创新能力；突出学科教学法在专业必修课中的重要地位，要求师范生重点学习五类知识：关于学科地位和结构化方法的知识、转化教学内容的媒介语言知识、运用学科教学法和心理教育规律的研究性知识、学业评价的知识和关于学生特征的知识；并从知识类别的角度重塑对学科专业的认识，重点掌握“固定的、结构化专业知识”“全局性知识”“技术性专业知识”“反思性知识”和“跨专业知识”。正如瓦尔德·特哈特所说，“教师教育是一个持久的施工现场”。如此大力度的改革，在实践中总能反复感受学术性与师范性之间的复杂关系，难以轻易达到预期的目标。德国洪堡大学在培养教师的过程中依然存在“师范性”导向并不总是有力，对学科教学法的学习要求因科目而有差异和部分师范类课程“学术性”导向明显等问题②。

三、理论与实践融合不良

理论与实践的辩证关系既是哲学中的本体论问题，也是人类认识世

① 徐辉. 建立师范大学学术性与师范性的新结合模式［J］. 教育研究，2004，25（9）：10-11.

② 巫锐. 学术性与师范性的张力：21世纪德国综合性大学教师教育课程体系改革研究［J］. 教育发展研究，2021（9）：56-62.

界、改变世界需要面对和处理的基本关系，还是人们行动中通常会面临的疑惑或困境。一方面，人们认同理论来源于实践并返身作用于实践，两者密不可分，统一于生活、改造世界和科学理性批评中；另一方面，人们又在行动中区分理论与实践，将两者隔离甚至对立，形成理论与实践的二元对立论，视理论为实践的指导，实践决定理论的来源、生产和价值，但需要一定的中介来弥合理论与实践的裂隙。在教育研究与教师培养中，理论与实践的关系是众多学者关注、思考和研究的基础性问题。叶澜称其为“多年煮不烂的老问题”，高伟则认为这是“劳而无功”的“虚假问题”，是将哲学本体论问题转借为教育的知识性问题，是主体的价值表达，无论将其作为理论问题还是实践问题都是不妥的①。

（一）教育理论与教育实践脱离严重

舍恩认为纯粹科学知识、应用科学和应用技术内在的知识的序列性层级结构是理论与实践二元存在的前提②。陈桂生从基础科学、技术科学和工程科学的序列关系来说明理论迈向实践的天然距离③。布雷钦卡对教育学进行教育哲学、科学教育学和实践教育学的区分也显示教育理论和教育实践遵循各自的“逻辑”，有不同的价值取向和建构原则。由此反映出教育理论与教育实践的隔离、脱离的双向性和必然性④。

教育理论与教育实践相脱离表面看是教育理论与教育实践间有沟堑，实质反映出教育理论工作者和教育实践工作者之间的相互脱离，因为对教育理论与教育实践之间的“关联”状态的重视和改善最终都要落实到教育理论工作者和教育实践工作者身上来。李秉德先生梳理了教育理论与教育实践的“两张皮”现象：一是一线教师未认真系统学习教育

① 高伟．一个“劳而无功”的虚假性命题：评“教育理论与实践关系”之争［J］．北京大学教育评论，2005（2）：59-64.

② 卜玉华．教师教育及其研究何去何从：从教育理论与教育实践的关系展开的思考［J］．教育理论与实践，2004（6）：51-55.

③ 陈桂生．“教育理论与实践关系问题”的再认识［J］．湖南师范大学教育科学学报，2005（1）：8-10.

④ 李润洲．实践逻辑：审视教育理论与实践关系的新视角［J］．教育研究，2006（5）：15-18.

理论，只按惯习、经验或模仿开展教育实践；二是理论工作者未深入了解基础教育实际，“空想”出理论或机械照搬理论的情况较多；三是理论表达与实践话语之间无法对接；四是理论应用缺少专门研究（即叶澜先生说的在理论思维和实践思维间存在巨大裂口）；五是一线教师应用理论的态度和方法存在问题①。这些问题同样存在于教师培养中，主要表现为教师职前培养与职后培训及发展中理论与实践的分离。

1. 职前培养的实践性不足及实践与理论的分离

教师职前培养的师资、课程及活动设计的实践性、科学性不足，导致理论与实践分离较严重。在教师职前培养中，教师教育者分为理论课教师和实践课教师。理论课教师中的学科专业教师较多来自综合性大学或科研院所，本身的师范教育经历或者缺失或者不多，其引进与培养更重视学历和理论知识水平。教育理论课教师多来自教师教育为主的院校，一般需取得硕士或博士学位，无明确的实践要求。理论课教师较多关注学科专业发展或教育理论发展，较少关注基础教育学科教学和教育实际，能深入了解、熟练把握基础教育教学内容、特征者更是寥寥。实践课教师主要有四种来源：一是有中小学教学经历的教师，或者是因为紧急需求直接调入高校任实践课程教师而后逐步提升学历，又或者是提升学历（一般是考取学科教学研究生）后进入高校工作；二是教学论教师根据学校和学科要求在中小学挂职锻炼（时间和次数不等，一般都有学科教学实践），或与基础教育学校合作开展长期、深度的教育教学研究与实验，增加基础教育教学实践体验；三是直接聘请中小学优秀教师指导师范生的教育教学实践，多以实践课教师和“双导师制”的实践导师两种形式进行；四是由本专业邻近课程的理论课教师充任实践课教师，由于缺少基础教育实践体验与深度认识，其实践指导效果不如前三种。总起来看，教师教育者，尤其是高师的学科教学论教师的能力与实践经历都无法达到理论和实践融合的要求。

教师职前培养中实践严重不足。实践是专业区别于学术的一个核心

① 李秉德. 教学理论与教学实践“两张皮”现象剖析 [J]. 教育研究，1998 (7)：32-33.

特征[①]，也是理论发展与应用的旨归。在我国当前的师范教育中，实践薄弱积弊已久。虽然在世纪之交的教育改革中得到明显加强，也创新出实习支教等时间更长、环境更“保真”的实践形式，但距离新时代对教师综合素养的要求依然很远。主要表现为实践课程开设不足，校外实践活动总量不够，过程与方法的实效性还不强，实践课程与实践活动构成的实践教学体系还不够成熟。就实践课程的开设而言，目前主要是针对教师基本技能的课程，如“三字一话”“微格教学”等。在教育实习前针对基础教育教学实践问题的研究性课程较少，实习后开设的“教育研习”有对实习中各种教育教学问题的反思与讨论，但缺少再次实践验证和循环改进的机会。随着对理论与实践关系认识的深入，同时配合教师资格证认定和师范专业认证的要求，理论课程也需要加大实践的比重。在近几年的师范专业人才培养方案中，对部分适合开展实践的课程设置了课时不等的实践活动，但受制于师资、经验和惯习，目前还没有较成熟、有效的程序和方法。从实践活动看，原来仅有 1 次的教育见习增加到至少 3 次，一般分布在第二、第三和第四学期，每学期一周时间，主题分别为“了解学校和教师”“了解学生”和“了解教学”；教育实习由 2 个月延长到一学期，实习学生的试教机会也由有限的几次变为对一门课程的完整的教学，这对增强未来教师的实践能力有很大的改善。但依然还存在实践过程、方法不够有效，实践教学体系化不够科学和成熟等问题。与欧美一些卓越教师教育项目相比，我国目前多数职前教师教育总计 3 周的见习时间依然不够。每个主题只有一次机会且仅有一周时间并不符合人们的认知规律。在见习中高校指导教师和见习学校指导教师的指导相对较少，对见习中发现的问题及其解决的“习明纳”式的总结、分享和讨论也不充分、深入。师范生的见习过程与教师发展学校的建设过程未能有机结合，也少有把某些由高校教师和实践指导教师共同执教的实践课程开到教师专业发展学校，把见习、讨论、特定课程学习和实习等有机结合成实践教学系列，这些都不利于在教育理论与教育实

① 崔允漷，王少非．教师专业发展即专业实践的改善［J］．教育研究，2014（9）：77-82.

践的多次循环往复中逐步促进两者间的融合。

2. 教师职后培训与发展中的理论与实践分离

在教师职后发展和培训中，同样存在理论与实践融合不良的问题。以实践为主要活动内容和特色的一线教师，在培训和研修中既需要得到理论的提升，也希望带来实践的改良，但理论与实践的双双提升并不意味着理论与实践的融合有显著变化。因为给一线教师培训的通常是理论专家，以及较少懂得理论又有丰富实践经验的一线专家和教研专业人员。由于理论工作者和实践工作者有各自不同的工作目标、工作内容、工作方法、工作路径和研究领域，学术性强的理论研究与技艺性强的实践研究之间通常处于相互隔离、甚至相互批评的状态，导致参加培训的教师或者能听明白但用不好理论，或者能模仿改进实践但无法进行理论阐释。教师收获的大小、理论与实践融合的多少，在很大程度上取决于参训教师的悟性。叶澜先生看到教育理论与教育实践之间的巨大裂口，建议“思维”需在“断裂处穿行”，即需要一部分专门工作者来搭建“理论与实践之间的桥梁”，专门研究把理论成果应用于实践的复杂艰难的转化过程和把实践经验与成果提炼、升华为理论的“提纯”过程，“穿行”在“思维断裂处”。

高师院校学科教学论教师和基础教育教研员是专门从事理论转化、应用的上佳人选。但是，一方面，高校学科教学论教师总量不足，专业性不够高。高校学科教学论教师是极为特殊的一个群体，在理想状态下，应是专业理论和教育理论较强，非常熟悉学科教学实践的教师。这需要完成两类融合：首先完成学科专业与教育专业的融合，十分了解学科教学；其次完成学科专业知识与教学实践的融合，非常熟悉基础教育的学科教学实践。当前，学科教学论教师除了少数由学科教学硕士或课程教学论硕士（博士）培养的专业性学科教学论教师外，其余或者由中小学教师提升学历后进入高校，或者由专业课教师“中途”转型而来，或者由能力较强的中小学学科教师直接调入高校，也有少量由能力强、经验丰富的基础一线教师兼任的。在这五类教师中，第一类教师有理论指导下的理性实践，但实践经验相对不足；第二类教师具有实践经验支撑的理论提升和理论寻根，理论与实践的融合相对较好；第三类教师的教育理论和中小学实践都相对薄弱，但专业深度和广度较好；第四类和第五类教师都是新的时代背景下实践土壤中培育出来的研究型教师，对学科、教学都非常熟悉，但教育理论素养相对较弱。

如果建立教学论授课与实习指导轮换的制度（实质是特定班级的联动包干制度，即让第五或第六学期的教学论课程教师在下一学期跟随该班指导实习），就能让教学论教师通过指导实习检验教学论知识与实践的有效性，也便于根据实习生情况给予针对性指导，更可以利用上一届的实习指导经验优化下一轮的学科教学论教学及实习指导。这就要求同一专业的学科教学论课程至少有两位教师任教，每位教师每年都有一半的时间在基础教育学校。但多数师范院校对学科教学论重视不足，没有提前储备充足的学科教学论师资，一般没有实施该制度。

另一方面，肩负专业引领和行政督导双重职责的教研员通常履行组织、督导等行政职能较为突出，履行研究、指导等专业职能不足。教研员作为“专业领导者”，其角色定位经历了由“负责教学研究和教师学习”到“努力培养教师的业务能力”，再到“服务基础教育课程改革”的变化①，需要承担为教育行政部门决策提供依据、组织教材、教学检查和质量评估、研究教育、组织教学研究活动、指导教师及总结、推广教学经验等职能②。在工作实践中，教研员通常更多地发挥组织（竞赛、评比、检查等）、督促和管理等职能，而弱化了自身的专业研究、专业领导（含专业指导、教育测评和课程开发等）和专业服务等职能，未能很好地承担起研究教育实践、转化应用教育理论总结推广教学经验等职责。因此其在教师培训中会更多着眼于实践技能的提升和方法、策略的改进等，在理论阐释、理论应用甚至理论创生方面相对涉及较少，对促进参训教师的理论与实践融合的意义不大。有专家建议，教研员也

① 宋萑．论中国教研员作为专业领导者的新角色理论建构［J］．教师教育研究，2012（1）：18-24.

② 卢乃桂，沈伟．中国教研员职能的历史演变［J］．全球教育展望，2010（7）：66-68.

要重视专业发展，需要通过专题培训、网络研修等方式着力提升自己的课程发展能力、专业服务能力和自我发展能力①。

就培训过程看，当前的教师培训大多是对象混杂、内容广泛的专家讲座式。理论专家的理念引导与新理论、新方法介绍和实践专家的问题梳理及经验分享等都是教师学习和发展的宝贵资源。但是，由于缺少工作坊、小组讨论与操作、案例分析及分学科的“同课异构”展示和后续逐步深入的研磨改进，仅靠理论专家的单方面知识输出和实践专家的“一己之长”展示很难让参训教师理解理论的精妙，弄清实践的关窍，并把理论轻松应用于实践。教师培训普遍呈现出观念滞后、针对性差、强制性和低效性等特点②。在学科教学培训中，如果参训教师在设计、展示“同课异构”的过程中，能说明设计的心理、教育原理和内容、学生的特点与要求等，抑或是通过讨论或专家指导后能说明白，就能较好联结理论与实践；如果参训教师在展示后的讨论与研磨中涉及具体理论和实践等，仍可以在相关专家介绍后对该理论或某实践展开深入的讨论，就会对理论与实践本身及其间的关系有更深入的认识和更好的应用。如果在班主任工作、学校管理等主题培训中既体现本土特色分享成功案例，也借鉴哈佛大学工商管理学院式“案例教学”呈现自身面临的“疑难杂症”（如班主任在班级管理及家校沟通中遇到的典型难题），并组织参训人员展开讨论和研究，将有助于扩展参训者的思维与视野并帮助其发展教育实践智慧。

四、职前教育与职后教育衔接困难

职前培养和职后培训是保证教师的资质和能力的两大关键阶段。在终身教育思想和教师职业生涯理论视野中，两个阶段各不相同却又有着内在的、必然的联系。在培养教师的专门学校由教师讲习所或训练所等发展而来的背景下，极少人关注教师的职前培养与职后培训的关系。伴

① 崔允漷. 论教研室的定位与教研员的专业发展［J］. 上海教育科研，2009（8）：4-8.

② 鱼霞，毛亚庆. 论有效的教师培训［J］. 教师教育研究，2004（1）：14-19.

随20世纪50年代美国教师教育大学化的发展，大量学科专业和教育专业理论课程的开设，逐步拉大了理论与实践的距离，也对教师素质提出了更全面的要求，教师专业发展引起人们的重视。在终身教育理念影响下，教师职业首当其冲受到影响，不仅需要关注培养对象的终身发展，也需要重视教师自身的终身发展。由此形成联结职前与职后的教师专业发展阶段，各阶段发展内容各不相同，但彼此间又有密切的联系，引发人们对职前教师教育与职后教师教育关系的思考。富勒、卡茨、伯顿及费斯勒等研究者纷纷提出总体相似但细节不同的教师专业发展阶段理论，将教师在职前的培养同职后的培训与发展联结起来，促使人们正视职前教育与职后培训之间相互分离的事实。

在教师教育体系中，承担教师职前培养任务的机构通常为师范院校和综合大学，承担教师职后培训的机构主要为教师进修学校（或教师培训学校）、教师发展中心和独立的教育学院等。职前培养机构有传承已久的教师培养模式和稳定的课程结构，这种模式一般为通用型，极少针对特定地域、特定类型的学校需求。在培养的未来教师的知识、技能和思想素养都达标的情况下，依然会出现较多教师不适应特定区域或学校需求的情况。简单说，职前教师教育培养机构只管“量产”，不管客户个性需求；培养过程注重理论性和一般性，不太关注基础教育和教学实际。与之相对，职后培训机构师资、图书甚至场地等相比高师院校都不具优势，在课程设计与实施过程中也多受传统模式影响，不但学历补偿教育基本按师范专业课程模式开课，业务培训也有较强的理论性。教师培训自身的定位没有明确，特色不够鲜明，对教师专业发展的助益远未达到其应尽之力。

大多数国家在教师教育理念和体系成熟前，都是师范教育和职后培训的一元双轨体系。教师职前培养与职后培训之间条块分割、体制机构分离、课程体系各自为政且低水平重复等现象十分突出，“不利于师资职前培养与职后培训的衔接与工作的协调，不利于充分发挥师范大学为基础教育服务的巨大潜力，不利于教育理论与教育实践的结合与发展，不利于教学工作专业化的推进”①。

1996 年，《教育——财富蕴藏其中》以终身教育为教师教育和教师专业发展的指导思想，确立了教师教育的连续性、一体化及可持续发展原则②，十分重视教师培训的作用，并号召加强教师培训机构与大学之间的联系。“一般来说，在职培训在决定教学质量方面的作用如果不是更大，至少也是和启蒙教育（职前教育）一样大。……教师培训机构和大学之间的联系也应进一步加强。”③ 进一步强调教育格局目前发生的变化为协调所有学习空间创造了良机，可以在正规教育和培训机构以及其他教育经验之间产生协同作用，并且为试验和创新提供了新的机会。……我们必须反思师范教育和培训的内容及目标。……在不断变化的全球化世界中，必须根据教育面临的各种新要求和新挑战，不断调整和反思教师的使命和职业。美国教育学者约翰·古德莱德曾说：“学校若要变革进步，就需要有更好的教师。大学若想培养出更好的教师，就必须将模范中小学作为实践的场所。而中小学若想变为模范学校，就必须不断地从大学接受新的思想和新的知识，若想使大学找到通向模范学校的道路，并使这些学校保持其高质量，学校和教师培训院校就必须建立一种共生的关系，并结为平等的伙伴。”④ 意思是说，大学与中小学合作共生的关系于双方都是有利的，而要在双方合作中取得良好成效，离不开大学与教师培训机构的合作。

理论上说，任何学科专业的人才培养都需要考虑相应行业对人才的需求，但少有学科专业会考虑培养的人才进入行业后的发展状况。教师在教育中的特殊作用和基础教育与教师教育之间循环制约的培养过程，导致教

---

① 师范教育一体化课题组. 上海市教师教育一体化的战略思考［J］. 高等师范教育研究，1998（5）：3-7.

② 联合国教科文组织. 教育：财富蕴藏其中［M］. 联合国教科文组织总部中文科，译. 北京：教育科学出版社，1996：247-268.

③ 联合国教科文组织. 教育：财富蕴藏其中［M］. 联合国教科文组织总部中文科，译. 北京：教育科学出版社，1996：141-143.

④ 杨朝霞，王丽珍. 国内外中小学教师职前培养模式的比较研究［J］. 黑龙江高教研究，2013（5）：59-61.

师的培养不仅需要考虑当前基础教育的需求，还必须考虑教师未来持续的发展。这种考虑在终身教育思想、教师职业生涯理论和教师教育改革的加持下不断被强化，逐步演变成教师教育职前、职后一体化的呼吁和探索。即按终身教育思想和教师专业发展理论的要求，对师范教育、入职辅导和在职培训进行全程的规划设计，打通并融合基础教育师资培养和在职教师培训的通道，建立起各阶段在目标、内容、方法等方面既有所不同又具有共性和相互衔接性，既各有侧重又有内在联系的教师教育体系。

被公认为拥有世界一流基础教育的芬兰，也拥有最优秀的教师队伍。基于选拔最优秀的人才做教师的目标，不仅通过《芬兰教师教育法》对各级各类教师提出研究生学历要求，还严格把控师范生入口，通过学术水平评估、书面问题和能力情绪测试、综合性心理测试与社交能力测试以及交流技能的个人面试等程序筛选10%左右的申请者进入师范教育，通过教育学、教学法和教育实践等课程培养基础良好的教师。这些教师进入基础教育学校后，既有正式的学校适应培训、教学入职培训，也有大量的、不同类型的非正式入职活动。其中，新教师的“指导者”起着关键的作用，这些指导教师不仅会严格审查筛选，还经过大学的继续教育中心和教师教育系的专门培训，内容包括“怎样实施国家课程，如何与家长、校长、学校和学生合作”等。为了密切职前培养与职后培训的合作，芬兰有资格开办教师教育的9个综合性大学中8个有教师培训学校。综合性大学及其培训学校与暑期大学和开放大学分别设置有不同类别、主题的教师培训课程，以网络课程、专题讲座、研讨会、辅导课程、强化培训和考察访问等多种方式开展，并有40学分的专业发展测试（Professional Development Examination，简称PDE），以激发和保证教师们专业发展的动力和行动①。与芬兰的继续教育情况类似，俄罗斯的教师继续教育主要是由师范院校开设面向在职教师的教育硕士的理论与实践课程，主要以专修班、教学—研究团体、咨询会等形

① 王钰巧，方征. 从TALIS（2013）解密芬兰教师教育一体化的经验与启示［J］. 外国中小学教育，2016（5）：44-48.

式进行[①]。英国在 2002 年颁布实施《英国合格教师资格标准与教师职前培训要求》之后，很快出台了入职教师（入职教育合格者）、资深教师、优秀教师、高级技能教师四个专业标准，将教师培训司（TTA）更名为学校培训与发展司（TDA），整合和修订五个标准使之成为一体化的教师专业标准框架。各阶段教师标准从时代对教师的素质要求出发，均包括专业素质、专业知识与理解和专业技能三个维度，既体现合格教师的基础性，又突出教师专业发展的阶段性。英国一体化的教师专业标准框架是建立在机构合并和课程整合的基础上的，以一体化的教师教育制度为前提和保障[②]。

与其他国家教师职前培养与职后培训相互隔离不同，日本走了另一个极端。由于教师优厚的待遇和教师资格证书的考取难度较低，许多并无教育热情与理想的大学生纷纷加入“证书教师”行列，导致日本的市场化教师培训十分火爆，高校纷纷下场抢占教师资格证书培训市场，几乎所有大学都开设了师资培育课程，冲击了其他研修性培训，甚至在一定程度上扰乱了现职研修的设计、实施与效果。2006 年日本提出“教师资格制度要向以大学的教师教育课程内容为教师最低限度的必要资质和能力”的改革要求，强化了大学在教师培养和培训中的地位，也在一定程度上促进了教师培养与培训的改进。其后一些县教育委员会纷纷直接与大学签订教师培训协议，大学成为教师培训的主力[③]。目前，多数国家和地区已经完成职前与职后的机构归并管理机制建设，也设计出相对完整的一体化课程体系，尤其是大学成为教师培训的主要力量。但机构归并后的隐性分离依然存在，职能定位与分工还不够科学，一体化课程建设并不成熟，原有的两套师资也未能充分发挥整合效益。主要原因在于这两个阶段体系庞大，构成要素和影响因素众多，各阶段内部的改

① 刘继芳，李劲松．俄罗斯师范教育结构及课程设置概述［J］．绥化学院学报，2005（7）：85-87.

② 王艳玲．英国“一体化”教师专业标准框架评析［J］．比较教育研究，2007（9）：78-82.

③ 刘学智，陈淑清．日本基础教育中的教师教育改革：经验与启示［J］．东北师范大学学报（哲学社会科学版），2011（4）：228-231.

革尚未完成，统筹协调的难度极大。如喀什师范学院（2015年更名为喀什大学）与喀什地区教育局合作，从2010年开始承接高中教师培训任务，但由于合作单位行政级别差异、双方责权利不对等、合作人员的观念不同等因素的影响，合作具有明显的离心性，无法形成一体化的理念、机构、师资和工作机制等。2014年后合作终止。

无论是美国探索出“院校培训模式”，还是英国在实践中总结出“中小学培训模式”，最后都走向协作的培训模式。美国以“教师专业发展学校”（PDS）为代表，英国以“校本教师培训计划”（SCITT）为代表。“教师专业发展学校”的功能定位类同于医学教育中的“教学医院”，旨在训练未来教师提升其专业实践能力，为未来教育准备合格的师资。“教师专业发展学校”沟通职前与职后的实践效能突出，在美国得到迅速而良好的发展。我国亦模仿借鉴建立了“教师发展学校”（TDS）。由于理论与实践的隔离，大学和中小学之间“场域”和“实践范式”的巨大差异，加上大学与教师培训机构的本位主义、制度惯性及大规模系统对接协调自身的难度，当前教师教育一体化建设的各种美好构想并未完全实现，“教师专业发展学校”或“教师发展学校”的建设也远未达到预期和初衷，致使教师教育一体化实践研究的热潮逐渐回落，有学者甚至对此不甚乐观。但大家都颇为一致地认同：实习支教可能是联结职前与职后教师教育的“突破口”。

第三节　教师培养的“中国困境”

一、教师教育系统性、实践性不足

我国在工业化、信息化、城镇化和市场化同时推进并深入发展的形势下，对高质人才和优质教育的需求空前高涨，教师教育作为人才培养和教育发展的“工作母机”被高度关注，这与我国教师教育实践薄弱、制度僵化、模式单一、变革滞后、职前职后分离等现实形成强烈反差。推进教师教育改革、提高教师培养质量势必成为我国当前和今后一段时间教育改革的重点、难点和生长点。改革开放30多年来，我国教师教育在体系建设、制度保障、培养质量、培养模式的改革探索和对教育事业的贡献率等许多方面均取得了历史性成就：教师教育体系由弱到强，由封闭走向开放，从培养培训分离走向职前职后一体化，从单一主体垄断到多元主体参与，由中师—大专—本科旧三级模式向专科—本科—研究生新三级培养模式转变，学历结构上扬，专业水平逐步提高，民办教师、骨干教师、新教师、农村教师分类培训成效显著，教育技术发展迅速，已经基本形成灵活开放的教师教育基本体系。但是，与我国迅速增加和提高的人才需求、教育需求相比较，我国教师教育质量和水平还远远不能满足现实需求，“无论是全面实施素质教育、全面提高教育质量，还是全面推进新课程改革，大家都认识到，师资问题是全部问题的瓶颈。教育理念、教育体制、基本条件、外部条件等基本解决或具备一定基础后，关键的问题就集中在师资”①。在综合性大学培养教师形成教师教育的“繁荣”景象和师范院校逐步走向综合化之后，教师培养异化、错位现象日渐显现。经过实践验证和理性反思，教育部要求现有师范院校一律不得抛弃“师范”的根本属性，并对一批育师不佳的综合大学进行清理，撤除了部分培养教师的教育学院或师范学院，这明显是对“师范性”的返归、固守和张扬。

教师教育自身存在的偏误与缺漏严重影响教师培养质量。“我们的教师教育漠视教师的生活世界，缺乏对教师主体的关注，缺乏对师范生和教师自我成长力量的培育，缺乏理论与实践的连接。”② 一方面，高师培养的新任教师因脱离基础教育实践而不能满足基础教育的需要；另一方面，农村基础教育师资缺口巨大但却补充困难，形成“供需两旺”与“供需不足”，出现大量师范生毕业即失业与大量教师岗位“虚位以待”同时并存的现象。教师职前培养思维定势明显，依然存在理念相对

---

① 教育部师范教育司组．加强与改革教师教育服务基础教育：教师教育文件、经验材料选编2006年卷［M］．北京：高等教育出版社，2006：28.

② 朱桂琴．教师的实践性格［D］．武汉：华中师范大学，2009：3.

落后、实践严重不足、培养模式单一等问题；教师职后培训既有“一元双轨”体制带来的职前培养与职后培训的办学层次水平倒挂，也有在改革及体制转换中出现的职后培训理论及实践模式空白等问题①。教师培养与入职适应和职后提升之间或者互不关涉，或者交叉雷同，不能体现和适应教师专业发展的内在规律，在培养优质师资方面未能形成合力，致使师资培养质量低下且提升困难。怎样才能切实、有效地提高教师教育的质量，进而提高教育的整体质量呢？当前主要的应对思路是顺应国际教师教育发展形势：外部推进教师教育一体化，将教师培养与培训纳入整合良好的统一体系，在终身教育思想指导下对教师职业生涯进行整体设计并提供相应的发展机遇与环境，在机构一体化的基础上，逐步追求职前职后课程一体化、师资一体化和评价一体化等。内部则是大力推进教师教育实践教学改革，改进每一培养或培训阶段的实践教学内容、形式及其实施过程，并形成与一体化组织形式相应的、贯通教师培养培训全程的实践教学体系。这需要对我国教师教育发展的一体化状况及实践教学现状有较为深入的把握，了解基础教育尤其是农村教育发展对教师数量、质量、结构等方面的需求，在需求与现实的对接中把握机遇、发现问题，进而探求解决之道。

二、教育系统生态化不佳

教育是社会大系统中的一个特殊子系统，教育系统自身又是一个复杂的生态系统。不同教育生态主体之间既有相互依存的共生关系，又有相互排斥的竞争关系。城乡、区域、阶层和民族等差异加大了教育生态系统的复杂程度。在广大农村地区、西部地区、民族地区，教师质量成为经济—教育—人才循环制约的“贫困环”中最为关键的制约要素。培养合格的未来教师与改造现有的不合格教师，成为提升教师教育质量、推动教师教育发展的“左右腿”，都是当前教育发展的迫切需要和教育改革的核心内容。随着我国教育改革进入“深水区”“攻坚期”，从生态

① 徐莉．对我国教师在职培训现存问题的思考［J］．教师教育研究，2004（4）：21-25.

视角系统设计、整体推进教育发展是破解当前教育改革难题，尤其是师资“瓶颈”的主导思路。“全面、协调、可持续”就是对教育系统生态化建设的根本要求，中共中央、国务院《关于全面深化新时代教师队伍建设改革的意见》明确指出教师培养要“推进地方政府、高等学校、中小学‘三位一体’协同育人”。

然而，我国当前的教育生态状况并不乐观。各教育主体（主要指学校组织，下同）之间既没有错位发展形成有序的良性竞争状态，也缺少相互合作形成的互利共生状态。对应国际上以“入学机会均等”“提高教育质量”和“教育特色发展”为主题的三次教育改革浪潮，我国教育主体已进入“教育特色发展”阶段，这在一定程度上改变了过去中小学“千校一面”的状况，但也可以看到，中小学的发展特色尚未完全形成并定型。更遗憾的是，大学与中小学作为目标不同但又内在联系的教育主体，尚未建立起健康、有机的伙伴协作关系。根据格乌斯提出的“生态位”原理，同一类型的教育主体需要科学定位自己办学目标与特色，找准自己的“生态位”，通过错位发展形成既有序竞争又多姿多彩的生态样貌，以合理而充分地利用各种教育资源；不同类型但却有内在联系的教育主体则需要相互协作，在资源的整合和深度的协作中结成互惠双赢、和谐共生的生态关系。基础教育学校与培养师资的高校，因为其间的循环制约关系，需要且必须结成协作共生关系，即在尊重各教育主体基本生态过程的前提下，以系统观为指导，通过科学准确的“生态位”定位，依据“动态平衡”“协同进化”“适度”等生态原则，优化设计高校与中小学之间的合作机制与路径，在高校与中小学之间及主体与外部环境的“能力—物质—信息”的交换中推进高校与中小学之间的有机关联、持续改进和整体发展。

高校与中小学的直接联结是师资培养，尤其是教师的职前实践方面。作为专业人员的教师在职前培养中需要像医学生一样开展充足的、高质量的专业实践，这需要中小学的高度认同和积极配合。但是，很多中小学从自身教学质量考虑，对实习教师进入校园比较担忧甚至拒斥，即使勉强接受也多是应付性或常规化的安排，较少精心组织和指导。加上实习生实习前的教学实践技能不强，实习中时间有限，教学实践和指导反馈的机会都不多，实习效果一直不尽如人意。职前实践的缺乏和低效反过来影响在职教师的整体质量和长期发展，教师教育作为教育系统“工作母机”的作用难以彰显。

近年来教师资格证认定和师范专业认证推动了教师教育改革，使教师培养的实践性、系统化明显加强；在扶贫攻坚的系统改进和城乡义务教育均衡发展中乡村学校的建设取得显著成效，《乡村教师支持计划（2015—2020 年）》颁布实施后乡村教师的待遇与地位有明显提升，专业发展得到有力支持；乡村教育的整体生态也大为好转。但很多问题到今天依然没有根本性解决，还需要我们去思考和探索：教师的专业能力如何才能提高？理论学习与实践训练怎样结合才能反映理论与实践的正确关系？预备教师的专业能力与其日后专业发展有何关系？预备教师培养与在职教师提高之间该怎样结合？教师质量的提高能否对整个教育产生基础性、全面性、持续性的影响？这种影响如何尽可能地被稳固和优化？

三、贫困地区乡村教育师资发展制约太多

我国城乡之间的封闭与分割、城乡资源的行政性配置和国民待遇的非普惠性导致了城乡发展的巨大差距①。乡村教育，尤其是贫困地区乡村教育的发展不可避免地会遇到多种因素的阻碍和制约。首先是教育发展基础薄弱。在多年历史积淀中，贫困地区的教育体系虽然基本完备但并不十分合理，只能基本应对当前教育需求，缺少提前预判的布局；教育投入的历年欠账导致教育基本条件较差，教育设施短缺或陈旧；较低的教育质量打击了学生、家长对本地教育的信心，导致优质生源被县、市等教育“高地”层层“抽吸”，大量无力“外逃”的学生则是因为父母不重视教育或无力参与子女的教育；流失严重、补充困难且发展缓慢的师资是制约贫困地区乡村教育发展的关键。“贫困的、少数种族学生

① 杨卫安，邬志辉. 城镇化背景下中国农村教育发展的路向选择［J］. 社会科学战线，2015（10）：239-246.

比富裕的学生更有可能遇到未受训练的、缺乏经验的老师”① 并不是美国独有的现象，在我国及其他国家也有类似情况。受经济发展、自然条件和文化发育等的影响，贫困地区的乡村教师流失更严重，引进与提升更困难，经过层层“筛选”后留下的乡村教师总体质量明显下滑，新补充的教师也不得不降低门槛，在职教师的资格认定、职称晋升等标准也一再降低，由此形成下行循环，日益拉大与发达地区的差距。家庭教育缺失、硬件设施短缺、生源危机和优质师资流失等导致今日乡村教育的生态变得极其脆弱。

其次是教育投入有限，客观阻碍较多。在中央与地方共担经费投入责任的教育财政政策下，贫困地区的教育投入常常严重不足。多数地方领导者都会把有限的财政收入用于改善基建和民生，较少投于建设周期长、见效缓慢且不易考核的教育事业。唯有当某些教育硬性指标与主政者政绩考核挂钩时，才能得到较好地推动与落实，如“两基国检”“义务教育均衡国检”等。其中既有当政者理念上是否重视教育的影响，有“巧妇难为无米之炊”的无奈，也有上级政府支持、督促不力的结果，还有当地教育管理者在经费筹措与使用方面缺少胆魄与创新的缘故。在乡村偏远地区存在大量小规模学校，其生均办学投入大大高于其他学校，但它们是保障义务教育顺利开展、体现教育公平和维护乡村文化的重要存在。虽然多数地方已经通过撤点并校将办学权上移而大量缩减小规模学校，逐步形成“县办中学、乡办小学、村办幼儿园”的格局来集中和优化办学资源，但部分人口稀少的地区因艰苦的环境与交通条件等，依然保留了远离乡镇的小规模学校，其师生配比、课程开设及各种素质教育实践开展等均存在不少困难。

最后是教育发展理念及管理水平待改进。从已有研究与实践看，贫困地区乡村教育大多存在理念陈旧、管理落后等问题。无论是乡村教育教学过程、乡村教师发展还是乡村教育管理等，都存在十分显著的二元

---

① DARLING-HAMMOND L. 有力的教师教育：来自杰出项目的经验［M］. 鞠玉翠，等译. 上海：华东师范大学出版社，2009：12.

对立思维，处处体现出二元的对立与选择。比如教学目标中“知识”与“规范”、班级管理方式中的“体罚”与“引导”、教师管理中的“处罚”与“激励”、教育管理中的“刚”与“柔”等。不可否认，二元代表了事物相对的两个方面，是人们认识事物、处理事务的基本判断依据。但二元对立思维“非此即彼”的思维特征让人们看不到事物的多样可能性，更难有探索多元结合创新的意识。二元对立思维还导致管理者系统演化思维缺乏，本位主义思想严重。教育作为复杂系统，不仅由学生、教师、教育方法、手段、评价等诸多内部要素构成，也受到经济、文化、人口等多种外部因素的影响，更需要内部诸要素的深度协和和内外要素的协同。仅仅教育系统内部的学生、教师和学科三者构成的关系就被喻为“魔鬼三角”，更别说其中从微观、宇观回到宏观的“回采”、从静态“存在”到动态的“演化”、从线性到非线性的复杂系统演化观下的教育系统与人类社会①，其多变性、复杂性可见一斑。在教育系统内部，课堂、学习共同体、学校和区域教育等是不同层级的系统。课堂是直接影响学生学习和教育质量的微观系统，也是教师发挥关键作用的阵地。因此，课堂的设计与实施就成为关键中的关键。在课堂中，教师都明白开发课程、明确学习目标、检查学习效果及协作学习等的重要性。如果教学改革仅以其中某项为着力点，进行一些修修补补或小打小闹，只能让人精疲力尽而收效甚微。系统思考让我们“对世界的看法从机器变成了网络”，将每个对象都看作更大系统或生态系统的组分，而不是孤立的个体。系统思考者以宽广的视野和整体的思维看待情境或问题，更关注“关系”“交流”“应对”和“可持续性”，同时对系统内部各要素的变化及复杂因果循环性进行探究，并确定相应的系统行为改变，关注行为的短期后果和长期后果。教师甚至也可以把学生个体视为一个系统，学生的认识、观念、行为之间有密切关系，学生的德、智、体、美、劳等各个方面也相互影响。

教育管理者缺少系统演化思维则难以准确定位分管工作的价值及其

① 颜泽贤. 复杂系统演化论［M］. 北京：人民出版社，1993：6.

与其他工作之间的关系，缺少不同要素、环节或主体间的密切配合，即使付出十分的努力也难收到六七分的效果。没有系统演化思维就难以看到教育的整体性、秩序性及其发展性，是教不好学生、管不好学校，也办不好教育的。

第四节　教师教育发展的时代要求

“教育的演进与社会经济的演进是紧密相连的。”[①] 社会转型要求教育发生相应的转型，知识经济时代对教育的作用和质量都提出了新的要求，教师专业化则是满足这种要求的必需路径。教师专业化的演进带动了教师教育一体化进程，社会的可持续发展要求教育走生态化发展道路，教师专业化与教师教育一体化为教育生态化提供了可能和条件，教育生态化反过来又是促进教师专业化和教育一体化的重要条件和支撑。

一、顺应专业化、一体化、生态化的国际潮流

（一）专业化是教师教育发展的直接动因和内部支柱

“教师专业化”是教育界探索已久的课题。早在20世纪初，杜威就主张教育学院应像培养建筑师、工程师、医生、律师一样培养教师，在大学建立实验学校为教育研究和教师培养提供实践基地。20世纪30年代，教师专业化成为教育事业的重要议题和时代“充满希望的信号”。1955年，世界教师专业组织在土耳其伊斯坦布尔召开的会议要求建立完善的教师组织为教师争取更多的权利和更高的地位，拉开了教师专业化运动的序幕。20世纪60年代，为应对教师短缺而蓬勃兴起的教师培训机构机械、无序的发展状况及人口下降、教育经费缩减等导致的师范教育全球性危机，联合国教科文组织与国际劳工组织在巴黎召开会议，通过《关于教师地位的建议》，首次以官方文件形式明确了教师工作的

① 联合国教科文组织教育发展委员会. 学会生存：教育世界的今天和明天［M］. 北京：教育科学出版社，1996：221.

专业化性质和教师职业的专业化要求。终身教育思想推动下的教师专业化运动要求构建包含教育各个方面、各项内容，适应个体从出生到生命终结不间断发展需求的完全意义上的教育体系，培养适应“与生命有共同外延并已扩展到社会各个方面的连续性教育”[①]、能有效促进学生终身发展的教师。1986 年美国卡内基基金会发表《国家为培养 21 世纪的教师做准备》、1990 年霍姆斯协会发表《明日的教师》等报告，相继提出以教师的专业发展作为师范教育改革的目标。人们逐步认识到，“教师是发生在所有各级各类学校和课堂中并通过所有教育渠道进行教育变革的关键活动者”[②]，培养高素质教师是提高教育质量、促进教育公平的基础和关键[③]。教师专业化问题成为新世纪各国教师教育发展和中小学教师队伍建设的逻辑起点。以培养教师为主要目标和专门任务的教师教育在教育发展中的基础性、全局性影响日益显著，教师教育改革变得势在必行、迫在眉睫。在新的时代背景下，教师教育改革以“教师专业化”为核心散发出新的热力，从更新理念、革新内容、创新形式到鼎新标准，正经历着前所未有的全面而深刻的变革。对教师发展的关注重心从“量”到“质”、从“群体”到“个体”、从“外部”到“内部”、从“被动”向“主动”的转向，使教师专业化涵盖了以确立教师职业标准为核心的外在的、群体的、被动的教师职业专业化和以教师专业性提升为核心的内在的、个体的、主动的教师主体专业发展两个阶段和两层意义。其内涵也演变为以教师职业的专业化为基础和保障，以教师主体的专业发展为目标和指征，外在发展要求与内在发展动力有机融合，共同指向教师内在专业结构的更新、演进与丰富。随着教师教育发展路径从教师培训转向教师教育继而走向教师学习，理论与实践关系的矫正及

① 德洛尔．教育：财富蕴藏其中［M］．联合国教科文组织总部中文科，译．北京：教育科学出版社，1996：89-90.

② 联合国教科文组织．全球教育发展的历史轨迹：国际教育大会 60 年建议书［M］．赵中建，译．北京：教育科学出版社，1999：522.

③ 钟秉林，宋萑．专业化与去专业化：美国教师教育改革悖论：中美教师教育比较研究之一［J］．高等教育研究，2011（4）：56-61.

“实践中心”人才培养观的确立，专业实践对专业情意的培养与提升、对专业知识的获得与发展、对专业能力的形成与提高等作用逐步得到认可和重视，实践教学作为促进教师专业化的重要内容和基本途径而备受关注，在教师发展与教师教育改革中的核心地位逐步确立。

（二）一体化是教师教育发展的内在要求和外部保障

在零散的教师培训转变为系统的师范教育之后，教师的职前培养与职后培训开始分离为互不联系的两个阶段。这种隔离造成了教育资源的重复、浪费和教师发展的间断、低效，引发各界对教师教育质量的质疑和忧虑。1972 年，詹姆斯·波特在《教师与教育训练》中提出教师教育三阶段设想，认为教师教育必须包括职前培养、入职辅导和职后培训三个不可缺少的连续阶段，为教师教育一体化思想的形成及实践探索奠定了基础。1975 年，联合国教科文组织第 35 届大会发布的《关于教师作用的变化及其对于教师的职前教育、在职教育的影响的建议》强调教师培养与进修相统一的必要性，首次提出“教师培育一体化”概念，以思想指导和政策文件的影响力掀起了以教师教育一体化发展和质量提高为主要内容的教师教育改革。随着对教师专业化研究与实践的深入，人们发现，教师职业生涯周期与教师专业发展历程密切相关，且都具有终身性特点。1985 年，费斯勒根据实证研究结果提出教师生涯发展周期理论，教师职业发展由职前、入职、能力建构（competency building）、热心和成长（enthusiastic and growing）、生涯挫折（career frustration）、稳定和停滞（stable and stagnant）、生涯低落（career wind down）和生涯退出（career exit）八个阶段构成，为教师专业发展提供了依托和路径，也有力地佐证了教师教育一体化的必要性、可能性和可行性。1996 年，《教育——财富蕴藏其中》以终身教育为教师教育和教师专业发展的指导思想，确立了教师教育的连续性、一体化及可持续发展原则[①]。2002 年，库拉汉起草的《终身学习时代的教学生涯和教师教

① 联合国教科文组织. 教育：财富蕴藏其中［M］. 北京：教育科学出版社，1996：141-143.

育》再次阐明了教师职前培训、入职及职后教育相结合对教师教学专业持续更新的意义。可以说，终身教育思想影响下的教师专业发展自然地包含了教师教育一体化的内在要求。教师教育一体化实现了教师教育过程的连续、形式的统一、阶段的衔接、内涵的扩大和功能的完善①，成为促进教师专业发展、提高教师和教育质量最重要、最直接的现实基础和外部保障，也是当前国际和我国教师教育的基本趋势和主要特征。作为一种理念与实践，教师教育一体化为我国教师教育和基础教育改革设定了全新的思维范式和行动框架，深刻地影响着教师的专业发展，中小学校的效能改进，教师教育的理念、目标、内容、形式、评价等诸多方面。教师教育和基础教育的各项变革、规划与行动，都需要在教师教育一体化的理念框架和制度背景下重新设计。教师教育一体化与实践教学改革成为推动教师专业化发展之“两翼”：教师教育一体化为教师专业发展提供外部的组织保障和主要形式，实践教学则从教师人才培养内部制约教师专业发展的前期基础和总体质量，两者从纵向进程和横向要素分别成为促进教师专业发展和教师职业专业化的关键内容。推动教师教育一体化发展，在一体化进程中追求一体化目标、课程与教学活动的基本确立和有效实施，重点加强各阶段实践教学及其间的衔接配合，逐步形成职前—入职—职后一体贯通的实践教学体系，是当前教师教育研究的重要领域之一。

（三）生态化是现代教育发展的主要目标和基本原则

在全球化背景下，各区域、各行业、各系统之间联系的密切性、交流的便捷性和发展的平等性趋势日益明显，人与自然的全球性、技术性及价值性危机日益显著，“人类中心主义”带来的资源枯竭、环境污染、生态失衡等危害日益显现。应对工业文明危机，改善人与自然紧张对立现状的目标、愿望与生态学及系统科学的发展使人们逐步确立“生态中心主义”（非人类中心主义）观念，开始关注包括教育在内的各种社会系统的结构、功能与过程的要素和谐及动态优化，“生态化”成为各区

---

① 刘婕．专业化：挑战21世纪的教师［M］．北京：教育科学出版社，2002：170.

域、各行业、各系统化解共同危机的共同价值取向。“生态化”是以人与自然协调发展为主导思路，运用生态学、系统科学的原理和方法去认识和思考自然、社会与人的发展及其有序性关联，依据各自发展规律和相互关系最优地处理人与自然、社会之间关系的观念和实践。为顺应经济、政治、文化乃至整个社会的“生态化”发展趋势，化解自身发展中的生产性与生态性矛盾，作为人与社会的中介并受到自然生态系统与社会生态系统双重影响的教育，也将“生态化”作为现代教育发展的基本目标和未来教育发展的主旋律。运用生态学、系统科学的原理与方法，研究与识别教育系统的现象与问题，揭示并依据教育生态发展的规律，调控和优化教育系统各要素内部与外部环境的关系，提升教育系统生态水平，推动教育系统健康、协调、可持续发展，成为当前国际教育在新的时代特征、新的经济社会需求、新的理论发展和教育背景下出现的一种全新的发展趋向。在这一趋向下，现代教育必须充分认识自身在现代社会可持续发展中的地位和作用，调整自身价值理念与实践目标，通过教育理论研究、教育结构重组、教育政策转向、教育内容改革等重构现代教育系统，建设结构良好、要素和谐、功能互补的生态教育系统，培养具有生态知识、生态意识、生态智慧和生态道德的文明新人①。教师教育作为教育系统中处于特殊地位的组成部分，关系着教育发展的全部过程和整体质量。在教育生态化发展中更需要突出教师教育的生态特征和生态价值。

二、因应建构一体化实践教学模式的现实需求

加强实践教学源自缺少实践支撑的专业知识难以充分体现专业性而引发的专业信心危机②（表现为无法依照专业规范行事的失败感和无法帮助社会实现目标及解决问题的无力感）和实践在专业人才成长中体现

① 吴林富. 教育生态管理［M］. 天津：天津教育出版社，2006：11.

② A SCHON D. 反映的实践者：专业工作者如何在行动中思考［M］. 夏林清，译. 北京：教育科学出版社，2007：33.

的特质与作用。专业信心危机反映的是专业知识与技术理性的信心危机①，实质是专业领域中理论与实践的冲突与交锋。教师教育的主导价值取向从理论再返回实践的发展历程，本身已经说明实践与理论的密切联系和实践的源发性、目标指向性地位。实践是创新的基础，是个人综合素质形成、提升和完善的重要途径，理当成为专业教育实现目标、提升质量的必然路径。顾明远指出，教师职业的突出特征是实践性，教师须通过较长时期的专门训练，并经过“临床”实习，才能形成职业的专业性②。

“以大量不合格教师涌进学校为表象体现的教师教学经验的缺乏，使得许多学生被剥夺了受教育的基本权利。”③ 教学经验的缺乏反映的是教学实践的缺乏，更准确地说是教师职前培养中实践教学的缺乏。加强实践教学既是教师职业和教师教育专业属性的内在要求，又为众多教师教育改革实践所充分证明：在实践中培养与发展教师的职业信念与意识、教育教学基本技能、个体实践性知识及反思、研究的能力与习惯，是提高教师培养质量、推动教师专业发展的核心内容和主要途径。

鉴于典型化、简单化、系统化的理论不能代表复杂、烦琐、多变的实际生活，借由可以验证理论的价值，搭建理论与实践的桥梁（专业判断），提供可资学习的经验的实践，培养在复杂性、不确定性、不稳定性和独特性的实践情境中面对“道德价值、目标、目的和利益”的冲突仍能做出理性、适宜的选择的教育专业人员④，是教育研

① 徐学福. 理论失位与实践转向：20 世纪美国课程与教学研究的重心转移［J］. 全球教育展望，2011（5）：27-32.

② 顾明远. 教师的职业特点与教师专业化［J］. 教师教育研究，2004（11）：3-6.

③ DARLING-HAMMOND L. 有力的教师教育：来自杰出项目的经验［M］. 鞠玉翠，等译. 上海：华东师范大学出版社，2009：19.

④ 舒尔曼. 理论、实践与教育的专业化［J］. 王幼真，刘婕，编译. 比较教育研究，1999（3）：36-40.

究者的基本共识，也是教育实践者的共同选择。然而，实践若没有经过系统的规划、精心的设计、周密的安排，不仅不能实现上述价值目标和教育理想，还有可能导致高校师生、中小学教师对实践价值的普遍贬低和对实践活动的缺乏信心，导致师生负担加重而形成对理论学习与整体发展的冲击，加剧师范性与学术性的冲突。诚如刘力等研究者所言，教师培养与培训中教育理论与教育实践脱节，师范生实践能力不强，在职教师专业发展中指导力度不够，仍是制约当前教师教育实践教学改革的最为突出的问题①。实践教学要发挥理想的功效必须在与理论充分融合的基础上关注自身目标、内容、形式等的一致性、连贯性、层次性及谐和性，在连续活动的量积与多内容协同下追求最佳效果及其对总体效果的潜在贡献，以实现实践教学培育未来教师信念、技能、素养的最优化状态，这就要求实践教学关注实践设计与实施在纵向进程上的系列化和在横向关联上的整合化，最终形成一体化的实践教学体系。

从对教师终身持续发展的作用发挥来看，教师教育一体化是以观念一体化为先导、师资一体化为条件、课程与教学一体化为基本载体、机构与制度一体化为外部保障，整合教师教育内部各要素、整体推进实施过程。实践教学作为教师教育课程教学的重要组成部分，自然也是一体化的内部基础和要素之一。教师教育一体化实践教学既是内容一体化的重要组成部分，同时又关涉观念一体化、机构一体化和发展一体化，是实现一体化培养目标的主要依托、重要承载和现实依据，是体现教师教育一体化的核心指标、主体内容和关键环节。人及人的发展的复杂性决定了教育及教学活动的复杂性，关注教师的全员、全面及整体发展的一体化，实践教学内在地包含了教师教育活动的时空延展、过程衔接与要素整合。

---

① 刘力主. 协作与共赢：教师教育实践教学研究［M］. 北京：北京师范大学出版社，2012：2.

三、响应以实习支教促进一体化实践教学的政策要求

我国在城市化进程中出现的城乡二元经济结构，导致农村教育一直是我国教育工作的重点和难点。农村教育薄弱的发展基础和艰难的发展条件集中体现在农村师资的数量短缺、质量不高、队伍不稳等方面，师资成为制约农村教育发展的“瓶颈”。与此同时，我国教育实习长久以来“发育不良”，过于稀少的见习导致“有名无实”或“有形无魂”的实习状态，加剧了教师职前培养中理论与实践的隔离与割裂，引发人们对师范生培养质量及教师教育的批评。高师院校欲加强实践却面临寻觅实践基地及寻求合作培养力量不易等苦恼。鉴于我国教师教育发展实际，在国际教师教育改革潮流与成功经验影响下，我国于 2011 年开始颁布新的教师教育课程标准、教师专业标准，相关政策亦陆续出台，教师培养模式逐渐转变，要求对教育实习的理论、理念及其实施模式、组织管理等进行深入研究、试验、开发与论证①。

2003 年在总结西南大学“顶岗支教”的探索经验后，张诗亚教授提出将农村教师的补充、更新与高师实践教学改革相结合的“更新工程”建议②，构建集“实习、更新、支教”于一体的实践教学新模式，得到国家、学界和教育实践工作者的广泛认可。2005 年教育部开始“研究试行师范院校学生顶岗实习与支教相结合的办法”③。2006 年开始“组织高年级大学生实习支教”④。2007 年教育部总结试点院校的实践经验后下发《教育部关于大力推进师范生实习支教工作的意见》，要求在全国范围内规范、科学地推广实习支教，号召各地师范院校抓住机遇、

① 杨秀玉. 教育实习：理论研究与对英国实践的反思［D］. 长春：东北师范大学，2010：4.

② 易连云，兰英. 免费师范生实践教学体系探讨［J］. 西南大学学报（社会科学版），2007（11）：16-19.

③ 吕京. 师范生顶岗实习支教存在的问题及实现机制［J］. 中国高教研究，2010（6）：90-91.

④ 教育部. 关于大力推进城镇教师支持农村教育工作的意见［EB/OL］.（2014-08-18）［2006-02-26］. http://www. moe. gov. cn/srcsite/A10/s7058/200602/t20060226_81598. html.

推进改革，因地制宜、不断创新师范生实习支教工作[①]。实习支教以多项任务的整合为师范生提供真实的任务、情境和联合指导，也为高校教师、城乡中小学教师基于实践的协同发展提供了空间和可能，成为建构一体化实践教学模式的创新尝试。

① 教育部. 教育部关于大力推进师范生实习支教工作的意见［EB/OL］.（2007-07-05）［2014-08-18］. http://www.moe.gov.cn/srcsite/A10/s7011/200707/t20070705_145953.html.

第二章 “四元多维”模式的研究基础及主要内涵

第一节 已有研究述评

人才培养模式在一定程度上决定了教师教育的质量，实践教学是教师教育人才培养模式中最核心、最薄弱的部分。把握教师教育中理论与实践的辩证关系，考察教师教育实践教学及其实施模式，有利于形成对实践教学的基本认识和判断，确立研究的逻辑起点。实践教学模式作为教师教育系统中的一个子系统，不仅关系到教师教育的方方面面，也关涉教育系统的各个方面，是教育系统生态建设中关键的利导因子。

一、教师教育中理论与实践的关系研究

考察教师教育理论与实践的关系，以对理论与实践关系的认识为基础，以理论与实践在教师教育中的具体反映和表现为重点，在对理论与实践自身及其在教师教育发展中的关系演变的梳理中，揭示两者融合发展的必要性。

实践是推动人类文明由低级到高级、由简单到复杂、由封闭到开放，不断进化、不断提升的根本动力①。从人类初成的远古时期的泛化实践，到文明时代涵括德性、生产、交往的类化实践，再到整合德性、

① 石中英. 知识转型与教育改革［M］. 北京：教育科学出版社，2001：3-4.

生产、交往的总体性实践，实践的内涵及人们对实践的认识在不断变化，整体的发生又整体的影响人的整体发展的整体性实践观逐渐成为主导。伽达默尔考察“理论”的词源时发现，希腊文中“理论”最早指作为代表团体或其成员参加宗教祭祀活动，原意为“参与”“出席”“在场”，显明了“理论”在本源上与“实践”的天然联系。伽达默尔以“参与”作为检验理论有无价值的标准，强调“理论必须在实践的法庭上为自己辩护”。理论的“根”在实践，理论的“用”亦在实践，只有在实践中理论才能得以催发并实现自身价值，理论就是实践过程的一部分。理论的原初意义是“真正参与一个事件 ，真正地出席在场”①。尽管理论与实践历经“纯粹的实践”—“实践孕育理论”—“理论与实践分离”—“理论与实践结合”的悲喜演绎，其关注重心曾在实践与理论之间“钟摆式”震荡，但实践始终是社会发展、文化发展及人自身发展的基础与目标，表现出实践指向的回归和低级实践（经验性实践）向高级实践（融合理论的实践）发展的历史趋向。整体的、融合理论的实践是实践的理想形态，但实践与理论的融合并非易事，众多哲学流派和哲学家深刻认识到这一点，对实践与理论的融合做了诸多努力：现象学以实践中的直接直观作为一切知识的来源和最后的检验标准，作为洞察对象本质的必要媒介与途径；布迪厄引入“实践感”作为联系理论与实践的桥梁，期望在识知过程中“弥合主观性与客观性之间的裂缝”②；奥克肖特将实践视为治疗“应然”与“实然”裂痕的努力和过程，是对“当下”与“应然”的调和③。

教育实践是在人类社会实践活动中产生、发展起来的，并与人类其他实践紧密联系的特殊实践，专指“有意识地培养人的活动”。教育实践与教育理论之间的关系直接影响到人们对教育本质的认识和教育行动

① 宁虹．教育的实践哲学：现象学教育学理论建构的一个探索［J］．教育研究，2007（7）：8-15.

② 波兰尼．个人知识：迈向后批判哲学［M］．徐泽民，译．贵阳：贵州人民出版社，2000：25.

③ 奥克肖特．经验及其模式［M］．吴玉军，译．北京：文津出版社，2005：277-279.

的开展，许多教育学者都关注并探讨过两者之间的关系。郭元祥指出遵循逻辑理性的教育理论与遵循实践理性的教育实践应同时实现观念上的统一和逻辑上的统一①。叶澜根据教育主体在不同教育领域呈现的状态来分析教育理论与教育实践的关系，建议教育工作者在对象性实践外增加我向性的学习性实践；基础理论研究者要形成生成性思维，提高“理论结构框架”能力；一线教师加强研究性改革实践；同时需要专门培养穿行在理论与实践断裂处、缝合理论与实践的应用理论研究人员②。吴黛舒认为具有本土特色的“研究性变革实践”呈现和实现了教育理论与教育实践“相互滋养”的新型关系③。龙宝新从时代需要的视角，重新解读了教育理论与教育实践之间的“互涉”与“互摄”关系④。

教师教育中理论与实践的关系从属于社会科学发展历程中理论与实践的一般关系，反映了人类社会发展历程中理论与实践的普遍关系及其中的“钟摆现象”及回归趋向。教师教育在诞生之初，是面向实践、立足实践并指向实践的。16 世纪西班牙著名学者和教师维韦斯就在《论教育》中指出，通过观察不同的、掌握了教学技巧的教师，从其经验中整理出教学的规则，是新教师获得教学技能的有效方式。耶稣会和基督教兄弟会借鉴这些经验并逐步总结提炼，在《教学大全》和《学校管理》提出以观察为主要方式，在老教师指导下交替进行知识学习与实践训练的“学徒制”小学教师培养模式。基督教兄弟会创立者拉萨尔设立的教师训练所，与普鲁士弗兰克设立的教师讲习所，共同开创了现代师范教育，形成了面向教育发展与教师需要的实际、以“观察”和“实习”为特色的教师培训传统。后来，随着裴斯泰洛奇的实物教学和基于儿童本性的实践导向教育理论的引入，教学开始由注重粗浅的经验主义

① 郭元祥. 教育理论与教育实践关系的逻辑考察 [J]. 华中师范大学学报，1999 (1)：38-42.

② 叶澜. 思维在断裂处穿行：教育理论与教育实践关系的再寻找 [J]. 中国教育学刊，2001 (4)：1-4.

③ 吴黛舒. 对教育理论与实践关系问题的本土反思 [J]. 教育研究，2004 (5)：24-29.

④ 龙宝新. “互涉”与“互摄”：教育理论与教育实践关系的时代解读 [J]. 教育研究，2012 (9)：32-37.

方法转向科学和哲学领域，出现了实践向理论的转向。美国费城模范学校的“导生制”、纽约的“阿卡德米”进一步强化了教师的学科知识要求和师范教育的学术性，在一定程度上削弱了教师教育的师范性。康科德在佛蒙特州创立的第一所三年制教师讲习所，在赫尔巴特教育思想影响下确立的教育基本理论、教育史、教学法和实习教学，奠定了师范教育课程的基本框架和“先理论后实践”的传统，也标志教师培养开始步入制度化、规范化与体系化。列克星敦的马萨诸塞州立师范学校增设了第一所附属学校，专供学生观察优质教学和实习，开创了现代师范教育实践教学基地建设之先风。19 世纪末期，为适应社会对教师数量与质量要求的不断提高，尤其是对中学师资的强烈需求，师范教育为获取自身学术与学科地位，由师范学校升格为师范学院，开始走上“大学化”道路。大学化在增强师范生学术基础的同时，“文学学士”学位的授予引发了学术学位与教学学位、自由教育与专业教育之争，学术要求的提高推动了师范教育的标准化建设，教育专业学习被逐步认可又引发了师范教育的“科学性”与“专业性”的双重质疑[①]。

20 世纪上半期，在科技发展与工具理性的强势冲击下，师范教育逐步远离实践，步入“象牙塔”式的封闭与保守，陷入理论与实践断裂的危险之中。杜威首先察觉了这种危险，指出理论与实践的割裂削弱了教师的专业性，应像培养医生、律师一样以加强实践来增强和突出教师的专业性，并在芝加哥大学教育学系开办实验学校供师范生实习。随着全球专业化运动的出现与发展，教师专业化被提上日程并付诸行动，尤其是在师范教育与职后教师培训融合而形成教师教育的过程中，实践教学被推到教师专业化和教师教育改革的风口浪尖。

施瓦布对教学研究与教学实践关系的研究反映了理论与实践开始走向融合。20 世纪 60 年代后，教学研究的盛行与推广使大量处于教育实践一线的教师接触、了解和应用教学理论，获得了从不同角度切入教学实践的多种教学理论，并在各种报告中经常性地使用“教材结构”“课

① 布鲁巴克．教育问题史［M］．单中惠，译．济南：山东教育出版社，2012：504.

堂管理”“提问技术”等研究性词汇，遭遇了所有系统的理智活动领域都可能面临的“原理危机”。为防止专业词汇的兴盛可能导致的实践话语的衰微或丧失，施瓦布建议拯救濒死的“实践方式”话语和知识，以“熟虑术”（已知知识的深化和再解释）和“折中术”（从多样视点出发取舍选择多样理论解决实践问题）来沟通理论与实践①。佐藤学进一步提出强化“实践性知识”和“实践性思考方式”在教师专业发展中的作用。

舒尔曼提出的“学科教学知识”重新界定了教师教育“学术性”与“师范性”之间的关系，将两者从对立与冲突的状态中解放出来，走向可能的也是必要的融合之路，进一步推动了教师教育中理论与实践的融合。学科教学知识（PCK）不是学科知识与教育学知识的简单相加或理论性融合，更多来源于教师在教学实践中的实践智慧。亚里士多德将在实践中不受制于生命秩序或某种先在模式的理性称为实践智慧，它既是引导实践达到理性目标和良好结果的基本原则，又是大量实践追求的结果，这种依循伦理准则、只有在具体情境中才能证明自己的理性，正是今天各类实践都迫切需要的元素。教育实践因为关涉面广、关涉度深、关涉期长，对实践智慧的需要和企盼更为急迫和强烈。从知识类型角度看，教育中的实践智慧不仅仅是程序性知识，更多的是策略性知识，是个体基于复杂现实情境指向问题解决目标的策略选择、策略组合与策略创新。杜威曾说，作为教师，懂得自己所处环境中的种种运动力量的指向和目标，是做出理性的选择和行动的先决条件②。教师在做某一件事之前，要知道自己要做的究竟是什么事（问题表征），为什么要做这件事（价值追寻），现实环境对做这件事有哪些影响（行动设计），做成以后会达到什么状态（目标预期）等，只有这样，才能说教师是理智的行动者，是拥有实践智慧的实践者。杜威推崇大法官霍尔姆斯所言“理论

① SCHWAB J. The practical: a language for curriculum [J]. The School Review, 1969, 78 (1): 1-23.

② 约翰·杜威. 人的问题 [M]. 傅统先，等译. 上海：上海人民出版社，1965：55.

是世界上最实际的东西”，不是要表明与他所着力强调的实践相对立，而是阐明理论与实践内在的、本质的联系，同时为教师的教育行动确立理论与实践融合的基调。实践教学，尤其是其中的教育实习，则可能以学生在真实情境的感受、经验、操作和反思而促进其教育理论与实践的融合，澄清或重塑理论与实践的交互创生关系。因此，有学者主张，职前职后都应重视实践但要有所侧重，教师教育机构应该把重点放在“与实践有关的命题知识”，实习学校应该把重点放在“命题解释的实践性知识”[①]。

二、教师教育实践教学研究

（一）实践教学

我国学者尝试从多种切入点对实践教学进行研究，试图揭示实践教学的基本内涵、本质特征和相关属性，内容涉及实践教学的定义、目标、理念、价值等方面。李尚生对我国1994—2007年发表的关于高校实践教学的学术论文进行统计研究后发现，已有研究侧重于高校实践教学的现状、发展趋势及实施策略等方面。近些年理论基础、实践教学体系研究也开始受到重视[②]，但对实践教学概念却没有提及，表明对实践教学概念进行学理性界定是该系列研究最基础、最迫切的一环。

1. 实践教学定义

对教师教育实践教学概念的考察，需要遵循教学—实践教学—教师教育实践教学的逻辑进程。张广君在其《教学本体论》中对教学的本体意义进行了分析，认为教学是“人为的”和“为人的”存在，包含递进的三层内涵：关系概念、活动概念和实体概念。“教学活动既受教学关

① 温鲁普，范德瑞尔，梅尔. 教师知识和教学的知识基础［J］. 北京大学教育评论，2008（1）：21-38.

② 李尚生. 近十年我国高等师范院校实践教学研究之评述［J］. 教育与教学研究，2009（3）：12-15.

系制约，又具体地反映并实现着教学关系”，在各种“人为的”相互关系和互动实践中实现着某种预期的“为人的”目的，从这个意义上说，“教学存在是教学关系、教学活动和教学实体的统一”①。

对实践教学的重视，最早见于工程教育和职业技术教育中，初期称为实践性教学，其概念界定具有显著的工程技术特色：实践性教学是指“学生以不同身份（普通工人、见习技术员、见习工程师）到企业实习，从基层开始，从具体工作做起，学会具体操作，掌握生产流程，了解市场需求，逐步熟悉企业”的活动②。通过这种活动，学生得到实际锻炼，企业得到新的人力资源，校企在密切合作中实现双赢。重视职业教育的黄炎培把“实践性教学”定义为围绕教学目的而开展的学生亲身体验的实践活动，包括认识、探索自然规律，掌握技术知识而开展的实验、实训、实习、课程设计、毕业设计、科研训练、社会实践等，是真正体现专业能力、方法能力和社会能力的“三位一体”的综合性活动③。

在我国，实践教学是伴随高等教育与教学改革及其深化而在 20 世纪末才出现的教育话语，是具有高等教育专属特性和中国特色的话语表达。其提出源于用人单位对大学生动手实践能力、人际交往能力及社会成熟度等方面的不满，大学生入学前缺少社会历练和高校限于经费、师资导致实践教学矛盾突出是其主要原因④。1998 年，高等农林本科教育实践教学体系改革研究与实践课题组通过深入研究，把实践教学界定为“与理论教学紧密联系，学生在教师指导下以实际操作为主，获得感性知识和基本技能，提高综合素质的一系列教学活动的组合”⑤。该定义的提出基于这样的分析：实践教学中的“实践”具有普通实践所不具备

---

① 张广君. 教学本体论［M］. 兰州：甘肃教育出版社，2002：代前言 3.

② 黄福涛. 外国高等教育史［M］. 2 版. 上海：上海教育出版社，2008：12.

③ 黄炎培. 黄炎培研究文集（3）［M］. 成都：四川人民出版社，2009：251.

④ 高等农林本科教育实践教学体系改革的研究与实践课题组. 实践教学体系的内涵与外延［J］. 辽宁高等教育研究，1998（4）：48-51.

⑤《面向 21 世纪高等农林教育教学内容和课程体系改革计划》工作协调指导小组. 构建 21 世纪高等农林教育体系的探索与实践［M］. 北京：高等教育出版社，1999：285.

的以育人为目的、遵循教育教学规律、在教师指导下进行等特征；“教学”具有传统教学所不具备的与社会生产、生活融合渗透，同时改造客观世界和主观世界等特征，两者的组合与叠加表明实践教学既是一种特殊的育人形式，又是一种特殊的社会活动形式，兼具学校教学与社会实践的特征。实践教学的基本内容和形式有生产劳动、专业劳动、课程实习（设计）、科研活动、社会实践活动、生产实习与毕业设计（论文）等。《教育大辞典》将实践性教学定义为“相对于理论教学的各种教学活动的总称”，包括实验、实习、设计、工程测绘、社会调查等，旨在使学生获得感性知识，掌握技能、技巧，养成理论联系实际的作风和独立工作能力①。

进入新世纪后，实践教学（实践性教学）逐渐成为引发高度关注的研究论题和实践热点。学界认为，实践教学是一个约定俗成的常识性概念，是相对于理论教学提出的非学理性概念，教育研究者和实践工作者对实践教学都有大致相同的理解，一般用以指称教学中的实践活动和环节。尽管如此，一些研究者还是从不同的视角，用不同的定义方式尝试对实践教学进行界定。李季鹏视实践性教学为一种教学法，认为实践性教学是指按照专业及其课程要求，根据学生的认知特点和教学内容，通过创造实际的或重复经历的情境和机会，呈现或还原教学内容，使学生在实践的过程中理解知识、掌握知识、发展能力的教学观和教学形式②。杨晓光等将实践性教学界定为依据培养目标所确定的能力结构而设置于课程之中的，与学科实务相适应的，具有实践性、应用性的教学内容付诸教学的一种教学活动③。刘仁坤认为实践教学是在一定教学理论指导下，通过引导学生的实践活动，从而传承实践知识，形成技能，

① 顾明远. 教育大辞典合编本［Z］. 上海：上海教育出版社，2009：3331.

② 郭德辉，刘文翠，艾美华. 高等教育改革实践与探索［M］. 乌鲁木齐：新疆人民出版社，2007：3.

③ 杨晓光，JANIN J F，云美萍. 高品质城市交通系统研究及实践［M］. 上海：同济大学出版社，2008：11.

发展实践能力，提高综合素质的教学活动①。葛晨光对实践性教学进行了广义和狭义的区分，广义泛指学生参加的一切社会活动，狭义仅指学校有组织、有计划、有目的地为了完成课程学习任务或从实践中去进行体验以帮助学习任务的完成的校内外活动②。

2. 实践教学的必要性

早期实践教学被看成是依附于课堂教学的，是课堂教学的延伸和补充③，没有自身的相对独立、完整的教学体系，甚至没有自己明确的教学目标④。随着实践和研究的深入，人们逐渐发现“对于教学的了解和想法是一回事，但在师生互动的实际教学情境中实施这些了解和想法则是另一回事，因为许多理想化的课程目标与社会、情感的真实需求以及学生的具体情况存在着很大矛盾”⑤。实践教学的必要性或存在合理性逐步得到认可，约纳森对人的知识习得规律的考察奠定了实践教学的学理基础。约纳森的“知识三阶段论”表明，人的知识习得一般会经历初期水准的知识学习，“高难度结构化”领域中“高级水准”的知识习得和“专业水准”的知识、技能学习三个阶段。初级学习的技艺可用普遍的教学技术加以控制，“高难度结构化”领域需要建构的方法和相应的支持，“专业水准”的学习则需要在反思中形成实践智慧⑥。日本的技艺习得过程“守—破—离”就在一定程度上反映并印证了这一知识习得逻辑。生田久美子以工匠的艺能形成过程为例，说明实践性知识是让学习者置身于真实的行业或专业领域世界中，掌握技术并全身心地创造整

① 刘仁坤. 远程教育模式：理论与实践［M］. 北京：中央广播电视大学出版社，2009：367.

② 傅忠贤，潘道兰，易江莹，等. 科学发展观视域下高校思想政治教育创新研究［M］. 成都：四川大学出版社，2010：9.

③ 石中英. 教育哲学导论［M］. 北京：北京师范大学出版社，2004：241.

④ 张英彦. 论高校实践教学目标［J］. 教育研究，2006（5）：46-49.

⑤ DARLING-HAMMOND L. 有力的教师教育：来自杰出项目的经验［M］. 鞠玉翠，等译. 上海：华东师范大学出版社，2009：90.

⑥ JONASSEN D H. Objectivism versus constructism：do we need a new philosophical paradigm?［J］. Educational Technology Research and Development，1991（3）：26-31.

个世界的意义关联，在这一过程中，“不是把知识作为实在概念来把握的，而是视为在工作场所与生成场所中，从关系上来把握无穷无尽的现象的动态的、知性的、综合性的判断力”①。

3. 实践教学的理念、目标、特征等

早期实践教学主要指工程技术或各种应用专业教育中的专业实践，即某种专门技能的实践，开展实践教学的目标是培养学生的实践能力、创新能力和综合职业素养。研究者一致认为，实践是创新的基础，实践教学的主要目标是培养学生的实践能力、创新能力。孟兆怀等认为实践教学具有实践性、目的性、教学性与参与性等特征②。杨汉正归纳了卫生职业教育实践教学的六条特征：综合性、现场性、开放性、全程性、产学结合性和双主体性③，基本涵盖了一般实践教学过程的主要特征。王源远等从不同于理论教学的另一教学形态系统角度指出实践教学具有客体的多元性、目标的全面性、体系的系统性和形式的多样性等特征④。

从上述定义可以看出，实践教学是教学的下位概念，是与理论教学相对应而存在并与理论教学共同构成教学外延的重要组成部分。实践教学的定位逐步由理论教学的“附属物”转变为专业教育的核心和理论教学的“旨归”，实践教学与理论教学的关系也由各自分离走向对应存在、有自身特殊规律与发展空间但逐步趋于融合。

（二）教师教育实践教学

随着教师专业地位及教师教育专业性的逐步确立与巩固，实践教学的概念开始引入教师教育，并在教师专业化与基础教育课程改革的推动与冲击下愈益成为问题的症结所在和发展的希望所系。尽管教育

---

① 钟启泉. 教学实践模式与教师的实践思维：兼评“特殊教学认识论”［J］. 教育研究，2012（10）：108-114.

② 孟兆怀. 实践教学的行与思（第一辑）［M］. 成都：电子科技大学出版社，2009：270.

③ 杨汉正. 高等卫生职业教育论［M］. 南京：南京大学出版社，2009：167-169.

④ 王源远，王丽萍. 高校实践教学的理论认识与实践探索［J］. 实验技术与管理，2013（1）：11-14.

见习、教育实习等教师教育实践已有较长的历史，但基本被视为系统理论教学的补充而非与理论教学对应存在的教学形式，因此对实践教学的研究既不够广泛也不够深入。尤为遗憾的是，很少有研究对教师教育实践教学进行专门界定，都理所当然地将其视为实践教学在教师教育领域中的直接应用，讨论的是教师教育实践教学的具体内容和形式，而未在概念中体现教师教育实践教学的特质。事实上，教育本身作为一种智慧行为实践而非专门技能实践，教师教育的“双专业性（学科专业和教育专业）”，教师教育与基础教育的相互依存及循环制约性，决定了教师教育实践教学不仅应如普通应用专业一样包含观摩、见习、专业实习等基本环节与活动，还应具有目标、对象、内容与形式等方面的特殊性与复杂性。因此，教师教育实践教学的界定也应该体现出自身的独特性。

石中英指出，教育实践有其自身独特的逻辑，即“教育实践行为的一般形式、结构或生成原则”，这是各种教育实践形式共享和遵循的内在法则。理解教育实践逻辑的切入口是了解实践者。实践者的实践行为一般是在主体习性、具体情境和时空结构等的综合影响下生成的。石中英将教育实践隐喻为“自带轨道的火车”，理论工作者必须深入实践，并对实践逻辑和实践工作者予以尊重，才有可能真正了解实践，并以“提议者”“伙伴”的身份与实践工作者一道改善实践①。张守波等从实践哲学角度阐明教师教育实践教学具有“在实践中”“指向实践”和“为了实践”等基本特征，应依据“理论够用，实践为重，体系创新，素养本位”的教师专业发展指导原则开展教师教育实践教学②。对实践教学的理论研究如果没有超越约纳森所说的第一阶段行为主义而进入第二阶段认知主义和第三阶段教师实践思维的研究，或者说，没有第二阶段和第三阶段作为基础和桥梁，“基于建构主义的教学实践模式不过是

① 石中英．论教育实践的逻辑［J］．教育研究，2006（1）：3-9．

② 张守波，史宁中．教师专业化进程中的高师院校实践性教学［J］．教育研究，2008（7）：77-80．

一句空话”[1]。

教师教育实践教学的基础目标是帮助人获得实践性知识。朱元春认为，实践教学以学生发展为根本，以适应社会发展为需要，以人的认识规律和事物的发展规律为基础，体现创造性、时代性、可操作性[2]。实践性教学能加深师范生对专业理论知识的理解，提高教育技能技巧，丰富个体的实践知识，以达到强化专业意识、培养职业情感、树立职业信念的目的。实践教学已经成为与理论教学并驾齐驱的教师培养途径[3]。舒尔曼扩展知识的含义，提出“实践性知识”概念，认为教师的实践性知识包括教育内容的知识，一般教育学知识，课程知识，教学设计的知识（PCK），关于学习者及其特质的知识，关于教育语脉的知识，关于教育目的、目标、价值及其哲学、历史根基的知识[4]。当然，实践性知识并不仅仅靠传统知识学习的方式习得，体验性学习才是其生成的最佳途径。“在教师教育中关于学科内容知识的解读，特定的教学技能、课程标准的解读，或是教师人生论的报告、讲义，对于实践知识的形成而言未必是可靠的。在这里，重要的是直面教学情境的真实体验与模拟体验。因此，体验性学习的引进与实践性课程的开发成为当务之急。”[5]
教师教育实践教学的高级目标是形成人的实践智慧。沙威尔逊和斯特恩把教学过程作为教师实践思维过程并加以模型化后发现：教师教学过程中所作的决策具有同时性、即时性、连续性、针对性，是非常复杂的[6]。每当意外事件发生，教师首先需要判断是及时反应还是延时反

① 钟启泉. 教学实践模式与教师的实践思维：兼评“特殊教学认识论”［J］. 教育研究，2012（10）：108-114.

② 朱元春. 高师实践教学模式创新的探索［J］. 教师教育研究，2006（5）：49-52.

③ 刘晖. 构建师范生实践教学合作模式的研究［J］. 教育与职业，2009（3）：148-149.

④ SHULMAN L S. Knowledge and teaching：foundation of the new reform［J］. Harvard Educational Review，1987（1）：21-22.

⑤ 钟启泉. 教学实践模式与教师的实践思维：兼评“特殊教学认识论”［J］. 教育研究，2012（10）：108-114.

⑥ SHAVELSON R J，STERN P. Research on teachers’ pedagogical thoughts，judgement and behavior［J］. Review of Educatiobal Research，1981（4）455-498.

应，然后再思考下一步的具体反应策略，这需要教师考虑多种因素，综合运用理论知识、技术知识和潜在知识才能做出更合理的选择。“教学是不断再设计的过程，也是锻造教师实践思维的过程。”① 教师的成长归根结底取决于其实践思维、实践智慧的成长。教师唯有通过实践思维的锻造，才能正确地理解教学知识的基础、教学知识的源泉以及教学过程的复杂性，真正“从技术熟练者走向反思性实践家”。反思性实践家的认识由五个部分构成——活动过程的认识、活动过程的反思、同情境的对话、关于活动过程中的认识与省察的反思、同反思性情境的对话②。

研究教师教育实践教学的终极目标是尝试建立“实践教学学”。日本率先认识到教育实践研究的重要性以及传统教育研究“从理论到实践”和“从实践到理论”两种路向中实践的中心地位的失落，指出对教育实践的研究既不能从理论切入，也不能仅就实践论实践，而是需要对教育实践进行系统的、深入的、密切结合理论的研究，于 1996 年成立的兵库教育大学大学院联合学校教育学研究科，旨在通过立足实践、扎根实践、面向实践的课题研究和课程设计培养具有实践能力和实践研究能力的教师，由此构筑一门新的学科——“教育实践学”。“教育实践学”以独创理论的实践或实践中产生的独创理论明示理论与实践交融的过程，以理论与实践的分析与批判突破“优质性的黑箱”，以儿童的学习为中心，保持与社会的密切联系，以独特理论框架、研究方法和研究内容为其合法性基础，通过对教育实践的本质与历史、教学论、教学方法论、教科书和评价等的研究，形成学校教育实践学和学科教育实践学，在对“反思性实践”的研究与实践中致力于培养教师的“教育实践力”，实现教育理论与教育实践的螺旋上升。建构“教育实践学”尽管十分必要，但也十分困难，主要面临两个问题：一体化地考察教育理论

① 钟启泉．教学实践模式与教师的实践思维：兼评“特殊教学认识论”［J］．教育研究，2012（10）：108-114.

② 佐藤学．课程与教师［M］．钟启泉，译．北京：教育科学出版社，2003：169，242.

与实践和一体化地考察教育目标、实践与评价[①]。

杨燕燕从理论与实践的关系视角分析了我国教师职前实践教学的价值取向从“理论之应用”向“实践中之理论”的转变，指出传统的“理论之应用”取向包含了“实践的典型化”和“理论的实践化”两种立场，反映了实践教学与理论学习的二元对立，使职前课程体系陷入学科主义范式，对师范生的理论学习与应用和实践能力提升具有双重危害；而近期流行于英美国家的“实践中之理论”意图消弭理论与实践之间的对立，将理论内隐于实践中发挥作用，以实践任务为中心组织课程，围绕实践过程选择、组织和学习理论，变革实践教学要素，改善实践教学环境[②]。一些研究者从个人经验和现实观察的角度，提出改进实践教学的策略。张欣、柴颖从六个方面宏观地论述加强实践教学，实施创新教育对一般高校实践教学的意义：改变教学观念；改革课程设置体现；更新课程内容；改革教学管理制度和课程考评体系；加强实验基地和实习基地建设；加强师资队伍建设[③]。石利则从教师学习理论视角对高师院校实践教学改进策略进行了探讨：基于教师学习的实践性、参与性和反思性特征，建立高校实践教学形式，制定完善的实践教学课程设计，创设完善的实践教学模式（实习日记、自评、他评与小组互评结合，加强可持续发展的实践基地建设）[④]。

（三）教师教育实践教学模式

1. 教师教育实践教学模式的界定

早期人们对实践教学模式的理论基础、内部要素及其间关系的认识并不清晰，一般使用“实践教学体系”指称实践教学模式。较早提出实

① 钟启泉. “教育实践学”的构筑：日本教育学者中村哲教授访谈［J］. 全球教育展望，2007（5）：3-7.

② 杨燕燕. 论教师职前实践教学的取向转换［J］. 教育研究，2012（5）：84-89.

③ 张欣，柴颖. 适应创新教育的实践教学模式探讨［J］. 辽宁教育行政学院学报，2004（5）：117-118.

④ 石利. 教师学习理论视角下的高师院校实践教学探讨［J］. 黑龙江高教研究，2012（2）：157-159.

践教学模式的是聂毅，他根据乔伊斯和韦尔对教学模式的定义（教学模式是构成课程、选择教材、提示教师活动的一种规范或计划），指出教学模式具有承接理论与实践的中介作用，提出适合高职培养目标的"导控实践教学模式"并分析了实践教学模式的基本构成要素：理论基础、教学目标、教学程序、教学的实现条件、教学中的师生角色、教学策略和教学评价①，但并未对实践教学模式本身进行界定。

高等农林本科教育实践教学体系改革研究与实践课题组最早提出实践教学体系概念，指由实践教学活动各个要素构成的有机联系整体，包括动力层面的动力体系、目标体系，受动层面的内容体系，保障层面的条件体系和调控层面的管理体系②。这一概念以"实践教学活动"来界定实践教学体系，虽然难以体现实践教学模式的本质属性和核心特征，且大体系包含小体系容易引起混乱，但较为全面地考虑了实践教学的内容、目标、动力、条件和管理等各个要素内部及其间的联系，反映出高等教育应用学科实践教学体系的一般特征，突出了实践教学体系的全面性和系统性，具有一定的先导意义。

加强教师职前教育中的素质培养与能力锻炼的要求推动了实践教学模式的研究和改革，职业技术实践教学模式研究成果为教师教育实践教学模式的研究和发展奠定了基础。师范教育的实践教学不是在具体产业领域开展技术实践，而是面向基础教育实际的教育教学实践本身。李铁君和齐梅较早提出的师范教育实践教学体系，是指"在师范教育中，努力贯彻理论联系实际原则，通过课程编制和教学计划有目的、有组织地突出教育教学中的实践环节，使所学的教育理论和专业知识内化为良好的教育教学素质，进而转化为合格的教育教学能力和技能的系统化的师范课程与教育模式"③。该定义适当结合了师范教育实际，体现出一定

① 聂毅. 高职专业实践教学及其管理概论［M］. 长沙：湖南科学技术出版社，2003（12）：27-32.

② 《面向21世纪高等农林教育教学内容和课程体系改革计划》工作协调指导小组. 构建21世纪高等农林教育体系的探索与实践［M］. 北京：高等教育出版社，1999：288-289.

③ 李铁君，齐梅. 实践教育观：高等师范教育的抉择［J］. 辽宁师范大学学报，2001（3）：23-25.

的师范教育特征，但实践教学模式的内涵已经大大缩小，仅相当于农林本科实践教学体系中的实践教学内容体系。

2. 对教师教育实践教学的目标、内容、方式等的研究

内涵不一、各有特色的规范性研究从总体上探讨了教师教育实践教学体系建构的目标、内容、方式及可行性。常维亚等从一般高校角度指出研究型大学本科应建立“三维实践教学模式”，该模式由基础性实践环节、综合性实践环节和创新性实践环节三个维度组成，其目标应定位于培养和提高学生的创新能力，内容要与科学研究密切结合，方式应个性化，整体要立体化①。部分研究者则从纵向进程或横向构成提出不同的教师教育实践教学模式。刘燕针对传统师范教育的封闭式教学和一次性实践提出“滚动式”实践教学模式，该模式以“社会体验”为特征，通过观摩、讲座、参与培训、与中小学直接联系等形式进行，具有增强学生综合素养、社会适应能力和就业竞争能力等特征②。张伶提出由理论学习—观看示范—编写教案—扮演角色—反馈评价—修改重讲构成的“六环节”实践教学模式③；朱元春提出由综合实践—实验教学—技能实训—毕业（见习）实习—专题研究构成的“五环节”实践教学模式④；王大钊从实践教学的时间安排出发，提出由 2 周教育见习、4 周模拟教学、8 周综合实践和 N 周就业实践构成的“2-4-8-N”实践教学模式⑤；曹素玲建议在由教师教育必修课课程体系和选修课课程体系共同构成的“研究型”实践教学课程体系基础上，构建以全程反思的分段式教育实习为主体的“反思型”实践教学模式⑥；郑瑜依据师范教学技能

---

① 常维亚，邢鹏，赵莉. 探索建立研究型大学本科实践教学模式 [J]. 中国高等教育，2004 (9)：24-25.

② 刘燕. 开放式教学，滚动式实践：师范教育中的重要教育模式 [J]. 贵阳师专学报（社会科学版）（季刊），2001 (3)：50-51.

③ 张伶. “六环节”实践教学模式初探 [J]. 中国成人教育，2005 (11)：63-64.

④ 朱元春. 高师实践教学模式创新的探索 [J]. 教师教育研究，2006 (5)：49-52.

⑤ 王大钊. 高师院校师范生实践教学模式新探 [J]. 青海师范大学学报，2007 (2)：154-156.

⑥ 曹素玲. 高师院校实践教学改革的新模式 [J]. 高教发展与评估，2008 (3)：109-114.

形成的四个层次，提出4类主体（学生、小组、教师、班团组织）、2种环境（模拟和真实）和2类师资（高校课程教师和中小学指导教师）协同配合的“422”实践教学模式①；胡知凡，李燕提出见习—实习—研习三阶段学前教育专业实践教学模式②。还有部分研究者将视线聚焦于实践教学模式内部的某些环节或要素，专门探讨实习、“国培计划”及实践教学课程设置等问题。以顶岗实习、置换培训相结合的“双培计划”同时强化教师的职前培养和职后培训③；或者以实施“国培计划”为契机，通过师范生和在职教师的置换脱产研修，推动师范生实践教学改革④。

3. 系统设计的职前教师教育实践教学模式研究

随着实践教学探索与研究的深入，一些研究者不再满足于把实践教学模式作为单独、孤立的研究对象，而是从准教师综合素养提升和职前教师教育的整体改进出发，探讨统整内容、贯穿全程和整合实施的教师教育实践教学一体化模式。王叔新等人将高师实践教学一体化模式定义为“高校师范类专业根据师范教育培养目标，按照教学计划要求把教师技能训练、教育见习实习、毕业论文写作等实践教学环节结合在一起，统一规划，统一组织实施，以全面提高师范生教师基本技能、教育教学实践能力和研究能力的实践教学管理模式”⑤。钟英提出将教师技能训练、教育见习实习、毕业论文写作等实践教学环节统一规划、系统实施的一体化实践教学创新模式⑥。王向华提出时间全程、内容全面的“两

---

① 郑瑜. 试析师范专业课堂教学技能422实践教学模式［J］. 黑龙江高教研究，2009（10）：188-189.

② 胡知凡，李燕. 幼儿教师教育的实践与探索［M］. 北京：中国人民大学出版社，2012：179-192.

③ 熊文，钟英. 地方高师院校实施教师教育“双培计划”的实践与探索［J］. 教育理论与实践，2008（8）：28-30.

④ 梁梅，潘立. 以实施“国培计划”为契机，推动师范生实践教学改革［J］. 高教论坛，2012（7）：20-22.

⑤ 王叔新，鲍思伟，陈亦人，等. 高师小学教育专业实践教学模式改革探索［M］. 杭州：杭州出版社，2007：55.

⑥ 钟英. 创新实践教学模式，培养基础教育新型师资［J］. 中国成人教育，2009（21）：93-94.

全”实践教学模式[①]。乔孟涛等提出以模拟训练为支撑点、教育实习为着力点、社会实践为结合点、技能竞赛为激励点的“四位一体”实践教学模式，尝试整合人才培养模式、专业建设、课程设置、教学内容、教学方法、师资配置等方面进行全方位改革[②]。湖北第二师范学院以教学做合一和主体教育为理论基础构建“基础技能自主修炼—专项技能模拟训练—综合技能现场实训”的“三S”模式（Self-cultivation，Simulation training，Scene practice）。

4. 贯穿职前职后的广域教师教育实践教学模式研究

21世纪前的教师教育实践教学模式研究大多是对职前教师教育实践教学模式的研究，实质是师范教育实践教学模式研究，并没有真正体现教师教育整合职前与职后、联结高师与中小学的内在特征。教师教育内含的“一体化”要求高师与中小学协同培养教师，促成教师教育实践场域从“基于大学”向“基于学校”转变，并逐步重视地方政府在合作中的作用，由此形成U-S、U-G-S和G-U-S等广域实践教学模式，其共同特征是大学（主要是高师）与中小学结成伙伴协作关系，在实践中培养职前教师，同时促进在职教师的专业发展。

（1）U-S模式。该模式含美国PDS模式、英国“以中小学为基地”的教师培养模式、我国的TDS模式以及其他U-S实践模式。美国PDS（专业发展学校）模式是在教师专业化思想推动下，为应对教师教育边缘化、职前教师培养理论与实践脱节等困境而建立起来的，通过中小学教师与大学教师结成伙伴关系改进师范生的教与学，促进未来教师与在职教师的专业发展[③]。英国“以中小学为基地”的教师培养模式以大学与中小学之间的伙伴关系为前提开展多层次合作，政府通过立法、拨款

① 王向华. 新时期地方师院人才培养模式改革的思考［J］. 贵州师范学院学报，2010（2）：69-71.

② 乔孟涛，王坤，刘海虹，等. 师范类学生四位一体实践教学模式的探究［J］. 河北农业科学，2010（10）：152-153.

③ 丁邦平. 论美国教师教育的改革与创新：教师专业发展学校及其对我们的启示［J］. 首都师范大学学报（社会科学版），2001（2）：93-99.

和督导等对合作培养的教师质量进行间接控制。我国首都师范大学教科院与北京市丰台区教委合作建立了具有发展性、实践性和本土性特征的TDS（教师发展学校）模式，通过大学或科研机构和中小学校合作建立“教学研”共同体，促进教师专业发展①。新乡师院通过构建U-S合作平台及课程改革，组建“教学做”师生合作共同体，打造“实践—反思”教育环境来促进师范生的实践性知识发展②。

（2）东北师大的U-G-S模式。该模式以“融合的教师教育”为理念，以“知行统一”的学习观为哲学基础，以“教师教育合作发展共同体”的形成为价值追求，以“教师教育创新东北试验区”的建设为载体，以培养造就优秀教师和未来教育家为目标，是“师范大学—地方政府—中小学”合作开展教师教育的新模式③。

（3）山东的G-U-S模式。基于对前期U-S和U-G-S模式的反思，在我国特殊国情和当前倡导省级统筹综合教育改革的背景下，人们愈加重视地方政府在高师与中小学合作培养教师中的作用，将居于中间起中介和联结作用的G（政府）放在了合作的首位，形成具有我国特色的G-U-S模式。山东省率先创新并实践了以省级政府（G）统筹为主导，以高校（U）和地方政府（市、县两级政府）所属中小学校（S）联盟为主线的G-U-S教师教育模式，尝试进行教师教育体系重建④。李秀云在G-U-S基础上纳入教师发展中心，提出建构由政府（G）、高校（U）、中小学（S）和教师发展中心（C）组成“四位一体”的教师教育改革综合试验区，即G-U-S-C模式，是对G-U-S模式的延伸和补充⑤。

---

① 王长纯. 教师发展学校建设标准参考纲要［J］. 教师教育研究，2005（4）：3-8.

② 杜丽娟. 构建U-S合作平台，培养反思性实践者：新乡学院教师教育专业人才培养的创新与实践［J］. 中国教育学刊，2014（11）：91-95.

③ 刘益春，李广，高夯.“U-G-S”教师教育模式建构研究：基于教师教育创新东北实验区建设的实践与思考［J］. 教师教育研究，2013（1）：61-64.

④ 李中国，辛丽春，赵家春. G-U-S教师教育协同创新模式实践探索：以山东省教师教育改革为例［J］. 教育研究，2013（12）：144-148.

⑤ 李秀云.“G-U-S-C”四位一体教师教育改革实验区系统论的理论构建［J］. 教师教育学报，2020（2）：44-51.

总体来看，关于教师教育实践教学模式的研究呈现以下特点：第一，对教师教育实践教学模式的认识模糊且经验化，较少从学理角度进行严肃、规范的界定。研究者要么以约定俗成的共通内涵为假设直接使用，要么根据自己的理解做一些描述性、规范性定义，难以形成较为权威的、共识性的实践教学模式概念。第二，在高职高专及大学的应用学科开展的实践教学模式研究与应用侧重于操作技能的形成，教师教育实践教学模式的研究与实践与之相类，重视行为操练而忽略了心智、情意的发展，尤其忽略教育教学实践对教师实践智慧的要求，体现教师教育专有特征不足。第三，教师教育实践教学模式的研究多是从具体实践环节入手进行总体框架式的设计，部分研究将环节与时间安排相结合，或者将实践教学的内容、形式与相应的心理发展相结合，阐述自己的主张或者介绍实践的经验，较少对实践教学模式进行全面、系统的设计和分析。第四，由于模式的丰富多义，实践教学模式在宏观、中观和微观层面都有涉及，宏观泛指所有高等教育的实践教学模式，中观指某一类别高等教育的实践教学模式，微观指某一专业或某一门课程的实践教学模式，导致部分研究中的教师教育实践教学模式的内涵外延变化不定。第五，早期的教师教育一体化实践教学模式研究一般局限于职前阶段，以高校内部为主，近期的研究更多对职前职后整合设计，模式基本形成，但细节还不够完善，实践中也存在较多问题，尚需进一步深入研究与实践。

三、教育实习研究

教育实习是“学生在教师指导下，对中小学和幼儿园的教育、教学、学校生活各方面工作及其设施进行观察和分析”，目的是“丰富学生的感性认识，加深学生对理论的理解，启发学生热爱教育工作的思想情感，培养学生的观察和分析能力”①。教育实习是教师教育的重要组成部分，是实践教学中最能体现实践特性的中心环节，“在贯彻理论联

① 夏征农，陈至立．教育大辞典合编本［Z］．上海：上海教育出版社，2009：1817.

系实际、突出师范教育特点、培养合格的中等教育师资方面占有十分重要的地位”①。教育实习同时也是沟通高师教育与基础教育的桥梁，为高师教育与基础教育提供了“联系—交流—促进”的好机会②。萨德勒认为教育实习是“联结学术课程和教学实践的桥梁，是职前教师教育的顶峰型环节”③。凯瑞斯和阿梅蒂亚十分强调教育实习对教师未来发展的影响，指出实习不仅能帮助初任教师做好充分的职业准备，而且在教师“学习发展和专业发展，专业社会化和机构社会化，社会情感，支持、资源和督导作用以及教师职业发展五个方面对未来教师专业发展理念的成型起着巨大作用”④。斯德克等人通过研究指出教育实习在减少入职教师的“现实的震撼”和降低离职率方面有重要作用⑤。苏联教育界认为理论知识再多、再好也不能保证大学生必然成为合格的教师，要把师范生培养成合格的教师，必须通过严密组织的教育实习。日本也强调在教育实习、教学实践和同青少年的直接接触中形成未来教师具有的各种品质和能力，断言“如果未来教师只凭课堂所学的有关教育理论，毕业后就立即投入教育实践场所——学校中去，具有极大的危险性和冒险性”⑥。蔡克纳充分肯定教育实习的作用，视之为教师教育中“无争论余地”的必要因素，在职前教师教育过程中具有画龙点睛之效⑦。米尔沃特与雅柔认为师范生通过教育实习所获得的经验性及学术性教学知

---

① 段作章. 教育实习必读［M］. 南京：东南大学出版社，2000：12.

② 吴茂江. 教育实习导论［M］. 银川：宁夏人民出版社，2009：18-22.

③ SADLER T D. I won't last three weeks：preservice science teachers reflect on their student-teaching experience［J］. Journal of Science Teacher Education，2006（17）：217-241. 转引自：骆琤. 中美教师教育实践课程比较研究［D］. 上海：华东师范大学，2009：16.

④ KAIRES S，ALMEIDA L S. Teaching practice in initial teacher education：its impact on student teachers' professional skills and development［J］. Journal of Education for Teaching，2005，31（2）：111-120.

⑤ 杨秀玉. 教育实习：理论研究与对英国实践的反思［D］. 长春：东北师范大学，2010：7.

⑥ 北京师范大学，等. 高等师范院校教育实习理论与实践［M］. 重庆：西南师范大学出版社，1990：176-178.

⑦ ZEICHER K M. Myths and realities：field-based experiences in pre-service teacher education［J］. Journal of Teacher Education，1980（6）：45-55.

能，有利于增强他们将理论与实践融贯的能力，使其顺利度过职初适应期，逐步成长为较好适应具体情境的智慧型教师。教育实习对未来教师具有六个方面的作用：获得实务经验、整合及建构知识、形成与熟练技能、认知教师角色及学校生态、形成反省习惯与能力，以及建立专业发展认知及行动力①。

我国一大批教育学者对教育实习进行了研究，石中英、郭秋勋、赵昌木等人分别论述了实习对教师隐性知识的获得、实践能力的增强和对教师职业的体认等方面的作用。杨秀玉梳理了教育实习的概念，列举出顾明远、张念宏、叶澜、饶见维、许高厚、黄政杰和张芬芬等人对教育实习的不同界定，提出自己的教育实习定义："职前教师教育中通过为准教师提供的在中小学教育教学情境中进行并由大学和中小学教师共同指导的各种教育教学实践活动，进而发展准教师实践性知识，养成教学实践能力并体认教师角色与职责的综合实践课程。"教育实习的作用主要体现在四个方面：有利于实习教师个体的专业选择与专业成长；有利于职前教育中教育理论与教育教学实践的融合；有利于教师教育一体化发展和教师职业的终身发展；同时为后续专业发展打下基础②。通过实习，将师范生"了解的理论"转变为"信奉的理论"，再转变为"使用的理论"，通过理论的选择与融合、理论与实践的融合（即理论在实践中的整合性、策略性使用），将理论转化为个人的"默会知识"、实践经验、教学策略和教育智慧。刘宝存借用 Wagenaar 的研究，视教育实习为一门统合准教师"学习经验之总体"的课程，是一种整合性的"高峰体验课程"。通过该课程的学习，"学生可以综合、拓展、批判和应用所学的专业知识"③。

从已有研究看，教育见习与教育实习都有广义和狭义之分，且都经

① 陈嘉弥．师徒式教育实习之理论与实践［M］．台北：心理出版社，2004：13-15.

② 杨秀玉．教育实习：理论研究与对英国实践的反思［D］．长春：东北师范大学，2010：7-27.

③ WAGENAAR T C. The capstone course［J］. Teaching Sociology，1993（3）：209-214. 转引自：刘宝存．美国研究型大学的高峰体验课程［J］．中国大学教学，2004（11）：60-64.

历了从狭义逐步发展为广义的过程。狭义教育见习专指教学见习，指师范专业学生去中小学或幼儿园参观、观摩教学及其管理等活动，早期一般在大学三年级配合“教育学”或“学科教学法”等课程进行，后来发展成为分主题的系列见习，可能配合课程进行，也可能单独组织。狭义教育见习是为教育实习做准备的前提性活动或环节。广义教育见习的对象不局限于教学活动及其组织管理，泛指单独进行的、涉及基础教育各方面的观察、调研和观摩、走访等活动，是师范生学习的重要形式及组成部分，并不仅仅为教育实习做准备。狭义教育实习特指师范生毕业之前的一次综合性专业实习，一般是到中小学进行所修学科的教学工作，同时进行一段时间的班主任工作实习，是对师范生专业素养和从教技能的综合检验。后来发展为顶岗实习或实习支教，将原来在高校带队教师与实习学校指导教师的双重指导下进行辅助性、试验性的教学实习转变成双师指导下独立承担某门课程教学任务的全真模拟，实习学生的身份也从单纯实习教师向兼具实习教师和正式教师双重身份转变。广义教育实习泛指师范生去中小学实践的所有形式，包括观摩、体验、调研等，其主体依然是毕业前的综合实习，包括顶岗支教、实习支教等“变式”。

在一体化教师教育背景下，教育实习已经不仅仅是专属于职前教师教育的课程或活动，而是联结职前与职后、高师与基础教育的一项纽带性、关节性的活动；其作用也不仅是通过真实场景的实践提高师范生的执教信念与从教能力，而是通过一项高师与基础教育共同关注、共同负责并共同参与的经典性活动促进师范生、高校教师、中小学在职教师的共同发展，密切高师与中小学的联系，进而促进各类学校与各类教育共同发展，形成区域教育良好生态的系统活动和整体教育改革。在由实习教师、大学带队教师和合作指导教师共同形成的“三元框架”中，大学带队教师与指导教师对实习教师的影响存在至为重要的平衡与互补作用。平衡是指两者对实习教师的影响——分别代表理论与实践对实习活动及其效果的影响——要有一种适宜的力的均衡状态：大学带队教师的影响过多，可能导致“理论无根”和“理论无用”，实践效果因偏离实际而差强人意；指导教师的影响过大，可能导致实习教师的过度社会化、行为功利化、成长短期化及职业低俗化。互补是指双方指导教师在影响力方面注意平衡的同时，还需要注意理念的一致性与内容的互补性。同时，需要克服当前教师教育职前培养中存在的错误倾向：重视理论知识，轻视实践知识；重视公共知识，轻视个人知识；重视学科知识，轻视教育教学专业知识；重视高校知识，忽视中小学知识。

四、实习支教研究

1997 年，地处晋西北连片贫困县区的山西沂州师范学院借鉴陶行知“师范教育下乡去”的思想，开始大胆尝试扶贫顶岗支教。2003 年，国务院出台的《关于进一步加强农村教育工作的决定》指出，要明确农村教育在全面建设小康社会中的重要地位，把农村教育作为教育工作的重中之重，“积极引导、鼓励教师和其他具备教师资格的人员到乡村中小学任教”。同年，西南师范大学（现西南大学）张诗亚教授在总结该校自 20 世纪 80 年代开始的“顶岗实习支教”实践经验的基础上提出《关于在中国农村贫困地区教育中推进“更新工程”的建议》，被《高校社科研究要报》登载并转至教育部相关司局，引起广大人民群众及管理高层对实习支教的高度关注。2005 年，借鉴西南大学、沂州师范学院多年扶贫顶岗支教的经验，教育部师范教育司将“加强教育实践环节，研究试行师范院校学生顶岗实习与支教、培养相结合的办法”列入当年工作要点。2006 年中央出台建设社会主义新农村的决定，教育部下发《关于大力推进城镇教师支持农村教育工作的意见》。在这些政策的号召下，东部教师到西部支教、城市教师到农村支教，西部地区通过补充教师考试招录大量农村师资，大学生参与西部志愿者计划等活动纷纷开展，也确实取得了一定效果。但这对于师资缺口巨大的西部农村教育而言，仅仅是杯水车薪，并不能真正缓解西部农村师资紧缺的状况。

在实践取向的关照下，为解决师范生教育实习中基地难觅、管理松散、时间偏短、经费不足等问题①，更是为了培养未来教师的实践理性和对真实教育情境的适应性，增强其职业认同和师德素养，坚定师范生从教的信念，同时缓解农村中小学师资短缺，2007年教育部组织西南大学、河北师范大学、江西师范大学等率先进行扶贫支教试点的高师院校进行经验总结，在此基础上颁发《教育部关于大力推进师范生实习支教工作的意见》（以下简称《意见》）。《意见》要求在全国有需要和有条件的地方推广实习支教政策，实习支教活动在全国轰轰烈烈地开展起来。各地高师院校，甚至一些高职和中师学校也纷纷加入实习支教大军当中，并因地制宜，开展了大量探索性实践。实习支教因其推进人才培养模式改革、全面提高教师教育质量、强化师范生培养实践环节、全面提高师范生综合素质、推进教师教育一体化、服务农村基础教育等目标而被视为高师院校“有为有位”的现实选择②。实习支教与农村师资的一体化整合被誉为一举双赢的有力举措③。新的实践模式打破了传统“高师院校—实习学校”的二元格局，构建起“高师院校—地方政府—实习学校”三位一体的教师教育实践平台，不仅是提高教师教育人才培养质量、缓解农村教育师资短缺所必需，还是促进义务教育均衡发展、实现教育公平，甚至是加速社会主义新农村建设的有力举措。构建高校、城区与农村中小学三方联动机制，实施四年不断线教师职业技能培养计划、三年一贯制教育见习制度和“二次置换”教育实习模式，搭建四元格局的教师教育实践教学平台，是地方高校有效适应本区域需要的教师培养方式④。

实习与支教相结合的双赢模式，暂时缓解了贫困地区农村师资补充难题，在一定程度上推动和改善了农村教育，却无法解决农村师资量短

---

① 张迎春. 高师院校教育实习研究［J］. 教育理论与实践，2006（8）：16-17.

② 李建强，刘森，李庆达. 实习支教：高师院校“有为有位”的现实选择：河北师范大学开展师范生实习支教工作的实践探索［J］. 教师教育研究，2007（11）：67-71.

③ 李思殿. 实习支教：一举双赢的教师教育改革举措：地方师范院校人才培养模式改革的实践和理论探索［J］. 中国大学教学，2009（5）：22-24.

④ 吴靖. 地方高师院校教师教育实践教学改革探析［J］. 前沿，2012（20）：186-188.

质低导致的实习与支教之间的目标冲突和效果制约，实习支教和专业发展、实习目标和支教使命、农村教育现实和吸引优秀师资之间的冲突成为实习支教的瓶颈[①]，实习支教陷入“重实习还是重支教”的两难境地。河北师范大学、鲁东大学等高校在实践中发展出“顶岗实习、置换培训”升级模式[②]，将实习支教与农村教师培训相结合，同时解决农村师资增量提高与存量优化问题，但却因远期目标（农村教师的在职培训与质量提升）实现不力和现实困境（优质师资短缺）加剧陷入远近交困之中。广西师范大学的实践再迈一步，升级成“二次置换、三位一体”模式[③]，在原来师范生与农村中小学教师的直接对接与置换中引入城区中小学教师，通过师范生与城区教师、城区教师与农村教师的两次单向置换，缓解了农村优质师资缺乏对实习支教的瓶颈制约，也以城镇学校良好的实习条件保证了实习效果，但却忽视了师范生和农村中小学教师发展的多样实践路径和城区中小学教师自身的发展提升以及三者之间的互动共进，其城乡义务教育均衡采用削峰填谷的短视做法，背离了实习支教和教育公平的原意，模式的内部完善性和可持续性均显不足。因此，建构“四元多维”教师教育模式，将各项教育改革置于教育大系统中统筹规划，以主动构建适宜的教育生态替代亦步亦趋被动地解决问题，在完善现有实习支教模式的同时着眼教育的整体发展和教育改革的长远效益，是当前连片贫困地区发挥后发优势、实现跨越式发展并逐步缩小与发达地区教育差距的理想选择。

五、教育生态研究

范国睿梳理了生态学概念的提出、生态学学科发展与体系的形成、

① 王艳玲. 实习支教热的冷思考：兼议高师教育实习改革 [J]. 教育发展研究，2009 (4)：74-77.

② 张爱华，宋萍，刘兆丰. 高师院校人才培养模式探索：河北师范大学“3.5＋0.5”顶岗实习支教模式研究 [J]. 教育研究，2009 (11)：101-104；苏勇. 顶岗实习，置换培训：构建师范生教育实习与农村中学教师培训一体化新模式 [J]. 教育研究，2009 (8)：104-107.

③ 刘力，梁梅. 高师院校教师教育“三位一体”实践教学模式的构建与实施 [J]. 中国大学教学，2012 (6)：77-79.

教育生态学的历史演进及内容变化，重点分析了教育生态学发展历史上非常典型的三个研究，为我国教育生态学的发展奠定了基础。其中，布朗弗布伦纳在探讨生态环境与人类行为的关系时创造性地引入“系统”概念，通过小系统、中间系统、外系统和大系统的划分，“把人的发展放在宏观的、多层次的生态系统中加以考察”。英国学者埃格尔斯顿对个体生态学和群落生态学的划分，开辟了教育生态学研究的新视角，其对教育资源分布的重视为教育实践改进提供了新思路。美国学者劳伦斯·A. 克雷明十分强调借用生态学中的“联系”，用全面的、联系的、公开的思维方式来思考教育问题，核心是“把教育视为一个有机的、复杂的、统一的系统”[①]。邓肯从人类生态学视角将自然因素、生物因素和社会因素的全部相互关系称为“生态系统”，是包含人口（population）、组织（organization）、环境（environment）和技术（technology）等变量的“生态复合体”。生态系统内各要素的互动和互变，推动系统不断前进、永远变化又具有较强的自适应、自组织能力。法尔、乔纳森等人经过实证研究发现，文化也是生态系统中重要的变量[②]。

我国大陆目前对教育生态学的研究尚处于起步阶段，成果并不多见，代表性的吴鼎福与诸文蔚合编的《教育生态学》、任凯与白燕合编的《教育生态学》和范国睿主编的《教育生态学》。其中，1990 年出版的吴鼎福和诸文蔚合著的《教育生态学》是我国第一本教育生态学著作。作者主要从生态学角度考察教育，把教育放在自然环境、社会环境和规范环境中，研究上述环境及人的生理、心理等生态因子与教育的关系，从宏观与微观、静态与动态结合的视角剖析了个体生态、群体生态和生态系统生态等教育生态的结构，揭示能量流、物质流、信息流在功能团传递中展现的生态功能，提出了教育生态位原理、教育生态链法则、教育生态系统的整体效应和边缘效应，以及协调进化、良性循环等

① 范国睿. 美英教育生态学研究述评［J］. 华东师范大学学报，1995（2）：83-89.

② 范国睿. 教育生态学［M］. 北京：人民教育出版社，2003：6.

一系列原理和规律[①]。已有教育生态学著作和成果主要围绕以下主题进行了探索：

（一）教育生态学的内涵与原理

教育生态学是以“教育与其周围生态环境之间相互作用的规律和机理”为研究对象的科学，是“依据生态学的……生态系统、生态平衡、协同进化等原理和机制，研究各种教育现象及其成因，进而掌握教育发展的规律，揭示教育的发展趋势和方向”[②]。主要通过对教育生态系统的组分、结构与功能、发展与演替以及多因素影响下变化与调控机制的研究，依据生态系统的“综合”“联系”“平衡”等特征和共生等规律，解决教育“本体自然”与“体外自然”内部及其间的矛盾，通过两者关系的调适与超越，实现教育的和谐发展及良性循环[③]。

王如松等分析了同时适用于自然生态系统和社会生态系统的基本原理，胜汰原理、拓适原理、生克原理、反馈原理、乘补原理、瓶颈原理、循环原理、多样性与主导性原理、生态发展原理、机巧原理十大原理反映了生态系统中优胜劣汰、相生相克、相补相乘、循环再生等基本特性，拓展与适应、多样与主导、风险与机遇等方面的辩证关系，以及反馈控制、瓶颈制约和生态发展等不同样态。实质上，这些原理反映的都是生态学的基本思想：生态系统和生态发展[④]。

（二）教育生态的类型与系统

研究者一般将教育生态分为宏观、中观和微观三类，但较多着墨于宏观教育生态和微观教育生态的讨论。范国睿从宏观视角探讨了文化、人口与教育生态之间的关系以及教育资源和学校分布，再从微观视角探讨了学校和课堂生态环境，最后讨论了可持续发展对教育的作用。吴鼎

① 吴鼎福，诸文蔚．教育生态学［M］．南京：江苏教育出版社，2000：序．

② 范国睿．美英教育生态学研究述评［J］．华东师范大学学报，1995（2）：83-89．

③ LI X Z，ZHANG X Q．The development of ecological education and higher education［J］．China Higher Education，2004（10）：43-44．

④ 王如松，欧阳志云．生态整合：人类可持续发展的科学方法［J］．科学通报，1996（12）：47-67．

福等将教育生态环境大致划分为三个层次：宏观的教育系统与其他社会子系统在某时某地形成的单个的或复合的教育生态系统，并按“生态环境—输入—转换—输出”四个环节制作了“教育宏观生态系统分析模式图”；中观的教育系统以某学校、某阶段或某类型教育为中轴构成；微观的教育系统以人的个体发展为主线，研究外部环境及内外作用等因素，集中于课程系统和教学实践的分析。吴鼎福还建议宏观生态系统研究主要采用系统分析法，中观生态系统研究主要采用梯度分析法（区域分析法），微观教育生态研究主要采用定量分析和实验方法[①]。

（三）教育生态系统的结构与运行

教育生态系统是一种耗散结构系统，“耗散结构是系统的一种特殊的结构，是系统在时间、空间和功能上靠外界作用维持有序的一种状态”[②]。耗散结构既反映了系统与外界、系统中各子系统之间和各生态因子之间复杂的、非线性的制约关系，又表明系统与外界进行物质、能量、信息交换的重要性，体现了系统的开放性、目的性和有序性。

1. 教育生态系统的功能团

与自然生态系统中生产者、消费者和分解者（还原者）三大功能团相似，教育生态系统中也有对应的功能团。以最基本的学校生态为例，由决策者、管理者和服务者构成的引导、保障群主要负责外部物质、能量与信息的输入与物化，由教师、思政工作者和实验技术人员构成的传导、开发功能群主要负责能量流、信息流的传递、转移和转化，由学生构成的继承、开拓功能群则主要负责能量流、信息流的接收、转化、储存和再造[③]。在三大功能群的相互关联与互动作用中，还融入了人工系统特有的价值流。在学校或由多个学校构成的教育生态群落中，教师是其中的主导因子。如果教师的数量、质量或结构低于学校维持正常教学状态或水平的标准，就会限制教学质量的提高，教师就会成为该校或该

---

① 吴鼎福，诸文蔚．教育生态学［M］．南京：江苏教育出版社，2000：20.

② 吴鼎福，诸文蔚．教育生态学［M］．南京：江苏教育出版社，2000：116.

③ 吴鼎福，诸文蔚．教育生态学［M］．南京：江苏教育出版社，2000：134-137.

区域生态发展的限制因子。认识限制因子的动态性和复杂性，有利于人们辩证地认识教育系统中各种生态因子的作用，通过对限制因子的弥补或排除，推动教育生态系统的横向拓宽、累积或纵向演替、进化。

2. 教育生态系统的关键变量

平衡与失衡是生态系统中错综复杂的生态关系的两种表现形式，失衡是常态的，失衡状态既反映生态系统中存在的矛盾与问题，又为生态系统的改进和发展提供契机，通过对问题与矛盾的分析与解决，让生态系统达到平衡态。然而，平衡是相对、暂时、动态的，系统总是在失衡—平衡—失衡—平衡的交替运动中向前发展。资源供应不足、教育改革滞后等都是导致教育系统生态失衡的重要原因。环境合力和教育系统的自组织功能是推动平衡、失衡螺旋交替的外部动力和内部动力。内外动力之间的协同引发振荡，可能导致系统的突变①。

竞争与共生主要反映生态系统中不同生态主体之间的相互关系，在教育生态系统中，一般存在较低层次学校向较高层次学校提供生源的单向依存，现在也开始关注反向依存关系，如中小学对高师提供的合格师资的依赖。在同层次或同类型学校中或不同类生态主体间存在着竞争，适度的竞争会促进协同进化，但不当的竞争会恶化生态环境和生态关系。

教育生态具有边缘效应。王如松等将边缘效应界定为“在两个或多个不同性质的生态系统交互作用处，由于某些生态因子（可能是物质、能量、信息、时机或地域）或系统属性的差异和协和作用，而引起系统某些组分及行为（如种群密度、生产力、多样性等）的较大变化”②。边缘效应以强烈的竞争开始，以和谐的共栖结束。这表明，系统的形成和边界可能导致一部分处于系统边缘的区域（自然的和人工的）由于缺少物质、能量、信息的流入而呈现边缘化或荒野状；也可能因系统内部空间拥挤、竞争激烈而使得边缘地区异常活跃，成为两个或多个系统争

① 任凯，白燕．教育生态学［M］．沈阳：辽宁教育出版社，1992：119-129.

② 吴鼎福，诸文蔚．教育生态学［M］．南京：江苏教育出版社，2000：195.

夺的对象；还可能因为人为因素使得原来处于整体状态的事物被不同系统分割、隔离。

教育生态系统的可持续发展。范国睿专门探讨了教育生态系统的可持续发展，其具体表现为：人、教育、环境的有机结合；教育子系统在整个社会系统中始终保持生机和活力；不同水平、不同层次教育之间的有机联系；教育资源投入的不断增加；现在的教育发展是未来教育发展的准备和基础；教育组织的日益完善，等等。其基本着眼点是“未来决定现在”①。

邓小泉、杜成宪等梳理我国教育生态学研究20年来的发展，指出其呈现出由宏观走向微观、由理论探讨走向实践分析的特点，但仍然表现出对教育生态系统的重要性认识不够深入，对教育生态的层次和结构的研究不够平衡，对教育生态历史变迁的分析不够重视，对生态学原理的把握不够准确等不足②。通过梳理文献发现，我国的教育生态学研究呈现以下特点：一是内涵不断丰富，从“添加生态教育内容”到“研究教育与周围环境的关系”，“形成教育研究与实践的生态思维”，再到“研究和建立教育生态系统”；二是都倡导借用生态系统原理来认识和优化教育系统内部结构及内外环境；三是层次划分较为统一，类型探讨集中于宏观教育生态系统和微观课堂教学生态，但对中观层面的学校群落或区域教育系统则少有涉及。依托地方、突破教育性质或阶段束缚的中观教育生态历来不太被人关注或者是因为教育研究与实践中长期以来形成的宏观—微观视角本身的原因，或许是对中观教育生态建设的重要性认识不足所致。事实上，中观教育生态系统对衔接宏观教育生态系统与微观教育生态系统十分重要，作为中观教育系统的区域教育不仅是一般教育规律与国家政策的区域化、地方化的承载与体现，还是微观教育教学改革与研究的必要平台和有力支撑。当前大力推行综合性教育改革，迫切需要关注和建设中观教育生态系统，推动区域教育生态群落的多元

① 范国睿. 教育生态学［M］. 北京：人民教育出版社，2003：302.

② 邓小泉，杜成宪. 教育生态学研究二十年［J］. 教育理论与实践，2009（5）：12-16.

协同与共生发展。加强中观生态系统研究，沟通宏观生态系统研究与微观生态系统研究，建立目标综合度高、要素耦合良好、开放性强、自组织特征显著的区域教育生态系统，搭建宏观教育生态系统与微观教育生态系统相协调的坚实桥梁，才能更好地发挥教育系统的整体生态功能，追求教育系统各个层级的生态平衡，从而使现代教育走出生态困境，实现和谐、高效、健康的可持续发展。区域教育生态系统的建设，应该是体制与体系引致的硬波动与教育思想、内容、方法等引致的软波动（非结构性振荡）的结合，同时注意通过对教育生态规律的研究利用来促进规则波动，避免和消除不规则波动和振荡。

第二节 核心概念界定与相关概念辨析

一、核心概念界定

（一）实践教学

实践是实践教学这一概念的立论基础，根据已有研究，实践有生产实践和生活实践两种：前者是改造社会和自然的有意识的活动，是“思”与“行”的结合，带有狭义实践的色彩；后者指实际去做，履行，强调“行”，带有广义实践的色彩。但这两种实践都不能很好诠释全部类型的实践，尤其不能凸显人的实践的本质特征。综义地理解实践，可以把实践视为一种生命实践，即主体认识与改造外部世界、完善自身的生命活动，在“思”与“行”的结合中追寻与强调“意义”。因此，实践教学中的实践是一种在意识本体与生命本体的矛盾推动下，以人的自我实现为目标，旨在改善人的存在状态，涵盖道德实践、技术实践和交往实践的总体性实践。

在教师培养中实践的目的不是通过学徒观察和经验式训练培养“工匠师”，而是通过实验室模式增强“理智方法”和训练，遵守科学准则，质疑教师经验，使课堂心理学化。实践不仅仅是积累经验，而且是“从经验中学习”，并对实践进行反思。“强调从实践中学习，允许学生（准教师）参加从观察到有限的参与直至最后全权负责管理的全过程，能促使学生学会实际的、有判断力的、智力性工作。”①这种实践和反思不仅借助于专业团体的建设，同时也有助于专业团体的建设，但毫无疑问是以实践学习为基础的。

实践学习以“参与实践的行为”为起点，分为“获得实践经验”“从经验中学习”和“形成实践智慧”三个层次和环节。“获得实践经验”是投身具体实践并在其中熟悉实际情景、获得直接经验、形成基本技能；“从经验中学习”是分析与反思在实践中获得的感性经验，结合情景要求和技能训练经验思考成败得失，查找原因，寻求改善的方法与策略并再次在实践中检验；“形成实践智慧”是对前两个环节多次循环之后找到一类情景的问题表征的关键要素及其相互关系，在此基础上形成相对稳定的反应模式及变通模式。“获得实践经验”“从经验中学习”和“形成实践智慧”三个层次相互联系、层层递进，形成既相对完整，又交互开放，总体螺旋上升的“学习环”。“获得实践经验”是实践学习的初级阶段，这一阶段以观察、模仿、体验为主，是以“感官”及“操作”为主的学习。“从经验中学习”是实践学习的中级阶段和关键环节，以反思—改进—行动的螺旋递升为基本方式，是一种以“心智”为主的学习。实践学习如果缺少这一环节，就可能停留在低效的技能熟练和低水平重复的状态而难以提升，实践者也只能做个熟练的“匠人”。实践智慧形成是一个由低到高、永无止境的过程，每一次“形成实践智慧”既是前一次学习环的阶段性终点，又是后一次学习环的起点。当解决一类问题的实践智慧生成之后，在下一次的经验获得和经验学习中就可能自由迁移到不同内容或者更复杂的问题领域中，多个问题领域的实践智慧生成将导致更广泛、更复杂的问题解决中的实践智慧生成，由此形成“经验”“策略”“智慧”相互交织互促又各自独立发展的复杂螺旋结构（见图 2-1）。

---

① 舒尔曼. 理论、实践与教育的专业化 [J]. 王幼真，刘婕，编译. 比较教育研究，1999 (3)：36-40.

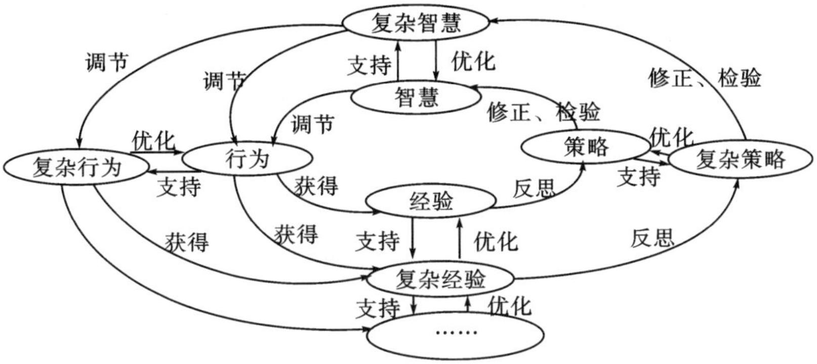

图 2-1 实践学习过程

本书研究将实践教学界定为通过系统地教育教学实践活动中的实践学习培养学习者专业实践能力和职业信念的教学形式，包含教学方式、教学环节和课程形态三层意蕴。在三层不同的意蕴上，实践教学与理论教学有着无法割舍的密切联系。实践教学存在的目的和意义是理解、验证、应用和发展理论；理论教学存在的目的和意义是引领、指导、改进和完善实践。两者相互依存，互为前提。作为一种教学方式，实践教学是理论课课堂教学的辅助形式，目的是帮助学习者在远离实践现场的学习中理解理论与实践的联系，模拟体验理论在实践中的应用；作为一种教学环节，实践教学是理论教学的有益补充，目的是帮助学习者在对实践现场的观察与体验中理解、验证理论；作为一种课程形态，实践教学与理论教学相对应并有机结合、共同构成专业教学的整体，目的是帮助学习者在实践现场的体验、操作与反思中理解、验证并应用理论，进而形成学习者个体的实践性知识，熟练掌握实践技能，部分学习者还可能在理论、实践与反思的融合中创新理论与实践。可以说，实践教学是沟通教育理论与教育实践的中介和桥梁。

（二）教师教育实践教学

鉴于教师教育本身就是贯通教师培养培育全过程的教育形式，故在对教师教育实践教学定义时必须综合考虑职前、入职和职后三个阶段，而不能仅仅着眼于职前培养，所做的概念界定必须对三个阶段都有涵盖力和解释力。我们的界定是：教师教育实践教学是通过系统的、有组织的实践活动培养师范生和在职教师以教学能力为核心的各种教育实践能力，形成教师职业信念和实践智慧的教与学的形式总和，具有教学形式、教学环节和课程形态三种内涵。

作为一种课堂教学形式，实践教学是教育理论课教学的强力辅助，目的是帮助师范生和在职教师在远离中小学一线教学现场的理论学习中深入理解理论，明了并深化理论与实践的联系，加深对理论的内涵、联系及其应用情境的认识。一般通过教育热点问题讨论、案例课例分析、教学录像观摩、教育电影观评等形式进行。这种实践是一种模拟性实践，是在理论课课堂教学中进行的。

作为一种教学环节，实践教学是教育理论课的必要补充，目的是帮助师范生和在职教师在基础教育一线现场观察和体验真实的、典型的教育教学实践，了解教育实践情境，获得实践经验和情感体验，理解和验证教育理论，感受和思考教育理论与教育实践的辩证关系。一般通过见习参观、教学现场观摩、体验式教学实践等形式进行，可以在理论课中镶嵌进行，也可以自成体系适宜地分布在教师培养和培训的各个时段。

作为一种课程形态，实践教学是与理论课程相对而存在的一种课程形式，两者相互依存、协调配合，共同构成教师教育课程体系。实践教学课程存在的意义和目的是帮助师范生在教育实践现场的体验、操作与反思中逐步理解、验证并应用教育理论，熟练掌握和运用教育教学实践技能，发展个体实践性知识，形成实践智慧，并在理论、实践与反思的融合中创新教育理论与教育实践。

（三）教师教育实践教学模式

模式是遵循事物内在规律，在一定理论指导下指向目标问题解决的方法策略组合，是依据一定规范形成内部要素互动关系的相对稳定的结构形态。简单来说，模式就是开展一项工作的大致行动思路与基本实践框架，是确保该项活动、工作整体推进、有序展开的初始性工作蓝图①。

① 龙宝新. 免费师范生在职读研的有效学习模式［J］. 学位与研究生教育，2013（8）：19-24.

模式是人们对作用对象的整体认识及其改造活动的综合设计，是深入探索的框架、成熟行动的定型和取得理想效果的基础。实践教学模式是遵循人的发展与教育实践规律，在实践哲学、建构主义等理论指导下，指向人才培养的实践能力、创新能力和综合素养提升等目标实现的方法策略组合，是依据实践教学规范形成内部要素互动关系的较为稳定的教学形态，既包括横向静态的实践教学主体、目标、内容、方法、形式、效果等构成要素，也包括纵向动态的实践教学活动进程。

教师教育实践教学模式是以学生发展为根本，以人的认识规律为基础，以新时期教师人才培养需要和学生可持续发展需要为依据，以师范生和在职教师专业知能发展和素养提升为目标，以实践活动贯穿全程的教师教育活动结构或体系。该结构体现创造性、时代性、可操作性，包含广义和狭义两层含义。广义涵盖教师教育职前培养、入职与职后的所有实践性教学活动。狭义专指以培养教师教学实践能力和职业信念为目标的专门性教学实践活动。横向包含作为理论课教学方式、具体教学环节和专门课程三种意蕴。纵向包含三个累加的层次：一是在某次具体实践教学活动中的实践教学活动设计、实施、评价、改进等一个相对完整的历程；二是在一个教育或培训阶段内设计、实施的实践教学系列，包含模拟实践、现场体验和真实实践等类型，由一个个具体的实践教学活动有机构成；三是教师培养培训全程依据教师职业生涯发展阶段设计、实施的实践教学体系，包括职前的“准备性实践”、入职的“适应性实践”和职后的“改进性实践”，是三个教育阶段的实践教学系列在教师专业发展理论指导下的有机整合。

教师教育实践教学模式内在地包含一体化实践教学模式，主要涵盖纵向层次上的后两个层次：一是在教师教育每一阶段内部形成目标清晰完整、内容衔接递升、形式多样互补、师资密切配合、场域转换适宜的实践教学体系；二是在教师教育一体化全过程形成全员参与、全段配合、全域展开并有机整合的全实践教学体系。本书研究涵盖上述两层含义并侧重指向后一层，即在教师教育一体化背景下形成各阶段自成体系，同时贯通教师教育全程的全员参与、全段配合、全域展开并有机整合的全样实践教学体系。

（四）“四元多维”模式

“四元多维”模式是遵循教育发展规律和教育生态理念，在系统优化、教师专业发展及教育生态学等理论关照下融教师专业发展与教育整体发展于一体的方法策略组合，是贫困地区以教师教育改革为契机建设教育立体生态的一种结构形态。

所谓“四元”是指四元主体，有两层含义：一是指四个实践主体，即实习生、高校教师、城镇中小学教师和农村中小学教师；二是指四个组织主体，即地方政府、高校、城镇中小学和农村中小学。之所以把与高校相对的中小学区分为城镇中小学和农村中小学，是因为模式的基础和核心——实习支教是面向农村基础教育进行的高师实践教学设计，而城乡义务教育均衡发展和城乡基础教育一体化既是模式摄入的项目，也是当前教育改革的一个重点。这里的城镇中小学主要指位于镇及以上城区的中小学校，农村中小学则指位于乡、村的中小学。“四元”组织主体与“四元”实践主体不对应，主要是源于以下两点考虑：一是地方政府及其代表机构——教育行政主管部门主要是负责教育政策的理解、执行及对区域教育实践的指导、检查，尽管执行者个人的教育理念会导致执行过程的差异，但在刚性的、明确的政策限定范围内，这种差异被大大缩小，除主管领导外其余教育行政人员在模式中的影响并不是太大，因此教育主管部门的执行者没有作为实践主体之一；二是实习生与高校教师均为高校这一组织主体的成员，但在实习支教中的作用是十分重要又各不相同的，因此作为模式中两个独立的实践主体。

所谓“多维”是指“四元”主体间在人员流变、场域转换及合作实践中形成的内涵丰富的多维度关系，包括四个实践主体在多次双向置换中构成互促共生的显性关系，内含“顶岗”与“指导”、“实践学习”与“援教指导”、“集中培训”和“现场指导”等显性关系；四个组织主体因教师流动形成四方协调的隐性关系，内含区域政府协调下高校与中小学间的协作与共生关系，城乡中小学间的均衡发展关系及高校与区域政府的参与决策及政策支持等。“四元”主体及其间的多维关系构成了以高校、城镇中小学和农村中小学为底面三角，地方政府（教育行政部门）为顶角的三棱锥体，实习生则处于椎体的中心。“四元多维”模式以各类教师流向与流域调整为逻辑起点，推动教育关键要素——教师在不同场域中的流转循环，实现流向与效能转换，进而达到在组织主体广泛参与下要素能动增值、系统有机增效的目的，通过“理顺、打通、延伸、开放”形成健康教育生态（见图 2-2）。

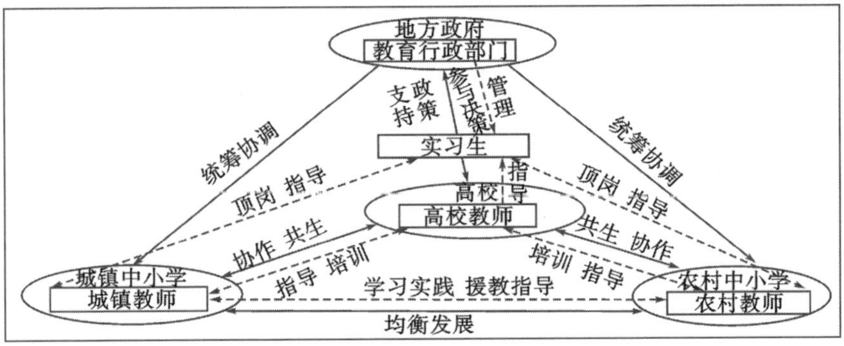

图 2-2 “四元多维”模式

“四元多维”模式运行的基本思路是：贫困地区以地级行政区划为单位，地方高校及外部支援高校以一学期或一学年为期，持续派出实习生分别到城乡中小学补缺和顶岗，轮流置换出一定比例的城乡中小学专家教师、骨干教师和不成熟教师。其中，城镇专家教师和骨干教师去农村中小学援教和实地指导，不成熟教师去高校参加集中培训。置换出的农村中小学教师以半年为期，轮流参加城镇中小学的实践学习和高校集中培训。同时，选派高校教师入驻中小学实践基地并巡回县域各中小学，通过联合指导实习生和对在职教师的现场指导、校本教研、专题培训及共同体建设等，综合完成加强实践教学、充实农村师资、开展基础教育教师轮训、均衡城乡义务教育发展、建立区域教师教育发展共同体等多项任务，实现各类教师的协同发展和教师、学校及教育的同步发展。

首先，“四元多维”模式是一种以师范生培养为核心和本体价值的教师教育实践教学模式，通过拓展培养思路、扩展实践场域、整合指导力量，致力于师范生实践能力与专业素养的提升。模式从高师人才培养的视点出发，关注教师培养的实践性、协同性和创新性，将教师培养置于“职前—入职—职后”的纵向进程和“高校—政府—中小学”的横向纽联所构成的立体境域之中，以“四元”主体间的立体架构和深度结合拓宽教师培养的时空范围，形成教师培养的协同观、实践观和整体观。

其次，“四元多维”模式又是以教师专业发展为主线，追求城乡义务教育均衡发展、教育系统内部衔接配合、教育质量与教育公平和谐推进等多元价值目标实现的综合教育改革模式。模式从教师成长的纵向视野联融职前培养和职后培训，以准教师与在职教师的同步互动发展凸显教师教育一体化内涵；以城乡教师专业发展前提下的动态均衡配置，化解农村教育质量提高与教育公平提升之间的主要矛盾，推进城乡义务教育一体化发展；以大中小学及其教师间的角色转换与深度嵌合，体现和发展高校与中小学的共生关系，推动高师—基础教育一体化。“四元多维”模式既为疏通城乡对接联动共享优质教育资源的大动脉提供稳定、常态的机制保障和实践范式，又是“U-G-S”模式在连片贫困地区的具体应用和创新发展，是凸显政府“在场”角色及统筹协调作用逐渐回归并走向强化的“G-U-S”模式的表现形式之一。“四元多维”模式以与地方高师院校对应的地市为行动单位，有效承接省级政府教育统筹和县域义务教育均衡发展，有助于依据教育机构及地方政府的管理权属、发展历史和现实需要，构建“省级统筹、地市协同、县域均衡”的改革框架，形成顶层设计、逐层细化、层级均匀、层层衔接的改革系统。

二、相关概念辨析

（一）实践教学与实践课程、教育实习

本书中的实践教学既不同于英美国家通常使用的实践课程，又不单指专业实习，而是以增强学生专业实践能力为目标，以实际行动（技术操作或智力演练）为形式，包含一系列实践活动与环节、课程与设计的教学的总和。传统意义上的实践教学指实践性教学环节，等同于广义的教育实习，指通过中小学真实教育教学情境对师范生进行教学的各种实

践性环节，包括教育见习、教学实习和狭义的教育实习。本书认为，实践教学是一个涵盖极广的泛义的综合性概念，包含教学方式、教学环节和课程形式三层意蕴，在内容上既有职前各种基础性实践、教育见习、教育调查、综合性教育实习（含实习支教），以及实习结束后的各种改进性实践，也有职后的岗位实践、在职研修等；在主体上既有职前大学教师指导下的专项技能训练、微格教学，学生自发组织的各种实践性社团活动、竞赛活动，以及在中小学教师指导下的见习、体验与实习，也有职后教师的各种集中培训、跟岗实践、校本研修等；在场域上既有本学校范围内的课堂教学实践和校内实践，也有去异质学校的各种形式的实践。作为教学环节和课程形式的实践教学大致等同于实践课程，但实践课程不包含理论课教学中的实践教学形式。

（二）模式与范式

玛格丽特·玛斯特曼将库恩的范式归纳为三种：形而上学范式、社会学范式和人工范式或构造范式，分别对应科学家共同接受的信念，由概念系统、基石范畴和核心理论构成的研究框架，以及人工构造的成功范本、解决办法和类比图像①。库恩的范式有两种含义：一指代表着特定共同体的成员所共有的信念、价值、技术等构成的整体，即“团体承诺的集合”，是广义的、整体的范式；一指模型或范例可以取代明确的规则以作为解答其他谜题的基础的具体的谜题解答，专指整体中的要素，即“共有的范例”，是狭义的、特指的范式②。从这个意义上说，模式大致等同于狭义的范式。本书取范式的狭义，指以系统思维综合考虑目标、要素、方法、路径等的有机组合，形成稳定有效的行动模型或范型。

---

① MASTERMAN M. The Nature of a paradigm [C] //Imre Lakatos and Alan Musgrave, A. Criticism and the growth of knowledge. London：Cambridge University Press，1970：278-282.

② 托马斯库恩. 科学革命的结构 [M]. 金吾伦，胡新和，译. 北京：北京大学出版社，2003：157-171.

（三）实践教学与教学实践

教学实践是在教育、教学理论指导下施行教学的活动过程。“教学实践作为师生的社会文化实践的过程，是政治的、经济的、社会的、文化的、伦理的、价值的复杂实现的过程。”① 教学实践是教育实践的主体构成和主要途径，也是实现教育目标、发挥教育价值、体现教育意义的主要承载。教学实践实质就是作为活动过程的教学，在这一过程中，师生依持不同的教育理念和理论，以学习材料为媒介，通过对学习资源的选取、设计与共同研习，完成学习任务，实现师生共同发展。教学实践涵括了理论教学和实践教学等不同类型的实践，而实践教学作为其中一种教学形式、环节和体系，是教学实践的重要构成部分。教学实践模式经历了从行为主义经认知主义到建构主义的演进。“1960 年代以降，教学实践的模式从行为主义经信息处理模式再到建构主义模式过渡。从控制学习者行为的行为主义到建构主义——重视学习者自身认识并作用于客观世界，发现其价值与意义，重建客观世界——的转换，对于教育技术产生了莫大的影响。”② 实践教学模式则是以实践能力、创新能力培养和综合素养提升为目标，以实践活动为载体连同特定教学理念、内容、途径、时间、场地等要素形成的稳定组合。从区别看，实践教学模式侧重在教学目标、性质、特征等方面与理论教学进行区分，强调的是模式的特殊性和要素结合的稳定性，而教学实践模式涵盖教学活动中的所有不同类型的稳定组合，强调过程与进程；实践教学模式一般为高校尤其是应用型高校特有，而教学实践模式则可以泛指各级各类教育。从联系看，实践教学模式是教学实践模式的有机组成部分，或者说，实践教学模式也需要通过教学实践模式来完成或实现。

---

① 钟启泉．教学实践模式与教师的实践思维：兼评“特殊教学认识论”［J］．教育研究，2012（10）：108-114.

② WILSON B W，COLE P. Cognitive Teaching Models［A］. Jonassen D H. Handbook of research for educational communication and technology［M］. New York：Macmillan，1996：601-621.

第三章　“四元多维”模式的建构基础

特征鲜明的时代背景、主题突出的教师发展理念、我国教育改革的现实进程和实习支教的设计实施困境，共同促成了“四元多维”模式的出现；建构主义与情境学习理论、教师专业发展理论、渐进性教育改革理论和教育生态学理论，奠定了建构“四元多维”模式的坚实理论基础；世纪之交我国教育改革过程中不断出台和调整的教育政策，提供了建构“四元多维”模式的政策保障；不同实习支教模式的自身缺陷和现实困扰，反映了建构“四元多维”模式的现实需要。

第一节　建构“四元多维”模式的理论基础

建构主义和情境学习理论重新界定了学习的内涵，揭示出终身教育思想下实践学习、情境学习的重要意义，为构建新型实践教学模式奠定了坚实的理论基础，突出了“四元多维”模式的核心；教师专业发展理论的不断深入为教师发展提供了认识基础、方法策略及成功经验，凸显了“四元多维”模式的主线；渐进性教育改革理论为多项目整合式教育变革提供了理论依据和模型参照，展示了“四元多维”模式的特色；教育生态理论为系统思想指导下的区域教育生态发展提供了原理原则及要求策略，描绘了“四元多维”模式的蓝图。

一、情境学习理论

尽管建构主义学习理论、个人知识理论和情境学习理论由不同学者从不同角度提出，但三者间却有内在的联系：建构主义学习理论的主体建构性正是个人知识获得的基础和主要方式，而情境学习理论也是通过主体在情境中与其他个体或群体的交互所获得的个人知识来实现学习的。因此，以建构主义为基础，以迈克尔·波兰尼的个人知识理论为中介，可以更好地理解和应用情境学习理论。

（一）建构主义学习理论

建构主义的哲学基础可以追溯到古希腊亚里士多德的实在论并适用于一般意义的社会关系①，但作为显存的哲学和心理学流派，建构主义扎根于对理性主义与经验主义的综合，是行为主义发展到认知主义以后的进一步发展②，以杜威、维果茨基、皮亚杰、布鲁纳等人的研究为基础逐步发展成为独立的哲学体系。建构主义不仅强调认识过程的统觉与整体性，也强调发展过程的互动与生成性。杜威认为，与动作相联系的理解与不确定情境中的探索都需要立足于“行动”的学习，教育就是经验的生成和经验的改造。维果茨基的“文化—历史”发展理论主张以符号或词为中介的高级心理机能产生并发展于与周围人的交往过程中，来源于外部动作的内化和内部智力动作的外化，揭示了心理发展的建构特性。认知加工信息理论认为，认知过程就是建构过程，包含粗略加工的基本过程和精致转换及建构观念与映像的二级过程。二级过程的认知运演是习得的，在思维中起着执行控制的作用，反映出认知过程及结果的建构性。皮亚杰提出儿童认知发展阶段理论，从图式、同化、顺应和平衡四个方面及图式发展的四个阶段——感知运动阶段、前运算阶段、具体运算阶段、形式运算阶段——进一步阐明和突出了认知的建构性。尽管建构主义理论历经发展而内容丰富、分支众多，但也形成了以下共识：强调主体间互动建构的社会意义，强调施动者和结构互动建构身份

① 奥努弗．建构主义的哲学渊源探析［J］．世界经济与政治，2006（9）：58-66.

② 温彭年，贾国英．建构主义理论与教学改革［J］．教育理论与实践，2002（5）：17-22.

和认同，突出观念在塑造行为方面的作用[①]。布鲁纳通过对教育提供模式的目标认定和知识结构的分析，将建构主义引入学习和教学中，形成建构主义学习理论。建构主义学习理论坚信“知识是由认知主体主动建构的结果，学习是认知主体的一个意义建构的过程，教学是培养学生主体性的创造活动、是引导学生从原有的知识经验中生长出新的知识经验的过程，教师应是学生主动建构意义的促进者、合作者和指导者”[②]。建构主义学习理论强调知识不能以实体形式存在于个体之外；学习不是知识的单向传递，而是学生对所获得的信息意义的主动建构；教学不能无视学生已有的经验，要把儿童现有的知识经验作为新知识的生长点。

建构主义不仅导致课堂教学的改革，也影响到教师教育培养模式及教育评价等领域。皮亚杰的弟子爱利诺·达克沃斯提出“智力发展的本质是精彩观念的诞生”，教学就是为学习者（包括教师与学生）提供机会让他们主动建构自己的知识与图式。基于“人们是在直接经验、反思和有指导的学习中建构知识”的认识，教师教育迫切需要加强实践教学并进行了诸多促进理论与实践融合的教师教育项目实践[③]。多元智力理论的提出者霍华德·加德纳也主张从传统师徒制中汲取灵感，以情境化评估作为标准化考试的替代方案，从而更真实有效地促进和引导个体的发展[④]。

(二) 迈克尔·波兰尼的“个人知识观”

20世纪中叶，哲学家、物理学家迈克尔·波兰尼综合并创造性地发展了康德的实践理性、皮亚杰的儿童心理发展和格式塔心理学等思想，提出了“个人知识观”。这一重要发现被誉为哲学认识论上的“哥白尼式革命”，为今天的学习科学发展和教育改革提供了新的、坚实的

---

① 秦亚青. 建构主义：思想渊源、理论流派与学术理念［J］. 国际政治研究，2006（3）：1-23.

② 陈威. 建构主义学习理论综述［J］. 学术交流，2007（3）：175-177.

③ DARLING-HAMMOND L. 有力的教师教育：来自杰出项目的经验［M］. 鞠玉翠，等译. 上海：华东师范大学出版社，2009：39.

④ 刘徽. 改变教学的36部教育名著［M］. 上海：华东师范大学出版社，2010：153-156.

基础。

波兰尼通过对科学活动的分析，批判了传统认识论中绝对客观性对客观知识与个人知识的割裂、对科学与人的阻隔以及对知识本质认识及科学与人自身发展的妨碍。他提出“默会知识”理论，阐明“默会知识”与“明言知识”的对立统一关系及由两者构成的知识整体框架。经由融入个体、仅可意会的默会认知获得的“默会知识”具有不可言明性、不可分解性和自组织性等特征，是一切知识的基础和内在本质。教育中的“默会知识”强调学生在与书籍、与教师、与环境的显性及隐性交流中的个人“默然”体悟，其发生依赖一种特殊的认知结构——意会整合框架，在这个框架中，默会的理解先于逻辑解释，隐性的接合意义整体先于表层的形式总体。理解是获得“默会知识”的主要途径，亦是知识的默会性的基本体现[①]。技能形成是知识获得的基础与目标，在人类认知中具有基础性作用，默会理解则是技能形成的关键。在波兰尼划分的三类学习中，默会的理解也是其中必不可少的识知要素：窍门学习通过理解手段和目的之间的关系而带给主体启发性和能动性并做出发明行为；符号学习通过感知、观察符号和事件之间的关系而理解符号的意义；隐性学习通过智力的内隐运作把握部分和整体之间的关系，理解和解释各种行为。波兰尼甚至断言，由于一切知识都具有极度的默会性，所以我们永远也不能说出我们识知的所有东西；由于意义的默会性，所以我们永远也不能深刻地知道我们所说的话中暗示着什么。当然，基于语言和文字的符号化操作在增强理解的深度和速度的同时，也增加了理解的难度。

默会理解不仅影响人的认知，也影响人的实践行为。人的实践能力（即本领）是受规则支配的，对于没有很好地掌握一门本领的实践知识的人来说，规则是不可理解的，更是难以运用的。规则只能被应用于个人判断的框架以内。波兰尼由此断言：“领会既不是一项任意的行为，

---

① 波兰尼．个人知识：迈向后批判哲学［M］．许泽民，译．贵阳：贵州人民出版社，2000：133.

也不是一种被动的经验；它是一项负责任的、声称具有普遍效力的行为。”[①]

波兰尼的“个人知识观”揭示了个体认知与个人知识结构的变化，反映了个人知识建构的心智结构模式及其互动建构特征，也明确了个人知识的分享途径、形式和内容，如在共同体中的个体间、群体间交流，如多元文化交流中达成的理解和包容等。个人知识的默会性反映出知识的建构性和独特性，表明实践对于教与学的重要性。囿于课堂的纯粹理论知识学习和基于单纯教学技术的课堂模仿练习，由于缺少默会的机会与建构的特征，是难以适应基础教育实践的要求也无法经受教育实践的检验的，正如布朗所说：“这种课堂活动充其量是一种仿造活动，在这里获得的知识只能适用于制造仿造品的活动。”[②]

（三）情境学习理论

诺贝尔奖获得者赫伯特·西蒙说，21 世纪知识和信息的飞速发展已经使求知（knowning）的意义从能够记忆和复述信息转向能够发现和使用信息。知识的急剧增长使教育的重心不再是帮助学生掌握大量的知识，而是帮助学生发展必要的认知工具和学习策略[③]。这表明传统以知识获得为主要目标的学习与教育已经不能适应时代的需要，转变对学习及教育的认识，将关注重点从知识转向技能、能力和智慧实属必要。这种转向给了情境学习理论充足的发展动力和良好的发展环境。

1. 新的学习科学的启示

约翰·D. 布兰思福特，安·L. 布朗在《人是如何学习的——大脑、心理、经验及学校》一书中对学习进行了重新定义和具体分析，尽管全书没有专门出现对学习的界定，但从新的学习科学重视理解性学

① 迈克尔·波兰尼. 个人知识：迈向后批判哲学［M］. 许泽民，译. 贵阳：贵州人民出版社，2000：137.

② BROWN J S，et al. Situated cognition and the culture of learning［J］. Educational Researcher，1989，(1)：32-42.

③ 布兰思福特，布朗. 人是如何学习的：大脑、心理、经验及学校［M］. 程可拉，等译. 上海：华东师范大学出版社，2002：14.

习、关注认知过程、强调已有经验的作用、强调学习者对学习的自我控制等方面，我们大致可以理解新的学习的内涵：学习是建立在理解基础上，以发现和使用信息为目标，对原有经验进行迁移的活动。对学习的科学理解，包括理解学习过程、学习环境、教学、社会文化加工和许多其他促进学习的因素①。新型学习建立在模式识别、知识组块化、知识条件化、顺畅提取、元认知和专业性理解等原则基础上。

分析专家与新手的差异可以揭示专家学习的特征，培养学生的专家思考。专家与新手的主要差异表现在四个方面：一是在他们从实践中发展起来的解决复杂问题的策略不同。专家有宽厚的专业知识，能对专业领域中的具体情境和事件的信息模式有与新手差异很大的识别方式和独特理解。二是对场的感知能力和监控自我认知过程的元认知能力的显著差异。专家的专业知识和能力主要依靠长期的实践、反思得来，因此，给学生提供进行专业观察与实践的机会能增强学生对有意义信息模式的识别，对其专业能力的发展尤为重要②。三是知识结构的不同。专家的知识不仅是原理性的，也是“条件化”的——与具体情境相联系、已经激活的知识。四是逻辑思维的不同。专家很重视逻辑，不仅重视学科的逻辑，也重视自己思维的逻辑，还重视问题分析与解决中的逻辑。专家学习过程给教师培养的启示是：以培养学生的专家思考为教师培养的重要目标，将教学重心从如何教转向如何学，从结果转向过程，从技能的训练转向知识的理解和运用。具体说，就是提出一门课程的核心概念，理清核心概念之间的联系，形成概念链；以核心概念链为主线，提取重要的事实性知识，探索基本原理；注重教育情境的创设，运用正例、反例、变例和案例设计等帮助学生理解知识运用的条件，支持理解性学习和知识的迁移，并尝试解决模拟或实际问题；在解决问题的实践中引导学生对知识运用的条件进行抽象表征和实地还原。

---

① 布兰思福特，布朗. 人是如何学习的：大脑、心理、经验及学校［M］. 程可拉，等译. 上海：华东师范大学出版社，2002：263.

② 布兰思福特，布朗. 人是如何学习的：大脑、心理、经验及学校［M］. 程可拉，等译. 上海：华东师范大学出版社，2002：38.

重视学习环境的设计。教育目标由“获取知识”到“发展技能”，再到“促进学校学习向社会情境迁移”的巨大转向，导致教学模式也由“技工”和“工厂”隐喻转向“反思性实践者”和“学习共同体”隐喻。传统以课堂为中心的教学更多呈现的是孤立的知识，“而掌握知识的全貌才能保证整合知识结构和了解适用性条件的信息”[①]。克服和避免这种问题的方法之一是学习场景的创设和利用，即让学生暴露于能反映学科主要特点的自然的问题情景中，组织学生在其中探索、解释、扩展并评价他们的进步，必要时介绍新的观点，让学生产生学习的需要、感受学习的意义。与其他环境相比，学校环境具有更关注学习者个体表现、更多采用脑力劳动和更强调抽象推理等特征，表明学校中学习更需要合作、实践和情境化，以促进学生学习中的迁移。“从学校向日常情境迁移是学校学习的最终目的。”[②] 加强学习环境设计，不仅有利于学习过程的顺利开展，也有利于学习质量的提高和学习结果的巩固。学习者、知识和评价是学习环境设计中不可或缺的构成要素，有效的学习环境设计需要以学习目标的分析为基础，综合以上三个要素：以学习者为前提或起点，以知识为过程或主线，以评价为动力或调控，以交叠的视角综合进行学习环境设计。在具体设计时或者以学习者为中心（强调当前学习任务与原有知识经验的联系），或者以评价为中心（强调反馈、形成性评价），或者以学习共同体为中心（强调理解、分享、互动）。各种设计的共同点是都关注具体情境中学习是否发生以及学习的过程，最终都需要建构和建设学习共同体，通过共同体的活动来达成学习目标。

2. 边缘参与的情境学习

世界是相互关联的，并在相互关联中显现其意义。“行为者、世界、活动、意义、认知、学习乃至知识是相互关联、相互依存的……

① 布兰思福特，布朗．人是如何学习的：大脑、心理、经验及学校［M］．程可拉，等译．上海：华东师范大学出版社，2002：154．

② 布兰思福特，布朗．人是如何学习的：大脑、心理、经验及学校［M］．程可拉，等译．上海：华东师范大学出版社，2002：79．

意义从本质上说是社会交往的产物，而参与活动的人的知与行是不可分割的。”[①] 情境是“与某一事件相关的整个情境、背景或环境”[②]，是主体经常面临的特定环境，也是主体活动赖以发生的重要诱发因素和影响因素。在情境中学习是人和所有其他动物的共同能力，但人的社会性存在状态和“关系总和”的本质决定了人的情境性学习更复杂多变，更需要遵循规则。莱夫和温格合著的《情境学习：合法的边缘参与》就专门探讨了情境学习的内涵、意义及其边缘参与性特征。

学习是实践共同体中“合法的边缘性参与”，是构成社会实践整体的一个不可或缺的、不可分割的方面，是在社会世界中的存在方式[③]。边缘性参与反映了社会权利关系结构中拥权与失权的对应关系与辩证存在：授权进行深度探索同时又被阻于充分参与。边缘性参与同时反映了共同体的特质，暗示共同体没有单一或固定的中心，成员被获准观察、合作、分享和建构。参与总是建立在对世界意义的情境性协商和再协商的基础之上，以互动的方式构成，并表现出“与人、活动、识知和世界的多重的，从理论上生成的相互联系”[④]。

情境性学习理论建基于把实践看作是人的全部生命活动的总和，是人们存在和发展的基本方式的理论前设。它不同于传统上将学习仅视为认识方式并普遍认同“先学习，后实践”的逻辑顺序。与情境和现实相联系的学习本身就是一种实践，而实践是人们获得直接经验、规则认识和技能技巧的主要方式，是重要的学习类型。“只要人们在合法的边缘

① LAVE J，WENGER E. 情境学习：合法的边缘性参与［M］. 王文静，译. 上海：华东师范大学出版社，2004：26.

② 黄志成. 西方教育思想的轨迹：国际教育思潮纵览［M］. 上海：华东师范大学出版社，2008：383.

③ LAVE J，WENGER E. 情境学习：合法的边缘性参与［M］. 王文静，译. 上海：华东师范大学出版社，2004：2-3.

④ LAVE J，WENGER E. 情境学习：合法的边缘性参与［M］. 王文静，译. 上海：华东师范大学出版社，2004：60.

性参与的条件下发生互动时，学习就有可能发生。"[①]从这个意义上来理解学习，不仅可以扩展学习的范围，强化学习的功能，还可以重构学习的意义。习得图式和迁移知识与技能的学习在实践和在脱离现实情境的专门学习中均可进行，其效果优劣可以视具体内容和学习对象而定。但是，对现实中复杂问题的情境预测、判断和应变能力，则必须要在情境中经由实践——或者是专家引领的，或者是同伴互助的，或者是积极反思的——才能获得和发展。习惯"纸上谈兵"的赵括便是因为缺少情境学习和实践经历才招致兵败身死的，留给后人警示和深思。莱夫和温格因此宣称："很简单，如果学习是对于实作的不断了解，那么，最有效的学习便是实作，而不是空谈。"[②]

正由于学习与工作实践的不可分割性，使学徒制得以在社会历史中长久存在，对学徒制的人种学考察也揭示了这一点。学徒制中的师徒关系给了新手合法的边缘性参与机会和条件，由新手、熟手和指导者形成的实践共同体创造了具有明确目标和强烈驱动力的潜在"课程"，即便只通过学徒之间的交流而较少指导者的直接指导，即只有"学"而没有"教"，也能让学徒在即席的学习中发生知识、能力、观念和身份的真正改变。在这一过程中，边缘性参与与整体的理解密不可分。"学到的东西、各种各样的和不断变化的观点，都可以用逐渐转变这种轮廓性理解的各种方式来安排和关联起来。"[③] 文化、历史和现实情境，这些被"说教式"学校教育忽视的因素恰恰成为学徒制的特色与优势，为真正意义上的学习提供了必要的基础和便利的条件。学徒制通常是许多领域尤其是复杂知识技能领域主要的学习形式，还是非正式组织对抗、缓和

---

① LAVE J，WENGER E. 情境学习：合法的边缘性参与［M］. 王文静，译. 上海：华东师范大学出版社，2004：前言 4-5.

② LAVE J，WENGER E. 情境学习：合法的边缘性参与［M］. 王文静，译. 上海：华东师范大学出版社，2004：前言 7.

③ LAVE J，WENGER E. 情境学习：合法的边缘性参与［M］. 王文静，译. 上海：华东师范大学出版社，2004：44.

制度压迫和组织指令的缓冲剂。联合国教科文组织近期对学习的奥义进行了更为深入的归总：“学习既是过程，也是这个过程的结果；既是手段，也是目的；既是个人行为，也是集体努力。”① 将学习的建构性、实践性、生成性及集体协作性等都涵盖其中。

3. 情境学习理论对教师教育实践教学的启示

与经理为了追求利润而将新手固定在自己较为熟悉的岗位从而剥夺新手进行全面的边缘性参与机会类似，教育实习中校长或指导教师为了保证教育质量而指派给实习生较为单一或简单的任务，阻碍了实习生从合法的边缘性参与向充分参与的迈进。当这种对新手微妙而普遍的隔离制度化后，合法依然存在，但边缘性参与就失去了其真正意义，而且容易导致抽象与具体之间“二元对立”的认识论。学徒制以师徒关系赋予学习者合法参与的身份，使其接触到共同体中不同类型的成员以及信息、资源和参与机会；以劳动分工的方式改变参与者及其与共同体实践的关系和共同体内部的社会关系，使学徒理解实践的观点得到进化与发展。学习中的连续性和更替性矛盾，既是社会再生产、变革和改变的基本动力，又是社会再生产关系和社会劳动再生产的张力体现，在学徒制中可能导致身份冲突和实践矛盾，但同时又让新老成员互惠互利、共同受益。师徒或其他关系的成员在这种冲突中发现差异、表现恐惧、表达需要，最后达成妥协。合法的边缘性参与作为这种冲突的释放，在成员的身份变化中体现着人与实践的交互关系。尤需注意的是，新手的“建设性无知”可能是促进实践共同体发展的重要资源，这种资源只有在无经验的新手参与实践，并受到既懂得其局限又重视其作用的经验丰富的业内人士的支持时，才能得到开发和利用。

二、教师专业发展理论

教师专业发展不仅是正名教师职业、争取教师专业地位的需要，也

---

① 联合国教科文组织. 反思教育·向“全球共同利益”的理念转变？[M]. 联合国教科文组织总部中文科，译. 北京：教育科学出版社，2015：16.

是教育事业自身发展的需要，还是现代社会对人才、教育和教师的新型要求的综合结果。正是在外部需求的推动和内部发展的演变中，教师专业发展理论出现了教师专业化、教师专业发展和教师专业学习三个阶段。

（一）教师专业化

对教师专业化的关注源于20世纪60年代世界各国教师资源短缺的现实状况，对教师“量”的迫切需求导致新教师培训机构蓬勃兴起。这些培训机构只是被动依据教育系统或学校需要承担集中或统一的培训与考试任务，并未将教师的专业发展纳入系统规划中，各类培训机构彼此间也缺乏联系和沟通。随着20世纪60年代中期人口出生率下降致使教师需求减少、经济困难削减教师培训机构经费、公众对教育质量及教师的信心危机等形势的变化，开始转向对教师“质”的追求。伴随教师素质要求的提高，教师的专业地位逐步得到关注和确立。1966年《关于教师地位的建议》提出应把教师职业作为专门职业看待，初次确立教师职业的专业地位。教师专业化问题成为新世纪世界各国中小学教师队伍建设的逻辑起点。知识的空间化和训练的规范化是职业专业化的两大特征。人类群体能力的无限性与个体能力的有限性之间的差距，构成了各行业包括教师职业专业发展的现实依据。在自20世纪80年代开始的所有涉及教师教育领域的改革中，教师专业化都是其中或显或隐的核心和主线。最初的教师专业化包含教师职业专业化和教师主体专业发展两个阶段和层次：教师职业专业化是指教师职业群体符合职业标准的变化过程和程度，教师主体专业发展是指“通过系统的努力来改变教师的专业实践、信念以及对学校和学生的理解”[①]。从教师职业专业化到教师主体专业发展的变化，体现了教师专业发展理论从现代主义到后现代主义的转向，具体表现为认识基础从技术理性转向实践理性，培养培训模式

---

① GRIFFIN G. Introduction：the work of staff de develop-men［G］//GRIFFIN G. Staff development：eighty- second yearbook of the national society for the study of education. Chicago：The University of Chicago Press，1983：2.

从基于大学、注重知识灌输和技能训练向基于学校的实践反思、叙事研究等转变，专业伦理从服务、利他和自律向关怀、参与转变，专业发展自主性由闭合、自治向参与、实践转变，发展动力由“外烁”向“唤醒”转变，发展方式由“他造”向“自造”转变①。

（二）教师专业发展

20 世纪 70 年代，在英美国家悄然兴起的校本培训被誉为“教师在职培训的新概念和新策略”，较好地解决了高校教师培训中理论与实践脱节的问题，将教师培训下移至中小学校，教师专业教育拓展至教师职业生涯全程的思想逐步明确，教师教育一体化初具雏形。20 世纪 80 年代以来，教育改革浪潮席卷全世界，教师是教育改革成败的关键，教师专业发展水平决定教育质量的共识引发大家对师范教育改革的强烈关注，《以 21 世纪的教师装备起来的国家》和《明日之教师》都提出师范教育改革的目标是促进教师专业发展。专业发展学校（PDS）作为连接高校和中小学的特殊形式被提出并在学者们逐步的充实中变得丰富和明晰，在实践中亦得到迅速发展。《学会生存——教育世界的今天和明天》和《教育——财富蕴藏其中》进一步发展和明确了 70 年代提出的终身教育思想，指出终身教育不是一种正式、严谨的教育体系，“而是建立一个体系的全面组织所依据的原则”，指出“唯有全面的终身教育才能够培养完善的人”，并将终身教育概念厘定为“与生命有共同外延并已扩展到社会各个方面的连续性教育”，指出其是“进入二十一世纪的关键所在”，其作用不仅在于使人适应工作和职业的需要，还应当铸造人格、发展个性以及增强批判精神和行动能力。终身教育强调基础教育的作用和各级教育的衔接沟通，是形成学习化社会的基础。教师是终身教育和终身学习思想的积极践行者，应当率先追求终身持续发展，教师的职前培养与职后培训从机构、制度到内容、实施应该连成一体，教师教育职前培养、入职辅导和职后培训一体化逐渐成为世界各国教师教育改革与发展的基本趋势。

---

① 朱旭东，周钧. 教师专业发展研究述评 [J]. 中国教育学刊，2007（1）：68-73.

教师专业发展的主体从教育行政部门、教师教育与培训机构、教师所在学校向教师转变，把更多的课程选择权给了教师。教师专业发展的目的包括更新知识、更新技术方法、研究应用新策略、加强知识信息交流和提高教学效率等，其中前两个是最主要的。教师专业发展的内容一般依据教师教育价值取向而定，学科知识取向的教师专业发展以学科知识更新为主要内容，儿童发展取向的教师专业发展以一般和专业教学法为主要内容。教师专业发展的组织形式由原来集中学习的单一形式逐步变得多样化，包括教育当局、非政府机构（大学和教师联合会等）组织的培训或专业发展活动，校本发展模式，网络和教师合作模式等。教师专业发展的评价方式也由传统的开设课程、上课时间及学生（员）满意程度转变为关注对教师实践工作、对学校和学生的实际影响。

教师专业发展内涵既有横向静态的内容构成的变化，也有纵向动态的生涯阶段的演进。从内容构成看，对教师专业发展内涵的理解经历了如下变化：从专业知识和服务理想到专业理念、专业技能和专业服务精神再到增加自我专业发展意识，最后发展为专业知识、专业技能、专业信念、专业动机、专业态度、专业情感、专业期望和专业发展意识的逐步丰富、细化。鉴于从教师个体角度所做的划分不能反映和揭示教师专业发展的动态本质——教师在社会交往中不断生成、变化的过程，研究者依据美国教育协会对教师专业发展的界定，在教师专业素质基础上增加了专业组织建设和专业发展途径等内容，具体包括：高度的心智活动、拥有特殊的知识技能体系、经过较长时间的专业职业训练、不断的在职进修、提供一种可终身从事的职业活动和永久的成员关系、制定专业自身标准、倡导服务社会高于个人私利的精神、拥有强有力紧密联系的专业组织等①。

从生涯演进看，教师专业发展一般经历门外汉—入门者—胜任教

① 陈永明. 现代教师论［M］. 上海：上海教育出版社，1999：176.

师—能干教师—专家的发展历程，对该发展进程中每一阶段的教师专业发展内容和水平又可以从教师自身成长和教师关注与协助学生学习两个角度考察[①]。从教师自身成长维度看，教师个人理念、师生互动状态和教师心理行为特征随从业生涯阶段的不同而发展变化。从关注与协助学生学习维度看，门外汉与专家在社会敏感度发展、学科知识发展、教学知识发展和认知发展四个方面有显著差异，其余中间状态则差异不大。从门外汉到专家的角色转变，表现出教师注意力的变化，即从关注自身向关注学生转变。这种转变的完成或实现一方面有赖于教师学习内容和方式的改进：学科专业知识、学科教学知识、学生发展知识、教学环境知识交融形成学科内容知识；理论知识学习与实践体验学习交互作用。另一方面则需要从教师教育的价值立场和制度建设方面，研究和保障教师专业发展目标实现的条件和路径，避免教师“被知识化”“被技术化”[②]。依据上述分析，促进教师专业发展的核心和先决条件是培养和发展教师的反思能力，建构促进教师反思能力发展的生态、氛围和组织形式。人学思想观照下的教师专业发展着眼于教师是“人”这一前提，通过发展意识的激发、外在发展实践的参与和外部发展关怀的助力，在专业知识拓展的基础上促使教师强化专业意识、发展专业能力、提升专业伦理、形成专业自我[③]。

加拿大的吉恩·克兰迪宁和康纳利从改变教师角色定位来研究教师实践对其专业发展的影响，在迈克尔·波兰尼的“个人知识”和杜威的“知识和求知是主客体以及文化与个人的辩证统一体”的观点基础上提出“教师实践知识”概念[④]，以期联结教育理论与实践。他们认为个人实践知识是“在个人实践中表现出来的，通过经验（个人的、社会的和

---

① 李婉玲．教师发展：理论与实践［M］．台北：五南图书出版有限公司，2005：14.

② 舒志定．教师教育哲学［M］．北京：北京大学出版社，2012：189-191.

③ 袁利平，陈时见．人学视野下的教师专业发展［J］．高等教育研究，2007（12）：66-71.

④ CONNELLY F M，CLANDININ D J．Personal practical knowledge and the modes of Knowing［A］//Eighty-fourth yearbook of the national society for the study of education，Part 2. Chicago：University of Chicago Press，1985：174-198.

传统的）生成的，有意识或无意识的信条和意义集合体”①，是“是经验的、道德的、具体的、故事化的知识”②。

尽管教师专业发展相较于教师专业化更具有主动、内在、个体等特征，但基于“缺陷模式”的理念假设和一定的强制性标准，依然使其具有较强的外部规定性。人们在讨论教师专业发展话题时，似乎更关注为教师专业发展提供有效培训、倡导校本教研、形成各种学习共同体等外部支持和具体途径，对教师个体在其中的主动性及其重要作用的重视和彰显不足。教师无论是采用“习得模式”还是采用“参与模式”进行学习，仍然以获得知识为目的，而不被认为具有创造知识的能力和可能性③。因此，有必要向教师学习这一更能突出教师专业发展的时代特征与本质要求的概念演进。琳达·达琳-哈蒙德指出，如果教师要实现帮助各种不同类型的学生完成更具挑战性的学习目标，就必须具有更丰富的知识和更多样的技能，而这在美国很多学校还是做不到的，这在很大程度上制约了学校教育改革的效果④。将“教师专业发展”推进到“教师专业学习”已成为教育改革与发展的当务之急。

（三）教师专业学习

尼姆塞尔对教师学习的内涵做了分析，“应该包括教师从职前教育和专业发展中学到什么，以及教师如何将所学运用于教学中……还包括教师在日常教学实践以及与同事非正式交往中的学习……及研究教师学习成果如何促进学生学习”⑤。教师职前学习主要受教师教育师资、课

---

① CLANDININ D J，CONNELLY F M. Teachers' professional knowledge landscapes［M］. New York：Teachers College Press，1995：174-198.

② 克兰迪宁. 知识与课程开发：教师教育的新图景［J］. 鞠玉翠，译. 教育研究，2009（4）：48-54.

③ 陈向明. 从教师“专业发展”到教师“专业学习”［J］. 教育发展研究，2013（8）：1-7.

④ DARLING-HAMMOND L. 有力的教师教育：来自杰出项目的经验［M］. 鞠玉翠，等译. 上海：华东师范大学出版社，2009：160-164.

⑤ 玛丽莲，科克伦，史密斯，等. 教师教育研究手册（下册）［M］. 上海：华东师范大学出版社，2017：709. 转引自钟祖荣. 教师学习：概念、理论、话题与研究趋势［J］. 中国教师，2019（2）：62-68.

程及培养过程的影响，且理论与实践融合不强，此处不做讨论。真正影响教师专业发展的是教师职后的专业学习，包括性质独特的“双路径学习”，特色鲜明的情景学习和隐藏在科研、教研中的专业学习。诺尔斯的自我导向学习理论、班杜拉的社会学习理论、维果茨基的社会文化学习理论、皮亚杰的建构主义学习理论及梅洛·庞蒂主张的“具身认知”等都是教师学习的有益指导。

1. 教师独有的“双路径学习”

陈向明分析了教师专业发展转向教师专业学习的必要性，认为教师学习是在哈格里夫斯的教师作为“完整的人”、舍恩的教师作为“反映的实践者”、梅洛·庞蒂的“具身认知”、克兰迪宁和康纳利的“专业知识图景”、范梅南的“教学机智”等理论假设的关照指引下，密切联系时代与情境、融合正式与非正式学习的学习，既包括常规的共同体的学徒式参与和工作实践中的反思，也包括重新评估信念背后的假设的“超越式学习”所形成的认知图式与具体环境相互调适的“双路径学习”①。教师学习的机会和途径非常多，可以从自己的教学实践中通过反思学习，也可以在与其他教师的互动中学习（包括日常讨论、会议交流、讲座或工作坊活动），还可以参加正式培训或学位课程学习，甚至可以从工作之外的日常观察或活动中学习。

2. 情境学习是教师学习的重要特征和形式

从学习者中心、知识中心、评价中心和共同体中心四种视角对教师学习进行评测，会发现其中存在较多不如人意之处。从学习者中心视角看，身处不同教龄阶段的教师在专业发展方面的需求也是不同的：新教师需要掌握教育规范和加强基本技能，尤其是课堂组织与管理技能；成熟教师需要更好地整合各类知识以设计并实现更高水平的教学；专家型教师则热衷于试验新的教学方法或开发新的课程。教授不同学科及面对不同的环境、对象的教师所面对的具体问题也各不相同。组织设计“精细化”教师培训以适应不同发展阶段的教师，鼓励教师组成不同专题和

① 陈向明. 从教师“专业发展”到教师“专业学习”[J]. 教育发展研究，2013 (8)：1-7.

课题的特别小组，充分利用在线学习网络等都是较为成功的尝试。从知识中心视角看，教师专业培训（如工作坊）中教师教育者更多展现和使用的是一般教学法知识（如合作学习），而对教学法与学科知识相结合的学科教育知识关注不多，缺少对学科教学的反思和策略研究的展示，使参训教师在实践中的使用能力有限，而且可能影响教师继续改进教学和参加后期培训的热情。当然，教师们不热衷或不愿意参与或进行以学生自主探究为主的教学改革，还有一个隐藏的原因：当把课堂的主动权交给学生以后，教师可能面临学生提出的各种意想不到的、教师的知识和能力难以解决的问题，暴露或承认自己在知识或能力方面的不足可能让教师感到担心和害怕，担心在学生面前失去自己的威严，害怕主管领导或其他同行发现自己的弱点。而当教师将自己定位为一名“学习者”时，这些担心和害怕就都消失了。以评价为中心的学习环境主张在教师培训中给予教师及时的评价，以帮助他们确认某种观点是否正确、某种方法是否有效，纠正某些错误观念并与同行分享自己的想法和经验。反思也是评价的一种，在教师培训中提供的“结构化反思”是教师教学认知和策略发生巨大转变的良好方法。从共同体中心视角看，“提高教师学习的一个重要方法是发展实践共同体”①。教师们一起观看课堂教学实况的“录像俱乐部”，教师们一起讨论关于教学的话题和进行教学程序技能练习的“友好讨论小组”，教师们就学生学习一起分享教学经历和经验的“描述性回顾”计划等，均体现了教师形成实践共同体开展合作讨论的价值和意义：“围绕着学习内容和学生学习情况一起分享经验和进行对话的重要性以及共同做决策的必要性。”②

3. 教育研究是促进教师学习的重要方法

全美教学与美国未来委员会在《变化中的工作，变化中的学习：工

① 布兰思福特，布朗. 人是如何学习的：大脑、心理、经验及学校［M］. 程可拉，等译. 上海：华东师范大学出版社，2002：217.

② 布兰思福特，布朗. 人是如何学习的：大脑、心理、经验及学校［M］. 程可拉，等译. 上海：华东师范大学出版社，2002：218.

作场所和社区中教师学习的必要性》中指出教师学习的基本特征是“在工作中学习，以案例为内容”，内在地包含了教师作为研究者所开展的科学和教学研究[①]。教师的科学研究与教学研究，尤其是行动研究本身蕴含严谨、艰辛的深度学习过程。从问题的表征开始，到问题涉及的背景知识、概念内涵、相关主张，再到解决问题的理论知识和方法性知识，都需要教师从专业著作、学术期刊和他人经验分享等资源中去收集、选择、整合并应用，其间需要教师广泛阅读并深入思考，在仔细的比较、缜密的分析及创新性的整合与应用中形成解决问题的方案、路径和策略，并在系统、完整的改进实践中记录过程、提炼思想并清晰、流畅地进行专业性的表达。可以说，每完成一项科研或教研任务，教师对任务主题相关的知识都会有较为系统、深入的学习。作为一种社会情境建构的过程与方法，教师对学习、学生及自己作为学习者的看法等都在研究中清楚地受到挑战、检验与支持。

合作行动研究还是促进实践共同体发展的有效方法。教师实践共同体本身也是学习共同体，鼓励教师在智力和教学上的相互支持，增进教师的知识能力，提高教师的专业地位。

需要指出的是，教师学习是一个连续的过程，教师职前培养方式在较大程度上影响着未来教师入职后的学习观念和学习行为。蔡克纳和李斯顿归纳了20世纪师范教育的哲学传统：强调学科知识及其转化与学生理解的学术性传统；强调教育研究及知识运用的社会效率传统；重视学生经验和教学能力发展的发展主义传统；强调社会环境分析、公平与人类发展状态的社会重建主义传统[②]。在强调人才的实践能力与创新精神的今天，后两种传统更应得到加强，并需要着力整合几种传统的优势。古德莱德指出，课程集成、实地经验和实践教学作为师范学院课程的主要构成部分，彼此间是脱节的。这些课程由具有不同哲学认识、彼

---

① 钟祖荣．教师学习：概念、理论、话题与研究趋势［J］．中国教师，2019（2）：62-68．

② ZEIGHER K，LISTON D．Reflective teaching：an introduction［M］．Mahwah：Erlbaurn，1990：4．

此缺少交流的人来教授和检查，并受到学生等级评定制度的削弱，同时还受到来自学校、政府和认证机构的“错误导向的规章制度”和教育经费等的影响，不仅现有课程结构难以取得可见的成效，也很难开发出最具创意的教师教育课程。全美教学与美国未来委员会指出美国教师教育课程中的主要问题，有时间不足、内容浮浅并彼此脱节、教学无创意等。在学生对所受教学的各种抱怨中，“没有充分联系实践”可能是最主要的问题。这种职前教育课程中缺少对教育研究的重视，也缺少对师范生成为学科教学专家的激励，极易阻碍这些未来教师成为终身学习者。不仅如此，不重视反馈和反思的课程和教学由于与实践相去甚远还可能阻碍未来教师对知识和技能的迁移，正如舒尔曼所言：“最难的转换是从专家学习者转换到新手教师。”① “成功的教师学习要求有一个连续不断的，合作努力的职前、职后以及终身的专业发展机会。创造这样的学习机会，以学习科学来建立知识库要面临巨大的挑战，但并非是不可实现的任务。”②

三、渐进性教育改革理论

卡西尔指出，人类文化活动中的两极性是推动文化及人的发展的重要动力。两极性存在于所有的人类活动中，这种两极性实质是稳定化与进化之间的一种张力，是保持固定生活形式与打破这种僵化格局之间的一种张力。在这种两极性的影响下，人被分裂成这样两种倾向：力图保存旧形式的倾向与力图产生新形式的倾向，表现为人类传统与改革、复制与创新之间的永无休止的斗争③。正是创新才使得人类社会不断变化并向前发展，正是保守才使得人类社会的变化是相对稳妥的、可靠的，

---

① SHULMAN L. Those who understand: knowledge growth in teaching [J]. Educational Researcher, 1986, 15 (2): 4-14.

② 布兰思福特，布朗. 人是如何学习的：大脑、心理、经验及学校 [M]. 程可拉，等译. 上海：华东师范大学出版社，2002：193.

③ 卡西尔. 人论 [M]. 甘阳，译. 上海：上海世纪出版集团，上海译文出版社，2003：351.

而避免了毁灭性的后果。创新与保守的角力与博弈，在推动人类社会发展的同时，在波普尔“渐进改良”启示下，逐渐形成了革命性变革和渐进性变革两条路径，并成为社会学研究的重要课题。渐进性变革通过不间断的系统性渐变改革来调整组织结构、优化组织功能，从而不断逼近最优的组织目标。它不同于危机和困境逼迫下对组织进行重构的革命性变革（革命性变革是先破后立，以“破”为主；渐变性变革是先立后破，以“立”为主）。渐变性变革既能最大限度地利用已有的基础、条件和资源，又能较好地发挥社会组织的自组织功能和人的主观能动性，还能避免革命性变革的激进、动摇根本所可能导致的“休克”，有助于降低改革成本，取得人们的认同和支持，从而扩大改革收益。渐变性变革一般适用于基本价值观念和制度框架已经确立的情况。在管理学中，渐进性和革命性作为两种主要的变化策略被组织变革所采用。奎因认为渐进性变革是组织最好的战略性变革方式，通过局部均衡各个击破，通过边际均衡分解难题，以广泛、频繁的沟通为实施关键，以渐变的方式应对组织内外压力①。其显著特征是对现有资源的重组、利用和改革推进的循序渐进性，实质是在发展中求变化，在变化中求发展。

渐进性变革不仅适合社会领域改革和组织管理改革，亦可成为指导教育改革的理论借鉴。林丹在梳理我国基础教育改革三十年历程时指出，人的“有限理性”和基础教育改革的复杂性决定了我国教育改革适宜采用渐进式改革，以温和、稳健和自我完善的方式实现改革，把改革理解为一个修正、充实、完善和提高的波浪式前进过程，有利于改革的“本土化”、矛盾消减和效益提升。理论研究者、改革决策者和基层实践者等多方改革利益主体应通过对话形成均势，即“在互动中制衡”，是我国基础教育改革的适宜路向。林丹依据邬志辉教授的研究整理了研究者、决策者和实践者对待改革的不同姿态，从角色立场、价值取向、问题选择和工作风格几个方面进行了对比分析，呈现三者间的差异与错

① 俞东慧，黄丽华，石光华. BPR项目的实施：革命性变革和渐进性变革［J］. 中国管理科学，2003（2）：55-60.

位，为理解不同利益主体在改革中的态度、行为及冲突提供了思路[①]（见表3-1）。

表3-1 研究者、决策者和实践者的三种改革姿态

	研究者	决策者	实践者
角色立场	高贵的，代表着知识	独断的，代表着权力	实用的，代表着需求
价值取向	求真的，对现实的政策和做法常常保持批判态度	求实的，把教育研究视为实现某种政策、规划或目标的工具	求效的，常指责教育理论高高在上，教育政策不了解下情
问题选择	自由度较大，多以基础理论研究为主，并以学术同行的认可为荣	自由度较小，只关注列入议事日程的问题，并以政策的出台为目的	多局限于现实中遇到的问题，缺少整体观和全局观，仅仅关注眼前利益
工作风格	突出自主性，缺少严格的时间约束，有自己的专门学术语言，甚至以别人看不懂为乐趣	突出选择性，多赞赏和支持符合自己预定主张的研究，时间性较强，到一定时间必须作出决定，对不同意见者多借手中权力加以压制	突出程序性，时间性最强，不能等待，由于自身不懂教育研究，多按令行事，只管低头拉车，很少抬头看路

林丹、柳海民进一步指出，以改革创新为主、继承传统为辅，以扬为主、以弃为辅的渐进改革是全面、协调、可持续的改革，这种改革循序而改，改中有变，变必有果[②]。容中逵分析了教育改革的文化逻辑，指出文化变迁的持续性、渐变性，人的行为变化必须经由观念转变的渐进生成性以及教育改革的力度与限度的博弈决定了教育改革的渐变性[③]。李玲等探讨了教育体制综合改革的理论、路径与评价，认为教育

① 林丹. 基础教育改革30年：策略转向与路线生成［J］. 东北师大学报（哲学社会科学版），2008（5）：20-25.

② 林丹，柳海民. 渐进改革：当代中国基础教育改革路向的理性选择［J］. 教育研究，2009（7）：27-32.

③ 容中逵. 教育改革的文化逻辑［J］. 教育研究，2016（6）：25-30.

体制综合改革具有“综合性与系统性，内生性与交互性，长期性与渐进性，宏观性与纵深性”等基本特征，宜选择“政府主导与全民参与，专项改革与综合改革相结合，与经济、政治、文化、社会和生态文明建设协调配套”的改革路径①。当然，在认识和提倡教育改革的渐进性时要注意避免和克服教育改革中的路径依赖。英国在撒切尔夫人当政期间实施的保守主义政治反映到教育领域就是主张温和的、渐进的、具有生长性的变革②，有一定的借鉴意义。从春侠、陈成根据试点省市项目的任务书文本，分析了省级政府教育统筹综合改革的措施与风险，并提出循序渐进地推动综合改革等四项政策建议③。

综合前述，渐进性教育变革具有以下特征：（1）是在诱致性因素作用下引发的变革，而非革命性因素或致命性危机引发的变革；（2）以资源重组为主导思想，是在大的制度框架内的制度改进和机制建立，而不是对原有教育体制的根本性解构与重构；（3）可以打破原有的要素、组织甚至系统的结构方式，进行新的划界、组合以形成更适应当下境况与需要的结构；（4）充分利用系统的自组织功能，从内部不断调适与完善；（5）需要较长的时间进程、循序渐进的实践进程和较强的反馈调控系统。

第二节　构建“四元多维”模式的政策指引

我国对实践教学的政策重视初见于1985年《中共中央关于教育体制改革的决定》，当时指出了教育中存在“实践环节不被重视”，专业设置狭窄，既脱离经济与社会需求又落后于科学文化的发展等问题。1993年《中国教育改革和发展纲要》首次提出“加强实践环节的教学和训练”

① 李玲，黄宸，韩玉梅．教育体制综合改革：理论、路径与评价［J］．教育研究，2015（6）：80-88.

② 易红郡．英国保守主义政治思潮及其对教育改革的影响［J］．华东师范大学学报（教育科学版），2008（3）：84-92.

③ 从春侠，陈成．省级政府教育统筹综合改革：措施与风险分析：基于试点省市项目任务书的文本分析［J］．河北师范大学学报（教育科学版），2015（2）：55-60.

并促进产—学—研合作。1999年《中共中央国务院关于深化教育改革全面推进素质教育的决定》提出以“培养学生创新精神和实践能力为重点”加强素质教育，尤其是“加强和改进对学生的生产劳动和实践教育”。可以说，从1985年到20世纪末的15年，我国已经认识到了实践教学的薄弱问题并对加强实践教学提出了笼统的总体要求。新世纪伊始，在国际教师教育改革浪潮的冲击和我国教育发展的现实需要下，党和国家出台了一系列教育政策，阐明加强实践教学改革对教师教育发展和整个教育发展的重要意义，也对改革的具体内容、形式、方法、路径等提出指导性建议。

一、加强教师教育实践教学

加强教师队伍建设，实现师范教育向教师教育的转型。新世纪伊始，国务院就以国发文件的形式提出改革教师教育以促进基础教育改革与发展，具体包括“完善以现有师范院校为主体、其他高等学校共同参与、培养培训相衔接的开放的教师教育体系；加强师范院校的学科建设，鼓励综合性大学和其他非师范类高等学校举办教育院系或开设获得教师资格所需课程；支持西部地区师范院校的建设；以有条件的师范大学和综合性大学为依托建设一批开放式教师教育网络学院；推进师范教育结构调整，逐步实现三级师范向二级师范的过渡；有条件的地区要培养具有专科学历的小学教师和本科学历初中教师，逐步提高高中教师的学历，扩大教育硕士的培养规模和招生范围；制订适应中小学实施素质教育需要的师资培养规格与课程计划，探索新的培养模式，加强教学实践环节，增强师范毕业生的教育教学与终身发展能力”等①。党的十八大报告专门强调：“加强教师队伍建设，提高师德水平和业务能力，增强教师教书育人的荣誉感和责任感。”②

---

① 国务院. 关于基础教育改革与发展的决定［EB/OL］.（2006-10-13）［2014-05-08］. http://www.gov.cn/ztzl/nmg/content_412402.html.

② 胡锦涛. 胡锦涛在中国共产党第十八次全国代表大会的报告［EB/OL］.（2012-11-18）［2022-08-16］. http://cpc.people.com.cn/n/2012/1118/c64094-19612151.html.

加强实践教学，提升教师教育质量。《国家中长期教育改革和发展规划纲要（2010—2020年）》对加强教师教育实践教学改革提出指导性意见，建议通过创新教师教育培养模式、加强教师队伍建设改革试点等提高教师质量。一方面构建以师范院校为主体、综合大学参与，开放灵活的教师教育体系；另一方面深化教师教育改革，创新培养模式，增强实习实践环节，强化师德修养和教学能力训练，提高教师培养质量。加强社会实践、毕业设计、岗位实习和学生参与科学研究等关键环节，以保障和提高教学质量。在“落实教学改革重大举措”中专门提到“建立开放式、立体化的实践教学体系”，在“加强创新人才培养”中又提到“加强动手实践教学，增加学生参加生产劳动、社会实践和创新活动的机会。开展优异学生培养方式试验”①。在加强教师职前实践的同时，也要加强教师的职后实践，强化实践育人制度，创造教育家成长的环境，具体包括：实施中小学校长国家级培训计划和校长、骨干教师海外研修计划，有针对性地开展校长任职培训、提高培训、高级研修和专题培训；实施中小学教学名师培养计划，修订《特级教师评选规定》。

创新教师教育培养模式，重点依然落在实践教学上。从总体要求、培养重点、类别拓展、专业设置和培养方案改革等方面进行教师教育培养模式的创新，具体包括：加强师范生师德和文化素质教育，注重通过文化熏陶培养教师气质；加强师范生教学基本功训练；完善师范生免费教育政策，扩大实施范围；调整师范教育类专业设置和培养方案，推动学科专业教育与教师专业教育相结合，探索“4＋1”“4＋2”中学教师培养模式。《国家教育事业发展第十二个五年规划》再次提出强化教学实践环节，落实师范生普遍到中小学和幼儿园教育实习一学期制度②。《教师教育课程标准》重申和强化了上述要求，并将“加强实践教学”细化为课堂教学和课外实践两部分，课堂教学要“充分利用模拟课堂、

① 教育部. 国家中长期教育改革和发展规划纲要（2010—2020年）［EB/OL］.（2010-07-29)［2014-05-08］. http://www.moe.edu.cn/srcsite/A01/s7048/201007/t20100729_171904.html.

② 教育部. 国家教育事业发展第十二个五年规划［EB/OL］.（2012-06-14)［2014-05-08］. http://www.moe.gov.cn/srcsite/A03/moe_1892/moe_630/201206/t20120614_139702.html.

现场教学、情境教学、案例分析等多样化的教学方式，增强师范生学习兴趣，提高教学效率，着力提高师范生的学习能力、实践能力和创新能力”。课外实践鼓励师范生更多观摩名师讲课并深入农村中小学，以树立强烈的社会责任感和使命感；高校和中小学要选派工作责任心强、经验丰富的教师担任师范生实习指导教师。积极探索建立高校、地方政府、中小学合作培养师范生的新机制[①]。2016 年教育部印发《关于加强师范生教育实践的意见》（教师〔2016〕2 号），提出明确教育实践的目标任务、构建全方位的教育实践内容体系、丰富创新教育实践的形式、组织开展规范化的教育实习、全面推行教育实践“双导师制”、完善多方参与的教育实践考核评价体系、协同建设长期稳定的教育实践基地、建立健全指导教师激励机制、切实保障教育实践经费投入等要求[②]。加强实践教学的设计、管理和协同成为职前教师教育改革的重要内容。

二、健全教师管理制度，开展教师队伍建设改革试点

创新教师教育体系和培养模式，探索中小学教师和校长培训新模式，构建区域协作的教师继续教育新机制，开展短期集中、带薪脱产研修、远程教育、学术交流、海外研修和校本研修等多种方式的教师培训。建设支撑教师专业化发展的教学资源平台，提高新增教师国家通用语言文字应用能力，完善民族地区双语教师培养培训模式。开展教师资格考试改革和教师资格定期注册试点，建立中小学新任教师公开招聘制度和办法，探索建立教师退出机制。探索中小学校长职级制，深化中小学教师职称制度改革[③]。同时，加大教师培训力度，对义务教育教师进行全员培训，组织校长研修培训；对专科学历以下小学教师进行学历提

---

① 教育部. 关于大力推进教师教育课程改革的意见［EB/OL］.（2011-10-08）［2014-05-08］. http://www.moe.gov.cn/srcsite/A10/s6991/201110/t20111008_145604.html.

② 教育部. 关于加强师范生教育实践的意见［EB/OL］.（2016-03-21）［2022-08-07］. http://www.moe.gov.cn/srcsite/A10/s7011/20604/t/20160407_237042.html.

③ 教育部. 国家教育事业发展第十二个五年规划［EB/OL］.（2012-06-14）［2014-05-08］，http://www.moe.gov.cn/srcsite/A03/moe_1892/moe_630/201206/t20120614_139702.html.

高教育，使全国小学教师学历逐步达到专科以上水平。进一步要求建立高等学校与地方政府、中小学（幼儿园、职业学校）联合培养教师的新机制，落实师范生教育实践不少于一学期制度，以加强教师养成教育和教育教学能力训练①。2018 年中共中央、国务院发布《关于全面深化新时代教师队伍建设改革的意见》，要求明确教师的重要地位，大力振兴教师教育，深化教师管理综合改革，切实理顺体制机制。再次重申“全面提高中小学教师质量”，进一步“优化义务教育教师资源配置”，支持高水平综合大学开展教师教育，推进地方政府、高等学校、中小学“三位一体”协同育人②。2022 年，教育部等八部门印发《新时代基础教育强师计划》，着力“建设一批国家师范教育基地”，实施“优师计划”，对乡村教师在职称评聘上实行特殊支持，开展国家教师队伍建设改革试点。由教育部附属师范大学和高水平地方师范院校每年为脱贫县、中西部陆地边境县培养 1 万名本科层次师范生，师范生在校学习期间享受“两免一补”，定向就业。乡村教师职称评聘“定向评价、定向使用”，中高级岗位总量控制、比例单列。“鼓励支持地方政府统筹，相关部门密切配合，高校、教师发展机构、中小学等协同，开展区域教师队伍建设改革试点，内容包括师范生培养、教师专业发展、教师人事管理制度改革、教育教学研究与改革等。”③ 鼓励建设一批教师教育改革实验区，积极推进教育硕士培养改革试点工作。同时建立教师教育质量保障制度，为教师培养确立标准和指向，包括制定实施中小学、幼儿园和职业学校教师专业标准，教师教育机构资质认证标准，教师教育质量评估标准，教师教育课程标准；实施师范教育类专业评估；探索教师教育机构资质认证，形成教师教育标准体系和质量保障制度。

---

① 国务院. 关于加强教师队伍建设的意见［EB/OL］.（2012-09-07）［2022-08-08］，http://www.gov.cn/zhengce/content/2012-09/07/content_5390.htm.

② 中共中央、国务院. 关于全面深化新时代教师队伍建设改革的意见［EB/OL］.（2018-01-20）［2022-08-08］. http://www.moe.gov.cn/srcsite/A10/s3735/202009/t20200903_484941.html.

③ 教育部等八部委. 关于印发《新时代基础教育强师计划》的通知［EB/OL］.（2022-04-11）［2022-08-08］. http://www.moe.gov.cn/srcsite/A10/s7034/202204/t20220413_616644.html.

三、发展农村教育，推广实习支教

农村教育一直是我国教育工作的重中之重，连片贫困地区教育又是农村教育的重中之重、难中之难。“乡村教师是发展更加公平更有质量乡村教育的基础支撑，是推进乡村振兴、建设社会主义现代化强国、实现中华民族伟大复兴的重要力量。”① 教育部要求各地制订优秀教师到农村地区从教的具体办法，探索建立农村教师专业发展支持服务体系，创新农村义务教育阶段教师全员培训模式，多种措施加强农村中小学教师队伍建设。新世纪伊始，国家就发出支援西部地区、农村地区教育的号召，要求加强中西部地区教师的交流、合作，鼓励并引导在职教师由城市向县镇、农村、条件艰苦的边远地区流动任教，支持大专院校、科研院所等单位的有关专业人员到中小学兼职。

加强支援乡村教育的制度建设。2006 年是集中解决农村师资与教育发展问题的重要年份，不同部门出台了多个政策文件支持乡村教育发展。先是教育部、财政部、原人事部、中央编办下发《关于实施农村义务教育阶段学校教师特设岗位计划的通知》，“通过公开招募高校毕业生到西部‘两基’攻坚县县以下农村义务教育阶段学校任教，引导和鼓励高校毕业生从事农村教育工作，逐步解决农村师资总量不足和结构不合理等问题，提高农村教师队伍的整体素质”②。然后教育部发布《关于大力推进城镇教师支援农村教育工作的意见》，建立和推行城镇教师支援农村教育制度，以优化乡村教师结构，提高乡村教师素质③。2008 年将城镇教师支援农村的单向行动升级为城乡教师双向交流，要求“健全农村教师培养培训制度，提高教师素质。健全城乡教师交流机制，继续

---

① 教育部等六部门. 关于加强新时代乡村教师队伍建设的意见 [EB/OL]. (2020-08-28) [2022-08-08]. http://www.moe.gov.cn/srcsite/A10/s3735/202009/t20200903_484941.html.

② 教育部，财政部，人事部，中央编办. 关于实施农村义务教育阶段学校教师特设岗位计划的通知 [EB/OL]. (2006-05-15) [2022-08-08]. http://www.moe.gov.cn/srcsite/A10/s7058/200605/t20060515_81624.html.

③ 教育部. 教育部关于大力推进城镇教师支援农村教育工作的意见 [EB/OL]. (2006-06-26) [2022-08-08]. http://www.moe.gov.cn/srcsite/A10/s7058/200602/t20060226_81598.html.

选派城市教师下乡支教”[①]。

加强乡村教师队伍建设。随着经济社会发展和教育改革进入新阶段，对乡村教育的重视提升到新的高度。2015 年，国务院办公厅印发《乡村教师支持计划（2015—2020 年）》，强调发展乡村教育是帮助乡村孩子成才、阻断贫困代际传递的“千秋功业”，必须把乡村教师队伍建设摆在优先发展的战略地位。要求落实全面提高乡村教师思想政治素质和师德水平、拓展乡村教师补充渠道、推动城镇优秀教师向乡村学校流动、全面提升乡村教师能力素质等八项主要举措[②]。2020 年教育部等六部门联合出台《关于加强新时代乡村教师队伍建设的意见》，要求畅通城乡一体配置渠道，通过“定期交流、跨校竞聘、学区一体化管理、集团化办学、学校联盟、对口支援、乡镇中心学校教师走教、‘管理团队＋骨干教师’组团输出等多种途径和方式”，加强城乡一体流动，重点引导优秀人才向乡村学校流动。健全县域交流轮岗机制，“将到农村学校或薄弱学校任教 1 年以上作为申报高级职称的必要条件，3 年以上作为选任中小学校长的优先条件。……村小、教学点新招聘的教师，5 年内须安排到县城学校或乡镇中心校任教至少 1 年”[③]。

以统筹方式发展农村教育。一方面，促进农村经济与社会发展，为农村教育发展提供厚实的土壤，坚持把农村教育摆在重中之重的地位，加快农村教育发展，深化农村教育改革，促进农村经济社会发展和城乡协调发展[④]；另一方面，加强农村教育内部的统筹协调，以新

---

① 中共中央关于推进农村改革发展若干重大问题的决定（2008 年 10 月 12 日中国共产党第十七届中央委员会第三次全体会议通过）［EB/OL］．（2008-10-31）[2022-08-08]. http://www.gov.cn/test/2008-10/31/content_1136796.htm.

② 国务院办公厅．关于印发乡村教师支持计划（2015—2020 年）的通知［EB/OL］．（2015-06-08）[2022-08-08]. http://www.moe.gov.cn/jyb_xwfb/xw_zt/moe_357/jyzt_2017nztzl/ztzl_xyncs/ztzl_xy_zcfg/201701/t20170117_295043.html.

③ 教育部等六部门．关于加强新时代乡村教师队伍建设的意见［EB/OL］．（2020-08-28）[2022-08-08]. http://www.moe.gov.cn/srcsite/A10/s3735/202009/t20200903_484941.html.

④ 教育部．对十二届全国人大四次会议第 6043 号建议的答复［EB/OL］．（2017-01-16）[2022-08-08]. http://www.moe.gov.cn/jyb_xxgk/xxgk_jyta/jyta_jiaoshisi/201701/t20170116_294923.html.

形势下基础教育、职业教育和成人教育“三教统筹”有效整合教育资源，充分发挥农村学校的综合功能。2009 年教育部推行“县域内义务教育均衡发展”政策后，综合教育改革进入城乡教育统筹发展阶段。

大力开展实习支教。教师教育因实践教学薄弱影响教师人才培养质量进而制约教育发展而长期饱受诟病，与贫困地区农村教育同为改革呼声颇高的领域。在山西忻州师范学院多年顶岗支教取得成效后，2003 年张诗亚总结西南大学“小松树”计划的成功经验，提出集“实习、更新、支教”于一体的“更新工程”建议被教育部采纳①。2007 年 8 月，教育部下发《教育部关于大力推进师范生实习支教工作的意见》，鼓励各地探索并建立教师教育综合改革和高师院校服务基础教育的试验区，促进师生积极参与教育改革的实践，在教师培训、教育教学研究和咨询等方面提供多样化的教育服务。特别强调“地方各级教育行政部门、高师院校和中小学要不断创新师范生实习支教的途径和方法，积极探索三方合作、协同开展师范生教育实习工作的有效机制”②。教师教育实践教学与农村教师补充及教育发展之间形成制度性联结。2017 年，教育部在对十二届全国人大四次会议第 6043 号建议的答复中提道：“教育部将鼓励引导各地教育行政部门和高师院校结合地方中小学尤其是农村中小学的需要，通过‘国培计划’置换脱产研修项目等，积极组织师范生开展顶岗实习支教，在全面提升师范生教育教学实践能力的同时，帮助缓解中小学教师短缺问题。”③

① 易连云，兰英．免费师范生实践教学体系探讨［J］．西南大学学报（社会科学版），2007（11）：16-19．

② 教育部．关于大力推进师范生实习支教工作的意见［EB/OL］．(2007-07-05)［2022-08-08］．http://www.moe.gov.cn/srcsite/A10/s7011/200707/t20070705_145953.html．

③ 教育部．对十二届全国人大四次会议第 6043 号建议的答复［EB/OL］．(2017-01-16)［2022-08-08］．http://www.moe.gov.cn/jyb_xxgk/xxgk_jyta/jyta_jiaoshisi/201701/t20170116_294923.html．

四、进行教育综合改革试验

进行综合教育改革的必要性。教育改革逐步进入“深水区”“攻坚期”后，各种因素纠结盘绕，改革难度增大，项目间整合的必要性与可能性日渐明显，综合教育改革逐步成为教育改革的新趋向，是解决复杂教育问题的必由之路。我国进行综合教育改革已有一段时期，综合的范围也从单个教育要素走向多个要素乃至教育整体，从单个学校走向学校联合，从单个学段走向全段综合，从城镇学校合作走向城乡学校统筹，现在已经发展到一定区域内城乡教育全学段、全要素的系统改革，呈现出要素越来越多、范围越来越广、结构越来越复杂的趋势。早在2001年国家就有了教育综合化改革的构想，当年工作要点提出“加快建设人才成长立交桥，促进不同类型教育之间的融合和沟通”的总体设想①。同年，国务院颁布《关于基础教育改革与发展的决定》，要求各地建立教育教学改革实验区和实验学校，探索、实验并推广新课程教材和先进的教学方法。高等师范院校、教育科研院所要积极参与基础教育课程教材改革和教学实验②。2005年提出“继续促进区域教育协调发展”时主要针对基础教育，2006年提出“开展教师教育综合改革试点”时已经拉通了教育的不同阶段，2010年从更大视野和更远视点要求教育“主动适应经济发展方式转变和经济结构调整，优化教育结构、学科专业结构、人才培养结构和资源配置，推动各级各类教育协调发展，培养经济社会发展需要的高素质人才”③。同年，成立国家教育综合改革办公室，要求进行省级政府教育统筹、县（市）教育综合改革试点。“研究推进教育体制改革创新及试点实施的方案，支持重点领域改革。完善教育综

① 教育部. 教育部2001年工作要点［EB/OL］.（2001-01-22）［2022-08-08］. http://www.moe.edu.cn/publicfiles/business/htmlfiles/moe/moe_164/200408/3418.html.

② 国务院. 关于基础教育改革与发展的决定［EB/OL］.（2006-10-13）［2014-05-08］. http://www.gov.cn/ztzl/nmg/content_412402.htm.

③ 国务院. 国家中长期教育改革和发展规划纲要（2010—2020年）［EB/OL］.（2010-07-29）［2022-08-08］. http://www.gov.cn/jrzg/2010-07/29/content_1667143.htm.

合改革试验区布局。鼓励和引导各地根据国家制定的发展规划、方针政策和基本标准开展教育改革试点。探索和支持区域教育协作与联动发展。”在区域内教育园区、集团化办学和跨区域教育协作试点成功之后，鼓励在基、职、高、民四类教育的重点领域和省级政府统筹下开展教育综合改革试点，“通过加强地方政府统筹和系统配套改革，探索解决制约教育发展特别是一些重点领域深层次矛盾的途径和方法，推动教育科学发展”①。2011年重申改革创新对教育发展的强大动力作用，再次提出“鼓励建立区域教育协作和联动发展机制”。2012年《国家教育事业发展第十二个五年规划》提出推动区域、城乡教育协调发展，在连片特殊困难区实施教育扶贫工程，探索城乡教育一体化发展机制②。同时，要求积极开展师范生实习支教和置换培训，服务农村教育③；进一步创新教师培养模式，推动高等学校设立教师发展中心，鼓励各地结合实际，规范建设县（区）域教师发展平台④。在系列政策的引导与推动下，教师教育实践教学与贫困地区农村教育发展的联结逐步走向深入，形成以实习支教为抓手、实践教学改革为先导的高师人才培养模式改革与城乡教师均衡配置、教师在职培训等改革项目相结合的综合改革思路。

第三节 构建“四元多维”模式的现实依据

以知识为中心的传统教育剥离了知识在中小学学习和应用的主体特性与具体情境，导致教师职前培养与职后实践之间的割裂、教师培养与

① 国务院. 国家中长期教育改革和发展规划纲要（2010—2020年）［EB/OL］.（2010-07-29)［2022-08-08］. http://www.moe.edu.cn/srcsite/A01/s7048/201007/t20100729_171904.html.

② 国务院. 国家教育事业发展第十二个五年规划［EB/OL］.（2012-06-14)［2014-05-08］. http://www.moe.gov.cn/srcsite/A03/moe_1892/moe_630/201206/t20120614_139702.html.

③ 国务院. 关于加强教师队伍建设的意见［EB/OL］.（2012-09-07)［2022-08-08］. http://www.gov.cn/zhengce/content/2012-09/07/content_5390.htm.

④ 教育部. 关于大力推进教师教育课程改革的意见［EB/OL］.（2011-10-08)［2022-08-08］. http://www.moe.gov.cn/srcsite/A10/s6991/201110/t20111008_145604.html.

中小学教育实践之间的疏离。反映在教师教育实践教学中，一是理论与实践严重分离。课程设置上理论课与实践课联系配合不足，教学方式上各执己见、画地为牢，理论缺乏针对性，实践具有盲目性。二是实践教学问题突出。实践时间总量不足，分布不科学；实践内容单调，形式单一；模拟训练多，针对性不足；学生主动性不强，教师指导亦无力；实习基地建设不足，实践机会缺乏；组织管理不力，考核评价片面；最重要的是实践教学体系不够合理、完善。三是高师教育与中小学脱节：集中“涌入”式实习给中小学带来负担，指导教师心有余而力不足，实习生也缺少实践机会①。

对实践教学模式研究过少是当前实践教学活动开展不力的原因之一。实践教学模式研究少的原因：一是实践教学本身是高等教育改革深化过程中的产物，出现晚，故对实践教学模式的实际内涵和确切指向的研究还处于起步阶段；二是实践教学条件要求较高，施行不易，故推广较难。应根据学科专业、实践领域和人的因素，综合考虑实践教学模式中的特殊性、制约性和个性化，在实践基地模式、实验室模式和个性化模式中选择使用②。

实习支教作为面向贫困农村地区教育开展的实践教学创新形式，经《教育部关于大力推进师范生实习支教工作的意见》（以下简称《意见》）在全国范围内推广开来。该政策的初衷是想推进教师教育改革，提高师范生综合素质和实践能力；审视和改革高师院校人才培养模式，密切高等教育与基础教育的联系；缓解农村师资短缺，推动农村教育改革与发展。为保障实习支教效果，《意见》同时提出要求：高师院校要积极承担实习支教中的设计、组织实施和规范工作；各级地方政府和教育主管部门要担负组织领导、支持服务及经费保障工作；受援学校要做

---

① 王大钊．高师院校师范生实践教学模式新探［J］．青海师范大学学报，2007（2）：154-156；朱元春．高师实践教学模式创新的探索［J］．教师教育研究，2006（5）：49-52；郑瑜．试析师范专业课堂教学技能422实践教学模式［J］．黑龙江高教研究，2009（10）：188-189；石利．教师学习理论视角下的高师院校实践教学探讨［J］．黑龙江高教研究，2012（2）：157-159．

② 赵金波．试论实践教学模式的合理性选择［J］．潍坊学院学报，2006（1）：129-130．

好实习支教生的管理、指导和安全、生活保障工作；高师院校、教育主管部门和受援学校应通力合作，做好实习基地建设和实习支教方法途径的创新探索工作。

然而，对实习支教提出的要求自身存在的内在矛盾关系阻碍了政策效能的发挥，引发人们对该政策及其实践的忧虑。这当中既有认识中实习与支教的矛盾，也有高师人才培养实践中专业学习与实践锻炼的矛盾；既有组织中教师需求与实习生供给的矛盾，也有选点中城市学校资源与农村学校需求的矛盾。对这些关系的思考和处理导致实习支教模式不断升级，但囿于单一项目和狭窄视野的思考和设计使实习支教各类模式尽管有所改善，却一直都不够完善，并随着项目的实施和推进暴露出新的问题。

一、“顶岗实习、支教农村”模式的内在矛盾

按照实习支教政策的要求，将高年级师范生派到师资短缺的农村学校支教，以正式教师的身份独立承担某门（些）课程的教学及班级的管理任务，同时接受农村学校教师和高校带队教师的共同指导（图 3-1）。去农村学校以正式教师的身份支教可以给实习生提供更为真实的实践情境、更加丰富的实践机会和更加全面的实践体验，理论上有利于实习质量的提升。实习质量的提升意味着实习生专业素养的发展和综合能力的提高，一方面有助于教师职前培养质量的提高，另一方面可以反过来助力实习生的支教行为和支教结果。但是，农村学校师资量短质低的现实不仅无法实现人们以支教助力实习、以实习助力支教的美好预期，反而逆转了实习支教的结果：缺少有力指导的实习制约了实习生发展，也严重影响到支教的效果，实习与支教都不如人意。因此，在实习支教实践形成的“燎原”之势中，各种问题逐渐凸显，“实习支教和专业发展、实习目标和支教使命、农村教育现实和吸引优秀师资之间的冲突”成为实习支教的瓶颈[①]。

① 史成明，曹健. 师范生实习支教的瓶颈及其突破［J］. 黑龙江高教研究，2010（12）：79-81.

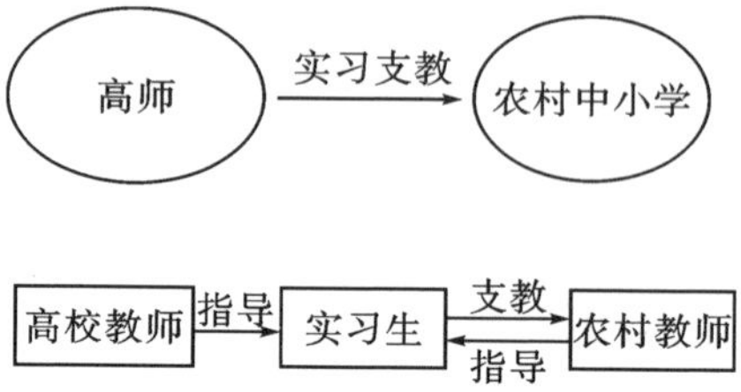

图 3-1　单纯“实习支教”模式的要素关系

实习与支教之间的矛盾引发了人们对于两者关系的思考：在实习支教中，究竟应该以实习为重还是以支教为重？如何才能兼顾两者的效果并形成两者间的良性循环呢？偏重支教需要师范生深入师资薄弱、短缺严重的农村学校，这样的学校很难为师范生提供有力的实习指导，师范生只能在简陋的环境中摸索成长；偏重实习则需要将师范生放在教学条件较好的城镇学校，实习指导得以加强，但师范生走上讲台和独立带班的实践机会则少了很多，也无助于缓解农村师资短缺问题。王艳玲指出，由于在农村学校缺少理论丰厚、实践突出、经验丰富的教师的指导，加之大学生前期理论与实践的整合及准备不够充分，很难在实习支教中获得有价值的知识与经验①，多数实习生是凭着自己在实践中的摸索来了解和实施教育教学的。这种“自学成才”式的实习由于缺少有效的教师指导，已经不能算是真正意义上的实习，实习的质量打了折扣，支教的效果也会相应地打折扣。农村学校师资量短质低既是促使实习与支教相结合的动因，又成为实习与支教相对立的主因，实习支教实践陷入两难境地：重实习就不应该让学生去农村学校支教，实习支教政策的立论基础就难以成立；重支教又缺乏最基本的实习指导，制约实习与支教双赢目标的实现。实习与支教之间貌似存在难以消除的对立，实习支教逐步从政策热点悄悄降温，相关研究也迅速回落。然而，作为一项审慎推出的国家政策，其立论基础既经过深入细致的论证，又被几所部属师范大学或长期开展支教实践的高师院校的成功经验所证明，显然不是

① 王艳玲. 实习支教热的冷思考：兼议高师教育实习改革［J］. 教育发展研究，2009（4）：74-77.

政策本身的问题。通过进一步深入剖析不难发现，地方高师院校面临的实习与支教间的“悖论”更多受制于现实条件，并非不可破解：一方面反映出有力的实习指导对实习活动的影响更高于全真的实践情境，农村师资现状急需改善，实习指导力量必须加强；另一方面暴露出多数地方高师院校还没有做好迎接实习支教的准备，薄弱的职前实践教学设计使其不能提供可以在支教中独当一面的实习生。因此，研究者与实践者一方面呼吁高师院校加大实践教学改革力度，提供具有更强实践能力的实习生；另一方面意图通过高师院校的集中培训在较短时期内提高农村教师专业水平，加强实习指导力量，由此形成实习支教的升级模式“顶岗支教、置换培训”。

二、“顶岗支教、置换培训”模式的远近交困

“顶岗支教，置换培训”模式依据“一个中心，两维目标，多元互动”理念，以师范生实习为中介，通过师范生到农村支教，置换出农村教师到高师培训，将实习支教与农村教师专业发展相结合，是对实习支教的第一次“升级”。该模式具有实化师范生教育实习，创新农村教师继续教育，推动农村教育可持续发展，使其逐步缩小与城市教育的差距等应然功能。

河北师范大学、鲁东大学等一批高师院校进行了实习支教、置换培训的实践探索。在2006年至2009年，河北师范大学以流动宣讲、固定帮扶、置换培训、合作科研等多种形式，培训了近5万名农村中学管理人员和教师①。鲁东大学建基于建构主义和教师专业发展理论的“实习支教，置换培训”模式，使师范生、农村学校及其教师、地方教育部门等多方受益，取得了一举多赢的效果②。教育部亦因此要求“积极开展

① 张爱华，宋萍，刘兆丰．高师院校人才培养模式探索：河北师范大学“3.5＋0.5”顶岗实习支教模式研究［J］．教育研究，2009（11）：101-104.

② 苏勇．顶岗实习，置换培训：构建师范生教育实习与农村中学教师培训一体化新模式［J］．教育研究，2009（8）：104-107.

师范生实习支教和置换培训，服务农村教育”①。实习支教因其与置换培训的结合，不再被视为一种过渡性、临时性、应急性措施，而是作为一种整合教育改革、提升教师教育和基础教育质量的新路径加以研究和实践。

该模式在设计中至少存在这样几方面的缺憾：一方面，置换培训虽然可以为数年后农村师资质量的提升带来希望，但却不能解决农村教师数量不足的问题，还会加剧现阶段的师资紧缺，实习生的实习指导和实习效果更难以保证；另一方面，由于农村教育环境艰苦、条件与质量改善缓慢，加上指导力量的缺乏，可能使师范生无法体验当前教育实习中的成功而对教育实践、教师职业和农村教育发展产生无力感甚至是畏惧感，不利于其教育信念的形成和职业认同感的提升，也不利于农村师资的后续补充。再者，缺少优质教育实践体验的农村教师到高校接受仅有教育理想和教育理论的高校教师培训，双方巨大的反差严重影响培训的适切性和有效性。同时，缺少优秀基础教育教师的参与、示范和分享，“置换培训”促进农村教师专业发展的效果并不显著（图 3-2）。如何通过改善农村学校师资结构和实习指导力量来提高当前的实习与支教效果？如何通过丰富农村教师培训和发展的途径来促进农村教师和学校的可持续发展？将城镇教师支援农村的教育政策与“顶岗支教、置换培训”结合，引入城镇学校、城镇教师就显得十分必要了。

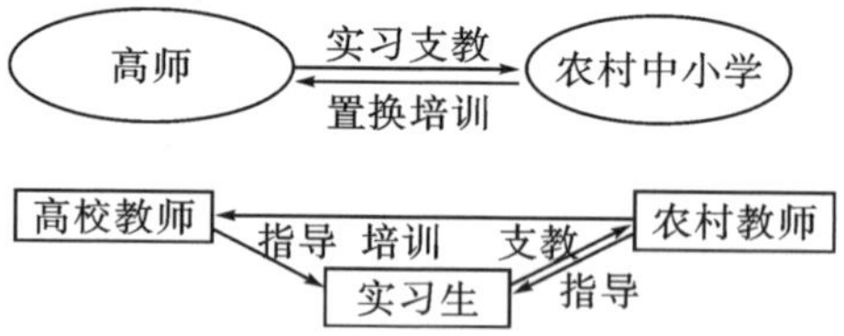

图 3-2 “实习支教、置换培训”模式的要素关系

---

① 教育部. 关于大力推进教师教育课程改革的意见. [EB/OL]. (2011-10-08)[2014-05-08]. http://www.moe.gov.cn/srcsite/A10/s69911/201110/t20111008_145604.html.

三、“二次置换、三位一体”模式的理想色彩

刘力、梁梅在广西师范学院实践探索基础上提出了“二次置换、三位一体”模式，作为对“实习支教、置换培训”模式的延伸和完善，是对实习支教模式进行的第二次“升级”。“二次置换、三位一体”模式就是由“地方教育部门派出城区中小学教师到农村支教并置换出部分农村中小学骨干教师到高校参加培训，而师范生则以顶岗的方式顶替城区中小学教师的空缺岗位”①。（图 3-3）这种模式以实习支教为契机，通过引入城区中小学教师到农村支教，以“曲线救国”的方式实现师范生实习与农村教育和教师发展的结合，期冀其实施可以使地方高师院校、城区中小学和农村中小学形成三方联动共赢机制，实现高师教育与基础教育的无缝对接。此模式的设计理念、整合广度和预期效能无疑比前两种模式都有较大的改进，找到了引入城镇学校与教师这一正确方向，但在模式内部具体关系的联结上仍然存在较多问题：以城镇教师取代实习生去农村援教对农村学校来说效果固然要好一些，但城镇学校教师援教农村学校的数量多少为宜？人数太少恐怕不能解决农村师资缺口，更别说置换农村教师去高校培训了；人数太多有可能导致城区学校“失血过

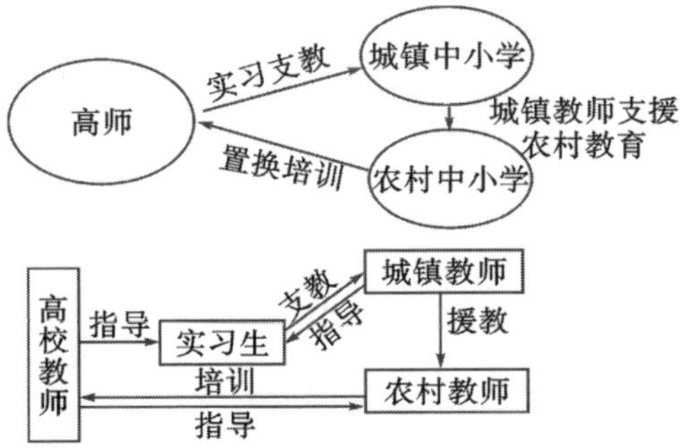

图 3-3 “二次置换、三位一体”模式的要素关系

① 刘力，梁梅. 高师院校教师教育“三位一体”实践教学模式的构建与实施［J］. 中国大学教学，2012（6）：77-79.

多”（毕竟师范生的教育教学能力比城镇学校的成熟教师或骨干教师要差很多），极易引起城镇学校教学质量的下滑甚至教学秩序的混乱。而且，城镇学校教师自身的专业发展如何关照？显然，这种模式尽管引入了义务教育均衡发展项目，有利于农村教育发展，却背离了实习支教的初衷，且不利于城镇学校的发展，是一种“削峰填谷”的短视做法。

尤其值得注意的是，在前述三种模式中，高校与基础教育的关系仅在共同指导实习学生的基础上增加了高校为基础教育在职教师提供培训，彼此之间的联系仍然不够密切和全面，难以形成共生的意识和关系。因此，本书尝试对实习支教模式进行第三次“升级”，构建“多次置换，四元多维”立体实践教学模式。“多次置换，四元多维”模式试图整合多个教育改革项目，以地方政府、高校、城镇中小学和农村中小学为基本单元，将“四元”组织主体纳入同一个改革框架，以政府推动下的高校教师、实习生、城镇教师和农村教师之间的关系重构为重点，同时关注教师数量的补充和教师质量的提升；以实习生分赴城镇学校和农村学校顶岗、支教为契机，同时置换城镇教师和农村教师进高校参加集中培训；以城乡教师互派丰富城乡教师专业发展路径，同步提升城乡教育质量并促进城乡教育一体化发展。该模式还期望以各类教师之间的双向流转关系促成高师与中小学的全面、深度联系，推动高师基础教育一体化。最终以各类教师的同步互动发展推动教师与学校、教育的同步发展，实现提高教育质量和推进教育公平的这一终极目标（图 3-4）。

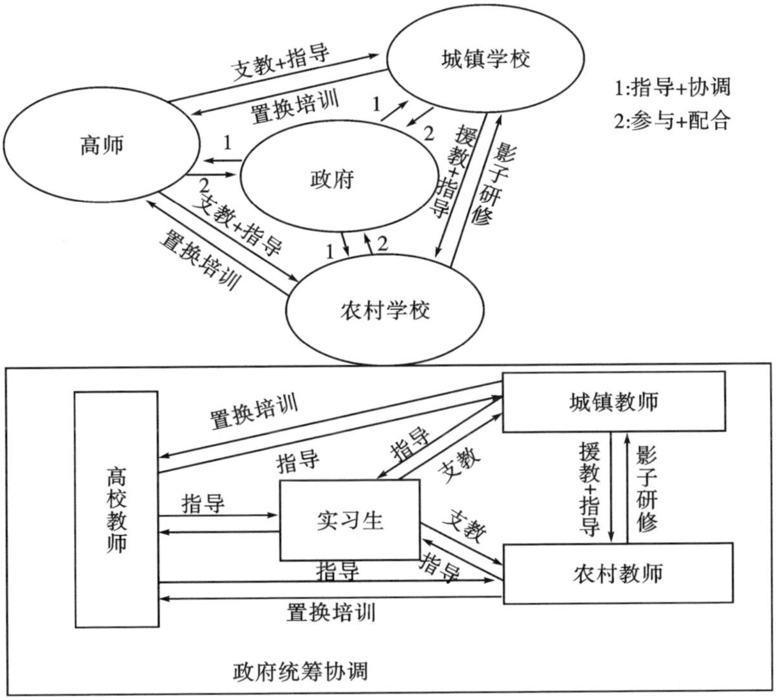

图 3-4 “多次置换、四元多维”模式的要素关系

第四章 “四元多维”模式的理论内涵

要从整体上改进教师教育、提高教师培养质量和促进在职教师，尤其是农村教师的专业发展，就要把教师培养与发展问题放在其所应当的高度，突破仅从一体化教师教育机构、课程、教学等纯教育视野开展教师教育研究和实践的局限，将其放在更为广阔的背景中，以更负责任、更具现实性的态度和更宏阔、更立体的思维考察教师教育，“把教师教育作为一种事业，从政府、市场、教师教育机构、中小学校和教师个体等因素联系的角度考虑，即从事业经营的角度对教师教育事业管理”①。既关注教育系统内部的责任和行动空间，也要关注教育之外社会发展教育的责任和支持条件；既要从纵向关注教师教育职前职后一体化的建设和推进，也要从横向联结教育内外的要素和力量，形成教师教育发展的内外合力、时空合力，以强劲的动力推动教育的“车头”——教师教育的发展，再以教师教育牵引教育的发展。“四元多维”模式试图集结教育内外之力、浓缩教育时空，以教师教育的关键活动“实践教学”促进教育中的关键要素“教师”的发展来推动教育的发展。模式能否承载如此重任，需要从其理念、内核、目标、要素和特征等方面做系统的审思和考量。

---

① 唐松林. 解决中国农村教师发展问题的理论框架［J］. 河南师范大学学报（哲学社会科学版），2006（5）：188-191.

第一节 理念：多维度教育理念

《辞海》(1989) 对“理念”的解释为“看法、思想或观念”，理念从意念经观念发展而来[①]。从词源上看，理念源于古希腊语 eidos，早期意指“形相”“形式”“通型”“观念”等。理念引入英语 idea 中后，又逐步纳入“精神”“信仰”“理想”等内涵。柏拉图、康德和黑格尔等对理念的哲学内涵的形成与发展有较多的关注和颇为突出的贡献。柏拉图的“理念论”将理念阐释为对事物真正实在的洞察。康德认为理念是一种从“不能经验的对象”中抽象出来的“那些必然的”“集合的”“完整性”的概念，是理性所追求的最高级、最完整的“统一体”。黑格尔则将理念视为“自在自为的真理，是概念和客观性的绝对统一”[②]。中国古代文化中没有专门的理念概念，只有与之相通共用的“理”，“理”具有自然万物的存在依据及变化规律、德性之根源、主体之意识和道德观念体系等多种内涵。不难看出，无论西方的“理念”还是中国古代的“理”，都是包容甚广、意涵复杂、抽象度高的集合性范畴，只是到了近现代其内涵才逐步缩小、精炼而渐至清晰，指“人们对于某一事物或现象的理性认识、理想追求及其所形成的观念体系”[③]。理念是包含了认识、态度和价值目标的内隐观念，是建立在理性认识基础上的基本价值取向及理想追求，是对一种事物或活动的全面而基本的观念体系，它指导或影响人们对待某种事物或开展某种活动的具体行为。

人们将理念从哲学领域移用在教育领域中形成了“教育理念”这一术语。韩延明依据自身对理念的理解和界定，将“教育理念”界定为“人们对于教育现象（活动）的理性认识、理想追求及其所形成的教育思想观念和教育哲学观点”，是教育主体在教育实践活动中经由思维、

① 夏征农，陈至立. 辞海 [Z]. 北京：商务印书馆，1989：1367.

② 北京大学哲学系外国哲学史教研室. 西方哲学原著选读：下卷 [C]. 北京：商务印书馆，1982：300- 301.

③ 韩延明. 理念、教育理念及大学教育理念探析 [J]. 教育研究，2003 (9)：50-56.

交流、反思及文化积淀所形成的，同时又指导和影响着教育实践活动的相对稳定的教育理性认识、教育价值取向与教育理想追求融合而成的观念体系。教育理念一旦形成，就会为教育者选定观察、理解和实践教育的视角、方法或路径。而教育者如果在实践中遭遇挫折或遭受不同理念及其成功实践的冲击，则可能审思原来的教育认识、转换教育价值取向并改变教育目标追求，发展出不同的教育理念，导致教育理念的转变（如双路径学习），因而教育理念具有相对稳定性和动态发展性。教育理念既与教育实践相对而成，又与教育实践密不可分；既是经由实践而来，又会经由实践而变，更须在实践中得到实现和经受检验。教育理念是教育行动的先导，是教育实践发展的动力，是教育改革的先锋，是重构教育体系的前提和基础。教育理念作为一种观念体系是多层次、多维度的，包括对教育整体、教育中各个构成要素及各种教育活动的理性认识、价值判断和理想追求。本研究重点讨论指导和影响“四元多维”教师教育模式建构的实践教学理念、教师发展理念和区域教育发展理念。

一、“整体和谐”的存在型实践理念

实践理念是对于实践的性质、内容、方式、作用等方面的理性认识、价值取向和理想追求所融合成的观念体系。实践理念作用于对应的实践活动形成不同的实践范式，“一个范式就是一个公认的模型或模式（Pattern）”[①]，反映了某类实践共同体共同的标准、规则及成员对其的接受。从这个意义上说，范式是理念的承载、实现和在现实中的成型或定型。

李伟在《实践范式转换与实践教学改革》中梳理了实践范式的三次转型：泛化实践转向道德实践，道德实践转向生产实践，生产实践转向交往实践。并从生存哲学的角度提出存在型实践概念，认为存在型实践是涵括理性与非理性两大类别，综合理论、狭义实践、制作和动物感觉生命等领域的，在原始泛化实践的基础上螺旋上升后重新回归的一种泛

① 库恩. 科学革命的结构［M］. 金吾伦，胡新和，译. 北京：北京大学出版社，2003：23.

义的实践①。存在型实践作为交往实践的补充和升级形式，是第三次范式转换中的未尽之物。这种梳理对于人们深入认识实践具有积极意义，同时也值得商榷：依据个人对已有研究中实践分类的理解，道德实践、生产实践和交往实践仅仅是实践发展到中级阶段——分类实践时表现出来的几种具体类型，它们之间也并非按顺序出现——在概念提出上有着先后的顺序，但在人类社会中是同时存在的，或者说尽管人们对这几类实践的认识有先后之分，但它们其实早就已经存在并影响着个体的人和整体的人类社会。事实上，从更宏观的视野看，实践范式的转型是从泛化实践转向分类实践，再回归到整体实践，体现一种“总—分—总”的逻辑线路。存在型实践不是存在主义意味的实践，而是在具体的历史理性指导下的，克服了马克思的生产实践的工具理性之弊和哈贝马斯的交往实践的语言理性之弊，谐和了亚里士多德的道德实践和制作实践的一种具有整合内涵的实践，这种实践体现的不是某种具体的理性，而是适应当前社会发展、具有巨大整合力和生长力的包容性理性。依据海德格尔对存在和此在的论述，“此在的本质在于它的生存”②，即存在者的现实生存活动，凡是体现和改善生命的存在方式与状态、充实与提高生命的质感和质量的生命活动，都可以算作存在型实践。这样的实践是道德实践、生产实践和交往实践交融之后的“涅槃”和“化蝶”，是在互动交流中展现高度的主体自觉又适当兼顾“主体性的他性”的新型实践。存在型实践在生命内在的驱动下展开，在展现主体自觉的实践中体现和实现存在的价值与意义，在对主动实践的客观审视和持续反思中兼顾“他性”，在主体自觉和“他性”的适宜张力中提升存在的境界与高度，实现生命的形塑与超越——生命体在实践性活动中突破自身现实状态，交替地实现和超越生命中预先敞开却无法预设的可能性。在存在型实践中，整体与部分的特性在摄入中获得互释，在互释中感受和谐，由和谐

① 李伟. 实践范式转换与实践教学改革［M］. 北京：教育科学出版社，2010：109-126.
② 丁立群，等. 实践哲学：传统与超越［M］. 北京：北京师范大学出版社，2012：92.

生成美，和谐与美导向现实世界的善[①]。和谐既是追求的目标，又是对达成目标的过程状态的要求，尤其是对过程中各要素关系的要求。和谐有多个层次，宏观层次指人与自然、社会的和谐；中观层次指自然、社会系统与其组成部分之间的和谐；微观层次指人与人、人与自身的和谐。作为过程要求和要素关系的和谐，更贴近帕森斯结构功能主义中以结构的优化保障或提升组织整体的功能的意味。

在教师教育中引入存在型实践理念，是为了解决“在教师教育中一个永久的难题”，即“整合理论为基础的、按传统在大学里传授的知识和经验为基础的、按传统是在中小学的课堂中在教师的实践中获得的知识”[②]。存在型实践理念将教师教育的实践视为一种新的、融入教师生活与生命的、更广泛意义上的整体实践。它以多种实践内容和形式支持教师的终身持续发展，体现出整体和谐的特征。整体和谐既是存在型实践的自发要求和主要特征，又是对教师的教育实践结果的理想追求，还是指导教师教育实践活动的基本原则。“整体”既指用系统思维考察、实施与评价教师的教育实践，又突出教师的教育实践是由道德实践、生产实践和交往实践熔为一炉的整体性的存在型实践；“和谐”既指教师教育实践系统内各种要素、活动的相互匹配与支撑，也指几种不同性质的实践的深度交融与整合。

“整体和谐”的存在型实践理念指导下的教师教育实践，是在内容广泛、层次丰富、互动深入的实践活动中将教师培养和发展的过程与师生的生命成长过程相融合，将教师专业发展中的德性实践、教学技能实践与多类型师生交往的实践相整合，将教师的内在发展意愿、理性发展意识与外在发展条件相耦合，实现人的发展、学校的发展与社会的发展的同步、累加与叠合。正是在“整体和谐”的存在型实践理念指导下，我们用整体的观念、系统的思维去看待和设计教师教育实践，建构了

---

① 怀特海．观念的冒险［M］．周邦宪，译．贵阳：贵州人民出版社，2000：293-314.

② DARLING-HAMMOND L．有力的教师教育：来自杰出项目的经验［M］．鞠玉翠，等译．上海：华东师范大学出版社，2009：79.

“全程设计”“全域开放”和“全员参与”的“四元多维”模式。将未来教师的培养与各类在职教师的专业发展整合进一个综合性项目中，增加摄入要素、扩展实践场域、增强互动反思，通过综合项目实施中实践场域的多次转换、各类教师的密切互动和密集反思，促进各类教师专业发展。这里的“全程”既从宏观指终身教育理念下贯通教师的职前培养、入职适应和职后发展的各类教师超越时空的职业发展，也从微观指职前、入职和职后每一阶段内部的实践教学设计与实施的贯通；“全域”既指职前在高校内部课堂与课外的结合、校内与校外的结合，也指基础教育中城镇学校与乡村学校的场域转换，高校与基础教育学校之间的场域转换。在“全程”“全域”中，高校教师、职前教师、城镇中小学教师和农村中小学教师及教育行政管理人员都被纳入，形成“全员”参与的态势。

二、“实践反思”的学习型教师理念

“整体和谐”的存在型实践理念奠定了教师教育重视实践、强调整体实践的基调，但若要让实践真正发挥促进教师培养与发展的作用，不仅需要明确实践的指导理念，更需要关注实践的方式、质量以及实践的过程，尤其是实践中的反思。唐纳德·舍恩以“反映的实践者（the reflective practitioner）”来概指工程、建筑设计、管理、心理治疗和城镇规划等领域的专业工作者，指出与生俱来的“不确定性”决定了这些领域的专业实践具有明显的“行动中反映”的特征。舍恩认为，实践不是“一团任意雕塑铸造的黏土”，动荡的环境、相互联系的问题、不确定的未来决定了实践的不稳定、不确定、独特性和复杂性，道德价值、目标、目的和利益的冲突反映了实践的价值冲突性，专业多元主义提供的多种选择加剧了实践的复杂性、不确定性和冲突性，使实践工作者通常面对的是关系复杂的、难以表征和定义的、相互影响的甚至是难以抉择的现实情境。专业实践中有“干爽高地”——用系统的理论与技术严谨地解决一些低重要性的、结构良好的问题，但更多的是“低洼湿地”——在疑难混乱的情境中“凭借经验、尝试错误、直觉及摸爬滚打”来适切地处理高重要性问题[①]。传统上“干爽高地”俯视“低洼湿地”，但现在人们越来越认识到，这些模糊的、处于专业能力的传统边界之外的“沼泽”才是专业实践的核心和最重要的部分。

实践，尤其是“低洼湿地”的实践需要实践者的“行动中认识（knowing-in-action)”“行动中反映（the reflection-in-action）”及“行动中的反映进行反映（reflection reflection-in-action）”。“行动中认识”就是对行动中情境和问题的判断，舍恩称之为“问题设定”——通过交替进行互为补充的“命名事物”和“框定脉络”，实践者在面对令人困惑、苦恼及未确定的问题情境及其中的问题时，“将无法处理及不易理解的不确定情境，掌握或描述为一个能被理解的情境”。“行动中反映”是“将理论与技术的类别与实践情境的特性相联结”[②]的设计过程及其后的即兴应对。海德格尔专门论述了“操劳”中的“寻视”，即奠基于认识的存在在世界之中通过分析实践情境，思考所用工具与现实需要之间的联系，领悟独立的和明确的实行方式来达成问题的解决[③]。

对“行动中反映的反映”就是反思。安东尼·吉登斯认为反思性是现代性的特征之一，是对所有人类活动特征的界定，是人们在做事时与其基础保持的惯常性联系，他称之为“行动的反思性监测”。因为“人类的行动并没有融入互动与理性聚集的链条，而是一个联系不断的、从不松懈的对行为及其环境的监测过程”[④]。在实践活动中，“反思是立足于自我之外的批判地考察自己的行动及情境的能力”[⑤]。反思是一种主客异位与主客合一相结合的思考方法，要求反思者具有从主位的行动者

---

① A SCHON D. 反映的实践者：专业工作者如何在行动中思考［M］. 夏林清，译. 北京：教育科学出版社，2007：35.

② A SCHON D. 反映的实践者：专业工作者如何在行动中思考［M］. 夏林清，译. 北京：教育科学出版社，2007：34.

③ 海德格尔. 存在与时间［M］. 陈嘉映，等译. 北京：生活·读书·新知三联书店，1987：83.

④ 吉登斯. 现代性的后果［M］. 田禾，译. 南京：译林出版社，2000：32.

⑤ VALL I L. Reflective teacher education：cases and critiques［M］. State University of New York Press，1922：100 .

和客位的观察者两种角度去面对情境及自己在其中的行动，同时将作为主体的思考与行动和作为客体的观察与批判结合起来，当主位“我”的思与行为客位“我”提供真实、详细的反思资源，客位“我”的反思监控并改善主位“我”的即时行动或后续行动时，同一个“我”处于主客异位的状态，并在反思与行动交替进行中不断进行主体“我”与客体“我”的换位，而整个过程均发生在同一主体“我”的思考与行动中，统一于“我”之主客合一。通过反思，行动者能对自己的经历和经验进行理性的分析、理论的检视以及理念的沉淀与升华。无论这种反思来自主体的知识基础、经验熟练程度或专注程度，还是行动中偶然的、直觉的、自发的关注，都包含了“行动的结果，行动本身，隐含在行动中的直觉性认识，以及它们彼此之间的关系”[①]。马克斯·范梅南认为，“行动中反映”是一种当机立断的、“即兴创作”式的智慧性行为，不同于从情境中撤出来的反思性行为。事实上，如舍恩所言，反思不仅有从情境中撤出来的反思（即事后的反思），也有行动中的反思：一种情况如汉娜·阿伦特的“停下来思考（stop-and-think）”，另一种情况是行动过程中反映而不中断行动。行动中的反思能对随后的境势产生影响，通过帮助行动者调整思路与策略重塑正在进行的行动，起到现场改进的作用。行动后的反思发生于行动结束后，由于可以对刚刚结束的行动的全部要素和整个过程进行全面的反观与思索，其反思内容可能更全面、更深刻，对下一次或以后的类似行动的改进和完善有显著作用。无论是哪一种类型的反思，行动中出现与行动者头脑中可言表或不可言表的标准或常模的不一致所带来的惊奇通常是激起和诱发反思的直接因素。“行动中反思”是舍恩的标志性概念，它表明实践是个人经验与反思交互作用的系列。用吉登斯的话来说，“知识的反思性应用”是现代性发展的动力之一。

培养“反映的实践者”必须重视反思。舍恩指出，实践的缺失和实

---

① A SCHON D. 反映的实践者：专业工作者如何在行动中思考［M］. 夏林清，译. 北京：教育科学出版社，2007：40-45.

践中反思的缺位导致了对专业教育的信心危机。学科知识中心传统和技术理性助推下设计的学校标准课程使“教育者、实践者和学生丝毫没有在行动中反映的余地”[①]，在“严谨性”与“适切性”之间左右为难、摇摆不定，掘深了专业学院与工作场所、研究与实践之间的鸿沟。加强专业实践，在各种不确定情境的实践中发展专业技艺是消弭这种鸿沟的有效工具。专业实践包含学习专业知识、掌握专业技术、形成专业理解、发展专家策略四个层次的目标（图 4-1）。专业实践的主要方式是建设实践共同体，改良古老的学徒制，让实践者在理论辅助和规范指导下直接接触实践的真正状态和工作模式，在实践共同体中经由师父的示范、同伴的交流、不同成员间共享的理解以及理论—实践—反思的多向互动，来获得对实践的认识、理解和策略。

教师的培养是更具复杂性和个性的专业领域，经由融入理论的复杂实践所形成的教师“实践性知识”就是“行动中识知”的结果。实践性知识是实践者经过识知、反映和对反映的反映，逐步形成的以经验为核心，糅合理论与实践情境及实践者个体特性的综合知识。在前述两种反思类型中，“行动中反思”由于其明显的即时性而主要集中于策略应用及其改进；“行动后反思”由于对经验及其获得的理性审视而带有明显的元认知特性，有利于实践性知识的升华和系统化，是实践性知识中具有粘合力和生长力的核心成分。S. D. 布鲁克菲尔德特别重视反思性实践对成人学习的意义，认为它处于促进有效学习的核心地位，在学习者和教师之间共同的、持续的、循环往复的、螺旋形或锥形的探索、行动和反思中促进学习的上升，推动人的持续发展[②]。教学是理论与经验、现实情境的深度结合下的慎思与决策：只有当理论学习、应用技能训练与态度情感培养都与中小学实践一线紧密结合并始终伴随反思时，才能通过系统的实践教学，帮助师范生建立一个关于教育教学实践的

---

① 舍恩. 培养反映的实践者：专业领域中关于教与学的一项全新设计［M］. 郝彩虹，等译. 北京：教育科学出版社，2008：前言.

② BROOKFIELD S D. Understanding and facilitating adult learning［M］. San Francisco：Jossey-bass，1986：10-15.

“内隐常模”，通过实践中的反思，使他们具有依据这种“常模”判断现实情境中是否出现异常、怎样框定问题、如何适切地解决问题等能力，培养出热爱教育、深刻理解教育并善于应用教育理论及技能解决实际问题、不断督促自己发展的教师。

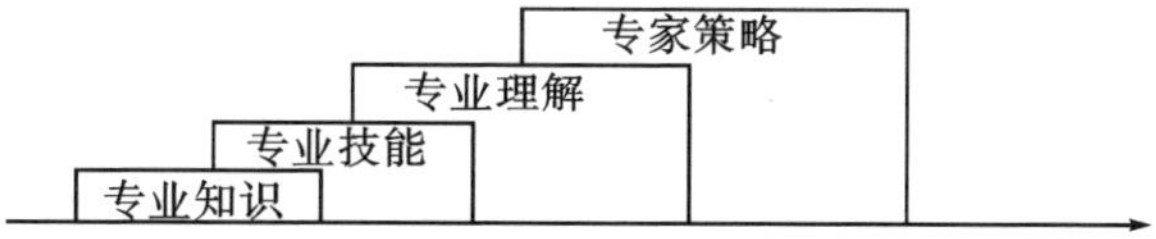

图 4-1 教师专业实践发展层级

依据教师培训—教师教育—教师学习的发展道路，以教育实践为基点，以教师自身为教师教育理论的出发点和教育实践的着力点，重建教师教育系统内在的良性秩序，培养实践反思的学习型教师，是“四元多维”教师教育模式的重要理念。樊香兰等从教育的现实需要、理论与实践的关系、基本预设及实现方式等比较了三种教师教育道路的不同，显现教师教育从割裂走向统整、从组织走向个体、从外部走向内部的发展趋向（表 4-1）。

表 4-1 当代教师教育不同道路的比较①

教师教育道路	教育实践的特殊需要	理论与实践的关系	基本理论预设	实现方式		
				教师教育的权利主体	教师教育实践的结构	教育系统设计者
培训	教师要有知识（本体性知识和条件性知识）	指导	教师的教育认识贫乏	教育行政人员	命令式	教育行政部门
教师教育	教师应是“全人”	影响	教师的教育认识不科学	教师教育者	引导式	教师教育机构
教师学习	教师要有自我发展能力	启示	我（教师）需要智慧	教师自己	自导式	教师任职学校

① 樊香兰，孟旭．逻辑与走向：当代教师教育道路的演变［J］．教育研究，2009（10）：80-84.

在教师专业发展转向教师学习后，“培养能从教学中学习也为教学学习的教师是对当今教师教育关键的挑战”[①]。美国学者波斯纳曾提出教师学习的公式：教师成长＝经验＋反思。未来教师和在职教师都需要认识和理解真实的教学是发生在教师、学生、学科形成的复杂的三角关系中，教师必须平衡教学中的诸多变量、多维甚或相互竞争的目标，协调不同内容的要求及个体与群体的不同需求，学会如何在教学内容目标和一般课程目标以及关照学生兴趣、能力、起点和途径之间维持良好的辩证关系[②]。教学的“现场直播”和“即兴发挥”特性要求教师充分考虑并准确判断教学中的多方因素及其复杂关系，在行动中及时做出总量值最高的决策并依据场势的变化而不断调整。因此，教师教育的核心功能是提高教师候选人“对教学的反思和学习能力”。是否具有“对教学的反思和学习能力”，既是衡量有效教师的主要特点之一，又是评价和推动教师教育项目的标准和动力。有效的职前培养会帮助未来教师在实践中整合各种类别的知识，处理好知识之间的缝隙和转换问题，并随着理论与实践的交融与转化而增进对知识和实践的理解，使知识和实践能力都得到发展。如杜威所说，“关注理论视野中的实践是发展有用的教师知识的关键”[③]。

苏尔曼将教师定位为“反思性实践者”，意在反映并突出教师的实践品性、反思特质和学习本质。“实践反思”不仅是教师开展教育教学工作的有效方式，更是教师促进自我专业发展的主要途径。外在的促进因素对教师专业发展有无影响以及影响的程度如何，关键取决于教师有无反思、反思的指向及反思的深度[④]。在实践中反思、学习，使教师成为教育理论与实践相互激发、交融共生的中心。职前教师在虚拟实践世

---

① DARLING-HAMMOND L. 有力的教师教育：来自杰出项目的经验［M］. 鞠玉翠，等译. 上海：华东师范大学出版社，2009：69.

② DARLING-HAMMOND L. 有力的教师教育：来自杰出项目的经验［M］. 鞠玉翠，等译. 上海：华东师范大学出版社，2009：27，31.

③ DARLING-HAMMOND L. 有力的教师教育：来自杰出项目的经验［M］. 鞠玉翠，等译. 上海：华东师范大学出版社，2009：5.

④ 朱桂琴. 教师的实践性格［D］. 武汉：华中师范大学，2009：14.

界和在职教师在真实实践世界中对行为、经验的反思，可以将教育理论融贯于教育实践，形成实践知识、发展教育技巧、生成教育智慧、改进教育实践。毫不夸张地说，“教师学习是一切教师教育活动得以生成的细胞，任何一种有生命力的教师教育理念都必须建基于对教师学习活动的深入理解、主动顺应和自觉推进”①。实践反思型的教师学习希望达成教师“知”“信”“行”的统一，希望教师在掌握“技艺”基础上生成“实践智慧”。“实践智慧”的核心是专业判断。舒尔曼说：“人类的判断是理论条款与特定实际情况变化之间的桥梁。判断要综合技术与道德因素，在普遍性与特定性、理想状态与实际可行性之间达成共识。”②20 世纪 80 年代后教师教育研究从教师行为向教师思维和决策过程的转向表明“技术理性”向“实践智慧”的转向，凸显了实践反思在教师学习中的重要意义。

“四元多维”模式以实习支教为抓手，通过建设实习师范生、大学指导教师和城乡中小学教师共同参与的实践共同体，让各类教师在不同知识、观念的展现与碰撞中促成互补与借鉴，在不同规范、经验的交流与冲突中促成理解与改善，在不同场域、习惯的转换与重塑中促成融合与合作。“大学和中小学学区教育理念的凝聚是教师学习的关键元素。”③ 在实践中获取经验，在对经验的反思中形成实践性知识，在实践性知识的帮助下改善行动中的反映，改进正在发生的和以后的行动。

三、“多元共生”的生态型教育理念

“互相依存”“相互作用”和“整体性”三条生态系统基本原理反映了有机体与其所生存的环境间互为依存、互为因果的关系，可以概括为

---

① 樊香兰，孟旭．逻辑与走向：当代教师教育道路的演变［J］．教育研究，2009（10）：80-84.

② 舒尔曼．理论、实践与教育的专业化［J］．王幼真，刘婕，编译．比较教育研究，1999（3）：36-40.

③ DARLING-HAMMOND L．有力的教师教育：来自杰出项目的经验［M］．鞠玉翠，等译．上海：华东师范大学出版社，2009：109.

“多元共生”关系。“多元共生”反映了主体的多样性及主体间的谐和性，既适用于自然环境，也适用于人工系统甚至整个人类社会；既是对某一领域发展状况的追求，又是一种思考和实践某领域的观念和方式。克雷明说：“生态学的方法与模式的要点在于指明教育情境的范围和复杂性。”①在个体、种群、群落和生态系统四个层次上展开的生态学研究，借用到教育中可以考察从学生和教师个体、班级、学校到不同层级的教育生态系统。已有教育生态研究和实践多着眼于师生、班级和学校这样相对微观的层面，对中观和宏观教育生态的研究相对不足。在教育改革步入深水区、不得不进行系统性变革的当下，对教育生态系统进行宏观和中观研究是必须面对的课题。

教育“生态化”是当前国际教育在新的社会经济需求、新的理论发展和教育背景下出现的一种全新的趋向。“生态化”就是以人与自然协调发展为主导思路，运用生态学、系统科学的原理与方法去认识和思考自然、社会与人的发展问题，依据各自发展规律最优地处理人与自然、人与社会及人与人之间的关系的观念和实践。教育“生态化”通常有两种内涵：一种是逐步构建起与未来生态文明相一致的教育体系，即按生态学的观点和精神，构建教育的理论、观念、价值、政策、目的、内容、方法等，致力于培养有生态知识、技能、智慧、品德的新人。另一种是运用生态学、系统科学的原理与方法，研究与识别教育系统的现象与问题，揭示并依据教育生态发展的规律，调控和优化教育系统各要素内部及其与外部环境的关系，提升教育系统生态水平，推动教育系统健康、协调、可持续发展的观念、实践和结果。前者关注的是教育的目标与内容的生态指向（即培养生态化人才），后者关注的是教育系统的结构和运行的生态平衡（即建设教育生态系统）。本研究认可教育培养生态化人才的内涵，但重点着力于教育生态系统的建设。

（1）建设不同圈层的教育生态系统。依据吴鼎福宏观、中观和微观三种教育生态类型的划分，“四元多维”教师教育模式当属中观层次的

---

① 范国睿. 美英教育生态学研究述评［J］. 华东师范大学学报，1995（15）：83-89.

教育生态系统（也可以视为宏观教育生态系统的微观表现），但又突破了传统中观教育生态系统在某一阶段或类型或者学校的要么横向要么纵向的限制，尝试把普通教育中某区域的不同阶段教育结合起来，形成不同阶段、性质的学校的混搭，通过各学校纵横结合的联盟与协作，突破与浓缩时空，达到协同进化、多元共生的目标。“四元多维”模式就是充分利用最好状态的边缘效应，通过人工建设不同异质系统的交融，由单一走向多元、由分离走向共栖、由竞争走向协作、由排斥走向和谐，在教师教育系统与基础教育系统的融合中建设区域教育生态系统。

（2）追求区域教育生态平衡。教育的生态平衡，是教育生态理论的核心问题。就我国教育生态而言，加强职业技术教育，是从总体上改善教育生态；建构“四元多维”模式，则是从局部改善区域教育生态——利用生态位的分化原理发挥不同生态位的群体之间、生态系统之间相辅相成、相互促进的作用。高师教育与基础教育分属不同的生态位，可以通过协作形成良性循环；基础教育内城镇教育和乡村教育又有不同的生态位，城乡教育内部的不同学校之间又可以发展各校的特色形成各自不同的生态位，避免竞争和排斥。“四元多维”模式紧紧抓住教育生态系统中的主导因子——教师，在实习支教及其前后的多层次、多类型合作中，以不同类型教师的角色重构、多向交流和功能互补，实现物质流、能量流、信息流和价值流（重点是后两者）在校际的输入与输出，共同改善和优化主导因子的结构与功能，使区域生态系统向良性循环发展。

（3）实现区域教育的可持续发展。教育是与经济、社会、环境密切相关，以人的发展为首要和直接目标的活动系统，其发展对可持续发展目标的实现举足轻重。“生态环境的持续发展是条件，经济的持续发展是基础，社会的持续发展是目的，人的持续发展是中心。”[①] 追求教育生态系统的可持续发展要遵循发展的持续性、共同性和公平性原则，关注当前与未来、外部与内部两个维度，处理好适应与发展、平衡与失

① 范国睿. 教育生态学［M］. 北京：人民教育出版社，2003：276.

衡、共生与竞争三对关系[①]。“四元多维”模式以行政区划中的地区为单位（地方高师建制的归属一般在地区），在地区教育行政部门的主导下，协调高校与城乡中小学的关系，以高师为龙头，以实习支教活动为抓手，以各类教师的专业发展为主线索，带动各个学校的教学改革和学校改进，实现人才培养质量和学校办学效益的双重提升，形成区域教育多元共生、协同进化、良性循环、持续发展的生态局面。

第二节　内核：多向度实践

要探讨多向度实践作为“四元多维”模式的内核何以成立，先要对实践本身进行审思和批判。这里的实践并非泛指人类一切世俗活动，而是特指正确的、应当的活动，即理性实践。这里所言的理性并不单指理论理性或实践理性，而是理论理性与实践理性的整合。在教育生态建设的理性实践中，理论理性指向教育本质的审思和教育内部关系的认识，通过理想教育目标的确立，指引教育活动按正确的方向和轨迹运行。实践理性则根据时代要求确定教育的价值追求和现实目标，进行教育系统中的要素组合和选择与实施教育系统建设的模式、策略等，保障教育活动正确、高效地进行。理性实践是包含“对现实所是的经验生活有组织、教化、提升和规范、约束功能的多种善”[②] 在内的实践。只有承认这个前提，才能避免简单粗暴地将理论与实践视作二元对立关系，才能关注实践之前、之中和之后的理论的力量，才能将理论视为融合于实践的理论，才能重视实践过程中及其后的反思，才能以实践作为达成行动目标的有效途径，也才能将实践作为“四元多维”模式的合理内核。

已有研究探讨了实践的各种属性，如亚里士多德的“德性实践”十分强调伦理性，马克思主义的生产实践重视客观性、目的性、普遍性、直接现实性、矛盾性、能动性和社会历史性等，舍恩的专业实践关注复

---

① 范国睿．教育生态学［M］．北京：人民教育出版社，2003：294．

② 刘森林．实践的逻辑［M］．北京：社会科学文献出版社，2009：1-9．

杂性、不稳定性、不确定性、独特性和价值冲突性等。这些特性的提出可谓见仁见智，众说纷纭。本书无意讨论实践的各种具体属性，只依据教师教育实践教学的需要和“人们在具体历史情境中慎重明辨地做出的行动”的实践本源，重点关注教育实践的伦理性、情境性和生成性。

强调实践的伦理性，是要突出“四元多维”模式作为一种以实践为鲜明特征的教师教育活动所蕴含的双重伦理本性——实践本身的伦理性和教师职业的伦理性。实践本身的伦理性要求任何一项实践活动都必须符合社会的基本道德规范。以往认为，反思性实践是从一开始就观照伦理问题的，但操作性实践注重的是科学和技术，是不考虑伦理诉求的。马尔库塞在《单向度的人》中驳斥了这种观点，批评了科技与伦理分离的“技术拜物教”，认为片面强调技术将导致价值的物化，最终导致社会和人的全面异化[①]。随着主体性意识的加强和人性关怀的普遍化，操作性实践也开始关注伦理规范。教师职业实践因为对人的发展、人与人的关系的特殊重要性，一直被看作“伦理的艺术”，教育实践“兼具教育品性和伦理气质”[②]。“四元多维”教师教育模式作为一种存在型实践，既是认知性实践、社会性实践和伦理性实践的整合，又是道德实践、生产实践和交往实践的融合，伦理性理所应当是其中的首要特征。具体表现为形塑和维护各类教师的专业理想，培养和强化各类教师的教育信念，形成和提升各类教师的职业道德。

强调实践的情境性，是要突出“四元多维”教师教育模式是一种“在场”的实践，是在多场域的适应与转换中行动、反思与发展的实践。兰珀斯曾说，教学活动是一种远比一般料想更为复杂多义的实践。课堂既非真空的密室，也非游离于社会的存在，而是时代社会与文化的缩影[③]。教育实践（教与学）是作为三种关系——同客观世界的认识论关系、同他者的社会性关系、同自己的伦理性关系——的重建而展开的实

① 陶渝苏. 西方发达工业社会中人的变形：马尔库塞的《单向度的人》及其意义 [J]. 贵州大学学报，1994（3）：15-21.

② 邓友超. 教师实智慧及其养成 [M]. 北京：教育科学出版社，2007：49.

③ 佐藤学. 课程与教师 [M]. 钟启泉，译. 北京：教育科学出版社，2003：142.

践。这种实践表现为同客体世界状况的对话、同课堂内外中他者的对话、同自身的对话，在对话中发挥认知功能、社会功能与表达功能。在复杂的关系、行为与功能中，在制度化要求与主体的存在证明与确证中，师生面临多重的困境。因应困境有两种方式：或者以理想主义情结或“鸵鸟式”心态缩小、剔除课堂中的困境，纯化教与学的制度性影响；或者以务实情怀、宽阔视野和实践勇气沟通课堂困惑与社会困境，引导师生的整体性成长与学校教育的具体改革①。多数教育家认为，在现实的具体情境中重构意义与关系才是教育中对话的重心。

强调实践的生成性，是要把实践看作区别于“制作”的“行动”，体现“四元多维”模式对于形成教师实践智慧的必要性与重要性。体验是实践的重要方式和功能。萨特从现象学角度推崇和使用体验，用体验来代替意识的使用，但体验又不是意识本身，而是意识“下面”的一些过程，这些过程在体验中显示为非理性的、“不透明的”和“看不见的”，反映实践主体在同一时刻在场又不在场的特殊状态②。这说明体验是意识的前奏和基础，是实践主体反映客观世界的必要途径。知识的建构特性、个人知识的默会特性、情境性学习中合法的边缘参与，无不显明实践的生成性：人们总是在与情境及自我的协商与再协商中获得对外部世界及内部世界的意义建构，又总是在生成的意义影响下开展新的实践，又在新的实践中生成新的意义，如此循环往复，推动自身及世界向前发展。

在体现实践的伦理性、情境性和生成性等一般特性的基础上，“四元多维”模式还形成了自身独特的实践内核。

一、连续的时间向度

时间是认识、描述和度量不同物质之间存在差异关系的概念，是人类现存“四维空间”中重要的一维，也是衡量人这一“复合矛盾体”丰

① 佐藤学. 课程与教师［M］. 钟启泉，译. 北京：教育科学出版社，2003：123-155.

② 施皮格伯格. 现象学运动［M］. 王炳文，张金言，译. 北京：商务印书馆，2011：701.

富存在方式的综合坐标的基本尺度之一，与人的存在及整体性发展息息相关。时间表达事物的生灭排列，主要描述物体运动的持续性以及事件发生的顺序。哲学意义上的时间是抽象概念，其内涵是无尽永前，其外延是一切事件过程长短和发生顺序的度量。“时间首先是以能精确划分和有目的地利用的物质形式出现的”，有着由“事物发生过程中自己形成的”的内部结构①。人类在实践中创造了时间概念，时间概念反过来又成为支配人类活动的一种观念的力量②。对时间的理解可以从自然、生活和社会三个维度进行，其中社会时间“由许多部分组成，通过各种各样的标志、符号、事件、仪式或活动，实际上构成一个连贯的整体，是通过其自身的节奏而体现着社会组织的一个象征性的结构”③。社会时间主要处理“人人关系”，体现为人的协同节律和共同规则。在彰显与确证人的存在与在场的实践中，社会时间是非常重要的一种向度。

“四元多维”模式以终身教育思想为指导，以实习支教为抓手，以教师教育一体化为背景和目标，强调职前、入职和职后在时间上的连续，重视高师教育与基础教育两个不同教育阶段在教师培养和发展上的合作，突出职前教师教育实践教学的全程性、职后实践教学的系列化和职前职后教师教育实践教学的一体化。该模式的连续时间向度主要体现在两个方面：一是从组织主体看，承担教师培育任务的高师院校将以往分别设计、分开进行的职前培养和职后培训统整为教师终身持续发展目标下同时开展的双向交互式任务，以系统设计将原来分隔、断续开展的培养、培训活动整合进连续的时间框架中，形成一体化的发展架构、条件和内容，尽可能地消除了高师与基础教育之间的反应延时现象，促进职前职后的整体及时联系。二是从实践主体看，如果缺少有效组织和指导，校本教研的作用往往发挥不足，贫困地区尤其是农村在职教师的专业发展更多依赖于脱岗学习（包括集中培训和影子研修等）。然而，即

---

① 博尔诺夫. 教育人类学［M］. 李其龙，等译. 上海：华东师范大学出版社，1999：90.

② 汪天文. 时间理解的三个向度［J］. 深圳大学学报（人文社会科学版），2004（2）：21-24.

③ 吴国璋. 西方社会学对社会时间的研究［J］. 学术界，1996（2）：46-48.

便是在五年教师轮训项目实施以后，教师脱岗学习的机会都是不充分的，更不可能连续进行，一般是每隔几年参加一次集中学习，这种长时程的断续发展模式可能导致职前教育理念与职后教育理念、几年前的培训与几年后的培训脱节甚至冲突，教师难以形成持续、一致的教育理念、学习习惯和实践能力。“四元多维”模式整合促进职前教师与在职教师专业发展的多个项目，可以让发展主体从职前教师开始就持续参与不同形式的专业活动，不但避免了理念、理论随时间推移而“陈化”，消除了高师与中小学之间的“教育时差”，还有利于让各类教师终身处于学习和发展状态。连续时间的实践使“四元多维”模式形成了更为成熟的一体化标志并有力推动教师教育一体化发展，并以教师教育一体化助推高师—基础教育一体化发展。

二、整合的空间向度

空间是反映和影响人存在的另一个重要向度。空间是与时间相对的一种物质客观存在形式，是认识、描述和度量物质之间的距离和位置关系的概念，主要描述物体及其运动的位置、形状、方向等性质。人们对空间有不同的理解。一种是指有形或有限的空间，如物理空间，通常由长度、宽度、高度、大小等表现出来，并伴有上下左右四个方位；另一种是指无形或无限的空间，如心理空间、信息空间、网络空间等。哲学意义上的空间是抽象概念，其内涵是无界永在，其外延是一切物件占位大小和相对位置的度量。空间和时间的依存关系表达着事物的演化秩序，同时，时间与空间的结合也为主体或存在物提供了显现自身的条件。空间、时间与运动着的物质相结合，通常可以反映特定对象所处的位置、距离、形态变化及事件的顺序等。在特定时空结构中，活动主体之间及主体与该时空内环境之间的复杂关系就构成了布迪厄式场域。场域指相对独立的社会空间。地理学家约翰·斯顿将社会空间定义为“社会群体感知和利用的空间”，在该空间中能够反映出社会群体的价值观、偏好和追求等。场域是布迪厄社会学理论的三个核心范畴之一。一个场域可以被定义为“在各种位置之间存在的客观关系的一个网络（network）或一个构型（configuration）”[①]。场域的结构形式，尤其是场域中“相互面对的各种特殊力量之间的距离、鸿沟和不对称关系”，形成场域中积极活动的各种力量，推动场域的运行和转变。“作为包含各种隐而未发的力量和正在活动的力量的空间，场域同时也是一个争夺的空间，这些争夺旨在维续或变更场域中这些力量的构型。”[②]

“四元多维”模式以布迪厄场域理论为基础，以物理空间的不同构成与多次转换促成实践空间的多样与社会场域的形成。实习生、农村中小学教师、城镇中小学教师和大学教师都可以经历大学、城镇中小学和农村中小学三种不同阶段、性质的教育具体形态与真实场景，突破原来教育阶段与文化的空间区隔，在空间的转换中了解不同教育的独特目标、任务、对象及环境特点，在差异与联系中形成对教育的全面认识和整体把握，在场域的流转中促进各自原属场域之间的交叉与融合并整合出新的实践场域，形成支配新的场域运作的逻辑和必然性——因为原来所属场域的逻辑和必然性不可化约为新场域的逻辑和必然性，也就不可能成为引导与约束新场域中成员的制度和规范。比如，原来教育实习中实习学校只把实习生看作“实习生”，不愿也不敢把一门课的教学任务或一个班的管理任务交给实习生，实习生更多的是跟着指导教师听课、辅导和批改作业，然后象征性地登台讲一两次课（部分实习生甚至可能没有登台的“幸运”）就完成了教育实习。而实习生在观察与协助中仅仅了解到课堂教学和班级管理的皮毛，实践的“临床”意味大大降低。在实习支教中，实习生“顶岗”成为一名教师，兼具“实习生”和“在岗教师”的双重身份。实习学校如果仍然沿用教育实习时的制度与规范，显然会束缚实习生行动、干扰其实习效果；如果简单搬用在岗教师的制度与规范，又可能导致实习生得不到有效指导。这些都不利于实习

---

① 布迪厄，华康德．实践与反思［M］．李猛，等译．北京：中央编译出版社，1998：133-134．

② 布迪厄，华康德．实践与反思［M］．李猛，等译．北京：中央编译出版社，1998：139．

支教双重目标的实现，所以必须根据实践主体身份、场域的转换而制定新的制度与规范。

三、融合的关系向度

布迪厄认为，概念的真正含义来自各种关系。只有在关系系统中，概念才获得了它们的意涵。他甚至将黑格尔的著名公式改写为“现实的就是关系的”。布迪厄虽然不赞同马克思将客观关系视为行动者之间的互动或个人之间交互主体性的纽带的观点，但也不否认各种客观关系经常是主体互动的基础。怀特海的过程哲学整合了系统结构中的要素及其关系，将宇宙视为性质和关系所构成的有机体，其根本性质是活动，活动表现为过程，各元素之间具有内在联系的、持续的创造过程，是宇宙生生不息的动力和表现。他的过程哲学也因此被称为“过程—关系哲学”。布迪厄进一步分析了场域中各种位置的客观界定是依据这些位置在不同类型的权力的“分配结构中实际的和潜在的处境，以及他们与其他位置之间的客观关系”，包括支配关系、屈从关系和结构上的对应关系①。

融合的关系向度体现的是实践中各主体之间的关系维度和关系状态，反映出实践的合作性、协同性和变革性。卡西尔曾指出，近代科学的标志就是关系的思维方式，而不是狭隘得多的结构主义的思维方式。虽然结构主义也重视关系，但一般只重视结构内部的特定关系。我们可以根据现代科学发展的综合趋势推论，比关系思维方式更进步的是结构主义与关系思维相结合的思维方式，即系统演化思维。系统演化思维本质上属于系统思维方法，只是比常规系统思维方法更注重系统内部要素及整体结构的演变。由于系统内部各要素及其关系的演化与系统整体的演化在方向、速率上通常不一致，极易导致历尽艰辛才使系统达到的平衡有序状态变得短暂、脆弱，很快就重新走向不平衡、无序的状态。因

① 布迪厄，华康德．实践与反思［M］．李猛，等译．北京：中央编译出版社，1998：132-133.

此，为了维持系统良好的状态和可持续的发展，系统思维中必须十分重视演化性特征。在不确定性剧增的今天，系统演化思维就尤显重要。在用系统演化思维考察“四元多维”模式时，既要重视区域教育系统的结构，也要关注其中关系的演化。在“四元多维”模式构成的整体场域中，严谨的系统结构的内部要素和松散的系统联合的多维关系同时存在并交互作用，构成了复杂的复合嵌套系统。在追求系统的结构与功能相匹配所形成的自组织特征过程中，实践主体间持续融合的关系是建设教育生态的基础目标和基本保障。佐藤学说，教育实践所需要的不是构成“主体”之关系的“解释”，而是变革构成“主体”之关系的“实践”①。只有在重构关系之实践中，才能聆听到发自不同主体的多重声音，并在多重声音构成的共同旋律与和声中，倾听、发现与尊重每一种“内心声音”的价值诉求与独特魅力。在“四元多维”模式中，实习生、大学教师、中小学教师在彼此互动中构成多种维度的对应关系系统，每一主体都处于两个以上的关系系统中，每一主体的身份都因另一主体的存在而存在，主体间相依和谐的关系成为实习支教取得良效的前提和条件。实习生因为分赴城镇学校和农村学校顶岗和支教，与城镇中小学教师、农村中小学教师结成实践指导关系；高校教师因为带队实习支教，与实习生形成指导关系，在支教的同时建立起与城乡中小学的全面合作，与城乡教师结成以理论指导为主的实践合作关系教育；城镇教师既与高校教师结成学习与合作关系，又与农村教师结成指导与合作关系；农村教师既与高校教师结成理论学习与合作的关系，又与城镇教师结成实践学习与合作的关系。在高校教师、实习生、城镇教师和农村教师组建而成的实践共同体中，所有主体都共同参与实践共同体的建设与变革，实习生、农村教师、城镇教师和高校教师这“四元”主体在不同的实践场域（高校、农村中小学、城镇中小学）中，分别拥有不同程度与角度的参与权，但彼此间都结成密切、融合的关系。

① 佐藤学．课程与教师［M］．钟启泉，译．北京：教育科学出版社，2003：123.

四、投入的主体向度

我们所讨论的实践在任何时候都是人的实践。作为实践主体的人既是实践的行动者，也是实践方式与效果的决定因素。人的观念会引导实践的方向和指向；人的性格、能力会影响实践的方式和结果；人的热情与信念，即人对实践的期待和在实践中的投注，会在一定程度上决定实践的方向、进程和结果。在怀特海的过程哲学视野下，任何现实事态的生成都是主体自在自为的实践过程。作为主体的自我是在执行摄入功能的过程中出现的突现物，是摄入活动的产物。主体对实践的投入主要不是因为各种外在规范的要求或者单纯的责任感，而是源于一种支配和推动人的行为的内在动力——迈克尔·波兰尼称之为“求知热情”。“在动物生命的能动原则中，我已经发现人类的所有求知努力都是预先构定的。的确，这一原则已经奏响了热情的音符。……热情赋予物体以感情，使物体变得讨厌或吸引人。积极的热情肯定某种东西是宝贵的。”[①]波兰尼宣称“知识是一种信念……是一种寄托”。求知热情不仅具有选择行动方向、维持行动过程的功能，还能“支持和引导行动者跨越问题与发现之间的启发性鸿沟”[②]。当求知热情与反思这一纠偏力量相结合时，极易引导行动者走向成功。对求知热情的培养和满足需要社会的价值引导和文化支持。对于个体的求知热情，主要通过信心寄托来满足；对于共同体中的求知热情，主要通过合作中信念与伙伴关系的共享、交流中的默会判断及情感上的欢会神契来满足。因为，“不指向任何其他人的求知热情的共享本身就已经建立了范围广泛的共同价值”[③]。这种共同价值是共同体得以形成和不断发展的核心要素。

---

① 波兰尼. 个人知识：迈向后批判哲学［M］. 许泽民，译. 贵阳：贵州人民出版社，2000：202-204.

② 波兰尼. 个人知识：迈向后批判哲学［M］. 许泽民，译. 贵阳：贵州人民出版社，2000：218.

③ 波兰尼. 个人知识：迈向后批判哲学［M］. 许泽民，译. 贵阳：贵州人民出版社，2000：326.

“四元多维”教师教育模式重视主体在实践中的投入，并注意激发各类教师参与者的主体性和热情。在不同主体构成的各种关系中，无论是实习生与各类指导教师之间的顶岗与指导、城乡中小学教师与大学教师的集中培训与现场指导，还是城乡中小学教师之间的实践学习与援教指导，都为实践主体提供了多种类型的学习方式与发展途径，都能在不同实践情境中激发参与者的思考和反思，也都能在共同活动和多方指导或交流中激发出求知的热情和思维的火花。各类教师在求知热情的推动下，不仅对工作对象、同事、学校甚至对教育事业产生感情，还会思考自身的责任。在大量的时间和精力投入中，逐步形成对教育发展和教育实践的信念，并在信念日益坚定之后，激发出自身在教育教学、研究与发展中的巨大潜力，促进工作热情和发展动力的内部唤醒，“外显为实践反思和终身学习的持续生长的内部力量”①。

五、具体的情境向度

如前所述，情境是实践的基本维度之一。情境的独特性、复杂性在彰显实践特质的同时增加了实践的复杂性和艺术性。“许多实践工作者将实践情境切割以配合专业知识，将这种反应归为严谨或适切的两难。”② 这种策略潜藏了误读情境的危险，极可能导致实践者为了维系其对标准模式与技术的信心而操纵情境，或者为了自己的专家地位而牺牲当事人。在各种实践中，情境是具体的不易稳定也难以重复的，行动者对情境的反映可能是快速、短暂、不能延迟的。“当实践者在实践中反映及对实践反映时，他反映的可能目标会随着他面临的各种现象以及他的‘在实践中认识’的不同而有所变化。他可能会对潜藏在判断下的隐含规范和评价进行反映，或对隐于行为模式中的策略与理论进行反映。他可能对情境所引发的一些感觉（正是这些感觉为他选择了行动的

① 姜丽娟，刘义兵. 乡村教师专业发展内生动力的生成及培育［J］. 教育研究与实验，2021（5）：79-83.

② A SCHON D. 反映的实践者：专业工作者如何在行动中思考［M］. 夏林清，译. 北京：教育科学出版社，2007：36-37.

特定形式）进行反映；也可能对他形成亟待解决问题的过程进行反映。……这几个模式中的行动中反映，正是实践者有时处理令人困惑的、多样的实践情境时所展现的艺术性的核心。”① 当实践者面对与理论不一致的不确定、多变的情境时，或者对自己当初对情境的理解进行描述、批评或实验检测，或者通过“框架实验”把不确定情境转换成容易处理的情境，或者通过反思自己与他人对处境的评鉴来面对不一致或不兼容的需求，甚至反思自己的问题设定方式及角色框定方式来对冲突的目标进行整合。

在“四元多维”模式中，强调实践的情境性首先意味着给各类教师提供真实生动的教学情境和学习情境，让教师在与不同教育与学习实践情境的亲密接触中获得直接、真切、鲜活的感受，体会与理论学习和模拟实践不一样的“在场”的感觉；其次意味着各类教师因场域的扩展与转换而接触到更多的实践情境与实际问题，在对情境的分析中框定问题，在问题的解决中发展策略，在策略的优化中形成个人实践性知识，在个人实践性知识的增长与结构化中提升实践智慧；最后，强调实践的情境性还意味着教师学习方式的转变，真实、多样且有充分保障的实践情境，使“理论优先”和“理论主导”的学习逐步转向“实践优先”和“实践主导”的学习。

六、内在的系统向度

任何实践都不是孤立、单独存在的。从横向静态考察，实践总是在具体的自然、社会和人文环境中发生的，总会涉及主体与他人的关系，总会伴随实践者内在的心理状态。一句话，实践总是在处理人与自然、人与社会、人与人及人与自身的关系中展开的，实践中总会有各种交互缠绕的影响因素和错综复杂的关系需要考虑或平衡，它无法在真空状态下进行。从纵向动态考察，任何一次特定的实践总是与之前及之后的实

① A SCHON D. 反映的实践者：专业工作者如何在行动中思考［M］. 夏林清，译. 北京：教育科学出版社，2007：50-51.

践有着或大或小、或积极或消极、或短暂或久远的联系，没有无目的的实践，也没有彼此毫无联系的目的，这是实践的本质内涵和人的整体特性决定的，也是作为本体论的存在型实践所确证的。由此，实践的内在系统向度就有了两层意蕴：一是实践发生时的行动系统，包括实践的目的、所处的情境、面对的问题、所用的工具、实践者的群体及个体特征与内在状态、策略、评估与反思等，对这些因素的综合考量和恰当匹配才能导致良好的实践效果；二是实践主体的发展系统，实践主体总是在已有经验的基础上，根据自己的喜好、优劣势和发展需要来选择和开展实践，将每一次实践的经验及反思结果整合进个人实践知识系统并为以后的实践提供参照和基础。

教育系统是有序的复杂结构。说它有序，是因为教育有依据基本规律安排的日常教育教学活动，有相对稳定的活动主体和活动环境，有应对日常问题的基本操作规范。说它复杂，是因为教育具有“多维镶嵌性”，来自自然环境、社会环境和规范环境的单一或复合的敏感生态因子，对教育有综合性、多面性、持久性、阶段性和周期性的影响，使教育呈现出复杂的系统特性和多样的生态面貌[①]。各种异质性影响因子交互作用形成系统的涌现（emergent properties），即单独的因子本身并不具有，仅在复杂交互中才出现的功能或现象。教育生态系统结构由此呈现开放性、目的性、有序性、整体性和稳定性等特征[②]。“四元多维”模式充分利用教育系统的有序性的非恒定、可变的特点，通过序列易位、形式新构和元素重组等形式，在元素的性质、数目等不变的情况下，通过改变元素的序列、组合方式等，使元素的自身功能和新结构的整合功能发生明显的变化。

实践总是在特定的场域中进行的，“对实践技术的理解不仅仅是学会使用工具；它是维系实践的历史、更直接地参与到实践的文化生活中

---

① 吴鼎福，诸文蔚. 教育生态学［M］. 南京：江苏教育出版社，2000：81-92.

② 任凯，白燕. 教育生态学［M］. 沈阳：辽宁教育出版社，1992：56-69.

去的一种方式”①。场域不同于系统，场域中只存在逻辑、规则和常规，没有构成系统必须的组成部分和要素。场域中表面看起来协同统合的共同功能实质是权力场域结构的再生产，并非肇始于冲突和竞争的场域结构内在固有的自我发展的结果。“四元多维”模式以场域为实践的基础性单元，但并不局限于场域本身的建构、运行与转换，而是在场域的基础上通过各目标、要素的整合形成具有共有功能、内在统合和自我调控特征的系统。以实践者的身份流变和场域流转形成双向、周延、顺畅的交互关系，以实践主体的多向多维关系推动组织主体之间的密切合作，极大地超越了前期各种模式的设计，为区域教育的生态发展奠定了主要框架和发展基础。

第三节　目标：多重一体化

“四元多维”模式的总体目标是追求国民教育公平、有质量地发展，这是对我国当前教育发展总体要求的体现和实现。《国家中长期教育改革和发展规划纲要（2010—2020年）》将促进教育公平、提高教育质量视为基本国策和核心任务列入战略发展目标，这也成为我国教育改革与发展在教育系统中的终极目标。教育公平是社会公平的重要基础，是人民受教育权利的基本保障和具体实现。促进教育公平是国家基本教育政策，提高教育质量是教育改革发展的核心任务，是提高民族素质、建设人力资源强国和建设小康社会的基础性条件之一。党的十八大报告中也提出“深化教育领域综合改革，着力提高教育质量……大力促进教育公平”。教育公平与教育质量具有辩证统一关系，两者互为条件又相互制约，共同构成教育发展与改革的目标追求。把提高教育质量、推进教育公平作为“四元多维”模式的总体目标，是要在促进公平中提高质量，在提高质量中促进公平，追求的是“有质量的教育公平”。然而，“提高

① LAVE J，WENGER E. 情境学习：合法的边缘性参与［M］. 王文静，译. 上海：华东师范大学出版社，2004：50.

教育质量，推进教育公平”这样一对相互促进又相互制约的总目标的实现并不容易，有赖于各种具体教育发展目标的各自实现和总体整合。在“四元多维”模式中，不同教育阶段和教育领域的目标构成如图 4-2 所示的整合关系。

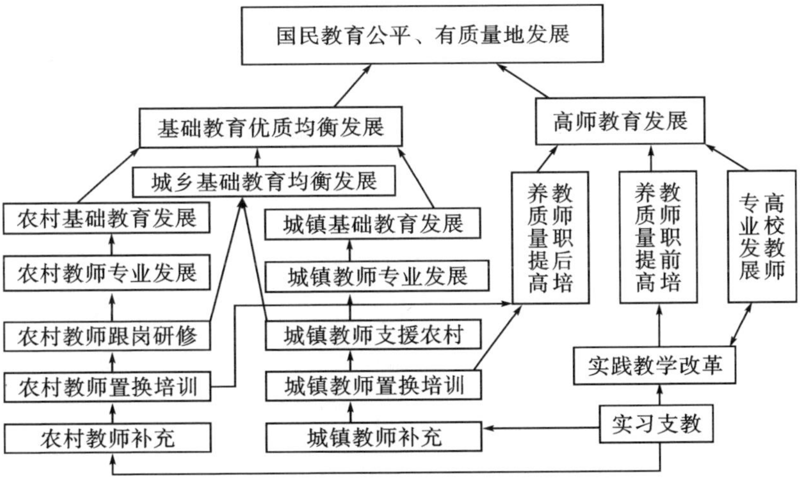

图 4-2 “四元多维”模式的目标整合

一、教师教育职前职后一体化

教师教育是我国教育的重要组成部分，是一项事关教育全局、民族振兴，具有战略意义的伟大事业。教师教育在教育中的“工作母机”地位和对教育的循环制约，凸显了其在人才培养和经济社会发展中的重要作用。从 20 世纪初萌生的教师专业化思想经过一百余年的发展，尤其在终身教育思想的助推下，依循教师专业化—教师终身专业发展—教师教育一体化的发展路径，使之成为当前国际和我国教师教育改革与发展的主要特征和基本趋势。

我国于 20 世纪末期开始关注教师教育一体化的研究与实践。1997 年开始有第一篇以教师教育一体化为题的学术研究论文。1998 年华东师范大学“师范教育一体化课题组”依托项目开始对教师教育一体化进行专门、深入的研究，发表了系列论文并出版了专著，在世纪之交掀起了以教师专业化为主题内含教师教育一体化的研究热潮。2001 年陆炳炎将教师教育一体化定义为“为了适应学习型社会的需要，以终身教育思想为指导，根据教师专业发展的理论，对教师职前、入职和在职教育进行全程的规划设计，把基础教育师资的培养和在职教师的培训渠道打通、融合，建立起教师教育各个阶段在目标、内容、方法等方面既有所不同，又具有共性和相互衔接性，既各有侧重，又有内在联系的教师教育体系”①。2001 年教育部师范司组织编写的《教师专业化的理论与实践》中阐明教师教育一体化是促进教师专业发展的制度条件和物质条件。

随后，研究教师专业化的论文中基本上都会提到教师教育一体化，视其为教师专业化的保障条件、基本路径和重要内容。较早开始教师教育一体化研究的谢安邦指出，教师教育一体化改革就是适应社会和教育的改革要求，针对现有师范教育中职前职后隔离、体制机构各自为政、教育内容重叠交叉、资源配置不合理等问题，依据终身教育思想、教师职业生涯理论以及资源优化配置的原则，试图构建一个体系完善、机构合理、内容科学的一体化教师教育模式。华东师范大学率先在上海进行了一体化教师教育改革的早期实验②。吴一凡等指出，教师教育一体化既是适应国际追求教师专业发展的共同趋势和满足我国提高教师质量的现实需要，又是解决我国教师教育因职前职后分离造成的资源配置不合理和教学水平倒挂等问题的积极措施。教师专业发展、基础教育改革、教师教育体制的变化以及政府的支持和帮助是教师教育一体化的形成背景、动因和发展保障；教师教育理念、教师教育师资队伍、教师教育课程设置是影响教师教育一体化的实施和发展的主要因素；师范大学的主动探索与积极实践是教师教育一体化发展的根本途径，是主体因素与客

---

① 陆炳炎. 一体化：师范教育改革的思考与实践［M］. 上海：华东师范大学出版社，2000：56.

② 谢安邦. 教师教育一体化改革的理论探讨［J］. 高等师范教育研究，1997（5）：5-8.

体因素和谐统一的积极体现①。教师教育一体化致力于研究型教师的培养，建构发展型教师教育体系，其核心在于立足教师的可持续发展，将教师的成长与发展视为一个连续的过程，其目的在于在教师专业成长与发展过程中始终为教师提供持续的培养、培训和提高②。

教师教育一体化的主要特征与要求可以概括为培养重心上移、培养机构一体、培养制度统一、培养计划统合和师资队伍的整合分流；具体内容包括培养目标一体化、课程设置一体化、考核评价一体化和管理体制一体化等。理解和推行教师教育一体化的关键是实现几个转移：一是教育重心从职前教育转移到各阶段的整合与衔接，关注教师教育全程；二是教育内容从学科专业知识转移到教师情境性能力，关注教师整体素养；三是教育形式从重视理论转移到加强实践，关注理论与实践的融合创生；四是各级各类教育的关系从分离走向整合，关注纵向层次的系统设计和横向层次的共同体建设，在纵横交织的立体架构中实现资源整合和效益辐合。

新世纪初，教师教育一体化上升为国家教育政策要求。2000 年教育部工作要点中提出“逐步构建开放型的中小学教师继续教育体系，并注意处理好学历教育与非学历培训的关系”，可以视为教师教育一体化政策的萌芽。2002 年，教育部在“十五”规划中明确了教师教育的内涵：“教师教育是在终身教育思想指导下，按照教师专业发展的不同阶段，对教师的职前培养、入职教育和在职培训的统称。”针对“教师教育体系的布局和层次结构还不尽合理，培养培训相互衔接一体化程度较低，教师教育体系的开放程度还不够高，教师教育制度建设有待进一步加强”等问题，提出“按照基础教育事业发展目标，依据国家有关规定，确定合理的师范院校培养规模、结构，初步形成以现有师范院校为主体，其他高等学校共同参与，培养培训相衔接，体现终身教育思想的

---

① 吴一凡，陈立，李春香. 教师教育一体化的影响因子及其关系研究：以海南师范大学为例 [J]. 继续教育研究，2008 (6)：85-87.

② 瞿葆奎，郑金洲. 中国教育研究新进展（2002） [M]. 上海：华东师范大学出版社，2004：497.

开放的教师教育体系”[①]。推进教师教育结构的战略性调整，明显提高了教师教育一体化程度。这些都表明一体化是教师教育的基本属性和内在要求，是师范教育向教师教育转型后必然要面临和解决的问题，也是教师教育实至名归必须实现的目标和完成的任务。教育部从 2003 年开始对教师教育一体化进行明确部署和具体引导，教师教育一体化的关键是教师教育机构的一体化。教师的职前培养、入职教育和在职培训有机衔接起来。在终身学习理念的指导下，促进教师在整个职业生涯中不断发展，不断提高专业化水平。实现这一目标必须突破体制障碍，在有利于重组优化教师教育资源，加强教师培训工作的前提下，鼓励、支持教育学院与高水平大学合并，在更高层次上促进教师专业发展整体设计和整合教师教育资源，整体提升教师教育水平。支持、鼓励具备条件的教师培训机构与当地师范大学或其他大学合并、联办，整合教师教育资源，实现教师教育一体化。2004 年教育部工作要点再次强调“建设以师范大学和一批高水平大学为先导，专科、本科、研究生三个层次协调发展，职前培养与职后培训相互沟通的现代教师教育体系”[②]。之后我国进行了教师职前培养机构与职后培训机构的较大规模合并，一部分承担职后培训任务的省级、市级教育学院开始改制或与高水平大学合并，较常见的情况是省级教育学院改制为省（区）师范学院，市级教育学院与地方师范院校合并，但改制和合并过程中也存在“盲目升格”“面和心不和”“和而无特”等问题。2010 年《国家中长期教育改革与发展规划纲要（2010—2020 年）》（后文简称《规划纲要》）明确提出教师教育体制改革的重点是推进教师教育一体化，从教师培养培训分离向衔接与整合转变。教师教育一体化作为一种理念与实践基本确立，为我国教师教育和基础教育改革设定了全新的思维范式和行动框架。教师教育和基础教育的各项变革、规划与行动，都需要在教师教育一体化的理念框架

① 教育部. 关于“十五”期间教师教育改革与发展的意见［EB/OL］.（2001-03-01）[2022-08-09]. http://www.moe.gov.cn/srcsite/A10/s7058/200203/t20020301_162696.html.

② 教育部. 教育部工作要点（2004）［EB/OL］.（2004-01-01）[2014-06-15]. http://www.moe.edu.cn/publicfiles/business/htmlfiles/moe/moe_164/index.html.

和制度背景下重新设计。大到各级教师的专业发展、中小学校的效能改进、教师教育的内涵与范围，小到教师教育的理念、目标、内容、形式、评价等，无不受到深刻的影响而发生巨大的改变。

不能否认的是，我国在教师教育职前职后一体化建设进程中依然面对巨大的困难。主要问题在于对基础教育教师的专业发展过程与各个阶段缺少深入、整体的研究，也未建立起科学的教师教育一体化理念。具体表现在两个方面：一是机构合并后职能并没有得到很好的整合。许多教育学院整合进大学的师范学院或继续教育学院后，并未与职前培养的各部门及院系进行有效的沟通、协调与规划，依然按原来的思路搞教师培训，将原来两家机构之间的隔离变成同一机构下的隔离，没有实质性改变。二是将职前职后一体化简单理解为职前职后相同的培养模式。部分整合后的大学教师培训机构完全照搬职前培养的办学思路、课程体系和培养模式，不仅低水平重复浪费大量教育资源，更导致原来教师培训的优良资源逐步消失。

如何建立具有我国特色的职前职后教师教育一体化体制和健全的运行机制，充分发挥高校在教师培养和培训中的主体作用，显得十分必要和迫切。解决这一问题的关键就在于高师院校如何充分认识教师专业发展的全过程，把握不同发展阶段的特征与要求，认识职前培养目标与职后培训目标的差异与内在关联，科学设计促进教师终身发展的培养、培训体系。从这个意义上说，实习支教是教师教育一体化建设的突破口，搭建起教师职前培养与入职教育的“桥梁”——它既促进师范生的专业发展，又是新教师入职的基础，还是教师培养与培训一体化的连接点，促使高校进一步重视教师职后培训①。“四元多维”模式以实习支教为经典范型和关键节点，以“四元”主体之间的双向流动和混合编队，联结并促进教师教育职前职后一体化。

---

① 王永颜，徐莉．顶岗实习支教：教师教育一体化建设的突破口［J］．河北师范大学学报（教育科学版），2010（10）：124-128.

二、城乡基础教育发展一体化

城乡教育一体化思想萌发于 20 世纪末，是针对城乡二元结构对教育发展的制度约束提出来的教育政策和实践，是教育公平的时代诉求，也是促进经济、社会和教育发展的必然要求，根本上说是城乡经济体制、城乡社会结构深刻变革的产物。从教育与外部社会的关系看，城乡教育一体化是城乡一体化的重要组成部分，是促进社会公平、推动区域经济社会发展的重要基础；从教育系统内部看，城乡教育一体化是保障城乡教育均衡发展、促进教育公平的必然要求①。城乡教育一体化的主要内涵是以系统思维方式对城乡教育进行整体设计，统筹城乡教育发展，实现城乡教育资源共享、相互融合、协调共生、共同发展，具体包括城乡教育系统的结构一体化、功能一体化和制度一体化②。城乡教育一体化的最大阻碍在制度与政策，深层原因在文化和教育理念，现实困难是体系和功能的调谐，因此需要从澄清理论认识、创新政策制度、突破文化藩篱、重构城乡教育体系、再造一体化功能以及加强评价引导等多方面进行改革③。2010 年的《规划纲要》明确提出“建立城乡一体化义务教育发展机制，实行县（区）域内教师、校长交流制度”④。在国务院印发的《关于统筹推进县域内城乡义务教育一体化改革发展的若干意见》也将“统筹城乡师资配置，合理核定义务教育学校教职工编制，实行教职工编制城乡、区域统筹和动态管理，完善教师招聘机制，着力解决乡村教师结构性缺员和城镇师资不足问题”作为十项改革举措之一⑤。

教育部 2009 年工作要点中提出“支持地方开展义务教育均衡发展、

① 陈大兴. 城乡基础教育一体化的文化冲突与藩篱［J］. 教育研究与评论（中学教育教学），2012（1）：91-92.

② 张旺. 城乡教育一体化：教育公平的时代诉求［J］. 教育研究，2012（8）：13-18.

③ 王克勤. 论城乡教育一体化［J］. 普教研究，1995（1）：6-8.

④ 国务院. 国家中长期教育改革和发展规划纲要（2010—2020 年）［EB/OL］.（2010-07-29）［2022-08-08］. http://www.gov.cn/jrzg/2010-07/29/content_1667143.htm.

⑤ 国务院. 关于统筹推进县域内城乡义务教育一体化改革发展的若干意见［EB/OL］.（2016-07-11）［2022-08-09］. http://www.gov.cn/xinwen/2016-07/11/content_5090312.htm.

职业教育综合改革和城乡教育一体化改革试验，进一步加强分区规划、分类指导”，这意味着城乡基础教育一体化和城乡义务教育均衡发展是两种不同内涵的教育改革举措。两者既有各自不同的内涵和目标，彼此间又有着密切的联系：义务教育均衡发展主要保障所有教育对象在受教育权利与义务、机会与条件、成功与效果方面的相对均衡。也就是说，义务教育均衡发展本身并不特别考虑受教育对象身处城市还是农村，也不考虑教育机构地处城市还是农村，只关注教育机构、受教育者在教育活动中平等待遇的实现。在义务教育均衡发展基础上，考虑到城乡二元结构及教育中“城市取向”“效率取向”和“精英取向”所带来的教育机构及受教育对象在现实层面的实际差异，人们进一步关注城乡义务教育均衡发展，期望通过对城乡教育的整体设计和生态建设，以向农村教育倾斜的政策、制度和资源配置缩小城乡教育之间的差距，以现时的、表面的不平等实现长久的、实质的平等，以城乡间教育的统筹与互动形成彼此支持、相互促进、共赢共生的教育生态。其基本要求是“社会在正常的教育群体之间平等地分配教育资源和份额，达到教育需求与教育供给的相对均衡，并最终落实在人们对教育资源的支配和使用上”①。

城乡义务教育均衡发展强调的均衡，主要指城镇教育与农村教育在办学标准、办学经费、教师配置、课程开设和教育资源使用等方面的均衡，追求的是一种相对稳定的状态与结果；城乡教育一体化不仅在外延上从义务教育延伸到整个基础教育，更关注的是城乡统筹发展的关系、过程和路径，充分体现出“化”作为过程与目标的双重内涵。从这个意义上说，城乡基础教育发展一体化以城乡义务教育均衡发展为主要内容和基本目标，城乡义务教育均衡发展以城乡基础教育一体化为基本途径和终极目的。城乡教育一体化的总体目标在区域教育生态建设，重点在农村教育发展。通过对教育机会均等、教育权利平等、教育质量均衡和教育结果均衡的追求，基本消除“区域之间、城乡之间、学校之间”的

---

① 翟博. 教育均衡发展：现代教育发展的新境界 [J]. 教育研究，2002 (2)：8-10.

差距，全面提高教育均衡发展水平以及持续发展能力，最终实现城乡教育管理体制一体化、城乡教育经费投入一体化、城乡教育资源配置一体化、城乡师资队伍建设一体化、城乡教育评价体系一体化、城乡学习型社会—终身化教育制度一体化等①。从 2010 年到 2030 年，每十年为一阶段，经过“初步实现”和“基本实现”的过渡，最终“全面实现”城乡教育一体化。

结构、功能和制度三重内涵的提出是站在不同立场考察城乡教育一体化的结果，分开来看有些片面，但若将它们分别从城乡教育的结构系统、功能系统和制度系统所作的思考整合在一起，正好可以较为全面地反映城乡教育一体化的完整内涵，这也符合系统思想整体地反映和研究对象的特点。整合结构、功能、制度的整体设计就是要以城乡教育一体化的结构建设和制度建设来促进城乡教育一体化的功能整合，以功能的优化反过来促进结构的优化和制度的完善。一般认为，当前城乡教育一体化的研究与实践重点在制度，包括教育管理制度、教育投入制度、教师管理制度等，但相关的理论研究、观念转变、实践实验和督导评估也是必不可少的。韩清林的研究证明了这一点：“推进教育思想和办学理念的变革；落实各级政府统筹城乡教育的责任，建立城乡一体化的教育经费保障体系；加强城乡一体化教师队伍建设；建立与城乡教育一体化现代化相适应的教育政策法制体系；建立城乡教育一体化现代化试验区；构建城乡教育一体化现代化理论体系；建立完善促进城乡教育一体化现代化的督导评估机制。”② 中国教育科学研究院于 2008 年开始与七个城市共建城乡统筹教育综合改革实验区，经过四年的探索和实践，各区逐渐形成了各具特色的改革发展模式，包括“高位均衡、轻负高质”的杭州下城模式、“城乡统筹、质量优先”的成都青羊模式、“多元开放、国际融合”的大连金州新区模式、“追求卓越、对话世界”的深圳南山模式、“高位提升、惠及全民”的宁波鄞州模式和“以生为本、优

① 张金英．城乡教育一体化的动力机制及战略研究［D］．天津：天津大学，2010：90-91.

② 韩清林．构建城乡教育一体化“立交桥”［N］．中国教育报，2011-06-20.

质均衡”的重庆九龙坡模式等①。此外，山东寿光、安徽铜陵、湖南岳阳、浙江宁波等地进行了城乡教育一体化的试验，形成了具有代表性的不同发展模式，如基于区域性均衡的太原模式和济宁模式、城乡学校捆绑式发展的武侯模式、扩充和共享优质教育资源的寿光模式、坚持不懈向农村分步推进的铜陵模式等②。

“四元多维”模式更进一步从教育生态系统的角度来认识和推进城乡教育一体化，以系统思维和生态原则对区域内城镇基础教育和农村基础教育进行整体设计，通过城乡教育的统筹、交流、互动和共生，实现城乡教育的统筹发展、协调发展和可持续发展。模式立足地方高师的实际，通过地级区域内地方政府的统筹协调，摄入城乡义务教育均衡发展项目，以实习生分别进入城乡学校顶岗支教为契机，将高师、城镇中小学和农村中小学纳入综合教育改革框架，整合高校教师、实习生、城镇教师和农村教师之间的支教性交流、支援性交流和互动性交流，并以高师集中培训、大学教师实地参与等优化城乡教师交流效果，有力促进教师资源的整合与利用，以教师专业发展为主线促进城乡基础教育一体化发展，推动区域教育生态化发展。

三、教师教育与基础教育一体化

教师教育是我国教育的重要组成部分，是基础教育师资来源和质量提高的重要保证。当前，世界各国都把教师教育放在优先发展的关键位置。我国基础教育的改革和发展面临的各种新任务，对教师的数量和质量都提出了新要求，教师教育必须深化改革、加快发展，为基础教育快

---

① 《教育综合改革丛书》编委会. 城乡统筹，质量领先［M］. 北京：教育科学出版社，2012：总序 3-4.

② 张金英. 城乡教育一体化的动力机制及战略研究［D］. 天津：天津大学，2010：98-102；周国华，华巧红. “海宁模式”：义务教育均衡发展的新试验［C］. 南昌：教育管理学 2011 年年会会议论文集，2011：153-157.

速、持续、健康发展作出新贡献[①]。教师教育因其面向基础教育培养师资的特殊性质和特别任务而与基础教育之间有着不可分割的密切联系。传统上，这种联系主要体现为承担教师职前培养任务的高师既从基础教育学校吸收生源，生源质量会受到基础教育质量的影响，又把经过系统培养的后备教师输送到基础教育当中，对基础教育的发展具有长远的影响。由于高师的学术倾向、封闭办学和实践薄弱等问题，高师与基础教育之间的内在联系在较长一段时间处于遮蔽状态，除了在共同面对教育实习有“例行公事”的合作之外，平时基本忽视彼此的联系与需要而相互隔绝，或者承认彼此之间有内在联系但更多是相互指责对方没有完成应尽的责任以致出现各种问题或给自己带来麻烦。师范教育向教师教育转型后，基础教育教师的在职培训被纳入高师职责范围，高师可以发挥对基础教育现实的、直接的影响作用；而教师教育的一体化、开放性和实践性也需要双方学校和教师对彼此的教育教学活动有更多的参与和协作，如基础教育的专家教师可以参与高师各专业的培养方案制定、课程设计与实施、实践教学的实质性合作及科学研究等，高校教师可以参与基础教育学校的发展规划制定、制度建设、教学改革及教学研究等，彼此之间的联系更为紧密。这种紧密的联系要求双方把对方视为与自己有共同目标、同处一条战壕的队友，虽然各自的具体任务有所不同，但总体目标是一致的，彼此间需要密切配合、协同动作。由此，高师与基础教育一体化也被人们日渐关注并提上实践议程。

为推动高师与基础教育一体化发展，各部属高师在所属地区进行了相关的试验和探索。西南大学借助教育部和财政部重点资助的教师教育创新平台建设项目，于 2009 年开始启动教师教育创新实验区计划，首批与重庆、广西、四川、贵州、西藏等省（市、区）的 7 个地级市（区）教育部门签订了《共建国家教师教育创新西南实验区合作协议》，

---

① 教育部. 关于“十五”期间教师教育改革与发展的意见［EB/OL］.（2001-03-01)［2022-08-09］. http://www.moe.gov.cn/srcsite/A10/s7058/200203/t20020301_162696.html.

与33所中小学校签订了《共建国家教师教育创新西南实验区示范基地合作协议》。教师教育创新实验区是集合“教育实习与社会实践、合作研究与成果推广、生源选拔与就业促进、教师专业发展与教育咨询服务”的多功能综合性实验区，具有开放性、互利性、综合性、可持续性等特征，是落实师范生免费教育政策、开展教师教育改革实践研究、强化师范生实践技能、服务基础教育的重要平台。通过教师教育创新实验区建设实现高校、地方、示范基地学校的合作、共建和共管，构建高校、地方和示范基地学校互助共赢，最终形成促进教师教育与基础教育一体化的教师培养新体系①。

教师教育与基础教育一体化，并非要忽视或混淆两种教育各自的规律、特性和不同的发展要求，而是期望通过实习基地、教师发展学校或合作学校、联系学校等建设方式，使高等师范教育机构与区域内的部分或全部中小学之间结成互惠合作关系。教师教育与基础教育一体化，表面上看是承担教师教育的高等教育机构与合作或联系的中小学之间的多维联系与全面协作，实质上是教师教育与基础教育之间的协同变革与共生发展。“四元多维”模式以高师实践教学改革为起点，但并不仅限于关注实习生的成长与发展，更以高校教师与选点中小学的全面深度合作帮助中小学教师发展和学校改进，同时得到基础教育的反哺，密切高师与中小学之间的联系，推动高师与中小学的合作共生关系和一体化发展。

四、教师发展与学校发展、教育发展一体化

教师是教育的根基，是教育事业发展的第一资源和关键要素，也是教育改革中第一位的影响因素，是学校核心竞争力的决定因素。教师综合素质和业务能力的高低，影响着学生的现实状况和未来发展，也影响学校的声誉和可持续发展，更影响教育事业的长远发展。因此，刘延东

---

① 黄蓉生，缪云风：西南大学校报优秀作品及媒体报道精选（2005—2010）[C]. 北京：光明日报出版社，2011：25.

强调，教师队伍建设是教育事业发展最重要的基础性工作[①]。以教师尤其是教师的专业发展为抓手促进学校改进与教育发展，是许多国家教育改革的共同经验。

教师专业发展是教育内涵发展的核心因素，是学生成长发展和学校教育质量提高的前提。教师的教育认识、教育观念、职业道德、人格修养、专业理解和专业能力等直接影响其对教育政策精神的领会、对教育教学材料的理解和选用、对教育教学方法的选择、对教育教学效果的评价以及对自身教育教学行为的调控，从而影响学生的发展，继而影响学校的发展。当然，教师的专业发展需要良好的环境，需要学校政策的有力支持，需要一系列改革活动的引领和促进，不能仅靠教师个体的努力。“中小学校的改革发展既是教师发展的目标和过程，也是教师发展与教育的环境。”[②]

在教师发展中，要注意“开源”与“掘流”（抓好在职教师培训与发展）相结合。“开源”是利用免费师范生、实习支教等有利政策，通过改进高师人才培养模式提高教师教育质量，为基础教育准备充足合格的未来教师；“掘流”则是抓好在职教师的培训与发展，多措并举，以有效模式和连贯制度保障“源”“流”向佳，相互促进。

教师教育职前职后一体化、城乡基础教育发展一体化、教师教育与基础教育一体化和教师发展与学校发展、教育发展一体化（简称四个一体化），既是“四元多维”教师教育模式的目标追求，也是该模式的特色所在，是系统思维下整合各改革项目进行综合教育改革的结果。四个一体化并不在一个逻辑层次，比如前面两个项目只在教师教育和基础教育各自的领域，但由于教师这一联结要素，教师教育与基础教育之间又不可能完全隔离，彼此间仍有无法割断的联系且这种联系正逐步加强。教师教育与基础教育一体化既是前两个项目整合的结果，又与前两个项

① 《中国教育年鉴》编辑部．中国教育年鉴（2013）[Z]．北京：人民教育出版社，2014：280.

② 唐松林．解决中国农村教师发展问题的理论框架 [J]．河南师范大学学报（哲学社会科学版），2006（5）：188-191.

目一道促成教师发展与学校发展、教育发展的一体化（图 4-3）。

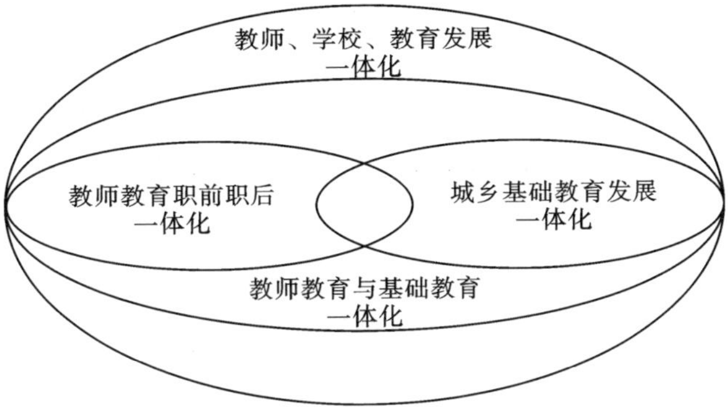

图 4-3 “四元多维”模式多重一体化目标之间的关系

第四节 要素：多元主体多维关系

“四元多维”项目以系统整合方式摄入多个项目、主体和机构，通过对多元主体的科学“编队”形成多个维度的关系，在多维关系的循环中促进各类教师的整体发展。

一、项目要素

（一）实习支教项目

实习支教作为国家深思熟虑后出台的一个利国惠民政策，其推出既有教师教育改革的先进理念作为指导，有国外成功的经验作为借鉴，又有扎实的国内实践作为基础。期冀以该政策的推行实现多方面的目的和功效，是政策出台的良好初衷。2007 年 8 月，教育部下发《教育部关于大力推进师范生实习支教工作的意见》，意见指出大力推行师范生实习支教有益于师范生、高校、农村教育和地方经济等多方主体，可以从不同的方面促进各方的发展。

1. 促进高师院校人才培养模式改革，提高师范生综合素质和实践能力

师范生作为国民教育尤其是义务教育师资后备力量，其综合素养的

高低和实践能力的强弱直接决定了未来基础教育的走向和质量。教育部师范司（今教师教育司）司长管培俊2006年在《人民教育》上发表题为“积极推进实习支教，提高教师培养质量和农村教育水平”的文章，专门论述了实习支教对于高师人才培养模式改革的积极意义，指出师资问题已经成为全面实施素质教育、全面提高教育质量、全面推行课程改革的关键和“瓶颈”，教师教育改革势在必行。在教师教育的体系、体制、制度和人才培养模式四项改革中，人才培养模式的改革是核心①。《规划纲要》亦指出义务教育发展的关键制约因素是师资水平，“加强教师队伍建设”是发展教育事业的首要保障，近十年教育改革与发展的重要目标是“提升教师素质，努力造就一支师德高尚、业务精湛、结构合理、充满活力的高素质专业化教师队伍”②。

开展实习支教活动不仅是强化师范生实践教学、提高教师培养质量的重要措施，还是加强教师养成教育、引导师范生深入基层、了解国情、增强社会责任感和使命感的必要途径。通过让师范生在艰苦落后的农村基层学校顶替现任教师岗位，于真实自然的教育情境中进行教学实践锻炼，有效地增强师范生的社会责任感、职业意识和师德修养，提高师范生的综合素质和教育教学实践能力，促进教师教育人才培养质量的提高，是该政策出台的首要目标。

2. 打破高师与中小学隔离，密切高等教育与基础教育的联系

教师教育由封闭走向开放的过程中，伴随众多综合性大学参与教师教育事业，高师院校逐步丧失了原有的“独尊”地位，但不可否认的是，在基础教育师资的培养中，高师院校依然是“主力军”。高师院校的人才培养质量，不单影响自身办学目的与效益，更多地关涉基础教育及未来各级教育的质量和可持续发展教育生态的形成。在实习支教中，

---

① 管培俊. 积极推进实习支教，提高教师培养质量和农村教育水平［J］. 人民教育，2006(Z3)：10-12.

② 教育部. 国家中长期教育改革和发展规划纲要（2010—2020年）［EB/OL］.（2010-07-29)[2015-01-07]. http://www.moe.edu.cn/srcsite/A01/s7048/201007/t20100729_171904.html.

通过各级政府和教育主管部门的联结和协调，高等教育与基础教育学校通力合作，一方面在基础教育基层学校建立稳定的实习基地，借助真实的实践场所和一线骨干教师的指导培养提高师范生的教育教学实践能力和综合素质；另一方面通过支教师范生的实践活动潜移默化的、发散式的影响农村教育的各个方面。高校还可以通过置换培训、与基础教育学校合作教学及科研等多种形式帮助受援学校提高师资质量。这样，打破了原来的高等教育与基础教育的隔绝与疏离，密切了高校与基础教育的联系。

3. 缓解农村师资短缺，推动农村教育改革与发展

张诗亚指出，师资问题是我国西部农村地区基础教育发展的关键问题，通过有计划地派遣师范生到贫困地区农村基层学校实习支教，可以在很大程度上解决西部农村基础教育师资中数量短缺、结构不合理、观念陈旧和教学能力薄弱等问题，把师范生实习支教与西部农村师资问题做一体化整合是一举双赢的有效举措①。苏勇提出通过顶岗实习、置换培训，构建师范生教育实习与农村中学教师培训一体化模式，不仅使师范生得到全方位锻炼，也加快了农村教师的专业发展进程，是一举多赢的创举②。

（二）基础教育教师轮训项目

基础教育教师轮训是针对在职教师专业发展提出的教育改革和发展项目。世纪之交的《面向 21 世纪教育振兴行动计划》提出“跨世纪园丁工程”，计划 3 年内对现有中小学校长和专任教师进行全员培训和继续教育。1999 年教育部将这一思路具体化为“中小学教师继续教育工程”（2000 年开始实施），作为建设高质量教师队伍的重大举措。“继

---

① 易连云，卜越威. 探索与实施“顶岗实习支教”模式 促进农村中小学师资更新 [J]. 西南大学学报，2007 (6)：113-117.

② 苏勇. 顶岗实习，置换培训：构建师范生教育实习与农村中学教师培训一体化新模式 [J]. 教育研究，2009 (8)：104-107.

续教育工程”针对职前培养与职后培训脱离状况下教师培训中项目零散、经费不足、组织不力、管理不佳、内容陈旧、方式单一、培训效果与教师的参训热情都很不理想等问题，以教师的能力和水平提升为重点，以提高教师整体素质为根本目的，将在职教师的培训从部分地区扩展到全国各地，从小学教师扩展到中学教师，从部分教师扩展到全员培训，致力于造就一支师德高尚、业务精良、善于从事素质教育的新型教师队伍，使中小学教师继续教育进入新阶段。通过该项工程的实施，逐步建立起有中国特色的中小学教师继续教育新体系，通过改革和完善教育教学制度形成良性运行机制，使中小学教师继续教育逐步走上法治化、制度化、规范化的轨道。各地在实施中都把接受继续教育与教师职称评审紧密挂钩，以保证该工程可以较好地设计、实施和实效。

《2003—2007 教育振兴行动计划》结合基础教育新课程改革的需要，借助全国教师网联计划建设的“天”“地”“人”网，“组织实施以新理念、新课程、新技术和师德教育为重点的新一轮教师全员培训，组织优秀教师高层次研修和骨干教师培训，不断提高在职教师的学历、学位层次和实施素质教育的能力”①。

2010 年根据党的十七大精神和《规划纲要》要求，由中央财政专项资金支持，教育部和财政部于联合启动“幼儿园和中小学教师国家级培训计划”（简称“国培计划”），包括“中小学教师示范性培训项目”和“中西部农村骨干教师培训项目”两项内容。通过骨干教师脱产研修、集中培训和大规模教师远程培训相结合的方式，对中西部农村义务教育骨干教师进行针对性的专业培训。国培计划启动第一年培训了 115 万名基础教育教师，其中 110 万名是农村基础教育教师，并计划 5 年内轮训 1000 万名基础教育教师。国培计划主要通过置换脱产研修、农村中小学教师短期集中培训、农村中小学教师远程培训进行。投入的

---

① 国务院．国务院转教育部 2003—2007 教育振兴行动计划的通知［EB/OL］．(2008-03-28)［2015-01-18］．http://www.moe.gov.cn/jyb_sjzl/moe_177/201003/t20100304_2488.html.

经费从2010年的5.5亿元到2014年的21.5亿元，以每年4亿元到4.5亿元的幅度增加，培训项目及其经费比重也依据现实需要经调研后不断调整，如2013年的培训项目分为示范性培训项目（含一线优秀教师培训技能提升研修、特殊教育骨干教师培训、幼儿园骨干教师培训、紧缺薄弱学科骨干教师培训、培训团队研修、网络研修与校本研修整合培训、骨干班主任教师研修和优质培训课程资源建设8个子项目）、中西部项目和幼师国培项目（含置换脱产研修、短期集中培训和教师远程培训3个子项目），培训项目越来越专门化，培训目标越来越明确，培训方式越来越有特色。为保障农村教师的专业发展，专门强调置换培训的经费不得少于总经费的55%。在培训内容上，进一步加大实践性培训比重，切实提高教师教学技能。以提升教师教学技能为中心，以典型案例为载体，合理确定课程内容，开展主题式培训，实践性课程原则上不少于50%①。

这些政策设计尽管越来越细致、深入，但在实施过程中由于培训方存在培训目标过于功利化、培训内容与需求脱节、培训形式单一、管理不科学、评估不足等问题，参训方则存在教师缺口过大及校长短视而滋生“培训专业户”、各种限制性条件与实际需求不符等问题，国培计划实施中具有明显的培训者以“雇佣兵”为主、对受训者是“福利”、培训项目被视为“旅游”、培训目标“预设”明显和培训评价“单一”等特征②，其实践过程有待改进，实践效果急需提高。

（三）城镇教师援教农村项目

城镇教师支援农村教育，是发展农村教育和推动城乡教育一体化发展的需要，是教育公平在区域教育，尤其在农村教育中的突出体现和基本要求。当前我国农村教育的发展现状令人忧心：根据教育部2013年教育概况中的统计，农村教育是我国国民教育的主体，农村中小学生占

---

① 教育部办公厅．财政部办公厅关于做好2013年“国培计划”实施工作的通知［EB/OL］.(2013-04-01)［2015-08-09］. http://www.moe.gov.cn/srcsite/A10/s7034/201304/t20130411_150803.

② 朱旭东．论“国培计划”的价值［J］．教师教育研究，2010（6）：3-8.

同阶段学生总数的三分之二，农村中小学教师占全国1476.82万教师中的75%以上。调研发现，由于现实条件限制和历史欠账，农村中小学教师缺口巨大，补充困难，在职教师中普遍存在“职业认同感低”“流动性大”“教育理念和意识落后”以及“学科教学能力较弱”等问题，但地处城市、看重新理念引领的高校或教育学院举办的教师培训，往往缺少对农村教师的针对性设计，农村教师培训被喻为农村基础教育的“阿喀琉斯之踵”[①]。

随着我国义务教育由效率优先式重点发展向公平导向下的均衡发展的政策转向和普惠式均衡向优质均衡的实践转向，资源配置、经费保障、师资交流和质量健康等机制受到越来越多的关注[②]。城镇教师支援农村教育是推动城乡义务教育均衡发展中颇为关键的项目和环节。《规划纲要》明确提出要建立健全义务教育学校教师和校长流动机制。城镇教师支援农村教育的具体形式有三种，也代表城乡教育一体化的三个阶段：一是城镇教师定期交流轮岗，二是城镇学校与农村学校结成帮扶关系，三是县域内统管和均衡配置教师。城镇教师定期轮岗是指城镇教师每3年或5年的周期内，必须到农村学校援教半年或一年，具体要求各地略有不同，并与教师职称晋级挂钩，即“城镇中小学教师在评聘高级职务（职称）时，原则上要有一年以上在农村学校或薄弱学校任教经历”[③]。城镇教师定期交流轮岗的重点是教师由城市向农村、由强校向弱校、由超编校向缺编校定期流动[④]。从城乡关系看，这种流动是城镇教师向农村学校的单向流动，农村教师缺少到城镇学校进行实践学习的机会。这种单向“注入”的援助容易遭受环境的“泥潭”效应，效果比较单薄有限。在教师定期交流轮岗的基础上，城镇

① 农村教师培训：农村基础教育的“阿喀琉斯之踵”[EB/OL].(2014-11-01)[2015-01-22]. http://m.21jingji.com/article/20141101/7b360f95a437fc0bcd993f89fe175ee2.html.

② 杨小微. 探析区域义务教育优质均衡发展的新机制 [J]. 教育发展研究，2014（25）：1-9.

③ 国务院. 国家中长期教育改革与发展规划纲要（2010—2020年）[EB/OL].(2010-07-29)[2015-06-08]. http://www.moe.edu.cn/srcsite/A01/s7048/201007/t20100729_171904.html.

④ 范先佐. 义务教育均衡发展与农村教育难点问题的破解 [J]. 华中师范大学学报，2013（2）：148-157.

学校根据自身的优势和特色按“就近”原则或历史渊源等开始跟特定农村学校建立相对稳定的帮扶关系，不仅派出骨干教师到农村学校援教，通过常规教学、校本教研、师徒制等多种形式指导农村教师备课、上课、评课、建设班集体、开展科研教研，帮助农村学校教师专业发展，还选派中层领导到农村学校挂职，帮助农村学校规划学校发展、健全管理制度、改进管理方式、提高管理水平。同时，从农村学校选派教师和管理干部到城镇学校参加一周到一年不等的“影子研修”“跟岗学习”等。这种稳定的帮扶关系形成了城乡教师的双向交流，但交流以点对点为主或者局限在一定范围，不利于从整体上推动城乡义务教育均衡发展和城乡教育一体化。当城乡学校帮扶已经形成一定的规模并取得较为成熟的经验后，农村教育的观念、氛围和农村教师的水平有了较大的改变，城镇教师对援教农村也已经习以为常，获得较为成熟的经验，甚至有了一定的成就和乐趣，就可以展开县域范围内的教师统一管理和均衡配置，依据“国标、省考、县管、校用”的教师管理原则，根据各学校的具体情况和需要，按照实质公平的原则配置教师资源。在学校标准化建设活动的推动与辅助下，城乡学校的教育发展和教育质量的差异将逐步缩小，城乡教育一体化发展成为可能。

当然，城乡学校在地理位置、文化氛围和生活便利等方面存在无法回避的差异，既需要相应的社会化变革配套进行，也需要教育主管部门出台专门政策保护和激励在农村学校工作的教师的积极性，让教师明白去农村学校工作既是应尽的责任，也会有适当的回报，还可以促进自身发展，同时尽可能为教师免除较大的后顾之忧。只有在多方考虑与综合配套下，才能“建设一支以解决农村教育症结为出发点、以促进农村现代化发展为宗旨的农村教师队伍”①，才能更好地突破农村教育发展中的师资瓶颈。毕竟，“深层次的教育公平与均衡发展只能在地方特色、

① 唐松林. 解决中国农村教师发展问题的理论框架［J］. 河南师范大学学报（哲学社会科学版），2006（5）：188-191.

民族特色、学校特色和个人发展特色中来体现”①。

（四）免费师范生项目

师范生免费教育是提高教师培养质量，进而提高教育质量的重要项目，是促进欠发达地区教育发展、推动和实现教育公平的重要举措。该项目定位于培养具有先进教育理念和长期从教理想，较高专业素养并热爱教育事业的师范毕业生，为基础教育培养大批“下得去、留得住、干得好”的优秀教师，同时为未来优秀教师和教育专家的成长打下基础。该项目通过优化师范生生源、改进职前教师培养过程与条件提高教师培养质量，利用政策优惠吸引和培养大批优秀教师到西部农村地区任教。该项目的实施对建设中小学师资队伍、形成尊师重教的社会氛围具有重大而深远的意义和影响。

2007 年 5 月 9 日，国务院办公厅转发教育部、财政部、中央编办、人事部四部办联合制定的《关于教育部直属师范大学师范生免费教育实施办法（试行）的通知》（国办发〔2007〕34 号），决定从 2007 年秋季入学的新生起，在教育部六所直属师范大学实行师范生免费教育试点，提前批次择优录取热爱教育事业，有志于长期从教、终身从教的优秀高中毕业生进入师范专业，由中央财政专项经费免除其学费、住宿费，并补助生活费。免费师范生入学前与学校和生源所在地省级教育行政部门签订协议，承诺毕业后从事中小学教育十年以上，若到城镇学校工作应先到农村义务教育学校任教服务二年。如果违约，则需退还已享受的免费教育费用并缴纳违约金。省级教育行政部门应做好免费师范生的诚信档案建设及其履约管理，解决好免费师范生的编制和岗位问题；高校应做好免费师范生的优质培养、动态管理和教育硕士衔接工作。同年 5 月下旬，教育部召开免费师范生专题工作会议，研究部署实施师范生免费教育的基本要求和具体安排，要求全力以赴做好免费师范生教育工作，统一思想，提高认识，加强领导，周密安排，各地结合实际做好宣传、

① 郭璇．少数民族地区义务教育阶段标准化学校建设的问题研究：来自南疆尼勒克县的个案研究［D］．长春：东北师范大学，2006：3．

统筹及保障工作。2007 年首批免费师范生招生 10597 人，之后每年保持大致相同的规模。免费师范生教育被视为支援中西部和农村地区教育的示范引领性政策与实践，受到各级政府和社会各界的高度关注。2008 年 4 月，教育部在华东师范大学召开了题为“高质量高水平培养未来名师”的师范生免费教育工作座谈会，深入研讨免费师范生的培养方案，提出创新教师培养模式，推进课程教学改革，调整和优化教师教育课程结构；推进师范生实习支教，提高师范生实际教学能力；研究制订并着手组织实施“国家教师教育创新平台计划”，用最好的师资和教学条件培养师范生[①]。2011 年首批免费师范生毕业，教育部召开多次会议并下发文件要求做好免费师范生的就业相关工作。2011 年 3 月教育部启动“免费师范生就业服务网”（sfs. ncss. org. cn）为师范生提供相关政策、各省就业工作实施办法、中小学教师岗位需求信息、毕业生信息、就业动态、就业指导等内容，通过网上与网下结合，帮助免费师范生高效就业。2011 年 6 月温家宝总理在北京师范大学首批免费师范生毕业典礼上讲话，对免费师范生进行了祝贺和勉励。后来，教育部召开会议落实温家宝总理的讲话精神，继续做好免费师范生的录取、退出和二次选拔机制，让真正乐教、适教的优秀学生读师范；研究制定方案提高免费师范生生活补贴标准，实行优秀毕业生奖励，加强教师教育改革创新实验区支持建设，完善免费师范生就业的政策措施和农村教育攻读教育硕士的具体办法及其后续推广[②]。首批免费师范生签约率为 99%，其中到中西部地区中小学校任教毕业生占签约人数的 91%。目前，免费师范生项目已经扩展到新疆、江西等多个欠发达省区，地方师范大学和师范学院都积极参与其中。

---

① 唐景莉，计琳. 教育部师范生免费教育工作座谈会在沪举行：高质量高水平培养未来名师［EB/OL］.（2014-10-22）［2015-01-23］. http://www. moe. gov. cn/publicfiles/business/htmlfiles/moe/moe_536/201410/177499. html.

② 唐景莉，计琳. 进一步完善好实施好师范生免费教育：教育部党组召开会议学习贯彻温家宝总理在首届免费师范生毕业典礼上重要讲话精神［EB/OL］.（2014-11-01）［2021-08-22］. http://www. moe. gov. cn/publicfiles/business/htmlfiles/moe/s5987/201112/128381. html.

为提高免费师范生培养质量，各承担高校在积极实践的同时都展开了深入的研究。华中师范大学组织专家编写、出版了教师教育系列教材，全套 32 本，从教师教育基本理论到各学科教学论及学科教学训练，相对完整系统，为免费师范生的培养提供了有针对性的教学资源。同时，鼓励教师们展开对免费师范生培养的研究，将研究成果结集成《变革中的教师教育——华中师范大学免费师范生培养的理论与实践探索》一书。

二、机构要素

（一）高校

高校是高等学校的简称，泛指对公民进行高等教育的学校，既包括普通高等学校、成人高等学校、民办高等学校等横向类型，也包括专科、本科、硕士研究生和博士研究生四个层次。在教师教育中，高校一般指一切承担教师职前培养和职后培训任务的高等教育机构，包括师范类大学和学院，也包括设有师范专业的综合性大学和学院。在“四元多维”模式中，则以地方师范院校为主体，包括地方师范大学、部属师范大学和其他承担教师教育的综合性大学或学院。高校作为高等教育的实施机构，在区域教育生态建设中处于十分关键的位置。传统教育视高等教育为教育事业的“龙头”，是教育与社会发生联系彼此作用的主要阵地；终身教育视野下视高等教育为教育发展和人的发展的“纽带”，是学校教育与社会教育、普通教育与成人教育相联系的交互区域。教师教育系统中的高校因为培养未来师资和培训在职教师的特殊目标与任务，被视为教育事业的“工作母机”，不仅与基础教育有着密切的联系，也对教育整体起着关键的动力作用。“四元多维”模式充分利用承担教师教育任务的高校的“龙头”“纽带”和动力作用，将区域教育联结为整体和系统，以高校教育改革带动基础教育发展，以教师教育重建推动区域教育生态系统建设。

（二）地方政府

地方政府指除中央以外的各级地方行政机关，包括省级地方政府、地（市、区）级地方政府和县级地方政府。地方政府对教育事业进行组织领导和管理的代表性机构是各级教育行政部门，它们同时又是中央教育部的代行机构。也就是说，各级教育行政部门既受同级地方人民政府的领导，也受上级教育行政部门的领导或业务指导。其基本任务和职能是：贯彻执行中央的教育方针、政策和法令以及上级教育行政部门的教育工作指示；负责本地区教育事业发展计划、基本建设、教育经费、干部和教师的管理工作；领导本地区各级各类学校的教育和教学工作，并对厂矿企业举办的学校进行业务指导。依据各级政府对教育的不同权责与管理职能，省级政府一般负责统筹，重点是依据本省实际对国家或教育部统一要求进行规划、出台相应政策制度、保障经费、协调地（市、区）级地方政府间的教育交流与合作等。地（市、区）级地方政府主要依托属地高师院校对基础教育发展进行计划、建设、经费保障和师资管理，促进高师与基础教育的合作与发展。县级地方政府主要对县内基础教育进行管理，当前的重点是通过政策执行和实践创新促进县域内义务教育均衡发展。

依据教育机构及地方政府的管理权属、发展历史和现实需要，构建“省级统筹、地市协同、县域均衡”的改革框架是十分必要的：省级政府统筹省内教育整体改革与发展，重点是政策与经费支持和不同类型教育间的协调；地级政府协同地方院校（以高师院校为主）以教师教育为抓手，进行区域内的教育协同创新和教育生态建设；县级政府主管义务教育均衡发展，同时配合地市协同发展规划。各级政府既各司其职又彼此配套，以教师教育为教育整体改革的基础、中介和先导，以地级政府为省级政府和县级政府的传介，形成顶层设计、逐层细化、层级均匀、层层衔接的改革系统，县、地、省的重点工作对象分别对应“义务教育—基础教育—普通教育”。在目前的政策文件和改革试验中，省级统筹与县域均衡已经深入人心并展开了火热的试验，但地级的中介、承接作用及其对教师教育的匹配协同尚未引起足够的重视。“四元多维”模式则是以地区为单元、以教师教育改革为重点的区域教育改革探索，在教育改革系统中起着必要的承接作用。政府的统筹、协调对高师与中小学的合作和城乡基础教育的交流起着至关重要的作用。

（三）城镇中小学

城镇中小学指位于城镇的基础教育实施机构。一般来说，作为基础教育的执行机构，无论其处在城镇还是农村，其基本性质、目标与任务应该是相同的。在历史与现实、制度与非制度因素的影响下，我国城乡二元结构导致显著的城乡差异，经教育政策与制度的强化，使得城镇中小学与农村中小学在教育机会、教育资源配置、教育质量和教育成就等方面相距甚远，城乡学校的教育理念、教育模式与教育过程都有较大差异。从历史看，学校本身就是社会分工的产物，以培养统治人才而非体力劳动者为目标，一直都在城市优先发展，普及教育也是从城市开始的。新中国成立初期为大力发展基础教育建立了数量庞大的各类学校，而薄弱的经济实力无法支撑这么多学校的发展，只好优先发展城镇学校；而后为了培养国家精英又实施了重点学校政策，将学校之间的差距进一步拉大。从现实看，经济发展的城乡差异、义务教育财政体制的分权化和政策制定与制度设计的城市中心主义，进一步加大了城乡中小学之间的差距①。经累积效应放大，城镇中小学在师资、教育教学条件、教育教学管理和教育教学质量等多方面优于农村中小学。以教育资源配置中的生均经费为例，1994 年小学生、初中生生均经费的城乡比（城镇生均经费/农村生均经费）分别为 1.62∶1 和 1.52∶1，为我国历史最高②。以城市文化为主要资源的课程设计和评价标准使得城镇中小学在升学、竞赛等各类竞争中处于明显优势。近些年，在政府努力推行城乡义务教育均衡发展和城乡基础教育一体化以后，尤其是城乡义务教育学校标准化建设启动后，城乡学校的差距得到一定的控制。实证研究表明，城乡义务教育学校标准化建设取得显著成效，办学条件得到大幅改

① 朱家存. 论我国义务教育发展不均衡的成因及其矫正对策［J］. 教育理论与实践，2003（23）：16-19.

② 吴春霞. 中国城乡义务教育经费差距演变与影响因素研究［J］. 教育科学，2007（6）：1-5.

善，城乡差距有所缩小但依旧存在。以生均教学仪器设备值为例，2014年城镇小学为1333.04元，农村小学为708.15元，相差624.90元[①]。在“四元多维”模式中，城镇中小学既是政府统筹与高师协助下发展的主体之一，又是帮助农村中小学发展的重要力量，还是反哺高师教育的实践沃土。

（四）农村中小学

农村中小学是地处农村（乡中心区和村庄）的基础教育实施机构，在西部地区“县办中学、乡办小学、村办幼儿园”的改革背景下主要指乡村小学，部分地方有小学、初中合并成的九年一贯制学校。农村中小学与城镇中小学有相同的属性但却有不同的境遇和表现。农村教育是我国教育改革与发展的重点和难点，农村中小学深刻表现出农村教育的生存之艰、发展之困和现实之窘。农村教育发展状况与农村经济、社会问题的解决息息相关，其深层原因是城乡二元的社会制度与教育制度设计。城市中心的教育制度设计、地方负责的经费政策和三教统筹增强农村教育适应性导致的城乡教育双重标准，使农村中小学的基础条件远远落后于城镇中小学；农村中小学教师因工资拖欠、条件艰苦、发展困难而流失严重、补充困难，也使农村教育质量无法与城镇学校竞争而难以吸引孩子和家长导致流失率、辍学率居高不下。农村教育严重滞后于农村经济社会发展需要，农村中小学的教学条件与教育质量严重滞后于城镇学校[②]。当农村、农业、农民和农村教育不再被视为工业现代化和国家现代化的手段而是目标时，农村与农村教育的发展成为各界必须直面的难题。抛弃对农村和农村教育的工具理性认识，追求和彰显其价值理性，理解农村及其教育发展是国家最高目标和永恒利益不可缺少的重要组成部分，形成追求社会公平的价值观念并进行与之相适的

---

① 李鹏，朱德全．义务教育学校标准化建设：进程问题与反思：基于2010年—2014年全国义务教育办学条件数据的测度分析［J］．清华大学教育研究，2016（1）：110-117.

② 别敦荣，陈廷柱，刘旭，等．“十五”规划应当重视解决农村教育问题［J］．教育发展研究，2000（8）：26-28.

制度设计[①]，采取向农村倾斜的政策制度弥补和加速农村教育的发展，是当前教育改革的主要方向和重点。在“乡村振兴战略”实施后，国家在2021年又出台《乡村振兴促进法》，要求“各级人民政府应当协同推进乡村振兴战略和新型城镇化战略的实施，整体筹划城镇和乡村发展……逐步健全全民覆盖、普惠共享、城乡一体的基本公共服务体系，加快县域城乡融合发展……促进公共教育、医疗卫生、社会保障等资源向农村倾斜”。2015年国务院颁布实施《乡村教师支持计划（2015—2020年）》，明确要求“采取定期交流、跨校竞聘、学区一体化管理、学校联盟、对口支援、乡镇中心学校教师走教等多种途径和方式，重点引导优秀校长和骨干教师向乡村学校流动。县域内重点推动县城学校教师到乡村学校交流轮岗，乡镇范围内重点推动中心学校教师到村小学、教学点交流轮岗”。“四元多维”模式纳入城乡基础教育均衡发展、一体化发展，就是要以各类师资交流增强农村教育师资力量，帮助农村中小学追赶城镇中小学前进的步伐，促进区域教育全面、均衡、有序发展，同时促进教育公平和社会公平的逐步实现。

三、主体要素

（一）实习生

实习指某一专业的高年级或刚毕业的大学生到专业相关工作领域，在有经验的工作人员的指导下学习实际工作经验的活动。实习生就是对这些参加实习活动的大学生的统称，包括已毕业和未毕业两种。在高等教育系统，实习是高校人才培养的必须环节，是在培养目标预定的领域实践中感受、体验真实的工作情境，检验和运用所学知识和理论的活动，一般指专业综合实习。在教师教育中，实习一般指“教育实习”，即高年级师范生在各级各类学校或相关教育机构进行教育教学或研究、管理等实践性工作，以获得对教育的感性认识、实践经验及职业信念

① 郝文武．价值理性、工具理性视角观照下的农村教育问题［J］．陕西师范大学学报（哲学社会科学版），2005（4）：107-112．

等，提高综合素质和教育教学及相关实践能力。实习生则指师范专业的高年级学生。传统教育实习一般安排在高校学习的最后一年，实习生多指即将毕业的师范生。开展教师教育实践教学改革后，教育实习不仅时间延长了（多数高校将教育实习延长到一学期，少数延长到一年或仍保持在 2 个月），其性质与名称也因与农村师资补充相结合演变成了实习支教，安排的时间在第五至第八学期不等，多数集中在第六、第七学期。“四元多维”模式中的实习生就专指参加实习支教的高年级师范生，以地方高师院校为主，包括来自师范大学、综合性大学或地方性学院的高年级师范生。

（二）高校教师

“教师是履行教育教学职责的专业人员，承担教书育人，培养社会主义事业建设者和接班人，提高民族素质的使命。”① 按教师任教的教育层次可以分为学前教育教师、小学教师、中学教师和高校教师。高校教师就是在高校从事教育教学和科研工作，并具有高校教师资格和某一等级高校教师专业技术职务资格的人②。高校教师肩负培养高级专门人才的重任，承担着人才培养、科学研究、文化传承、知识创新等工作，是高校基本职能的直接实现者，也是决定和体现高校办学水平和办学质量的关键资源。在“四元多维”模式中，高校教师指各类高校中承担高等师范专业授课任务和实践教学指导任务的任课教师，重点指承担实习支教的组织、协调和带队任务的教育学学科教师和各学科教学论教师。

（三）城镇教师

城镇教师指城镇中小学教师，即在当前校管校用教师管理模式下任职于城镇中小学的教师。城镇中小学教师既是城镇中小学发展的主体力量，又是需要进行职业提升和专业发展的重要群体，还对区域内农村中

① 全国人大. 中华人民共和国教师法（1993 年 10 月 31 日第八届全国人民代表大会常务委员会通过）［EB/OL］.（2005-05-05）［2015-07-10］. http://www.gov.cn/banshi/2005-05/25/content_937.htm.

② 丁志同. 高校教师绩效提升的动力机制研究［M］. 苏州：苏州大学出版社，2013：31.

小学负有支持援助的责任。在一批专家和人大代表的呼吁下，我国已经实行了城镇教师支援农村学校的制度，将城市教师选派到农村，尤其是到贫困、边远地区的薄弱学校和缺编学校支教一年以上作为其晋升职称和职务、参评优秀教师与特级教师的必备条件。

（四）农村教师

农村教师也叫乡村教师，指乡中心区、村庄学校的教师（《乡村教师支持计划》中的界定）。农村教育是我国教育的薄弱环节和短板，农村教师则是制约农村教育发展甚至是全国教育发展的关键因素，城乡教育的差距从根本上说是城乡教师的差距。然而，“受城乡发展不平衡、交通地理条件不便、学校办学条件欠账多等因素影响，当前乡村教师队伍仍面临职业吸引力不强、补充渠道不畅、优质资源配置不足、结构不尽合理、整体素质不高等突出问题，制约了乡村教育持续健康发展”[①]。已有政策措施虽然也能在一定程度上促进农村教师的发展与提高，但远未制度化，实施的难度极大，效果也不尽如人意。有必要将城市教师支教农村和农村教师到城市学习进修的政策、措施制度化，建立稳定的城乡教师双向流动机制，才能从根本上提高农村教师队伍素质。呼吁建立农村教师流失补偿制度，将农村师资队伍建设纳入各级教育行政领导业绩考核指标，以保护和发展农村教育[②]。教育部原部长袁贵仁指出，农村教师是解决农村教育问题的关键，而解决农村教师问题的关键在于培养“下得去”“留得住”“教得好”的教师[③]。农村中小学教师既是农村中小学发展的主体力量，又是需要进行职业提升和专业发展的主要群体。“四元多维”模式就是要通过多项目整合，以高校集中培训、城镇中小学跟岗研修和校本教研等多种形式促进农村教师的专业发展。期望

① 国务院办公厅. 关于印发乡村教师支持计划（2015—2020年）的通知［EB/OL］.（2015-06-01)[2016-05-10]. http://www.moe.gov.cn/jyb_xxgk/moe_1777/moe_1778/201506/t20150612_190354.html.

② 庞丽娟. 加强城乡教师流动的制度建设［J］. 教育研究，2006（5）：6-7.

③ 刘畅. 教育部长袁贵仁：保证农村师资的关键是教师“下得去、留得住”［J］. 人民教育，2012（23）：37.

在“国标、省考、县管、校用”教师管理政策全面执行后，“城镇教师”“农村教师”的称呼将成为历史。

第五节 特征：多效价整合

“四元多维”模式汇聚高校、政府和基础教育三股改革力量，通过对目标、任务的摄入与整合及对要素逻辑关系的重构，以多效辐合降低改革成本，实现改革综合效益最大化，同时形成健康、协调、可持续发展的教育立体生态系统。其特征主要反映在实践设计、实践目标、实践主体、实践资源与实践效益等方面的多效价整合上。

一、实践设计的纵向系统性与横向交融性

纵向与横向是考察对象的两个基本维度。纵向一般指活动发生的先后顺序或事物内在的逻辑联系，主要体现时间进程或逻辑序列，反映对象的历时性状态；横向一般指同时发生的活动或事物之间非递进的逻辑联系，主要体现空间状况或主体关系维度，反映对象的共时性状态。教师教育的纵向维度可以从两个方面考察：一是教师教育的实施过程，包含职前—入职—职后三个阶段；二是终身教育思想指导下的教师职业生涯发展阶段，包括费斯勒提出的八阶段说等诸多不同观点。叶澜先生将教师职业生涯划分为非关注—虚拟关注—生存关注—任务关注—自我实现五个阶段，反映了教师职业发展的基本序列及各阶段的主要任务。“四元多维”模式依据教师教育实施过程和教师职业发展的不同阶段，将教师的职前培养与职后发展相结合，将原来分属不同职业阶段的培养与发展目标整合进一个活动系统，通过一体化的框架和内部多样化的活动设计，浓缩教师发展的时间，并通过不同发展阶段教师之间的合作、交流与共享，让各阶段的教师都较好地感受到教师职业发展的全程与全貌，同时关注每一发展阶段不同的任务、困惑与特征，也因得到不同阶段教师的指导与建议，而走出时间限制带来的“盲人摸象”式的局部感，从而对教师职业和教师发展有整体的理解，对自己的发展有更全

面、深入的思考与设计。

教师教育的横向维度可从教师教育实施的空间场域状况和各机构、主体之间的联系两个方面考察。教师教育的空间场域包括大学和中小学两个校园场境，每个场境中又分为课内和校内两种。一般意义上校内是包含课内的，但本研究中将课内从校内剥离出来，专指大学和中小学的课堂教学场境，校内则指在大学和中小学校园中进行的各种课外实践。在教师教育发展历程中，教育活动的场境从大学走向中小学经历了不少的时间和不小的波折。从最初的师资培训机构到师范专科学校，到社区学院、教师学院或师范学院，再到综合性大学参与教师培养①，教师教育经历了颇为曲折的“大学化”历程。“大学化”在为教师教育确立正规高等教育地位和高深理论基础的同时，也将教师教育的实施范围局限在了大学的校园，尤其是大学的课堂中。理论主导的教师培养模式将绝大部分学习活动限定在大学课堂，少部分学习活动在大学校园展开，极少的学习活动（如教育实习）移至中小学开展，而且几乎严格遵循“先课内，后课外”“先大学，后中小学”的原则。随着 20 世纪 60 年代后教师专业化运动的兴起与深入，教师实践与教师专业发展的关系受到重视，美国专业发展学校逐渐成为美国及其他许多国家教师教育的流行模式，英国“以中小学为基地”的教师培养模式、我国的 U-S、U-G-S 和 G-U-S 模式等都纷纷要求教师教育走出大学课堂和校园，深入中小学的校园和课堂，在真实的实践场境中培养未来教师的知识、技能、理解和专业思维，并在大学与中小学、课内与校内的场域交替中实现理论与实践的优化整合。在场境的交替与转换中，各主体之间的关系也发生实质的变化。高校教师与中小学教师从原来的互不相干或略有对立发展成有共同目标、共享理解并彼此支持的共同体成员，在深度、立体的合作中获得彼此的发展。场域与主体关系构成的横向交融性，与时间及主体生涯发展的纵向系统性，共同构成了“四元多维”模式的基本框架和显著特征，为以实习支教为抓手的多项目整合提供了基础和可能。

① 汪霞．国际教育改革与发展的比较研究［M］．南京：南京大学出版社，2011：148．

二、实践目标的多层多元性

目标是人们对计划或活动结果的预期。目标体现主体的价值追求，对主体实践行动具有导向和激励作用。从强化实践教学环节提高师范生培养质量，为农村师资注入新鲜血液以提高农村教育质量的原初目标，到促进农村教师专业发展，再到推进城乡义务教育均衡发展，尽管目标摄入渐多、整合程度渐高，但未能形成涵盖全面、体系完整的目标系列。“四元多维”模式引入高校教师专业发展、城镇教师专业发展和城镇基础教育发展等目标，依托长期、稳定的教师教育共同体建设，推动教师教育一体化、城乡义务教育一体化和高师—基础教育一体化等目标相互交融、齐头并进，形成在教育质量提升与教育公平推进和谐互促总体目标导引下，以教师专业发展为主线的完整目标系列和纵横交织、互促共生的目标架构，为连片贫困地区教育立体生态建设指引了方向、奠定了基调，突出地体现了目标任务契合、目标系列完整的特征（图 4-4）。

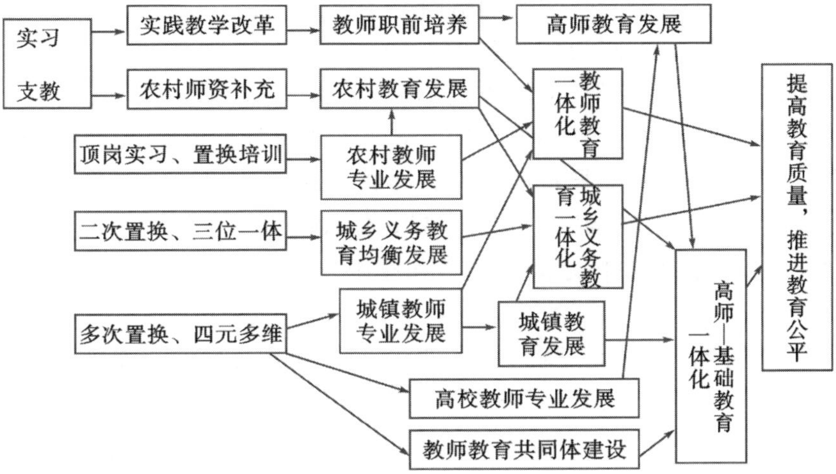

图 4-4　实习支教不同模式的目标整合

单纯实习支教模式的目标改进（教师教育实践教学，支援并促进）农村教育发展，有利于教师教育一体化发展；“顶岗实习、置换培训”

模式增加了农村教师专业发展目标，同时有利于农村教育的发展，并初步形成高师与中小学之间的双向联系；“二次置换、三位一体”模式被纳入城乡义务教育均衡发展目标，在推动城乡基础教育一体化发展的同时，更有力地推动农村教育的发展；“多次置换、四元多维”模式也将城镇教师专业发展纳入以实习支教为抓手的综合改革中，在促进城镇教育发展的同时，也以高校与中小学的全面深度合作促进高校教师专业发展，进一步推动高师教育发展，促进高师与基础教育一体化，以三类教育（高师、城镇基础教育、农村基础教育）的发展和三个“一体化”目标的实现来达成“提高教育质量、推进教育公平”的总目标，实现以教师专业发展为主线的教师、学校、教育同步发展，最终建设循环、协调、可持续的区域教育生态系统。

三、实践主体的混合协作性

施瓦布将科学的不同流派的多元与差异归结为“实词结构”与“句法结构”的表征与差异：“实词结构”表示科学中不同流派的核心概念，“句法结构”表示不同流派的认识方法、表述方法及论述方法，前者表征结果性知识，后者表征方法论知识①。借鉴这一思想，我们可以发现，单纯实习支教与“置换培训”及“二次置换”在“实词结构”和“句法结构”上都有差异；而“四元多维”模式与“二次置换、三位一体”模式在“实词结构”上并无差异，模式的组织主体与实践主体都没有变化，不同的是主体之间的关系和作用方向，即“句法结构”方面的差异。

要素齐全，要素间逻辑关系清晰周延、匹配良好是生态模式的基本特征。在实习支教模式发展过程中，要素类型与数量逐步扩充，要素作用方式由单向转为双向，要素间的联结由残缺转向周延，最终形成“四元”实践主体之间循环往复、生生不息的互补互促共生关系。从实习支教的高校派出实习生到农村学校的单向流动，到“置换培训”中实习生

① 佐藤学．课程与教师［M］．钟启泉，译．北京：教育科学出版社，2003：59.

与农村教师在高校与农村学校之间的双向流动，再到“二次置换”形成的高校—城镇学校—农村学校—高校间的单向循环，摄入的要素已较为完善，但要素间的关系并不充分和周延。实习生到城镇中小学实习支教，置换出的城镇教师到农村学校援教，置换出的农村教师到高校参加集中培训，高校也派出教师到城镇学校指导实习并参与其他学校活动。在这样的循环中，城镇学校的优质师资只是单向流出，短期可能在一定程度上有利于农村学校的发展，但其长远效益也许并不乐观。从城镇学校看，一方面，城镇学校当前的师资力量会受到影响，实习生的指导也会在一定程度被削弱；另一方面，援教农村的城镇教师在与农村教师的合作实践中也会有所收获，但仅靠自己的摸索获得的收获毕竟有限，其专业发展会因缺少与优秀同伴的交流和前沿理论的引导而受到限制。从农村学校看，仅仅接受一位或数位优秀城镇教师并不足以填补农村教师的空缺，能置换出的农村教师数量有限，而且置换出的农村教师只能到高校接受理论培训，其发展效果也会受限。城镇学校与农村学校的均衡发展不是基于共同进步而是采用“削峰填谷”的做法，显然不符合我国当前追求“有质量的公平”的主旨。

我们认为，优秀教师的培养和成长应该是浓缩的时空、多样的情境和多主体协作的结果。教师或师范生自身的探索实践与反思、优秀同伴的分享与影响、高校专家的引领与指导，以及不同主体在实践中形成的共同体对于任何类型教师的发展都一样重要。对实习生来说，不同场域的流转和不同主体的混合协作对其综合素养及实践能力的提高有更为突出的意义。研究表明，有指导的实习对于实习生的益处良多：有明确的实习目标和努力方向；有及时的诊断和具体的建议；有可模仿的对象和感召的力量；容易获得汲取经验、反思实践和改进行动的策略。“四元多维”模式通过对各类学校和教师的角色与功能重构，形成要素间双向、流畅、循环的联结关系，并以不同类型教师的“混合编队”来实现和优化协作，在混合式协作中了解不同类型、性质教育的特征，形成认识和理解教育的多重视角，也发展出解决复杂教育问题的全面而多样的策略。

四、实践资源的整合优化性

对已有资源的整合和优化是渐进性教育改革的突出特征之一，也是激发活力、降低成本、实现教育改革效益最大化的必然要求和主要方式。实践资源的整合优化包括拓展可利用资源的类型与数量和提高资源的利用效率两方面。“四元多维”模式通过多项目整合、多场域流转和多主体协作，扩展每类教师可利用的实践资源。大学课堂与校园、城镇中小学课堂与校园、农村中小学课堂与校园所蕴含的丰富的实践资源，可以为每一类教师所享用。就连高校教师，也能充分利用城镇中小学、农村中小学的实践资源，一边高效地开展教学与实习指导工作，一边开展扎根基层的研究，同时参与城、镇中小学的学校规划、制度制定、教学改革、科研实践等，以丰富的实践资源开展全方位的实践，以全方位的实践辅助教学工作和科研工作，从而做到“研有目的性，教有针对性”，彻底再造教师教育者的角色形象，有力推动教师教育体系的重构。

在提高资源利用率方面，原来每一类别的教育资源仅限该类别教育中的师生使用，彼此之间很少共享。通过“四元多维”模式整合后，任何一种类别的教育资源不仅是该类别师生开展日常教育教学活动的基本载体和条件，还是别的教育类别的师生可以利用的资源。以城镇中小学为例：其中的实践资源不仅保证城镇中小学师生日常的学习、教学与发展，还是农村中小学教师跟岗研修（影子研修）、实践学习的重要资源，也是高师师范生实习和高校教师实践的重要资源，这就使该类实践资源的有效性和利用率大大提高。在“四元多维”模式中，由于对每一类教育的实践资源的重要性都有充分的认识，而且根据每一类教师发展的需要灵活安排不同类型的实践资源，不仅资源的利用效率提高了，教师发展和人才培养的效果也会相应提高，资源整合优势得以彰显。从政府角度看，由于各级政府的规划、调节作用，实践资源的有效整合和充分利用既提高了教育质量，又适度降低了教育成本并缓解了教育投入的紧张，或者在投入充分的情况下综合规划新的教育改革项目，如把建设专门实习基地的经费用于改善已有城乡中小学的现有资源环境等，提高教育的投入产出比，使教育事业发展有更好的经济效益和社会效益。

五、实践效益的系统耦合性

“四元多维”模式以贫困地区实习支教规模化为前提，关注师资培养的多方协同和职前职后的内在衔接，重视基础教育与高师教育的共生共荣，追求“有质量的”教育公平。模式通过“四元”实践主体的双向多次置换，形成大范围、常规化、制度化的教师流动与教师协作，整合优化有限的教师发展与教育发展资源，力图在不影响各学校正常教学这个根本前提下，实现整体改革目标与各子目标的效能耦合。同时，避免了教师教育中的“盲人摸象”，消解了教育改革中因“山头林立，各自为政”而导致的各种“撞车”、浪费和混乱现象。

从教师专业发展角度看，实习生得到来自高校教师、城镇教师和农村教师三方的协同指导，农村教师得到高校教师和城镇教师的指导以及参加高校集中学习的机会，城镇教师同时拥有高校教师的现场指导和集中培训，高校教师则在各项实践参与和研究中得到基础教育沃土的滋养。各类教师在不同场域的实践、学习和研究，更有助于其教育理念的转变、个人知识的丰富、情境适应能力的增强、反思习惯的形成和实践智慧的提升。

从学校与教育发展角度看，农村学校作为区域教育发展的重点，得到实习生、城镇教师和高校教师的多方支援而不断更新，其教师轮流参与指导实习生、实践学习和集中培训等活动得到快速成长，高校教师和城镇教师从理论与实践两方面给予农村学校发展规划的指导与建议，在多方合力下，农村学校和农村教育的发展前景值得期待。城镇学校亦在与高校的多层次、多内容合作中获得师资提升、教科研发展和学校改进的综合成效，同时担负起引领、辐射、帮助周边农村学校的责任。高校在实习生实践质量与教师教学、研究质量双重提高中，实现了教师教育质量的提升，为区域教育生态系统的建立奠定坚实的基础。

第五章　“四元多维”模式的建构原则

作为一种整体设计的复杂的综合教育改革系统，“四元多维”模式在建构和运行中都需要依据教育的历史使命、时代理念和现实目标，充分考虑模式中的结构要素、过程要素和影响因素各自内部及彼此间的关系，确定建构的基本原则和运行的基本要求。

原则（principle）指从自然界和人类历史中抽象出来的、正确反映事物的本质和客观规律的原生规则。原则是观察问题、处理问题的标准或准则，是说话、行事的基本依据①。原则反映了人们对认识对象的把握程度和价值取向，其形成受到客观认识和主观倾向、历史传统和现实需要的综合影响。在社会科学中，原则主要反映和表达某种社会行动或活动的根本规范或基本要求。在“四元多维”模式中，整体与局部、理论与实践、能力与价值、先进性与适应性、现代性与民族性是需要重视的几对辩证关系，它们分别与该模式的特征、性质、目标、价值与对象等相联系。具体表现为：在发展战略上遵循整体与局部辩证统一的原则；在发展路径上遵循理论与实践融合嵌入的原则；在发展目标上遵循能力与价值互济并重的原则；在发展方向上遵循先进性与适应性兼顾平衡的原则；在发展策略上遵循现代性与民族性有机结合的原则。

---

① 夏征农，陈至立．辞海：第六版［M］．上海：上海辞书出版社，2009：2820．

第一节 整体与局部的辩证统一

整体与局部是标志客观事物的可分性和统一性的一对哲学范畴，是既相互对立又相互依存的辩证法范畴，是整体与部分、全局与局部的一种变式。整体是构成系统的诸要素的有机统一，反映系统的总体面貌和一般特征，由各子系统内部要素与彼此联系综合决定，侧重考察各个子系统之间的结构关系与功能状况；局部（部分）是整体中的某个（某些）要素或环节，侧重考察子系统内部的要素及其结构关系。整体与局部相互依赖，互为存在和发展的前提。整体由局部组成，离开了局部，整体就不能存在。整体具有不同于局部的某些性质与特征，局部脱离整体后其性质也会发生变化；整体对局部起支配、统率、决定作用，协调各局部向着统一的方向发展；局部的变化也会影响到整体的变化。同时，整体和部分的划分是相对的，某一事物可以作为整体包容着的部分，该事物又可以作为部分从属于更高层次的整体。整体与局部的辩证关系要求我们在观察和处理问题时既要立足于整体，追求系统整体的最佳效应，防止和反对以局部利益来损害整体利益的现象；又要注意各个局部的特点和要求，重视和充分发挥局部的积极作用。

整体与局部是人们认识事物的基本角度，是任何一个系统必须面对和处理的辩证关系，也是以系统思维为特征的“四元多维”整体教育改革模式首先要遵循的原则。从整体看，“四元多维”模式是以教师专业发展为主线的区域教育整体改革和教育生态建设，以促进区域内各类教师专业发展为其首要而直接的目标；以这一目标实现为基础和条件，促进各级各类学校和教育的发展，形成各级各类教育间的良性协作和共生生态，推动区域教育健康协调发展。从局部看，“四元多维”模式摄入教师教育实践教学、义务教育均衡发展、基础教育教师轮训等多个改革项目，涉及地方政府、高师院校、城镇中小学和农村中小学四类组织和场域，关涉未来教师、高校教师、城镇中小学教师和农村中小学教师“四元”主体的发展。该模式处处体现整体与局部的辩证关系，集中体现在改革目标与发展主体上。

一、改革目标中整体与局部的辩证统一

"四元多维"模式首先聚焦教师职前培养，关注未来教师的实践体验与实践技能对提升其综合素质和专业能力的作用，着眼实习支教对未来教师职后教育教学表现的直接影响。这种影响以高师校园课堂的虚拟训练、城乡中小学校园课堂的真实情境刺激为基础，以高校教师、城镇中小学教师、农村中小学教师的联合指导为关键，以地方政府的有效协调和经费支持为保障，致力于培养高质量的未来师资。以实践教学改革提高教师职前培养质量，促进高师教育发展。这是该模式最为关键的"局部"。

"四元多维"模式在追求联合培养未来教师的核心目标的同时，充分利用有效实习支教所形成的架构和整合的资源，关注各类在职教师的专业发展：城镇中小学教师通过日常教学与教研、指导实习支教学生、支援农村学校和到高校参加对应类型的集中培训而得到发展；农村教师通过日常教学与教研、指导实习支教学生、到城镇学校跟岗研修和到高校参加对应类型的集中培训而得到发展；高校教师通过日常教科研、指导实习支教学生、指导和培训城乡在职教师等而得到发展。在高校教师、城镇中小学教师和农村中小学教师"混合编队"形成的实践共同体中，各类教师都有自己明确的发展目标和丰富的发展形势，都能通过多样而充分的实践得到发展；而教师的发展在高师教育、城镇基础教育、农村基础教育及城乡义务教育均衡发展等各个领域都能发挥引领性、关键性作用。城镇中小学、农村中小学、高师院校都有自身内在系统作为区域教育生态系统的重要组成部分，每一局部领域的发展都能为整体的协同、协调发展带来良好的基础、新鲜的刺激和强劲的动力，促进整体教育生态的逐步改进；而整体改进过程中高师教育、城镇基础教育、农村基础教育各子系统也会受到整体状况和其他子系统的影响，不断改善自身的观念、目标、要素及其结合方式，促进各子系统的健康发展（参见图 3-4）。

二、发展主体上体现的整体与局部辩证统一

从实践主体看，整体与局部的辩证统一表现在三个方面。一是个体专业发展中的整体与局部的辩证统一，具体表现为：既要关注单项技能、品质的提升，又要关注个人综合素养与专业能力的发展；既要注意形成解决局部问题的策略，又要学会对问题之间的联系及综合情境的整体把握。这是教师专业发展的基础和微观层面。二是不同教师群体专业发展中的整体与局部的辩证统一，具体表现为：既要关注不同类别教师群体的发展目标与规划，又要与教师个体实际情况和个人发展规划相结合，使群体目标与个体目标尽可能贴近，或使群体目标对个体目标有较大程度的包容和促进。也可反过来说，使个体目标对群体目标有较大的内聚力和内动力。在群体专业发展的条件、方式与途径等方面，仍然要考虑整体与局部的辩证统一。这是教师专业发展的衔接与中观层面。三是从教师实践共同体角度看，既要关注不同类别教师的专业发展目标、条件、方式与途径，又要关注教师教育共同体的培育和建设，充分发挥各类教师对共同体培育的积极贡献。这是教师专业发展的整体和宏观层面。

从组织主体看，宏观层面的区域教育是整体，各类教育是局部；中观层面每一类教育是整体，每一所学校是局部；微观层面学校是整体，年级和班级是局部，教师也是其中的局部要素。因此，在进行实习支教活动的设计和组织时，要关注不同层面的整体与局部的辩证关系，关注不同类别教育之间的联系对区域教育生态建设的贡献和影响，关注各类别教育中不同学校的定位与发展次序，关注教师发展与学校发展的互促与互束关系。

三、多维度把握整体与局部关系

多维度把握整体与局部的关系，可以从改革架构系统、项目类型等角度分析、理解和把握整体与部分的关系。从活动系统看，“四元多维”模式尝试以地市综合教育改革的嵌入和衔接构建“省级统筹、地市协

同、县域均衡”的改革框架，其中，省级统筹是整体，地市协同和县域均衡是局部。从地市层面看，地市协同是整体，县域均衡是局部。从项目类型看，区域教育生态建设是整体，实习支教、城镇教师支援农村教育、在职教师五年轮训等各个具体项目是局部。整体与局部的辩证关系要求“四元多维”模式的参与各方，既要有大局意识又要有主体责任意识，在处理各种具体工作、协作关系及利益归属时有辩证的态度和眼光。

第二节 理论与实践的融合嵌入

实践是个体存在的本质特征，人就是在具体实践中规定、体现和实现自己作为“存在者”的存在的①。从这个意义上说，实践就是人存在与发展的全部生命活动，发展与改造人的教育活动是一种独立的实践②。杜威认为，因实践情境“永不确切重复”，融合理论的理性实践是人们抵御未来的不确定性本身及其可能带来的种种危险、寻求安全感的一个较为可靠的途径③。宁虹指出，认识更多地指向概念的抽象和普遍性的结论，带有名词的性状，而实践则是动词的性状，是追求、发现、创造和实现意义的过程。两者分属不同的对象和领域，共同服务于人们认识世界和改造世界的活动④。布迪厄认为，在习性的作用下，实践是持久的、可转换的“有结构的和促结构化的行为倾向系统”，是惯习和实践场域之间无意识契合的结果⑤。康德认为，“实践的规则在任何时候都是理性的产物，因为它把行动规定为达到作为目的的效果的手

---

① 李长伟. 从实践哲学的角度透析近代教育学的分裂［J］. 华东师范大学学报（教育科学版），2006（9）：21-29，36.

② 鲁洁. 教育：人之自我建构的实践活动［J］. 教育研究，1998（9）：13-18.

③ 杜威. 确定性的寻求：关于知行关系的研究［M］. 傅统先，译. 上海：上海人民出版社，2005：1-5.

④ 宁虹. 教育的实践哲学：现象学教育学理论建构的一个探索［J］. 教育研究，2007（7）：8-15.

⑤ 布迪厄. 实践感［M］. 蒋梓骅，译. 南京：译林出版社，2003：79-80.

段”[①]。“实践研究一方面把目光直接地投射到人类事务上面，一方面又透射出理论理性的光芒。”[②]

教育实践是有目的、专门系统地促进人发展的生命活动，教育学就是“指向人的具体的完整的生存实践的实践哲学”[③]。教育实践的独特性就在于是在理论基础上、与理论融合进行的实践。教学实践作为教育实践的主体部分及教与学的积极展开和集中体现，必须依靠理论、借助理论、融合理论才能得以有效开展，并在理性实践的过程中发展理论。理论与实践融合是理论与实践辩证互弈的高级形式，是理论与实践从分离、对立到配合、互补直至水乳交融的新阶段。在当前的教师教育改革中，理论向实践转向，通过加强实践来检验、补足理论是方向性的目标和基础性的阶段，理论与实践的深度融合才是终极性的目标和完善性的阶段。美国利用各类教师专业发展学校来促进理论与实践的融合，如恩波利亚州立大学（ESU）教师学院通过“职前培养前的实践定位”“实践取向的教师教育课程”“秉持实践观的教师教育者”，形成并确立了理论与实践融合的职前教师教育模式。通过研究、行动与反思促进理论与实践的融合，已经成为普遍而稳定的方式[④]。

在“四元多维”模式中，理论与实践融合既是模式建构与运行的基本要求，也是该模式区别于其他实践教学模式的显著特征之一。无论在模式运行前、运行中还是运行后，理论与实践都是紧密结合、深度交融的。

一、理论与实践交融的职前课程与教学设计和实施

实习生进入城镇或农村基础教育学校顶替在职教师岗位，在指导教

① 康德. 实践理性批判［M］. 邓晓芒，译. 北京：人民出版社，2003：22.

② 姜勇. 论教育学的“实践”品性［J］. 教育理论与实践，2008（8）：7-10.

③ 李长伟. 从实践哲学的角度透析近代教育学的分裂［J］. 华东师范大学学报（教育科学版），2006（9）：21-29，36.

④ 刘朝锋. 理论与实践融合的职前教师教育模式研究：以美国恩伯利亚州立大学教师学院为中心［J］. 外国教育研究，2014（8）：94-99.

师的指导与帮助下顺利开展常规教育教学活动，是“四元多维”模式构建与运行的基础。这对实习生的质量提出了更高要求，需要他们具备先进的教学观念、丰富的理论知识、扎实的实践技能和一定的职业道德素养，而培养这样高质量的师范生需要理论与实践交融的课程设置和教学方式。从师范生迈入大学师范专业的门槛开始，学科知识、教育理论与教育实践就是师范生必须学习掌握和经历体验的学习内容。

传统的师范教育以分段侧重的方式安排学科课程、教育理论课程和教育实践课程，尤其在教育理论与教育实践的关系上，一般遵循“先理论后实践”的原则安排课程和教学。尽管在总体目标上完成了全部的教学任务，但理论与实践分离的课程设置和教学安排极大地削弱了培养的效果，导致大量师范毕业生入职以后出现“理论扎实、实践薄弱”或者“理论迷茫、实践茫然”等现象，招致基础教育工作者的质疑和批评。理论与实践相分离的课程与教学模式一般是先集中学习理论课程，再集中进行实践技能训练和见习体验，最后来一次总的教育实习。这样的课程安排固然存在实践课程与教学时间严重不足的弊端，但又不是简单靠增加实践教学时间就能解决问题、提高效果的。理论课程与实践课程分离进行，理论课的教学多以纯理论的方式进行，这对师范生的理论掌握与实践体验均为不利。一方面，理论学习因缺少实践经验的支撑而浅表、机械、僵化，既不能深入理解其中的内涵，也不能发现知识的整体性和各部分之间的联系，更不能将其灵活运用于实践；另一方面，实践教学因缺少理论的融入而变得生硬、死板，缺少思想和灵魂。缺少理论支撑的实践体验是粗浅的、零散的、无法深入内心的，而缺少理论融合的技能训练则是纯粹工具主义的，很难应对教育教学实践中的复杂情境和问题，更难帮助学生获得在复杂情境中选择组合或生成复杂技巧与策略的能力。理论与实践分离模式下培养的师范生在实习中面对具体、复杂、多变的教育现实情境时大多会生出“理论无用、实践无力”的感慨，转而全盘放弃理论，改投在具有浓厚行为主义色彩的指导教师门下，一心一意地学起课堂教学、班级管理的具体招式，日后投身教育事业即便勤勉敬业也多成为熟悉规范、技能成熟的熟练教师，较难成为有思想的教育者或“实践反思型”教师，更难成为有独特教育思想和教学风格的专家型教师。因为在实践中的反思要取得良效，绝不能离开理论的参与、支撑和助力，与理论分离的实践不可能是理性的、理想的实践。

美国从20世纪80年代出现“选择性教师教育项目”的课程设置和教学传统与传统教师教育项目形成鲜明的对比。有学者认为“选择性教师教育”（ATE）相对于十分重视教师专业的知识基础尤其是教育理论知识的主流教师培养模式而言带有明显的“去专业化”倾向①。也有学者分析比较ATE模式和主流教师教育模式后指出，两种教师培养模式都有各自的局限和困难，并不能得出前者将取代后者的结论。当前，教师教育改革的方向或许不是“去专业化”，而是“再专业化”②。尽管已有研究表明强调实践的ATEP培养的教师和主流教师教育培养的教师在教学行为和学生学业成绩等方面无明显差异，但是，教育作为一项长周期性和迟效性的事业，学生与教师的发展又是涉及甚广且难以评价的，很难以短期的或者横向比较的研究结果来形成定论。教育与教学的个体性、情境性、内隐性等特征要求的是更强的专业性，一种基于专业认识和专业判断的个性化行为反应，这种反应确实更多地来源于实践经验与反思，但理论的力量并不能忽视。可以说，ATEP和主流教师教育模式都强调专业——前者强调专业实践，后者强调专业理论，而内涵完整的专业应该包含专业理论和专业实践两部分。从这个意义上说，两种模式各有千秋，彼此间相对而立又长短互补，两者本身或者其结合都不是为了“去专业化”，而是体现了理论与实践融合的“再专业化”追求。

理论与实践交融的课程设计与教学实施，要求改革现有的课程体系，围绕专业培养目标设计理论与实践交互嵌合的课程与教学。在课程设置上既考虑理论课的学科体系、知识逻辑，形成逻辑递进的课程结

---

① 刘小强，蒋喜峰．教师教育改革走向何方［J］．高等教育研究，2015（1）：24-33.

② 钟秉林，宋萑．专业化与去专业化：美国教师教育改革悖论：中美教师教育比较研究之一［J］．高等教育研究，2011（4）：56-61.

构；也考虑实践课的逻辑性与系统性，形成由单项技能训练、主题见习与综合见习、单项实践体验与综合性专业实践构成的实践教学系列，分布在教师职前教育的全程；更关注理论课与实践课的配套设计，使两者相互支持、相互助益。在课程实施上，理论课的教学中融入实践意识、实践资源和实践方式，以案例分析、角色扮演、讨论辩论、课例分析等模拟实践开展理论课课堂教学，以参观观摩、实地调查等体验性实践辅助理论课教学，以“人”为核心将知识逻辑、实践逻辑与心智逻辑统一于一体，服从并服务于未来教师的培养。

二、理论与实践交融的支教活动安排

“四元多维”模式作为一种教师教育实践教学模式，自然是重视实践、强调实践的，但它所重视的实践并非单纯对教育教学规范、程序的了解和熟悉，也不是纯粹教学技能的熟练，而是“以知识为基础的”“知识参与下的”实践①，是理论与实践充分融合的实践。这种实践既充分发挥理论的指引、指导和辅助作用，又充分展现实践的复杂性、基础性和生长性，是深深扎根现实土壤的理性实践，是融合了教育理论研究机构、人员和教育实践活动机构、人员的特性、优长的实践，是理论与实践深度融合的复杂实践。具体体现为组织机构中的理论与实践融合、实践主体身上的理论与实践融合以及行动中的理论与实践融合。

（一）组织机构中的理论与实践融合

高师院校是培养未来教师的主要阵地，中小学是在职教师实践和发展的主要场所。在传统师范教育中，高师院校是擅长理论（包括理论教学和理论研究）的组织机构，中小学是擅长实践（主要是教育教学实践）的组织机构；高校教师更多是以“研究者”的身份出现的，中小学教师则被赋予“实践者”的身份。高校教师以理论为专属领地，对实践则重视不足；中小学教师以实践为专属领地，其理论水平和理论研究能力通常不被期望。专属领地的划分和高师院校与中小学的隔离导致高师

① 石中英. 知识转型与教育改革［M］. 北京：教育科学出版社，2001：5.

教育不接地气，中小学在职教师的专业发展缺乏高度，“大学课程与中小学教学实践缺乏联系成为教师教育的致命点”①。

师范教育向教师教育转向以后，尤其是高师实行实习支教等实践教学改革和教师专业发展得到普遍重视之后，高校与中小学之间的联系逐步增多，高师人才培养开始关注中小学的发展动向和实际需求，中小学在改革与发展中也开始借助高校的人才资源和思想智慧，两者共同做好实习支教工作，致力于未来教师的培养。在实习支教的单纯模式、升级模式和二次升级模式中，在地方教育行政部门的组织协调下，中小学提出各自的教师需求并汇总，高校依据中小学需要分派实习支教学生，中小学在妥善安排使用支教学生的同时也对高校及其带队教师提出参与教研活动或合作科研的要求，高校在指导实习支教生做好支教学校的教育教学工作的同时与中小学进行临时性、主题性的合作。高校与中小学之间理论与实践分离的状态被打破，开始走向联系和结合。但是，在实习支教的前期模式中，高师与城乡中小学之间形成的缺损、非循环式联系及人员的单向流动，使高校与中小学无法充分展开理论与实践的深度接触和实践对理论的持续、循环反馈，因而无法促成理论与实践的融合。“即使是在目前大学与中小学合作伙伴关系下的教师教育，仍然是大学把持知识建设和知识传播的‘霸权’，中小学校仅是职前教师的‘实践场所’，去实施和验证大学提倡的理论知识。”②

“四元多维”模式通过逻辑周延的目标、人员和活动设计，形成高校教师、城镇中小学教师、农村中小学教师与实习生之间的双向流动，促成高校、城镇中小学和农村中小学之间的联系回路，建设各类教师参与的实践共同体，形成内容全面、深度互嵌的常规合作机制，以实习支教的切实有效开展为核心，形成涵盖高校人才培养方案的共同设计与实施、中小学教育教学改革的共同设计与实施的全面深度合作。在这种稳

① 戴伟芬. 职前教师教育理论与实践融合的第三空间研究［J］. 教育研究，2014（7）：94-100.

② 戴伟芬. 职前教师教育理论与实践融合的第三空间研究［J］. 教育研究，2014（7）：94-100.

定深入的合作中，高校的教育教学理论不仅在高校教师培养和对在职教师的培训中发挥作用，也对中小学的学校发展方案、教育教学改革及各项具体教育教学实践发挥观念导引、智力支撑和技术支持作用；中小学的教育教学实践不仅为自身的发展提供基础，也为实习支教提供充足的资源，还为高校的理论发展与创新提供坚实的土壤。高校与城乡中小学在密切的制度性合作中促进理论与实践的融合，在理论与实践的融合中深化彼此的合作。

（二）活动主体身上的理论与实践融合

理论是脱离了具体形态而抽象出来的事物性质或关系的普遍特征，一般是以某个核心概念或主题为单位分别呈现的，其边界一般是相对清晰的；而实践是各种要素关系的复杂呈现，与理论并非一一对应的关系，除了让人烦恼的一对多、多对一对应关系，还有大量更令人头疼的理论抽取和理论之间的新异组合。因此，传统教学模式下获得的抽象的、点状或线性的理论很难与具体的、整体的、非线性的实践情境直接匹配。很多实习生尽管用心地学习了各种心理学理论、教育教学理论，但面对复杂多样、变化多端的教育实践时仍然会茫然无措。此时如果缺乏支教学校指导教师的实践指点和大学带队教师的理论建议，实习生更易产生分裂和崩溃的感觉，通常会选择放弃理论而投身实践。没有两类指导教师基于共同或相近教育信念的有效引导和有力示范，让实习生在陌生的环境和活动中通过摸索和体悟去实现理论与实践的自发融合，在教师来看是理想但不敢期待的，在实习生看来是痛苦而绝望的。

在“四元多维”模式中，高校教师、中小学教师与实习生结成合作共享的实践共同体，专注于实践的中小学教师与擅长理论的高校教师通过对话、协作与合作，不断矫正、融合与改造自己原有的观念、认识，逐渐形成理论融合实践的教育观、发展观，达成协作指导实习生的共识，并通过互助合作的实践活动促进“双赢”。在实习支教活动中，实习生既要依据教育教学理论，又要依据具体教育实践情境来设计自己的教育教学方案和行为；既要接受带队教师对自身教育实践的理论检视，又要接受指导教师源于经验的实践审核；既要对自己的教育教学效果进行实践的反思，又要对自己的教育教学行为进行理论的审视；既有对教育教学实践的不断接触、适应和探索，又有对已学教育理论的不断温习、检索和深化。在教学实践后的评论、分析与反思中，在高校教师与城乡中小学教师的多项目合作中，来自中小学教师、高校教师和实习生自己的理论观点与实践经验不断碰撞、交汇、融合，最终促进理论与实践在实践主体身上的融合，促进各类教师的成长与成熟，促进教育实践效果的不断提升。

（三）行动中的理论与实践融合

根据霍米·巴巴的杂合理论，在对世界进行多元话语的理解中，原本相对而立的两种“本原”在杂合中出现“新的效应”，产生了“第三种”。“第三种”的产生打破了原来的“二元对立”状态，建构出作为“他者”的、开放的、非实体的但又具有强大生命力的“第三空间”，其特点是交叉、融合、开放、流动并产生新的效应①。在教师教育中，正是在理论与实践的裂隙处，由于理论与实践的不断交锋、杂糅、弥合，形成了跨越大学、中小学校和社区边界的“第三空间”。“第三空间”的出现，模糊了理论与实践的阵线，重画了大学、中小学和社区的边界，催生了新的实践形式，重构了实践的内涵、规范和意义。教学实践的复杂性要求理论与实践相融合，“第三空间”的形成体现了理论与实践的融合。

教师需要“有效地将时间和精力分配在个体或群体身上，同时促进公平和实现卓越”②。使教学成为复杂的实践，实习支教中的教学兼具一般教学实践的真实性、复杂性和实习教学的指导性、试验性，对理论与实践的融合提出了更高的要求。在教学实践中，教师如同其他专业工作者一样，常常面临令人困惑、苦恼及未确定的甚至是相互冲突的问题情境，需要运用理论、技术、经验及其组合，包括临机闪现的策略，在

① 戴伟芬. 职前教师教育理论与实践融合的第三空间研究［J］. 教育研究，2014（7）：94-100.

② 舒尔曼. 实践智慧：论教学、学习与学会教学［M］. 王艳玲，等译. 上海：华东师范大学出版社，2014：176.

“低洼湿地”的摸爬滚打中解决问题。对于刚刚进入实践情境的实习生来说，理解的框架多半不是来源于实践，而是来源于职前的理论学习。只有在理论的帮助下，这种理解才可能是合规律的、深刻的。在甄别实践中的问题情境并确定问题后，由于问题的独特性，实习教师仍然未必能立即应用既定的理论或技术来解决问题，还需要在理论的指引与帮助下从职前学习的技能库中找到适用于当前情境与问题的技术、技能或策略，而所选择的技能或方法的恰切性及其灵活转换与组合则依赖于实习教师在职前学习中对各种理论与技术的掌握程度及在实践中的反复验证与积极修正。这种验证与修正既是个体主动实践与反思的结果，也离不开指导教师们“除雾去翳”的点拨，包括带队教师的理论启迪、实践唤醒和指导教师的经验导引、策略示范。此外，各类教师都可能在遭遇困境时自觉或不自觉地发生“双路径学习”，在异质协作伙伴的帮助与启发下不仅反思、审视、改变方式与策略，也会审视自己已有的教育理论或信念及其假设，并作出适合现实需要的改变。

第三节　能力与价值的互济并重

一、能力的内涵

能力（competency）是直接影响人的活动效率，使活动任务顺利完成的个性心理特征，《辞海》将其解释为“成功地完成某种活动所必需的个性心理特征”[①]，分一般能力和特殊能力。麦克利兰将能力视为一种素质，认为能力素质是能明确区分在特定工作岗位和组织环境中杰出绩效水平和一般绩效水平的个人特征，含知识（knowledge）、技能（skill）、自我概念（self-concept）、特质（traits）和动机（motives）。在“身份—学历—能力”的社会发展历程中，今天已然进入与知识经济相匹配的“能力社会”，“能力本位”的核心价值观反映了对现实的超越

① 夏征农，陈至立．辞海：第六版［M］．上海：上海辞书出版社，2009：1652．

和对理想的追求，成为影响社会与个人的主导准则。能力培养也因此成为各级各类教育的重要目标和内容，而实践能力薄弱是我国人才培养长期以来的积弊，是我国教育发展的“软肋”。规划纲要专门针对学生的社会适应能力、就业创业能力、持续发展能力及参与国际竞争能力等方面不强的问题，确立以人为本、德育为先、能力为重、全面发展的战略主题，通过优化知识结构、丰富社会实践，着力提高学生支撑持续发展的学习能力，善于解决问题的实践能力和改造、引领世界的创新能力[①]。

二、价值的内涵

价值（value；cost；worth）有多种含义，政治经济学中的价值指“凝结在商品中的一般人类劳动”，经由价格表现出来；日常生活中也将价值直接等同于价格。《辞海》从人与物的关系将价值理解为对象物满足人的需要、兴趣或目的的好或不好、有利或不利、可行或不可行的某种特性[②]。哲学意义上的价值一般指存在物的等级状态或对象物的特性等，不同的思想视域和思维方式对价值也有不同的理解，如舍勒将价值理解为客观的实在，表示存在物的等级状态；马克思主义认为价值是由人的实践创造的一种社会现象，“追求价值是人类实践活动的内在要素和一般特征”[③]。价值归根结底反映的是“作为历史主体的人之生存、发展、活动及其结果的意义”[④]。

三、能力与价值的有机统一

尚风祥就教学的价值提出知识价值、能力价值、品格价值和方法价

---

① 国家中长期教育改革与发展规划纲要（2010—2020年）［EB/OL］.（2010-07-29）［2015-08-01］. http://www.moe.edu.cn/srcsite/A01/s7048/201007/t20100729_171904.html.

② 夏征农，陈至立. 辞海：第六版［M］. 上海：上海辞书出版社，2009：1058.

③ 阮青. 价值哲学［M］. 北京：中共中央党校出版社，2004：6.

④ 刘奔. 从历史观的高度研究哲学价值论［J］. 求是学刊，2000（6）：8-10.

值的独立统一说①。从这个角度看，能力也是价值的一种，与能力并列的价值则可以“窄化”为“品格价值”，即人之为“人”的本体的、精神的、道德的价值，是一种狭义的价值概念。从能力与价值的关系看，价值是人成长发展的基础，能力则是价值实现和价值创造的手段与媒介；价值侧重于体现人的发展的本体意义，能力侧重于反映人对社会发展的工具意义；价值反映的是以主体为中心的、合目的的价值理性，能力反映的是以客体为中心的、合规律的工具理性。说到底，能力与价值的关系反映了中世纪以来的工具理性与价值理性的论争与博弈，尽管不同时代的具体要求与追求不同，但对两者间的联系还是有共识的：价值理性是工具理性的发展动力，工具理性是价值理性的现实支撑，两者统一于人类的社会实践。教育价值究竟应服务于作为主体的人和社会，还是应该服务于作为客体的教育活动，早已由教育自身的存在基础和目的意义所决定——教育的质的规定性和终极目的就是培养人，通过培养的人促进社会的发展，而培养能力与价值并重的人就是协调主客体并统一社会需求与个体需要的最佳途径。

教师作为培养人的事业的从业者，其能力发展是价值实现的主要途径，而教师能力的发展又离不开教师价值的实现和提升。可以说，教师的能力发展是其价值实现的基础和载体，价值形成是教师的能力发展不可或缺的导引和动力。作为促进各类教师职业发展与实践能力提升的实习支教活动，有必要坚持能力与价值并重的原则。“四元多维”模式的首要目标是提升各类教师的教育教学实践能力，促进其专业发展，通过周延、循环的实习支教模式设计来改革与完善实践教学，着力培养职前教师的实践能力，同时带动职后教师实践能力的发展。实习教师进入实践场域，在真实的实践情境和复杂的实践任务中深刻而又直观地认识教育、学校和教师职业，了解和研究学生，研读教学内容，进行教学设计，实施、评价并反思教学过程及效果；加入实践共同体中，与以指导教师为首的在职教师、大学带队教师等合作共事，在共同的学习、研究

① 尚凤祥. 现代教学价值论［M］. 北京：教育科学出版社，1996：8.

及任务推进中分享观点与经验、模仿规范与方法、扩展视野与观念、学会反思与研究……实习教师与在职教师的教学设计能力、实施能力、评价能力、反思能力、学习能力和研究能力都能得到较大的发展和提升。与此同时，实习教师和在职教师之间进行的理论与实践的交流与碰撞，会使双方都更深刻地认识人的本质与发展，更准确地把握学生的特征与个性，更深入地了解教育的内涵与价值，更清晰地明确教师职业的责任与操守，更执着地坚定对教育事业的信念与追求……正是在能力提升与价值形成及实现的交互活动中，教师个体的素养得以提升，教师群体的教育质量得以提高。或许可以断言，只有在能力与价值并重的教育改革与教育实践中，才能培养出能力与价值统一的高素质教师；只有在教师自身的价值与能力的统一中，才能培养出全面发展的新时代人才。党的十八大报告中提出的“提高师德水平和业务能力”，便是对教师教育改革中能力与价值并重的倡导和要求，是努力办好人民满意的教育的必要保障。

第四节 先进性与适应性的兼顾平衡

先进有“位于前列，可为表率”之意，先进性则是榜样、先行者表现出来的，领先于同行业、同类型其他主体的显著特征。在社会科学中，先进性反映时代前沿的理念、理论和实践。在教育改革中，先进性体现的是在教育国际化、全球化背景下位于前列或处于领先地位的教育理念、理论和改革实践。后发展地区的教育改革与发展，不可避免地需要学习和借鉴先进理念和成功经验，但又不可盲目地照搬或套用，必须结合国家政策要求、教育发展实际和地方文化等，做到先进性与适应性相结合。我国 2014 年召开了以“全球教育改革：国际化 · 区域化 · 本土化”为主题的第五届世界比较教育论坛，与会代表一致认为：“随着经济全球化的不断深入和信息技术的快速发展，教育国际化和区域化已成为全球教育改革和发展的重要趋势。”① 当世界各国教育政策和实践的相互借鉴成为不可阻挡的趋势时，处理好国际化、区域化与本土化之间的辩证关系，是对先进性与适应性的最好诠释。

一、借鉴国内外先进理念与经验，走向国际化

无论对不同人意味着“幸福的源泉”还是“悲惨的祸根”，全球化都是“世界不可逃脱的命运，是无法逆转的过程”②。在全球化历程中体现出的全球性使人们逐步树立起全球化观念。在全球一体化背景下，经济一体化、政治多极化、文化与价值观多元化和生态关联化③在给教育带来强烈冲击的同时，也对教育提出了新的要求。借助发达的现代科技和互联网络，国内外的先进教育理念与最新实践经验会很快被展示、传播、分享或模仿，后发展地区几乎可以同步了解国际、国内最新的教育思潮和教育发展动态。这给落后地区的教育改革提供了极为难得的便利条件，使其可以在不利环境条件下利用先进理念、技术和经验，充分发挥“后发优势”，而不用再去埋头探索，多走弯路。当然，国际化既是必然趋势，却又不是教育改革与发展的唯一趋势和特征，因此在改革实践中不能过于追求国际化，而忽略了教育的其他特征与要求。

二、把握时代特征和政策要求，注意本土化

瑞典教育家托尔斯顿·胡森曾说：“教育作为一个实践的领域，其真正的本质在于地方性和民族性。教育毕竟是由它所服务的具体国家的文化和历史传统形成的。”④ 一些教育发展滞后的地区改革心切，迫不及待想要试验最新的教育思想，借鉴最先进的教育教学方法，企望一蹴

---

① 李薇. 全球教育改革：国际化·区域化·本土化：第五届世界比较教育论坛综述［J］. 世界教育信息，2015（11）：3-7.

② 鲍曼. 全球化：人类的后果［M］. 郭国良，徐建华，译. 北京：商务印书馆，2001：1.

③ 翟艳芳. 全球教育的理念与实践［D］. 武汉：华中科技大学，2010：31.

④ 曹俊军. 反思与构想：我国基础教育新课程改革研究［D］. 长沙：湖南师范大学，2008：59.

而就实现教育的大跃进或大转折，忽略了自身的发展基础和外部条件与模仿对象之间的差异，一味学习模仿西方发达国家的理念、理论、经验，结果常常“画虎不成反类犬”，不仅劳民伤财，损害了学生的发展，损伤了教师的积极性，更打击了大家响应改革踊跃创新的信心。比如深受教育界推崇、在国际上声誉良好，甚至被称为“素质教育鼻祖”的“华德福教育”，尽管具有发展学生个性的巨大优势，却因难以与我国的评价方式接轨而遭遇了办学危机①。植根于中国文化与历史传统的中国教育尽管在具体领域中表现出的主要问题可能与发达国家的相差无几，但其解决对策却未必一致。在借鉴国际理念和经验时，一定要考虑我国的政治制度、经济模式、文化传统和教育自身发展实际，这类病症相似的个体并不一定能按同一药方用药，而需依据个体差异“辨证施治”。

三、结合地方教育发展实际和地方文化，重视地方化

鉴于我国幅员辽阔，地区差异、城乡差异巨大，我国的教育改革与发展即使立足本土，也还需要考虑地方实际。地方的经济发展水平、文化状况与传统、教育发展基础等在很大程度上影响着教育改革与发展状态。农村教育、边疆教育、贫困地区教育和民族地区教育的改革与发展面临着比发达地区、城市地区的教育更多的困难。在农、边、贫、民多种特征交织的地区，教育具有更为复杂的特征、要求和影响因素。党的十八大报告号召，“深化教育领域综合改革，着力提高教育质量；大力促进教育公平，合理配置教育资源，重点向农村、边远、贫困、民族地区倾斜”②。习近平总书记在主持中央全面深化改革领导小组第十九次会议时也强调，在推行国家各项改革战略时，“要考虑不同地区教育水

① 北京南山华德福：有爱与自由，学校却遭遇一场危机［EB/OL］.（2015-10-28）［2016-01-08］. http://news.m4.cn/2015-10/1290533.shtml，转引自《人物》2015年10月号.

② 胡锦涛. 胡锦涛在中国共产党第十八次全国代表大会上的报告［R/OL］.（2012-11-18）［2022-08-16］. http://cpc.people.com.cn/n/2012/1118/c64094-19612151.html.

平和区域发展需要，有所侧重，因地制宜”[①]。这一要求同样适用于教育改革。

四、整合国际化、本土化和地方化，实践全球地域化

全球地域化（glocalization，也译为全球在地化）由罗伯逊于1992年提出，是globalization（全球化）与localization（地域化）的组合。最早用于日本的商界，指跨国性产品必须根据不同地域的特殊文化、习俗与特色而作适当的调整，以契合和打入地方市场的一种策略[②]。具体实践例子是，日本把西方文化的影响本土化，再把产品转化成符合亚洲习惯而输出到东南亚国家。全球地域化既可体现在全球化与地方化均加强的背景下全球化与地方化的相互渗透，又可有效防止片面地过度全球化或过度地方化，反映了普遍化与特殊化、国际化与本土化、一体化与多元化等悖论及其中的张力和全球化进程中去地域化与再地域化的争锋与超越，本质上是“全球化”与“地域化”之间动态辩证的镶嵌和互补[③]。

“四元多维”模式作为实践教学改革和教育整体改革的最新设计和构想，借鉴和吸收了大量的国际教育理念和国外先进的实践经验。模式以国际前沿的“反思性实践者”和“研究型实践者”为教师培养和发展的目标定位，紧随加强教师教育实践教学、密切高师与中小学联系、加大实践共同体建设等国际趋势，立足情境学习、渐进性教育改革等先进理论，以我国教师教育改革中推行“实习支教”活动为契机，针对贫困地区在三次教育改革浪潮叠加影响下的任务繁重、基础薄弱、自身“造血”机能不足的现实状况，设计出目标高度整合、人员循环流转、教育良性发展的模式和机制，以促进各类教师的专业发展，带动学校发展和

① 习近平. 全面贯彻党的十八届五中全会精神 依靠改革为科学发展提供持续动力［EB/OL］.（2015-12-09）［2022-08-16］. https://news.12371.cn/2015/12/09/ARTI1449657713606273.shtml.

② 周利敏. “全球地域化”思想及对区域发展的意义［J］. 人文地理，2011（1）：24-28，9.

③ 周利敏. 从“全球化”、“本土化”到“全球地域化”：课程教育研究的范式转型［J］. 现代大学教育，2010（5）：101-106.

教育发展，最终促进区域教育的生态发展。具有国际化、地方化和本土化特征的“四元多维”模式一经论证和验证，又将对国内外贫困地区的教育改革、教师教育改革产生示范和借鉴价值，推动“全球化”与“地域化”的双向实现。已如吉登斯所言，“现代社会组织能够以传统社会中人们无法想象的方式把地方性和全球性的因素联系起来，而且通过两者的经常性连接，直接影响着千百万人的生活”①。

第五节 现代性与民族性的有机结合

一、现代性是教育进步的鲜明旗帜

现代性是意蕴丰富的哲学词汇，其基本内涵有两类：一类是比较概念，有“先进性”“进步性”之意，表达一种与古代性的过去息息相关却又相互区别的时代意识，具有较强的相对性，如杜威自称的“现代教育学派”主要针对赫尔巴特的传统教育学派而言。另一类是黑格尔赋予的时代概念，特指“西方理性启蒙运动和现代化历程所形成的文化模式和社会运行机理”②，又分与“后现代”相对的现代性和包容“后现代”的现代性。黑格尔、利奥塔、吉登斯、福柯等都对现代性的复杂内涵、多样特征及其与“后现代”的辩证关系进行了经典论述，但多是对现代性的批判和对“后现代”的倡导。只有捍卫现代性的哈贝马斯看到了现代性更深广的意涵和潜力，认为现代性是一项在思想、社会和文化三方面展开的综合工程，包容了人类迄今创造的全部正面价值和理想，绘制了一幅关于人类社会逐步发展和完善的理性蓝图。哈贝马斯特别指出：“人的现代观随着信念的不同而发生了变化。此信念由科学促成，它相信知识无限进步、社会和道德改良无限发展。”③ 现代性反映了现代社

① 安东尼·吉登斯．现代性的后果［M］．田禾，译．南京：译林出版社，2000：18.

② 衣俊卿．现代性的维度及其当代命运［J］．中国社会科学，2004（4）：13-21.

③ 王岳川，尚水．后现代主义文化与美学［M］．北京：北京大学出版社，1992：10.

会的深层本质、特性与发展需求，“以工业化、科技化、都市化、经济市场化、经济全球化等为内容的现代性是近代以来特别是当代世界发展的整体趋势。……任何民族和国家如果脱离这个基本趋势，都会失去基本的世界交往平台，游离于世界宏观发展之外，都不可能实现真正的发展”①。这反映了现代性的必然性和发展性，也体现了任何国家、地区及民族都将走向现代化的必然趋势。

二、民族性是教育发展的精神内核

民族性是指一个民族的民族属性，是该民族文化中的各种自我意识和特质的复合体。它既是一种集体的、共通的，不以个人意志为转移的独立存在，又可以随环境和时间的需要而从民族成员内心深处呈现出其中的某一种或几种，还可以表现为民族文化的自我认同性、传承性和对外适应性。民族性是一种长时的、动态的历史现象，它从出现、发展到逐步成型、稳定，经历了一个漫长的历史时期，跨越了不同的生产方式，所形成的文化本质内核如同一种“再生产的基准矩阵”，不仅在该民族长期的历史发展中永不停歇地复制自己，还时时体现于民族成员在外部控制下的民族生活的方方面面。这种“再生产”在外部社会条件的影响下，通过其自身内部条件而进行，这些内部条件包括该民族的自然环境、历史、时间概念等，最重要的，是它所用以表达、复现和规定上述种种的本土语言体系②。正是通过这些基本的社会活动，一种文化的具体的特定的性质得以表现出来。

民族性是民族文化特征的集中表现，现代性是社会发展的时代旋律和广阔背景。现代性既是民族性发展的基础，又是民族性发展的主要目标，民族文化必须在传承优秀文化传统，吸收、融合先进文化的双向路径中求得发展。对于走后发外生型现代化道路的国家和地区来说，其经

① 陈忠. 发展伦理、和谐世界与可选择的现代性［J］. 马克思主义研究，2008（11）：49-54.

② 瓦雷斯. 不同民族群体的文化发展：从人类学的角度探索教育［J］. 国际社会科学，1986（5）：67-83.

济、社会、教育的发展都要经历外生的现代化转向民族的现代化的历程，现代性与民族性的冲突、博弈、借鉴与融合是显著而丰富的。

现代性不仅有必然的一面，还有可选择的特性，这为现代性与民族性之关系的发展与变化提供了新的参考。费恩伯格提出“可选择的现代性”，认为现代性不是受社会制度或特定人性观念机械决定的，而是由以一套被接受的文化系统的假设为背景的理性化的意识形态，即文化来界定的。这表明现代性并不仅仅依靠制度或规范便可轻易实现，更可能是在民族文化与现代文化的角力或拉锯中艰难实现的。文化的多元性形成了技术理性内容的多元性，从而形成现实技术的多元性，最终形成一种可选择的现代性。不同文化会选择不同的技术，在与环境的相互适应中使技术的效率与具体定位发生变化，表现出不同形态的文化与技术的融合。最后，不同区域的文化形成了不同的技术，进而形成了各具特色的现代性①。因此，不同区域现代化的目标也是具体的、现实的、各不相同的。在现代化进程中，教育的现代化目标也会因区域、文化、经济及技术等的不同而区分和差异化。

三、现代性与民族性融合是“四元多维”模式的理性选择

针对边、贫、民地区农村教育发展而设计的实习支教及以此为抓手的教育综合改革模式，必然面临着异乎寻常的现代性与民族性的碰撞、冲突，但两者间并不存在谁取代谁的关系，而是最终走向融合。在“四元多维”模式中，现代性具有双重的含义：一方面是贫困农村地区要跟所有地区一样接受现代化的洗礼、认识、理解、接受和表现现代性；另一方面，贫困农村地区在教育改革中必须依托先进的教育理念、理论才能发挥“后发优势”，实现跨越式发展，以便追赶发达地区渐行渐远的发展步伐。该模式中的民族性也具有双重内涵：一是从国家角度看，多民族组成的中华民族在长期的交往、交流、交融中形成了贯通和联系各

---

① 朱春艳，陈凡. 技术批判视野下的现代性问题探究：安德鲁·费恩伯格的“可选择的现代性”理论分析［J］. 科学技术哲学研究，2010（5）：72-76.

个民族文化的共同内核和基质，又表现出不同于西方文化的独特传统，体现为“国族”的民族性；二是从狭义民族看，各民族地区都有自己独特的民族文化传统，尤其是保留并使用本民族语言文字的地区，即使在国家共同文化的影响下执行国家统一政策都会表现出自己独有的特征，即鲜明的民族性。比如，我国新疆维吾尔族，其教育在理念、内容、方法、评价等方面表现出鲜明的民族特征。因此，在“四元多维”模式中坚持现代性与民族性的结合，就是要根据国家及各民族地区教育发展的需要、目标、条件和动力等，选择适合自己的教育现代化目标、道路与方式，立足民族性、追求现代性，最终实现民族性与现代性的有机结合。正如汉娜·阿伦特所言，“人是被处境规定的存在者”①，立足所处境况寻求发展才更有实现的可能。借用人类学的观点，现代性冲击下的“去地方化”可能意味着民族性的弱化甚至丧失，而后出现的“再地方化”，则可能是保护民族性并调和其与现代性的一种自觉选择。在教育改革与发展中，要特别注意可能出现的“去地方化”现象，重视和研究“再地方化”问题。

---

① 阿伦特．人的境况［M］．王寅丽，译．上海：上海人民出版社，2005：10.

第六章 “四元多维”模式的运行要求

“四元多维”模式是系统观点下经由教师合作与发展推动学校与教育发展的整体设计，其目标长远宏阔，摄入项目众多，主体关系复杂，覆盖范围较广，在运行时可能遭遇难以想象的困难。因此，有必要针对模式的目标、特征和设计意图提出一些特别的运行要求。

第一节 整合效益与个性价值共生

一、整合效益是模式设计的主要目标

我国教育变革从理性—结构范式向战略—系统范式转换是时代、国家和教育的共同需要，是全球化、多元化背景下我国以系统思维解决教育发展中盘根错节的深层问题的必然选择。理性—结构范式注重理性分析，关注问题细节，而忽视组织内部与周遭的流变与复杂性；战略—系统范式挑战系统的稳定性、线性关系和因果假设，以系统思维观察组织，并在混沌理论指导下通过建设自适应组织来解决问题①。“四元多维”模式以实习支教项目为依托，整合高师实践教学改革、高师与中小学互惠合作、城镇教师援教农村（城乡义务教育均衡发展的主要诉求）、在职教师轮训等项目，目的是以各类教师的专业发展为主线和抓手，以

---

① 余进利. 教育变革：从理性—结构范式到战略—系统范式［J］. 全球教育展望，2007（11）：5.

教师合作推动学校的合作及基础教育学校的均衡发展，以高师发展带动区域基础教育发展，最终实现区域教育的生态发展。“整合效益显著”是该模式设计的最大亮点。这里的整合效益包含这样几个层次：从目标看，确定目标时在清晰单项目标的基础上进行多项目标的整合设计，实施过程中既关注单项目标又关注整体目标，评测效果时从单项目标和整体目标两方面着手；从主体看，既要重视各组织主体、实践主体自身的积极建设和发展，又要强调不同主体之间的协作；从内容看，既要关注各局部学校的改进与改革，又要加强合作机制及相关制度保障的建立健全，还要进行各种具体协作路径与方式的探索与尝试。整合效益的实现既依赖整体性的工作思路，依赖各组织主体间的协同合作，依赖各实践主体在协作中的密切配合，也依赖各实践主体、组织主体充分发挥各自的主体性、能动性，勇于在实践中探索具体工作模式和协作机制等。

（一）整体性的工作思路是实现整合效益的基本前提

实习支教、城镇教师援教农村、城乡教师5年轮训、各种专项或综合性培训、高校教师进基层学校调研、与高校合作进行基础教育学校改进等项目和活动是每一地区的教育都会面临的任务，只是部分项目由地方教育行政部门负责组织实施，部分项目由高校设计开展，部分项目由率先觉醒的中小学校长发起……尽管这些项目的提出都是为不断改进教育系统、促进教育整体发展，而且经过专门研究或教育实践的检验，但不能否认的是，这些项目的实施时间早晚不一，责任主体各不相同，目标要求也各有差异，单项效果看似令人满意，但对教育整体发展的贡献甚微。甚至，由于复杂系统中其他因素的干扰，可能导致单个项目的实施效果也差强人意。比如，实习支教早期模式中在农村支教的实习生“有支教无实习”的困境，教师培训中“培训专业户”挤占培训机会、浪费人财物力的怪象，学校改进中因校长更迭、专家流动而难以为继的无奈，城镇教师援教农村时“独木难支”导致“做一天和尚撞一天钟”的心态等。这些问题的出现不排除有大量主观或客观因素的干扰所致，但缺少整合是其中较为重要的原因。“各自为政”的项目实施方式，既难以形成对区域教育的系统思考和整体规划，也容易导致实践主体视野狭窄、“地盘”意识严重、协作意识缺乏、边界事务无人问津、交叉事务相互推诿等弊端。分项目实施难以形成对各类师资使用、发展的整体规划，脱节甚至冲突的师资安排使原本就量短质低的教师资源在短时间很难有大的改变或提升，师资仍将成为一段时间内制约教育发展的瓶颈性因素。更严重的是，分项目实施容易让下面学校形成“兵来将挡、水来土掩”的被动应付思想，难以对学校的发展进行主动思考和整体设计，也难以明了和把握短期困难与长期发展的辩证关系，容易形成保守、僵化的办学传统，甚至可能出现不能或不愿领会各项政策、项目的良苦用心，“阳奉阴违”应付各种检查的现象。各具体管理部门之间缺少协调，仅按自己分管职责提出相关要求，可能造成某些学校穷于应对甚或“左支右绌”。比如，城镇学校按培训部门的要求确定了集中培训的人选，再按义务教育主管部门的要求派出了援教农村的教师，却可能缺少指导实习生的骨干教师，甚至可能影响到学校正常教学安排。多项目整合可以避免单项目实施给各学校带来的困扰与焦虑，减少管理上的人力、物力、财力浪费，提高教育资源的整合度与使用效率；通过对区域教师的统一规划和使用消除教师培训与教师使用之间的混乱与矛盾，提高效率和效益；最为重要的是，多项目整合能充分兼顾实习教师、农村教师、城镇教师和高校教师的发展，通过整体的设计和多种具体活动的支撑，各类教师的发展不仅是条件充分、切实有效的，还是相互关联、融合共生的。

（二）协同合作是实现整合效益的坚实基础

当前，高师与中小学的合作大致有两种模式：一种是大学倡导的合作性伙伴关系，主张在大学教师与中小学教师之间建立一种平等性合作关系，共同开发融合性课程，鼓励师范生以大学所学知识为基础在中小学校进行反思性实践，并对所学知识进行结合实践的思考与批判，利用所学所悟的知识来理解、熟悉和改进实践。这种模式尽管是出于双方自愿的平等合作，有较强的合作意愿和较好的合作环境与氛围，但由于传统文化观念和我国行政体制的影响，合作中缺少相应职能部门的协调与督导容易出现经费难以保障、机制难以执行等问题，且单个主体的特色合作不易于大面积推广。另一种是官方主张的互补性伙伴关系，教育主管部门只对大学和中小学进行责任划分和分工，要求双方要有交流和合作，但并不深入双方协商协调合作的细节及具体机制。由于缺少保障交流与合作的制度与机制，师范生的学习仍然是大学与中小学分开、理论与实践分离的。鉴于两种模式的利弊，“四元多维”模式设计中各组织主体都需要进行角色的重新定位，清楚地认识和承担自己的责任，深入地与其他各方商谈细节，积极地解决各环节出现的问题，主动地发挥自身优势勇敢探索创新。

以人员流转为例，大致有两种路径：一种是由“需”定“供”，体现的是“造血”与“输血”相结合的思路。通过精细摸底，了解城镇学校与农村学校的教师缺口；平衡政策要求和现实需要，确定城乡教师进高校集中培训和城乡互派的数量；再依据缺口和顶岗需求确定实习支教生的规模，如果存在地方师范院校的实习支教生“供不应求”的状况，可以向其他发达地区高师院校请求援助。另一种是由“供”定“需”，是完全依靠地方高师院校自力更生、因地制宜发展的思路。先确定可以参加实习支教的学生数量及其专业分布，再根据城乡教师缺口尽量按专业对口的原则分派实习支教生，若有剩余，则根据剩余实习生数量和专业确定城乡教师互派和集中培训的人选；若没有剩余，则按政策要求确定城乡互派人选，集中培训放在假期；倘若实习支教生的数量小于城乡教师缺口，又缺少专门政策或经费从外地高师院校引入实习支教生，则只能困难学校优先利用实习支教生资源，其余学校勉强维持。在我国并未对教师的工作范围和工作量做出明确要求的情况下，很多薄弱学校都是不顾教师的专业性及其长远发展应急式地使用教师，以牺牲教学质量和教师发展来维持学校正常运转。一般的实习支教多采用第一种思路。针对少、边、贫地区设计的“四元多维”模式，主张根据实际情况选用其中一种思路，优先采用第一种思路。整合效益的实现还依赖于各实践主体的协作，将在后章的运行策略中加以论述，此处不赘言。

二、个性价值是模式实施的重点关切

怀特海在论及社会的发展与文明的进步时说：“重大的和谐便是诸持久个体的和谐。”[①] 尽管他是针对艺术而言的，但与之相类，组织中的个体既能充分吸纳持久事物的经验，又具有调整过去事物中积极能量的力量，极容易在为整体做出贡献的同时既有整体的崇高，又展现自己的独特个性。个性不仅表现为独特性，更表现为主体性，是构成整体的各部分通过主观能动性的发挥展现出的自身独特价值。

在“四元多维”模式中，每一类组织主体和实践主体都可以充分发挥自身的能动性，立足自身目标和发展实际积极探索、创新实践，以局部的改革与发展提升自身实力，彰显独特价值，同时充实和强化不同组织的合作，推动整体教育事业的发展。彰显个性价值有两个方面的含义：一是各组织主体依据“四元多维”模式的整体目标和自身定位与责任，做好内部设计、管理与改革，以良好的状态投入、配合“四元多维”模式的实施，为模式运行奠定良好的结构基础，并借助模式实施带来的契机和变化，不断优化自身运行状态；二是在“四元多维”模式实施过程中，各具体项目既要服从于整体目标、结构与效益，又要努力追求自身效益的最大化、最优化。只有各参与主体都有较高的自觉性、主动性和积极性，都能在遵从规范的基础上进行适合教育发展需要的改革和创新，充分彰显自身个性和价值，才能为“四元多维”模式的实施打下坚实的基础，注入变革的活力，提供合作的动力，形成协同发展的合力，提高区域教育生态建设的整体效益。

（一）教育行政管理部门加强统筹与管理，主导区域教育生态建设

在各组织主体中，教育行政管理部门首先应转变角色，由纯管理向管理、指导、服务并重转变。一方面，对中小学的管理要转变理念，由直接控制向宏观调控转变，给予中小学更大的办学自主权和教育管理权，改变中小学过去消极等待或被动服从而不谋划设计的管理观念，以

---

① 怀特海. 观念的冒险［M］. 周邦宪，译. 贵阳：贵州人民出版社，2000：330.

明确、匹配的权责关系培养其主动发展意识。另一方面，在宏观管理过程中加强对中小学发展的指导，包含教育理念、办学方向、教育教学改革、教研科研等重大问题和主要内容。指导还需结合各地区、各学校实际，要能反映先进教育理念与地方发展需求的结合；同时加强服务意识，为中小学的教育教学改革积极提供必要的信息、物资、技术和人力等，确有必要的还可以提供特殊政策。

其次，教育行政部门要转变工作方式，以实践和实干取代形式和方便。以新疆南疆为例，在惰性思想和众多事务的影响下，从学校领导到教师都形成了严重的应付态度。地县教育局要求教师们积极反思，认真写教学后记，教育局定期抽查，教师们就把更多的时间和精力用于抄袭或编凑教学后记，教学不仅没有任何提高，甚至教学准备的时间更少，教学过程与质量更没有保障。后来，地县教育局改为检查学生作业，教师们则把四十分钟的课堂（汉语课）分为两部分：前二十分钟选取教科书中最简单的句子让学生反复读、教师简单讲，后二十分钟则一题一题地专门指导学生写作业，而指导的主要形式就是把正确答案写在黑板上让学生抄到作业本上。这种“上有政策、下有对策”的做法导致教育质量没有任何的提高，显得教育行政管理低效、无效甚至负效。其中，固然有教师职业道德和职业素养较低、学校的管理指导不力等因素在起作用，但教育管理上只抓枝节不抓根本、只重形式不重效果也是重要的原因。建议教育行政管理部门调整工作重点和转变工作方式，对学校工作进行正确的引导和有效的管理，具体包括：制定科学合理且符合地方教育发展实际的教师招考标准及方式，把好教师入口关；根据地方教育需要和教师水平细化、实化教师专业标准，设计切实有效的督促教师专业发展的路径与方式，引导教师把时间精力放在专业阅读、教学设计和教学实践演练、打磨及创新上，以提高教师素质、促进教育内涵发展；规范学校工作内容与方式，精心选拔与培育引领教师发展的主管（副）校长，将教学指导与督促的责任下放到学校领导身上，形成侧重不同的督导层级；倡导诚信教育，杜绝教育造假，对弄虚作假者严肃处理等。教研室和教育局的领导与工作人员应经常走进学校，走入课堂，切实摸清基础教育的基本状况与主要问题，经常组织各类教育教学的座谈、研讨和竞赛等，让学校领导和教师真正树立起教学是中心、教学质量是生命线的意识，不断提高教师教学水平来保障教学效果和教育质量。以学校质量提升和自身教育管理改善为基础，借助“四元多维”模式摄入的项目和高校力量着力建设区域教育生态。

（二）高师院校努力提高人才培养质量，展开与中小学的深度合作

一方面，高师院校要充分利用“四元多维”模式倒逼人才培养改革，尤其是实践教学改革，以充分有力的实践提高未来教师的专业技能和综合素养，保证为实习支教和基础教育提供大批合格师资。另一方面，高师院校要借由“四元多维”模式建立起来的与中小学的合作关系，充分利用中小学各方面资源，包括将中小学教育教学和科研、教研实际的各种问题作为丰富的研究资源，依托一些中小学建立各学科教育教学改革试验基地，依据中小学的实习支教反馈改进自身课程设置与培养过程，吸引中小学优秀教师参与大学实践教学和学生指导，选择适宜的学校作为教育管理改革的“试验田”等。

（三）城市中小学发挥双向联结作用，促进学校整体改进

在“四元多维”模式中，城市中小学不仅是联结高师、密切职前职后教师教育实践的一方，也是影响、带动乡村学校发展的重要力量。将实习支教项目与教师轮训项目、城市教师支教乡村项目相结合，用支教生置换部分城市中小学教师进大学校园参加培训，可以保障教师整体素养持续提高；用支教生置换部分城市中小学教师到乡村学校援教，为乡村学校带去先进的教育教学及管理经验等，并在制度或学校领导的赋权下带动乡村教师组建教师实践共同体，通过校本教研、小课题研究等促进乡村教师专业发展。城市教师也可以通过在乡村学校的锻炼，进一步提升自己的专业引领能力及课程领导能力。与此同时，城市学校可以借助“四元多维”模式建设中与高校建立起的深度联系，邀请高校教育专家和学科专业学者参与学校的章程与发展规划制订，教师短期及主题性培训，科研及教研活动的设计、实施与评比等，充分利用高校资源促进

自身发展，并在深度合作中加强自身对高校教育教学的参与力和影响力。

（四）农村中小学借助多方力量的帮扶，努力改进教学与管理

农村中小学在“四元多维”模式中是受益最多的主体，也是各方力量集中帮扶的对象。第一，支教大学生补充了短缺的师资，既让学校各科课程能正常实施，也让一部分教师可以被置换出来去参加高校的集中培训和城市中小学的“影子研修”，在教育理念、教育理论和实践能力等方面有较为明显的提升。第二，城市中小学教师的援教活动让那些不能外出培训和跟岗的教师也能了解城市学校在教学及管理上的新理念、新方法与新经验，并在学校的支持和组织下跟随城市教师开展学习、科研和教研等，逐步打开乡村教师的视野和工作思路。第三，由于实习支教的中介作用，乡村学校可以与高校驻点指导教师直接联系，在学校的发展定位、教育教学、科研教研及学校管理等方面寻求高校专家的意见建议，对学校整体改进起到积极的作用。

总之，在“四元多维”模式下，通过组织主体与实践主体的“混合编队”和循环流转，可以实现对支教大学生的协同指导，实现教育教学方面新思想、新方法和新经验的共享，实现对乡村教育发展的难题的共同探索和协力解决，并在共享与探索中促进各类教师的专业发展和组织主体的发展，同时破解乡村教育发展的难题。

第二节　外部支持与内部创新并进

一、教育变革本身需要内外力量的协同

教育变革是教育发展的主旋律，也是“四元多维”模式的基调。加拿大著名教育家迈克尔·富兰对教育变革有深入的研究，在其出版的关于教育变革的系列论著中分析了教育变革的非线性、复杂性特征。非线性特征源于多种因素及其复杂关系的影响并导致教育过程与结果的不确定性。教育系统作为复杂社会系统所具有的开放性、不稳定性和无序

性，使教育变革中存在诸多双向、多向建构并深受“蝴蝶效应”影响而呈现出复杂性。富兰同时指出，学习型个人、学习型组织和学习型社会是推动教育变革的动力，“需要”“明确性”“复杂性”和“质量”是影响教育变革的主要因素，消极的学校文化、不稳定的学区、未经协调的地方政策，尤其是教师和管理者的更迭都会阻碍变革的实施和继续[①]。怀特海认为冒险是事物进步和种族前进的必要路径，甚至进一步强调“没有冒险，文明就会衰败”[②]。某种意义上说，教育、教育管理和教育变革就是复杂系统的冒险。1972 年联合国教科文组织发布的《学会生存：教育世界的今天和明天》中特别强调教育改革的必要性、紧迫性与可行性，“许多教育实践失灵，使教育革新成为必须进行之事。社会经济的变化与科学技术的革新，使教育革新成为迫切需要着手进行之事。教育科学的研究、教育技术的进步和世界人民的觉醒，使教育革新成为可能之事”。并将“来自上面的鼓励”和“来自下面的首创精神”相结合视为适宜的教育改革策略。“教育体系能够进行局部改革，这是教育体系具有生命力的标志，证明它能进行一些更加彻底的改革。”[③] 由此可见，学校自发进行的内部改革和组织发起的下行改革都是教育改革的重要途径。

学校就是教育系统中的一个个细胞，其生命力与活力首先源自内部变革。对于我国中小学来说，教育的不确定性、教育改革的外生性和教育管理的高控制线传统，形成了削弱和阻碍学校发展自主性的强大合力，多数学校习惯于按部就班地执行各种教育政策和上级指示，而缺少对学校发展相关事宜的深入思考和主动追求，比如学校的办学定位、办学特色、未来前景、实现路径等。这样不仅导致“千校一面”的不良教育生态，也在一定程度上磨蚀了学校领导与教师的主动性与积极性，形

① 何齐宗，周益发. 教育变革的新探索：迈克尔·富兰的教育变革思想述评 [J]. 教育研究，2009 (9)：86-91.

② 怀特海. 观念的冒险 [M]. 周邦宪，译. 贵阳：贵州人民出版社，2000：328.

③ 联合国教科文组织国际教育发展委员会. 学会生存：教育世界的今天和明天 [M]. 北京：教育科学出版社，1996：139.

成被动执行的习惯，削弱了教育的活力。石中英认为，活力不足始终是党和国家教育改革关注的重要问题，要像重视教育公平和教育质量一样重视教育活力问题。教育活力反映教育系统运行的总体健康状况，激发和保持教育活力的源泉在按教育规律办事①。具体一些说，就是按教育规律进行教育管理。伴随20世纪80年代开始的教育放权的全球趋势和我国教育改革的深入，教育管理的重心逐步下移，学校的办学主动权大大增加，学校思考、规划和推动自身发展的责任被进一步强化。这要求教育管理部门一方面要利用已有政策、经费、资源等支持学校以项目等形式展开各种教育教学改革；另一方面鼓励中小学在条件允许的范围内依靠一定的团队、组织和社会支持积极变革、创新，以试点学校的成功经验带动、影响和辐射区域学校。

二、组织支持是模式实施的外部保障

组织支持是Eisenberger等人于1986年基于社会交换概念、酬报原则、人际交往互惠原则和组织拟人化而提出的管理学理论，意指组织对成员的关怀与承诺。王辉的研究认为，组织支持集中表现为组织对员工的权利、尊严、健康、家庭及福利等的重视和关心。对学校组织而言，组织支持能够通过满足成员的自尊、认同、归属等极大地提升教师的组织归属感和工作积极性②。按照赫兹伯格的双因素理论，对成员在工作中的各种尝试与创新的支持是最具有激励意义的组织支持。在教育改革中，组织支持包括组织对个体的支持和上级组织对下级单位的支持两层意涵。如宁夏银川市回民二小，通过两个学校改进项目申请到300多万元资金，将学校打造成拥有3D打印、3D影院、云厨房、数字化学习室的智慧魔方科技体验中心等一整套先进教学、体验设施的样板小学。学校领导的先进教育理念不仅得到市区教育局的大力支持，也鼓舞和带动

① 石中英. 守住规律才能找到教育活力的密码［N］. 中国教育报（手机公众号“第一缕阳光”），2017-05-02.

② 刘维民，何爽. 组织支持研究进展综述［J］. 社会心理科学，2009（5）：49-53.

师生积极参与到学校规划、建设中，其独具特色的装修配饰和课桌椅都是师生亲自设计的。学校还在改革实践基础上形成独特的博雅课程体系、博雅评价体系和博雅校园文化，为民族基础教育发展提供了可资借鉴的有益经验。在“四元多维”模式中组织支持既包括实践主体层面所属组织对各类教师理念与行动的支持，也包括组织主体层面地方政府对城乡中小学变革的支持。教师在实践中的创想、摸索、试验等都应该引起学校管理方的关注和重视，学校领导可以暗中关注，尽力为创新教师排除各种干扰；也可以公开支持，将教师的改革尝试作为学校行为，组织教师讨论，明确创新的目标、方法、路径、策略与具体步骤。教育行政主管部门也需要对基层学校的创新持欣赏、鼓励的态度，不能苛求一次成功，更不能因嫌弃某些学校的创新会带来管理上的麻烦而加以阻挠或扼杀。

三、学校变革是模式实施的内部动力

中小学主动积极地追求变革与发展，既是时代对基础教育的要求，也是地方政府和高校对中小学的期望。变革反映了校长对教育理想与教育进步的追求，反映了教师寻求发展变化的理念、期望和较好的素养及发展基础。学校内部发起的变革是具有显著适应性、针对性和强烈持久推动力的内生性变革，明显不同于外推性的下行变革。有研究者指出，多数外推性教育变革失败的重要原因是变革的规划者（多为教育专家）或决策者（多为政府官员）往往不了解实施者（中小学教师）的真实处境及其所面临的形势，对教师的认识、价值、经验等关注不足[①]。指令性制度框架和权威性专业话语使教师在变革中总是处于被动和从属地位，而没有赋予其主体地位，唤醒其主体意识。教师缺少足够的变革动力，也就难以投注热情。源于学校发展需要的内生性变革，可以较好地确定变革的主题、实施方式与基本路径，激发和聚集教师的热情，保持变革的动力。例如，新疆第三师四十一团中学顺应促进教师校本专业发

① 刘国艳．基础教育变革中的教师及其发展［J］．教育研究与实验，2006（4）：50-54.

展的主流形势，响应国家和自治区、兵团鼓励中小学改革创新的政策要求，在吸收借鉴国内先进教改理念和杜郎口中学等学校成功经验的基础上，结合学校师生实际和学校发展实际，总结提炼出由“学”“展”“议”“导”“练”五个环节构成的“五环教学法”。“五环教学法”的五个环节“学习”“展示”“讨论”“引导”和“练习”是新理念下生本课堂的基本形式，本身并不新奇，很多学校要么提出内容略有不同的“五环教学”，要么在课堂中实实在在地践行这五个环节。四十一团中学颇具特色的是对“五环”的灵活设计和实践中的准确把握，而不是每一环分配合适的时间一顺而过。当学生自学、展示中出现学生感兴趣、有争议或值得关注的问题时，教师会组织学生进行多种形式的讨论；当讨论深入或陷入困局时教师并不急于“引导”，而是让学生再展示有疑惑或有争议的部分，并再次讨论和展示讨论结果，这样循环直到问题全部解决或问题解决后又陷入僵局，教师才出面总结或引导。这样就给了学生极为充分的思维空间和表达机会，有利于调动学生思考、学习的积极性，并能较好地培养学生的思维能力。该校自 2010 年开始摸索改革，历经五年形成了一套颇为成熟的理念和操作程序，部分教学理念新、教学能力强的教师已经能娴熟地运用“五环教学法”开展课堂教学，学校的教学面貌有较大的改变，教学质量也有明显提高。目前，“五环教学法”正作为该校的特色发展内容与路径，已经进行梳理并在第三师各中小学推广。四十一团中学的改革就是在获评自治区“名校长”称号的校长倡议下，由学校中层领导和教学骨干热情参与、共同探索形成的。这样的改革尽管在中后期可能遇到理念凝练、理论系统化等障碍，需要与大学学者型教师合作来解决，但“五环教学法”模式的前期理念萌芽、实践探索等都是由校长带领学校教师根据学校实际设计、实施的，因为贴合学校、教师及学生实际而得到师生的拥护，吸引全校师生积极参与。当然，中小学的内生性变革也需要外部的理论、技术、政策和资金等方面的支持，只有将政府的支持与保障、高校的引领与指导和中小学的改革热情与实践结合起来，才能奠定改革成功的基础，而这正是“四元多维”模式所期望的发展路径与状态。

第三节 位元责任与合作互利兼顾

分工与协作是组织管理的基本原则之一，也是现代社会系统思维下的工作常态。分工是协作的基础，有明确的分工和各自专属的责任，才能形成工作目标、内容的差异，也才有了协作的可能。协作是合作的一种专门形式，是以团体的力量与另一个团体相互帮助、支持以提高工作效能，服务组织宏观目标。豪德把合作分为 Collaboration（协作）和 Cooperation（合作）两个不同的层次，他指出“Collaboration 是指为了制定基本的政策，每个参与者分担相应的权利和义务”，而“Cooperation 是指两个个体和机构拥有各自的目标，两者达成协议，从而保证各自目标的实现”①。可见，协作不仅是团队或组织之间的，也比合作更强调制度与规范。分工协作可以使异质但又相近的人力资本或组织机构既专注于自己的工作领域，又融合不同个体或组织所长共同致力于目标，并在协作中创造新的增值领域或目标实现途径。

一、各组织主体都是教育生态系统中的独特单元

大学与中小学在教育生态系统中分属不同的生态位，每一所学校（包括大学）都是具有一定生态学结构和功能的单元，即生态元。形成、调适和优化自身结构，充分发挥自身功能，是每一所学校作为生态元的固有责任，也是在竞争中立于不败的基础。这种生态元责任的履行又在一定程度上取决于各学校对自身所处生态位的认识和把握，即学校在区域教育系统中所处的位置决定学校的定位，学校定位是否准确、科学是优化学校结构与提升学校功能的前提。

生态位反映大学与中小学之间的分工协作关系，之前只强调分工而忽视了协作，近些年这种曾被割裂的关系逐步回归，大学与中小学的协

① SIROTNIK K A，GOODLAD J I. School-University partnerships in action：concept，cases，and concern [M]. New York：Teachers Collcge Press，1988：38.

作日益加强，开始走向伙伴协作与融合共生状态。从文化融合的角度看，大学与中小学之间是一种平等共生的伙伴性合作①；从教育生态的角度看，大学与中小学之间是一种平等、互信、互惠的共栖式关系②；从组织协作的角度看，大学与中小学之间是开放、多元多层的共赢式伙伴关系。大学与中小学的合作可以从双方目标与特征区分为利益联合型、智慧互补型和文化融合型，也可以从合作的行动方向分为单向型合作与双向型合作③。

二、明确和承担自身的位元责任是形成教育生态的基础

在“四元多维”模式的大规模系统性协作中，各组织主体首先需要明确自身的位元责任。教育行政部门在“四元多维”模式中起着举足轻重的作用。在教师教育从封闭走向 U-S 合作，历经 U-G-S 再到今天大家较为认同的 G-U-S 的历程中，已经充分显现了政府在教师发展、教育合作及区域教育生态建设中缺位—在场—首席的地位变化。

教育主管部门一方面要对区域教育状况有清楚的了解，对区域教育发展有较为明晰的思路，发挥好规划、组织职能；另一方面要主动联系地方高师院校，邀其共商区域教育发展大计，充分利用地方高师院校的人力、智力和物力资源，为地方教育发展提供有力支撑。

教育行政部门内部各职能部门也需积极协调，整合各项目计划，并会同高师与中小学代表，协商确定最优的行动方案。在实习支教活动中，地方教育行政部门要做好计划、组织、协调、保障等工作，让参与实习支教的高师院校和中小学校都乐于参与、勇于创新而无后顾之忧。在实习结束后，教育行政部门要做好经验总结和问题反思，根据实践结果对方案进行优化，同时表彰先进，推广优秀经验，改进下一轮实习支教。

---

① 宁虹．重新理解教育：建设教师发展学校的思考［J］．教育研究，2001（11）：51.

② 张景斌．大学与中小学的伙伴协作：动因、经验与反思［J］．教育研究，2008（3）：86.

③ 吴康宁．从利益联合到文化融合：走向大学与中小学的深度合作［J］．南京师范大学学报（社会科学版），2010（5）：5-9.

高师院校必须认识到自己在区域教育发展中的积极作用和社会责任，改变过去封闭办学的传统，抛开行政等级成见，一方面积极与地方教育行政主管部门接触、合作，为本地区教育规划、管理和发展提供思想、技术和人力资源；另一方面派出不同类型的干部教师（主管教学的校级领导和各学院领导、实践研究教师、援教教师、实习支教带队教师、学科教学论教师等）深入各基础教育学校，以实习支教合作为契机，建设各学科实践教学基地，并与基地学校开展多种形式的深度合作。

基础教育学校一方面积极响应由地方教育行政部门规划组织、协调保障，高师院校积极承担的 G-U-S 合作要求，共同培养好未来教师；另一方面也抓住机遇，会同高校教师做好本校在职教师职业发展规划，注重教师专业发展的平台及长效机制建设，避免突击性、运动式或应景式发展。

三、主体间充分、良好的协作是建设教育生态的关键

在“四元多维”模式的大规模系统性协作中，组织主体与实践主体间的协作无处不在。教育变革以教师发展为依托，教师发展又以教育变革为契机①。社会对人才素质、对教育变革所提出的要求最终能否实现，教育改进能否产生积极的变化，很大程度上取决于教师的素质及其实践②。教育变革背景下的教师专业发展已经被赋予了特殊的内涵——“关注改革的教师专业发展”，但教师发展与教育变革间的矛盾阻碍着两者间良性关系的建立：教师改革热情高涨与理论素养微弱、学习需求低迷之间的矛盾决定了无法单靠中小学自身完成教师发展和教育变革这样重大而艰巨的任务，必须依靠与高校和地方政府的协作才能实现两者的同步发展。

① 刘国艳. 基础教育变革中的教师及其发展［J］. 教育研究与实验，2006（4）：50-54.

② 卢乃桂，王夫艳. 教育变革中的教师专业身份及其建构［J］. 比较教育研究，2009（12）：20-23.

在“四元多维”模式中，教师发展和教育变革都需要分工协作来完成：一方面，教师发展并不仅仅是中小学校内部的责任，地方教育主管部门和属地高校也有侧重不同的分属责任。地方政府有责任规划、支持区域中小学教师的专业发展，高校也有技术牵头和知识领导的能力和义务，中小学校要积极推动和创新教师校本专业发展，以加强教师在实践中的反思与学习。另一方面，地方政府做好区域师资发展目标、规划，支持和组织以理念转变和理论提升为主的高校集中培训和以实践改善为主的中小学主题教研、科研，促进理论与实践的交互创生，突破教师职后发展“理念转变易，行为转化难”的困境。

大学培养专门人才和研究高深学问的定位与特色决定了大学教师更擅长理论，中小学奠定学生成长发展基础的发展目标决定了中小学教师更熟悉实践，在以理论与实践融合为主要路向的教师发展与教育改革中，唯有在地方政府支持下大学与中小学携手合作，方能从教师培养与发展这一源头改进教育。以教师专业身份认同为例，学校原有的课程与教学传统容易帮助教师建立学科中心主义的专业身份，教师在长期的边界分明的学科、教学实践中容易建立起对学科的忠诚，而课程改革中倡导的课程融合则易导致教师专业身份的不确定性。赋权与问责同时加强的管理主义氛围和高风险的表现性评价将加剧教师的身份认同危机。在帮助教师重建专业身份时需要政府、高校与中小学校等多方面的努力：政府通过新的法令确立新的专业规范期待，为教师的专业身份重建提供“角色脚本”。高校为教师的专业身份重建提供理念引导、知识基础和调适策略，搭建外部规制转化为内部需求及条件的桥梁。中小学一方面通过改革宣传与实践摸索为教师提供新型的校园文化、教师文化和教学文化等，帮助教师建立适应改革的文化心理机制；另一方面通过教研、科研、教学实践等帮助教师明晰、丰满新的专业角色和专业形象，提供建立、巩固新的专业身份的具体方法、路径。在三方的合力下，教师的专业身份逐渐得以转变并获得教师、学生及学校的认同。

第七章 从“四元多维”模式反观实习支教实践

“四元多维”模式是以教师专业发展为主线的高师教师教育实践教学与区域（省域/地市域/县域）基础教育发展相结合进行区域教育生态建设的理想模型，也是一项需要全面协调并深度融合的系统工程，需要参与各方具有大局意识、协作意识和统筹能力。当前开展的实习支教大多采用“置换培训”或“二次置换”模式，并没实现多项目统摄下的教师循环流转。受本位主义、个人主义和对实习支教的认识与理念不同的影响，无论哪种模式的实习支教实践，大多存在主体参与不足、融合维度不够、过程管理不佳、关系协调不良等问题，导致实习支教过程中存在较多冲突与矛盾，大大削弱了实习支教的效果，无法在协作中双赢，更未发展到建设和谐共生的区域教育生态阶段。本章以笔者在新疆南疆对单纯实习支教模式的实地调研和在四川省凉山州越西县驻点指导实习支教的亲历经验，对照“四元多维”模式的精神主旨及原则、要求等来查探问题，并展开积极反思，以期为“四元多维”模式的实施提供思考和建议。

第一节 新疆南疆实习支教的实践

喀什师范学院（2015 年更名为喀什大学）是中国最西部的高校，也是一所历史悠久的本科师范院校，地处连片特困区“三区”之一的新疆南疆地区。鉴于当地乡村师资缺口巨大的严峻现实，该校从 2008 年开始响应国家号召加入实习支教行列。通过修改师范专业人才培养方案，所有师范专业都将原来大四上学期 2 个月的教育实习改为大三下学期或大四上学期一个完整学期的实习支教，每年分两个学期向喀什地区 12 区县派出实习支教学生 2000 余人，与曲阜师范大学、新疆师范大学、新疆教育学院等各高校派出的师范生共同支援喀什地区的乡村教育发展。笔者曾在该校工作 20 多年，较早关注并研究该校的实习支教实践。

一、新疆南疆及其教育概况

新疆南疆一般指地处新疆南部的和田、克州（克孜勒苏柯尔克孜族自治州的简称）和喀什三地州。南疆综合情况独特，具有典型“少”“边”“贫”特征，在新疆和我国都有特殊的影响。从地理环境看，南疆地处沙漠边缘，多为沙漠中的绿洲，常年干旱少雨，风沙天气较多，自然条件比较恶劣。从经济发展看，南疆三地州很长一段时间都是人均 GDP 居新疆倒数前三位的地州，经济发展以农业为主，工业几乎没有。2011 年，南疆三地州被划为全国 14 个集中连片特困区之一，尽管喀什地区借助 2010 年中央新疆工作座谈会确立喀什特殊经济开发区地位并展开建设的东风，其 GDP 总量于 2015 年底成功跃居新疆 16 个地州的第五位，但三地州的人均 GDP 依然居倒数前三位。从社会文化看，南疆是少数民族聚居区，共有 47 个民族聚居、散居或杂居于此，其中常住民族 13 个，少数民族人口占总人口的 90%以上，且基本上信仰伊斯兰教。多民族、多文化、多语言导致南疆的社会形势和教育发展都颇为复杂。宗教文化对社会，尤其对教育的影响是颇为显著的。从社会发展看，南疆是国家西部边境，既具有“五口通八国”的边贸优势，同时又是意识形态反分裂斗争的主阵地和最前沿，民族分裂势力、宗教极端势力和暴力恐怖势力在南疆一直存在，极大地干扰南疆正常的生产生活秩序，教育也不例外。近些年，援疆工作逐步深入以后，南疆三地州得到北京、天津、安徽（对口和田），上海、山东、广东、深圳（对口喀什），江苏（对口克州）等多个省市的大力援助，经济社会发展和观念、认识的转变有了较大的进步，伴随“一带一路”倡议的实施，南疆地区正迎来发展的大好机遇，这将为教育的发展提供了十分有利的条件。

南疆地区的“少”“边”“贫”特征给南疆基础教育发展带来多重艰巨的任务和挑战。作为连片特殊困难地区，南疆教育要同时面对三次教育改革浪潮的挑战。席卷全球的三次教育改革浪潮已遍及我国，第一次以追求教育机会均等为主要目标，第二次以提高教育质量为主要目标，第三次以追求教育特色发展为主要目标。我国当前正处在全力实现规划纲要中提出的“树立以提高质量为核心的教育发展观”同时展望和先期尝试教育特色发展的阶段，全国范围内都在分步稳步实现第二次教育改革浪潮向第三次教育改革浪潮的转变。由于各种内外因素的干扰，南疆地区的经济社会发展十分滞后，2011 年被划为全国 14 个连片特殊困难区之一，基础教育在很长一段时间发展缓慢。随着西部大开发战略的实施和援疆工作的展开，新疆尤其是南疆的教育才有了巨大的进步，2009 年南疆喀什地区才通过“两基”教育验收。当前，普及义务教育的任务尚未全部完成，提高教育质量的任务已如泰山压顶，追求教育特色发展的任务也迎面而来。因为是少数民族聚居区，多文化影响下南疆教育的发展困难重重。实施双语教育以后，双语、双文化的教育目标、任务和内容更给基础薄弱的南疆教育带来巨大挑战。教师除了要掌握常规的文化知识和课堂教学技艺外，还要掌握双语、双文化知识，使用双语进行教育教学，在当前国际教育背景下还要有多元文化教育的知识和技能。学生除了完成一般学生需要完成的常规学习任务外，还需要掌握双语、多元文化等方面的知识和技能，学习更为复杂艰巨。因为地处边境，南疆教育还要应对各种突发事件带来的干扰，要花更多的时间来进行思想政治和民族团结方面的教育，教师在正常教学工作之外，更有稳定值班、保卫校园等额外工作要做。面对多重的教育发展目标和任务，薄弱的南疆基础教育颇有些喘不过气来。各种任务的交织让教育部门主管领导、校长和教师疲于应付，很难有时间和精力对区域教育有深入的研究、清晰的思考和自主的规划，教师的学习、研究时间也难以保证。

在多种因素影响下，南疆三地州的教育具有十分复杂的特征与表现，总体来说就是基础弱、任务重、干扰多。南疆教育基础十分薄弱，主要表现在教师、学校建设、经费、管理和外部教育支持等方面。从教师看，“两缺两低两难”十分突出。“两缺”中一是教师总体短缺尤其是优质师资短缺；二是师资的结构性短缺，主要是双语理科师资、音体美师资的结构性短缺。“两低”是指以民族教师为主体的南疆师资普遍存在汉语水平低和业务能力低。“两难”是指稳定教师队伍尤其是留住优秀教师难和补充合格师资难。从学校建设看，虽然城乡学校建设都有了较大发展，但总体来说还是校舍、仪器设备等硬件建设较为容易，学校发展规划、制度形成与落实、教师培训发展等软件建设较为困难。从教育经费看，经费总额较之前有较大增长，但仍然不够充足，尤其经费的合理使用方面存在一定问题，见效慢但对学校发展有长远影响或潜在意义的项目不容易得到经费支持。从教育管理看，首先是教育部门领导、学校校长等教育行政管理者的选拔存在较明显的非专业化情形，这在一定程度上影响了区域教育发展的方向、气候和生态；其次是在管理理念、管理制度和管理策略上还有巨大的空间可以提升，被动等待、机械执行多过主动规划、自主设计，领导意志大过制度规范，制度制定重于制度执行，约束惩罚多过引导激励，简单粗放拒斥精细系统化。从外部支持看，首先是区域社会中的文化气息不浓厚，各种社会文化机构设施非常缺乏，文化活动也比较贫乏；其次是农村人口占70%以上，多数农村家庭尤其是少数民族家庭不太注重早期教育，不太注重阅读习惯的培养，学校教育缺少良好的家庭教育基础和必要的辅助。

南疆基础教育面临的干扰来自多方面：首先是充斥着各种危险的社会环境导致稳定成为南疆最为重要和艰巨的任务，常常冲击正常的社会秩序和社会活动，教育亦深受其扰。学校的稳定、学生的安全成为各级教育部门领导优先考虑的问题，如何抵御披着宗教外衣的各种非法思想的侵蚀令一线教育工作者伤透脑筋，如何想尽办法保护校园中的学生尽量少受到“三股势力”的影响和争夺，也成为教育管理者和普通教师日常面对的难题。

其次，教育对象的多民族背景成为提高教育质量的重要影响因素。多文化、多语言的教育对象要求教育必须兼顾教育对象的不同特点和诸多需求。在双语教育全面铺开前，南疆的少数民族学生既有在纯民语学校就读的，也有在汉语学校就读的，在汉语学校就读的少数民族学生称为“民考汉”学生，在民语学校就读的学生称为“民考民”学生，其中既有全程用民语授课的纯民语系学生，也有质量较好的民语学校开办的“双语班”“实验班”学生[①]。双语教育全面铺开后，新疆双语教育出现了三种不同模式，后来在实践中不断摸索修正为两种模式。模式一为汉语、外语、数学、物理、化学、生物、信息技术和通用技术课程（高中）用国家通用语言文字授课，其他课程用本民族语言文字授课。模式二为全部课程用国家通用语言文字授课，开设民族语文课程。2013 年 10 月 24 日，新疆维吾尔自治区教育厅出台《新疆维吾尔自治区少数民族双语班学生高等院校招生考试实施细则》（以下简称“《细则》”），《细则》规定双语班招生计划单列，单独划线、单独录取，其计划和文理比例参照全国文理招生比例划定。其中，文综科目使用少数民族语言文字的只能报民语言招生计划，其余学生报双语班计划，但不得填报汉语言（针对汉族学生）、民语言（针对民语系民族学生）和民考汉（针对汉语系民族学生）招生计划。双语教育铺开后，不仅涌现出大量民族学校开展双语教育试点，部分民语学校开办“双语班”“实验班”，一些汉语系学校也在民考汉基础上开始面向民族学生举办“双语班”或“实验班”。如喀什大学附中就每年招收两个初中“实验班”，招生对象是汉语系小学毕业的民族学生，这些学生有扎实的汉语基础，进初中后所有课程都用汉语授课，不需要再单独开设汉语课或加开“文言文”课程。

---

① 双语班的语文是用新疆自行编写的地方教材（新疆教育出版社出版）教学，数学等课程使用人教版教材，特色是强化汉语；实验班基本使用人教版教材，特色是强化所有学科，类似于重点班，有的实验班加开汉语课，主要应对内初班、内高班升学考试，是各地方基础教育“出成绩”的有力武器。

二、新疆南疆实习支教概况、成效与问题

（一）调研基本情况

实习支教政策在实施初期取得了一定的成效，本研究以新疆南疆地区的实习支教为研究对象，从“准教师”培养的视角对实习支教活动的实施、效果及学生的成长进行了实地调研和问卷调查。研究持续三年时间，调查地点以喀什地区各县市及乡镇中小学为主，具体方式包括去各实习支教学校发放问卷、集体与个别访谈、深入课堂听课、阅读实习生支教日志和日记；跟随高校实习工作视察和指导小组走访各基层学校、集中座谈和现场参观；对实习支教回校的大学生进行问卷调查，参与实习经验总结座谈会，阅览实习支教高校各系部、带队教师和学生代表的实习支教总结、心得体会等。

集中调查问卷分面向支教大学生的学生问卷和面向受援学校教师的教师问卷两种。其中，发放学生问卷 300 份，回收 282 份，有效问卷 267 份，有效率为 89.3%；发放教师（基层学校指导教师）问卷 100 份，回收 76 份，有效问卷 72 份，有效率为 72%。学生问卷总计 9 个封闭性问题，5 个开放性问题。封闭性问题内容涵盖学生对实习支教目的的理解（支教目的）、生活保障、学生支教前后的自我评价等；开放性问题涉及高校课程设置及实习支教的指导与管理等。问题指向实习支教政策、接受学校、实习生和高校几大对象。教师问卷为 10 个封闭式问题，前 5 个为单选题，主要包括教师个人信息和对基础教育的认识；后 5 个为多选题，主要包括教师对实习支教政策的认识、对支教学生表现和能力的评价、对高校人才培养和选派带队教师的建议等。

学生问卷涵盖了实习支教的各个年级、学科和城乡学校的学生。被调查的 267 名实习生分布在市区、县城、乡镇及村中小学，来自汉语言文学、物理教育、英语教育和小学教育理科等 13 个专业，从事汉语、英语、数学、物理等学科的教学。多数学生承担一门课的教学任务，任教学科与专业基本一致。

（二）调查结果及分析

从问卷中获取的信息看，学生对实习支教政策的认识和理解普遍不到位，对实习支教中地方政府和受援学校提供的生活保障相对满意，对受援学校的教育教学理念、教学方法手段、教育教学条件、管理、教师总体素质及教育教学质量的总体评价呈现城乡两极分化，对自身优势的认同出现较大差异，对自身劣势的看法集中指向实践不足。实习生对自己在实习支教中的收获持肯定态度。通过实习支教，实习生反思了自己的专业学习、综合素质和教学技能，反思意见较为集中和一致，都认为自己专业学得比较扎实，综合素质较高，但教学实践技能较弱。

1. 基本认识与基本条件尚需提高

一是实习生对实习支教政策的认识还不全面、清晰。在“对实习支教的认识”给定的 5 个选项中，A：缓解基层农村中小学师资紧张，充实基层农村中小学师资力量；B：锻炼实习生综合能力，提高人才培养质量；C：检验大学生质量，折射高校人才培养目标与模式；D：给支教地注入新的教育思想和理念；E：以大学生新的知识、方法和手段促进和推动农村基础教育改革全选的只有 88 人，仅占总数的 33%。多数学生只关注实习支教的直接作用，即缓解农村师资不足（81.3%）和提高实习生的综合素质（77.5%）。二是支教学校的生活保障有待提高。在对支教学校的生活保障进行评价时，选择“满意”和“基本满意”的占到总人数的 67.8%。在选择非常不满意的 10 人中，3 人在市区学校、3 人在县城学校、4 人在乡镇学校，不存在显著的地域差异。三是受援学校的现实状况普遍较差且存在显著的城乡差异。在描述受援学校的教育教学理念与教学方法手段、教育教学条件、教育教学管理、教师总体素质及教育教学质量 5 项正向和反向的指标中，正向指标得分前三位的“管理较规范”（55.4%）、“教育教学条件较好”（36.7%）和“教师总体素质较高”（27.3%）总分都很低。选择否定性答案“教育教学条件较差”和“教育教学质量较低”的学生基本分布在乡和村一级学校和县城的劣势学校（见表 7-1、表 7-2、表 7-3）。

表 7-1　对实习支教的认识

题目	选项	人数（人）	百分比（%）
你认为实习支教有哪些作用？（可多选）	缓解基层农村中小学师资紧张，充实基层农村中小学师资力量	217	81.3
	锻炼实习生综合能力，提高人才培养质量	207	77.5
	检验大学生质量，折射高校人才培养目标与模式	149	55.8
	给支教地注入新的教育思想和理念	119	44.6
	以大学生新的知识、方法和手段促进和推动农村基础教育改革	134	50.2

表 7-2　支教生活保障

题目	选项	人数（人）	百分比（%）
你对支教生活保障	很满意	27	10.1
	比较满意	154	57.7
	一般满意	63	23.6
	不太满意	13	4.9
	非常不满意	10	3.7
合计		267	100

表 7-3　对支教学校的总体评价

题目	选项	人数（人）	百分比（%）
你对支教学校的评价是	学校的教育教学理念和教学方法手段比较先进	57	21.3
	学校的教育教学条件较好	98	36.7
	学校的教育教学管理较规范	148	55.4
	学校的教师总体素质较高	73	27.3
	学校的教育教学质量较好	40	15.0
	学校的教育教学理念和教学方法手段比较陈旧	59	22.1
	学校的教育教学条件较差	77	28.8
	学校的教育教学管理较不规范	18	6.7
	学校的教师总体素质较低	43	16.1
	学校的教育教学质量较差	60	22.5

2. 支教学生的自我认识和反思折射教育基础和高师培养中的问题

这部分内容包含实习过程中实习生对自身优势与劣势的认识及分析和实习后对自己的专业学习、综合素质和教学技能训练的反思。对自身优劣的认识主要以受援学校的教师为参照，虽然是实习生的主观感受，但会受到学生与指导教师及其他教师的态度和评价的影响。在支教学生的优势自查中，自认五个方面都比援教学校在职教师有优势的 38 人，占比 14.2%。实习生普遍认为，“青春活泼，精力旺盛，易于接近学生”（82%）是其最大的优势，“教育教学观念较新”（66.3%）和“运用新教育技术的能力较强”（56.9%）也有较多人认可，“知识面较广”（49.1%）和“专业知识扎实”（41.6%）则位列倒数，选择的人不到半数。座谈中支教学校领导和教师也谈到支教教师专业知识不扎实、知识面不广的情况：无法正确、深入地处理学科教学内容，有些学科教学中涉及其他学科中小学阶段的知识缺失严重。“专业知识不扎实”反映了大学生的专业学习不良，学科专业知识和教育专业知识掌握不好，面对教育教学实践情境无从下手；“知识面不广”反映了学生中小学阶段的教育效果不佳，远未达到教育目标要求的“全面发展”，也反映出高等教育扩招后随着高等教育毛入学率提高大学生综合素质不断下降的事实（见表 7-4）。中小学和大学里应该为此做些什么？如何改进自己的育人过程？值得人们深思。

表 7-4　支教学生的优势自查

题目	选项	人数（人）	百分比（%）
与在校教师相比，支教生的优势有（可多选）	青春活泼，精力旺盛，易于接近学生	219	82
	教育教学观念较新	177	66.3
	运用新教育技术的能力较强	152	56.9
	知识面较广	131	49.1
	专业知识扎实	111	41.6

在支教学生的劣势自查中，“教学经验不足”（88.8%）处于显著高位，“对教育教学及学生的实际情况了解不够”（60.7%）也让很多支教生头疼，“教育教学基本技能欠缺”（48.7%）、“教学所需的知识不够丰富”（31.5%）和“责任心不强，不能吃苦耐劳”（16.5%）都明显较

低。“责任心强，能吃苦耐劳”是支教学生的普遍特点，这与喀什师范学院各师范专业“面向南疆培养‘下得去、留得住、用得好’的基础教育合格师资”的培养目标是相符的。“教学经验不足”反映出实习支教的必要性，学生参加实习支教，本身就是为了加强实践，包括对教育现实的认识、对实践活动的体验和实践能力的锻炼。而这恰恰又是学生以“顶岗”形式支教中最为严峻的制约因素（见表7-5）。在实习中，学生“为实践而来”，实践认识、实践体验和实践能力的提升是实习的目标；在支教中，学生“有实践而来”，实践认识、实践体验和实践能力的基本具备成为“顶岗”工作的先决条件。实践能力和经验究竟应该作为实习支教的前提还是目标，是一个不能回避的矛盾问题。

表7-5　支教学生的劣势自查

题目	选项	人数（人）	百分比（%）
与在校教师相比，支教生的不足有（可多选）	教学经验不足	237	88.8
	对教育教学及学生的实际情况了解不够	177	60.7
	教育教学基本技能欠缺	162	48.7
	教学所需的知识不够丰富	84	31.5
	责任心不强，不能吃苦耐劳	44	16.5

对大学期间反思内容包括实习生的专业学习、综合素养和教学技能三个主要方面。实习生学习和运用专业知识的情况，主要以“扎实”与“灵活”两个指标来衡量。具体分为五种状况：扎实且能灵活应用，比较扎实、比较灵活基本够用，扎实但不能灵活应用，不够扎实勉强应付，专业知识贫乏完全不能开展教学（此时已无灵活可言）。各选项的选择比例分别为18.0%、51.7%、20.9%、9.4%和0%。选择“比较扎实、比较灵活基本够用”和“扎实但不能灵活运用”的占到72.7%，仅有极少数支教生认为自己的专业知识扎实灵活足够应付教学，或者自己的专业知识在完成教学时勉强能应付。这代表了师范生专业学习的常态。结合学生优势自查中“专业知识扎实”敬陪末座可知，学生对自己的专业知识储备尤其是专业知识的应用并没有足够的信心（见表7-6）。

在综合素养方面，学生总体感觉较好，超过98%的学生认为自身综合素质能满足实习支教工作的要求，仅有不足2%的学生对自身综合素养评价较低。其中58.8%的学生认为自身的综合素养“较高，能完成实习支教工作”，31.8%的学生认为自身的综合素养“某些素质较高，某些素质有欠缺”，7.5%的学生认为自己的综合素养“很高，完成实习支教工作很轻松”。另有1.5%的学生认为自己的综合素养“一般，勉强能完成实习支教工作”，0.4%的学生认为自己的综合素养“较低，严重影响了实习支教工作的进行”。选择自身综合素质“一般”和“较低”的5名实习生都在小学任教，其中1名在村小学，2名在乡小学，1名在县小学，1名在市小学，这或许与小学生各种学习和行为习惯尚未定型，其教育教学需要教师更强的教育专业素养和综合素养有关（见表7-7）。

表7-6　支教学生对自身专业知识的反思

题目	选项	人数（人）	百分比（%）
通过支教，你对自身专业知识的评价是	扎实且能灵活应用	48	18.0
	比较扎实、比较灵活且基本够用	138	51.7
	扎实但不能灵活应用	56	20.9
	不够扎实，勉强应付	25	9.4
	专业知识贫乏，完全不能开展教学	0	0
合计		267	100

表7-7　支教学生对自身综合素养的反思

题目	选项	人数（人）	百分比（%）
通过支教，你对自身综合素养的评价是	很高，完成实习支教工作很轻松	20	7.5
	较高，能完成实习支教工作	157	58.8
	某些素质较高，某些素质有欠缺	85	31.8
	一般，勉强能完成实习支教工作	4	1.5
	较低，严重影响了实习支教工作的进行	1	0.4
合计		267	100

在教学技能训练方面，学生对自己的教学实践技能的评价并不乐观。82％的学生认为自己的教学技能已经有一定基础，但课堂管理能力、灵活应变能力还有待提高。仅有 16.8％的学生认为自己的教学技能“已经打下了扎实的基础，完全满足实习中教育教学所需”（见表 7-8）。

表 7-8　支教学生对自身教学技能的反思

题目	选项	人数（人）	百分比（％）
通过支教，你对自身教学技能的评价是	已经打下了扎实的基础，完全满足实习中教育教学所需	45	16.8
	较高，能完成实习支教工作	53	19.9
	有一定基础，但课堂管理能力、灵活应变能力还有待提高	121	45.3
	较低，影响了实习支教工作的进行	45	16.9
	几乎没有接受有效的教学技能训练，教育教学实践时没有头绪，只能找指导教师或靠自己摸索	3	1.1
合计		267	100

3. 开放性题目的调查结果

本问卷设计了 4 个开放性题目：对所学专业课程设置的建议、对高校教师教育课程和师范技能培训的建议、对所在高校的大学生素质拓展活动的建议、对（高校）带队教师的评价与建议。

在“对所学专业课程设置的建议”中，虽然不同学生因专业不同回答的具体内容有所不同，但也体现出一些共性的问题和建议，如多数学生反映在专业课的学习中理论性太强，实践性、灵活性不足，不利于支教中对专业知识的运用。在实习支教中，只记得大量术语和理论，但不能在实践中灵活运用相关原理，希望以后在专业课程的设置上可以增加理论联系实际的内容，并增强理论课教学中的实践比重。较多学生反映专业课程设置和教学与基础教育新课程改革脱节，所学内容陈旧，教学方法死板，不能适应新课标的要求，难以与基础教育课程衔接，致使专业学习多而无用，更不能体现新课标要求的实践性、创新性，希望以后的专业课程设置与教学中增强对中小学课程的衔接与联系，适当体现新课程目标。部分学生反映在专业学习中没有考虑实习支教中民族学生的汉语水平，缺少维语口语和维语专业词汇的教与学，导致实习支教中因课堂的日常沟通和专业术语的理解障碍而使教学效果打折，希望以后增加一些专业维语课程。还有部分学生反映专业课比重太大，任务太重，学习压力大，以至影响教师教育类课程学习和其他素养的发展，希望专业课能进行适当整合。学生们还从自己专业角度提出希望增设某些课程，弥补或突出专业课程的某些方面，如物理专业学生希望增加物理实验课，英语专业学生希望多开口语课，小教理科专业的学生希望强化高等数学中的数学比重，汉语专业学生希望多开些文学方面的通识课、增加阅读量等。学生们还提出更新教材、调整课程设置时间和顺序等建议。其他一些建设性意见也反映了学生对专业课的评价与期望，如“教师在授课中应多补充课外知识，不能仅仅局限于书本知识”“应与实际生活多联系”“按新课标授课，使课堂活跃，增加一些课外活动，增添一些课外实践”“设置更多（从本学科角度）了解世界发展的课程”等。更有个别学生的回答非常极端，说专业课学习“全部都没用，和实际无关”。这不能不引起我们的深思与反思。此外，学生也反映希望增开教师礼仪、人际交往、三字一话、简笔画等课程。

在“对高校的教师教育课程和师范技能培训的建议”中，学生们普遍反映，教师教育课程的设置理论与实践分离太多，联系不紧密，很多教育教学理论难以运用于实践；先学理论再进行实践的方式不利于学生加强理论与实践的结合，容易出现“两张皮”现象；在师范技能培训方面，实践时间不够，见习次数少，上台讲课机会不足；微格教学虽然是对课堂情景的模拟，但不能反映课堂教学的真实性，尤其在课堂管理、教学互动及灵活应变方面，缺少有效锻炼的机会。学生一致要求增加实践的时间（包括见习、研讨和试讲）、改进实践的形式（与理论学习一道进行，各种实践形式交叉进行）、增强实践的针对性和有效性（教师、教学内容和实践训练都贴近中小学教育教学）。部分学生建议将师范技能培训与其他技能培训结合进行，“专业技能培训与教师技能培训都要增加，并注意结合”，应“加强支教生双语培训”，“提高师范技能大赛的质量和水平，并使其规范化”；也有学生指出师范技能培训中应该“注入新观念，改善管理，提高学生内在潜力”，“希望教师能不断指正试讲中学生存在的问题”，“加强教育学、心理学知识的运用，提高学生的综合素质”。学生建议进行微格教学训练的教师最好有“实习支教带队指导经验”，以使技能训练更符合中小学教育教学实际等。

在“对所在高校的大学生素质拓展活动的建议”方面，学生们经过实习支教，普遍认识到全面素质对于教育教学活动开展及其效果提升有重要影响，认为高校应当加强大学生素质拓展活动。但学生对已经开展的素质拓展活动褒贬不一，建议也五花八门。有人认为学校举办了很多此类活动，效果显著，应继续加强；有人认为高校举办此类活动虽多，但内容的政治性强，面向对象不广，形式单调僵化，缺少精心的策划与有力的组织，且对学生动员激励不足，很多学生没有意识到素质拓展的重要性，也没有认真准备和参与，错失了大好的发展机会。建议拓宽素质拓展活动的内容，增加游戏组织、心理辅导、人际交往、社会调查和街头演讲等加强学生实践能力的活动，也可举办一些文化内涵丰富的文艺活动，还可举办一些影响学生价值观的志愿者、援助类公益活动。当然，作为教师技能基础的说、写、画、唱、跳之类的活动也应该继续加强。建议改进素质拓展活动的形式，增强各类活动的文化性、技巧性、社会性、时代性，使学生在各类实践活动中得到德、智、体、美、劳全方位的锻炼，并从中感悟人性、树立目标、增强自律等。改变活动的组织和开展方式，不以行政命令形式强制学生不情不愿地参加，而以活动自身的丰富内涵、实践意义和新颖趣味吸引学生主动积极地参加，让学生在实践中提高认识和能力，在活动中感受快乐和成就，并多方面受益。

在“对（高校）带队老师的评价与建议”方面，学生们褒贬不一。部分学生对带队教师评价很高，认为带队教师认真负责、关心学生，及时与学生沟通，帮助学生解决各种难题；部分学生对带队教师的评价很低，在支教的一学期中很难见到带队教师的影子，有什么问题只能通过电话反映，通常还得不到解决。还有就是带队教师在工作中会自觉不自觉地更关照本系尤其本班的学生，对于本校其他系部的学生来说就显得冷淡和疏远些。有的学生认为带队教师要管一个县的多个支教点的不同学科专业的学生，不仅时间精力难以保证，而且在教学实践的指导上会受到专业的限制，除少数教学能力强、教学经验丰富的教师可以对非本专业学生给出一般性意见外，多数指导教师只能对本专业学生给些教学上的意见和建议。因此，选派什么样的教师做实习支教带队教师，如何引导和规范带队教师的工作还需要做深入的研究。

（三）新疆南疆实习支教的主要成效

1. 缓解农村师资压力，推动双语教育尤其是农村教育发展

支教教师（专指参加实习支教的大学生，下同）颇为扎实的专业知识、较为丰富的人文知识、相对全面的教学能力及认真负责的工作态度得到了受援学校师生和教育主管部门的一致认可，大学生的青春活力和平易可亲更赢得了众多孩子们的喜爱和眷念；支教教师还用其富有时代感的人生理念、教育理念和过硬的信息技术能力影响和帮助身边的教师与学生，少数支教教师还积极参与和推动所在学校的教育教学改革。

2. 提高了大学生的实践能力和综合素养

顶岗实习为大学生提供真实的实践场所，“实”化了教育实习，增强了实践教学效果。实习生深入了解教育实际状况和社会真实面貌后萌生了改造农村、献身教育的朴实心愿，坚定了职业信念，强化了职业认同；通过真实场境中的生动实践把握教育理论与教育实践的辩证关系，建构个人实践性知识体系，形成自己的教育教学“惯习”和风格；在高校教师与中小学教师的双重指导下提升其教学实践能力和综合素养，为未来教育吸引和储备更多优秀人才。高师院校调整各师范专业培养目标和课程设置，逐步建构紧密结合理论、内在逻辑清晰、贯穿教师职前培养全程的实践教学体系，以强化实践教学为人才培养模式改革的着力点和抓手，提高教师教育人才培养质量，推进教育公平。

3. 倒逼高校人才培养改革，实践教学大为加强

在实习支教过程中，喀什师范学院不仅根据实习支教的需要进行了课程调整，还加大了实践教学的力度。在课程调整上，一是按实习支教总体安排调整了需要在第六学期参加实习支教的专业的课程，原来开设在第六学期的课程按作用和顺序分别安排在实习支教前后。二是增加了支持实习支教的相关课程，如“班主任工作技能”“中学课程标准解读”等，帮助支教大学生熟悉中学课程，增强其课堂教学与班级管理能力。针对新疆南疆基础教育中理科普遍薄弱的现实，后面又加开了中学物理重点难点解析、中学物理实验教学研究等课程。参加支教的汉语类学生还增开一门维吾尔语口语，方便实习支教中与维吾尔族学生沟通。三是加强了教学实践。包括改革微格教学、增加教育见习的时间和次数、部分理论课程设置一定比例的实践活动等，加上教育实习由 2 个月延长到一学期，教学实践有明显增强。

4. 密切了高校、基础教育学校与教育主管部门之间的联系，有助于形成教育整体良性发展的局面

通过实习支教，打破了高校与基础教育、高校与教育主管部门之间的隔绝与疏离，使双方加强联系、走向合作，在一定程度上有利于教育整体发展形成纵向衔接良好、横向联系紧密的良性循环。学校不仅通过派驻各县的指导教师与各支教学校和县教育局直接沟通，也会定期组织大规模调研，由各学院领导和教育学专业教师组成不同的调研团队，校领导分别带队，巡回检查、慰问各实习点。其间会同各县教育主管领导，在各学校均召开领导教师座谈会、支教学生座谈会，收集各方反馈意见，并现场解决学生反映的食宿、安全等问题，也对支教学生进行一些工作指导和心理疏导。

5. 增进了文化交流和民族感情，加强了民族团结

参与实习支教的学生在赴受援学校前都集中接受过“五观”“四个认同”“民族团结”等思想教育，对实习支教增进文化交流、促进民族团结的作用有一定的认识。在实习支教中，更是用自身行动践行文化交流与民族团结的精神和要求。实习支教点大多在少数民族聚集的乡村，

实习支教学生用自己的勤奋工作、真心关爱和热情善良赢得了民族师生的认可和欢迎，与民族学校师生和乡亲们建立起深厚的情谊。

（四）新疆南疆实习支教的主要问题

实习支教作为大面积协作的实践教学创新之举，“实习”与“支教”的内在矛盾和组织协调的外在阻碍导致较多的矛盾和问题。以实习支教过程为分析框架，参与各方为分析维度，探析发现的主要问题有：

1. 实习支教前期工作准备不足，组织不当

具体表现为：宣传教育不够，思想准备不足——参与各方对实习支教政策的认识和理解普遍不到位，对实习支教精神内涵理解浅表、片面和狭隘，不利于对该政策的贯彻执行，更难体现能动性与创造性。沟通协调不畅，统筹准备不足——因为数据的准确性及前期协调不足，部分学生的任务安排随意甚至被闲置，“教非所学”的现象比较突出，少数学生因为语言能力强、综合素质较高直接被乡镇政府借用，完全没有走上讲台实践的机会。安排部署不力，物质准备不足——部分学校对实习生的吃、住、安全等考虑不足，准备不充分，影响学生的工作热情。制度细化不够，工作机制不足——仅有文件的笼统要求，缺少具体的制度设计和工作机制，政策执行效果颇打折扣。比如，指导教师的选派和指导过程是直接影响实习与支教效果的重要因素。很多学校并没有关于指导教师选派和工作的规范要求，导致支教学生与指导教师的“师徒关系”有名无实，除了帮指导老师改改作业、管管班级，很少有教学设计、实施等方面的有效指导。只有少数学校非常重视指导教师的作用，有专门的指导教师工作要求，规定指导教师必须听支教学生的每一堂课并认真反馈，并以听课数量和反馈、指导质量来给指导教师计算工作量。

2. 实习支教过程多种因素不谐，协调不佳

高校的主要问题是带队教师的选派不力、定位不当和作用发挥不好及慰问与监督检查不力等。传统实习通常以专业为单位分派实习生，带队的是本专业教师；实习支教是打破专业界限的“混合编队”，一般以县为单位选派带队教师，必然需要带队教师面对多个专业的实习生，指

导难度极大。所以，在选派带队教师时不容易兼顾专业归属和实际指导能力。一些学院干脆采用“田忌赛马”的策略，选派科研、教学能力较弱的教师带队支教，很多带队教师只关注学生的安全、生活等基本问题，在专业实践方面的指导则全部转移给基层学校的指导教师。而农村学校或城镇薄弱学校的优秀教师十分稀少，指导的力量、时间严重不足，支教生的实习效果大打折扣，进而也影响到支教效果。

受援学校也存在对政策的认识和执行有偏差。一些学校对实习支教的认识并不到位，或者因现实条件制约对实习支教学生的生活及安全保障较为无力；实习学生的专业对口率大致为50%，指导教师存在选派不当及指导乏力和跟踪督促不足等问题，一些基层学校校长综合考虑后更欢迎懂汉语的民族学生来校支教。

教育主管部门存在目标不明，关注范围狭窄，对实习支教过程的内容、质量、评价等关注较少等问题；三方协调不力，缺少集中统一的领导管理机构，在实践中有“各自为政”甚至“相互推诿”之嫌。

实习生自身存在认识不清晰、态度不端正、适应力不强等问题。部分学生素养不高、能力不强，折射高师人才培养中人才培养目标及课程理念偏离、课程设置不合理——实践类通识课程不足，学科课程超量难懂，教师教育类课程总量不足，结构不合理，整合度低；民族特色体现不充分；实践体验时间严重不足，实践教学未成体系等。

3. 实习支教经验总结不全不深，反馈不良

反思是实践取得连续成功的前提和关键。“在实践中反思”是新时代教师应着力形成的职业素质和工作习惯。参与实习支教的学生、带队教师、高校、受援学校指导教师及领导和教育主管部门，都应该对每一批次的实习支教活动进行总结反思。研究发现，参加各方的总结都相对规范，但反思的深度与广度有待提高。比较而言，高校的总结与反思较为丰富、系统和全面，教育主管部门和受援学校的反思较为粗略和浅表。总结的目的仅在于本单位存档、改进和迎接各类检查，参与各方之间缺少对总结进行交流和反馈的机制。

第二节　凉山州教育扶贫中实习支教概况

一、支教行动的缘起

（一）凉山州概况

凉山彝族自治州位于四川省西南部，是全国最大的彝族聚居区。全州幅员 6.04 万平方公里，辖 16 县 1 市，境内有彝、汉、藏、回、蒙等 14 个世居民族。截至 2020 年末全州户籍人口 533.11 万人，其中少数民族人口为 306.85 万人，占总人口的 57.55%，彝族人口为 288.74 万人，占总人口的 54.16%。

凉山州是全国 14 个深度贫困区之一，也是情况最为复杂的深度贫困区。由于自然、社会、历史等原因，生产力发展水平低下与社会发育进程滞后、落后发展基础与特殊社会问题、物质贫困与精神贫困等叠加交织，是全国典型的区域性整体深度贫困样本。11 个民族聚居县均为深度贫困县，全州精准识别贫困村 2072 个、贫困人口 97 万。在全国脱贫攻坚的集中行动中，在内生力量与外部助力的共同作用下，经过中央、省和州等多级地方政府的努力和高校、企业、公益组织等的积极参与，凉山州的脱贫攻坚取得显著成果：截至 2020 年底 11 个贫困县全部摘帽、2072 个贫困村全部出列、2014—2020 年累计减贫 105.2 万人[①]。

（二）凉山州扶贫概况

作为被重点关注的深度贫困区，凉山州的扶贫工作不仅受到党和中央政府的高度重视，与四川省政府签订脱贫攻坚备忘录，给予大量政策与资源支持；四川省作为直接责任主体，也专门制定了针对性政策《关于精准施策综合帮扶凉山州全面打赢脱贫攻坚战的意见》，组织投入大量物力人力，整体谋划、扎实推动凉山州的扶贫工作；凉山

---

① 凉山州人民政府．五彩凉山［EB/OL］．（2021-08-20）［2022-01-12］．http://www.lsz.gov.cn/wcls/lsgk/lsgk_21388/202007/t20200709_1644995.html.

州作为直接责任主体，更是把沉重的脱贫压力转变为难得的发展机遇和动力，积极响应并充分利用省级政府和中央政府的各项政策，以前所未有的顽强精神和创新行动积极攻坚克难，推动凉山州经济、社会与教育发展。

2015 年，四川省响应全国工商联、国家乡村振兴局、中国光彩会发起的“万企帮万村”精准扶贫行动，全省 4917 家民营企业和商（协）会结对帮扶 4867 个贫困村，共投入资金 64.79 亿元，受益群众达 60 余万人。2016 年起，省委统战部连续 3 年组织省内外民营企业家 1000 余人次赴凉山州参与“凉山行”活动，直接为凉山州公益捐款超过 5300 万元，分别用于“中央厨房”“六件套”“旅游示范村”等项目①。

2018 年 6 月四川省委、省政府办公厅下发《关于精准施策综合帮扶凉山州全面打赢脱贫攻坚战的意见》，从产业就业、教育、医疗、禁毒防艾、安全住房、基础设施等方面分别提出精准帮扶政策，加强帮扶的系统性、针对性和多方参与性，以期在脱贫攻坚的最后时期集中资源啃下凉山彝区这块脱贫攻坚的“硬骨头”。在“交通大会战”中，单 2019—2020 年就计划投入 420 亿元用于改善凉山州交通基础设施建设，为其脱贫致富和全面发展打下基础。

（三）凉山州教育扶贫概况

截至 2020 年末，凉山州共有各级各类学校 914 所，在校学生 98.4 万人，其中少数民族学生 73.0 万人。学校专任教师 5.75 万人，比上年增加 0.94 万人。共有小学学校 741 所，招生 10.22 万人，在校学生 62.39 万人。学龄儿童入学率 99.72%，其中少数民族学龄儿童入学率 99.78%。初中 133 所，招生 9.00 万人，在校学生 25.59 万人；高中 40 所，招生 2.56 万人，在校学生 7.32 万人。中等专业和技术职业学校 5 所，在校学生 8903 人；职业高中 11 所，在校学生 2.21 万人。高

① 林凌，梁现瑞，侯冲.《关于精准施策综合帮扶凉山州全面打赢脱贫攻坚战的意见》解读⑥：汇聚合力 决战脱贫攻坚不胜不休［EB/OL］.（2018-07-16）［2022-01-12］. https://cbgc.scol.com.cn/home/86182.

等教育就西昌学院一所，2020 年招生 5776 人，毕业 4404 人，在校学生 20 121 人，其中少数民族学生 3842 人[①]。

作为国家最后一批 14 个连片贫困区之一，受地理位置、社会特性、彝族文化等因素影响，凉山州乡村教育尚有硬件改善与师资紧缺相对、质量偏低与失学辍学交织、相对均衡与地区差异并存、走出大山与回乡反哺分歧的“四大困境”[②]，乡村教师“引不进、留不住、干不好”的问题十分突出。一般民族地区存有的教育免费供给与“新读书无用”的现实困境、办学条件提升与教育质量滑坡的普遍难题、学校教育普及与民生改善之间的双重冲突，在凉山州地区同样存在[③]。彝区文化传统、地方文化和教育低效等极大地影响当地彝族民众对子女教育的态度，进而影响整体教育质量。积累意识和再生产意识的缺乏导致彝族民众对需要较长时间投入、回报滞后且不确定的教育并不看好；传统的“天命观”导致的竞争意识和上进心的缺乏是不重视子女教育的深层文化心理；彝区相对落后的生产方式、生活习俗与学校教育制度设计和知识选择实存的诸种“脱节”，是彝族人家不愿送子女到学校读书或不配合学校教育的深层原因[④]。

在 2015—2020 年脱贫攻坚的关键阶段，凉山州抓住机遇，在四川省委省政府的政策和经费支持下，在中央政府的特别关朝下，以教育系统自身变革挖掘资源潜力，激发发展动力，同时整合各方教育扶贫助力，极大地改变了凉山州教育，尤其是乡村教育的面貌。

教育不仅是培养人才的主阵地，也是改善乡村文化、阻断贫困代际传递的根本性力量。民族地区教育的发展既十分重要、必要，又面临诸

---

① 凉山州统计局综合科．凉山州 2020 年国民经济和社会发展统计公报［EB/OL］．(2021-05-06)[2022-08-21]．http://tjj.lsz.gov.cn/sjfb/lstjgb/202105/t20210506_1899812.html.

② 四川省教育厅《习近平总书记关于扶贫工作重要论述指引下的凉山深贫彝区教育助力乡村振兴路径研究》课题组．教育助力凉山深贫彝区乡村振兴［J］．四川教育，2020（Z3）：6-8.

③ 满忠坤．民生改善视域下民族地区义务教育质量优化研究：基于贵州侗族和凉山彝族的比较分析［D］．重庆：西南大学，2015：144-154.

④ 满忠坤．民生改善视域下民族地区义务教育质量优化研究：基于贵州侗族和凉山彝族的比较分析［D］．重庆：西南大学，2015：144-154.

多困难。为从根本上改变民族地区教育的发展样貌，2000 年 6 月，四川省颁布《民族地区教育发展十年行动计划》，决定用 10 年时间，每年投入 3 亿元（2004 年后增加到 5 亿元），帮助民族地区在 2010 年基本普及九年义务教育、基本扫除青壮年文盲，建立起基本适应当地经济社会发展和西部大开发需要、体现民族特色和时代特点的民族教育体系。到 2009 年年底，中央和四川省共投入 65 亿多元在民族地区新建、改建和扩建学校 3523 所，投入 1.2 亿元为学校购置教学仪器设备，投入 1 亿多元用于培训骨干教师、校长和县教育局局长。这些硬件投入和专项培训、支教帮扶、挂职研修等多项措施取得了显著的成效，仅凉山州在 2009 年考入高等学校的人数就是 10 年前的 3 倍，普九覆盖率从 2000 年的 19.83%上升到 90%多①。在前期专项行动显著成效的激励下，为巩固第一个十年行动计划的实施成果，破解民族地区教育发展中遇到的各种深层问题，推进民族地区教育跨越式发展，夯实民族地区长治久安的社会基础②，2010 年 11 月 19 日，四川省委省政府在深入分析民族地区教育发展面临的新形势、新情况、新问题后，决定实施新一轮《民族地区教育发展十年行动计划（2011～2020 年）》，每年专项投入 1 亿多元用于民族团结教育、学校办学条件改善、教师队伍保障体系建设、学生保障体系建设、双语教育、职业教育六大工程③。凉山州教体局督导科的领导说，正是两个“十年行动计划”扭转了凉山州彝区教育的基本面貌，奠定了凉山民族教育的基本体系和资源基础。

2018 年，在如火如荼的凉山州精准扶贫行动中，四川省委、省政府颁布《关于精准施策综合帮扶凉山州全面打赢脱贫攻坚战的意见》（以下简称“《意见》”）。本着“富口袋”更要“富脑袋”的帮扶理念，

---

① 赵岩. 十年行动 利在千秋：四川省实施《民族地区教育发展十年行动计划》纪实 [J]. 中国民族教育，2010 (9)：15-17.

② 汪健. 西部民族教育向纵深挺进：解读《民族地区教育发展十年行动计划（2011～2020 年）》[J]. 中国西部，2011 (9)：71-81.

③ 四川省“四个三”推进彝区教育发展 [EB/OL].（2015-11-10）[2022-01-12]. https://www.sc.gov.cn/10462/10464/10465/10574/2015/11/10/10358325.shtml.

为进一步拓展和巩固乡村精准扶贫的效果，全面打赢脱贫攻坚战，在教育方面提出如下战略目标与措施：针对凉山州 11 个深度贫困县（普格、布拖、昭觉、金阳、雷波、美姑、甘洛、越西、喜得、木里、盐源）重点抓好学前教育、义务教育和教师编制等问题。学前教育阶段重点加强乡镇幼儿园和“一村一幼”建设，推广“学前学普”专项行动及“一村一幼”辅导员能力提升培训；义务教育阶段重点抓好加大薄弱学校改造力度、加强寄宿制学校建设和加大控辍保学力度；在解决教师编制方面实施贫困县义务教育 3000 名教师编制保障工程，全额满足贫困县“特岗计划”教师招聘需求，公费师范生培养计划向贫困县倾斜，同时加大“双语”教师培养和补充力度、“国培计划”和省级教师培训项目对贫困县的倾斜力度，实施“银龄教师”支教计划等①。可以看出，教育扶贫是凉山州脱贫攻坚的重要举措和核心战役，师资则是制约这场核心战役的关键因素。

二、凉山州实习支教概况

开展师范生到凉山州顶岗支教是贯彻落实中央“四个全面”战略布局的基本要求。在培养、补充和提升现有师资的计划中，实习支教是其中颇为重要的战略和途径，对于缓解 11 个深度贫困县当前的师资短缺有极为重要的意义。

2019 年 6 月，为推进和巩固凉山州教育精准扶贫和脱贫攻坚的效果，四川省委办公厅、省政府办公厅、省教育厅发布《四川省教育厅关于实施师范生顶岗实习凉山州支教计划的通知》（以下简称“《通知》”），要求 2019—2022 年省内 14 所承担教师培养的省属高校（四川师范大学、西华师范大学、西昌学院、内江师范学院、阿坝师范学院、成都师范学院、成都体育学院、乐山师范学院、绵阳师范学院、四

① 吴浩，江芸涵.《关于精准施策综合帮扶凉山州全面打赢脱贫攻坚战的意见》解读②[EB/OL].（2018-06-27）[2022-01-12]. http://www.sc.gov.cn/10462/10778/10876/2018/6/27/10453957.shtml.

川民族学院、四川文理学院、四川音乐学院、宜宾学院和四川职业技术学院）每学期选派不少于 1800 名师范生到凉山州 11 个深度贫困县，采取顶岗支教方式，充实当地教师队伍，缓解凉山州基础教育师资不足问题。通知要求凉山州教育体育局和各高校做好调查摸底、组织选派和总结评估：由凉山州教育厅统筹各县上报的师资需求计划并与各高校具体商定各专业选派大学生数量；各高校则在与受援县充分对接的基础上做好实施方案、学生与指导教师的动员与选派及相关保障；各高校和受援县要做好年度总结。《通知》对不同学段支教大学生的学历进行了要求：承担幼儿园及小学支教任务的应选派专科及以上师范专业学生；承担中学及以上支教任务的应选派本科及以上在校师范生。同时也对省教育厅、凉山州、深度贫困县和参与高校各自责任进行了明确：省教育厅负责统筹项目实施，下达指导计划，开展指导检查和成效评估；凉山州负责统筹师资需求及与各高校沟通衔接等；深度贫困县负责提出师资需求、落实实习学校和岗位、提供工作和食宿条件、协助院校进行师范生管理、保障师范生安全等；参与院校根据本校培养情况和凉山州师资需求，制定实习方案、选派支教学生和驻点指导教师，保障经费等①。

基于对“教育扶贫是脱贫攻坚、阻断贫困代际传播的重要举措，扶需贫要扶智和扶志”的认识，各师范院校均高度重视此项工作，表示应发挥教育扶贫的特色优势，为推进我省教育扶贫、打赢脱贫攻坚战贡献应有力量。各高校不仅按要求制定实施方案、选派师生和落实管理与经费保障，还从顶岗时间、毕业论文（设计）、考试、实习考评等学业考核方面做出了周密部署安排，让顶岗实习支教学生安身、安心、乐教。各高校都进行了行前动员，对支教学生的安全和纪律做了保障和要求；部分院校对支教学生开展了专门的培训，如四川民族学院在 2019 年

① 四川省教育厅. 关于实施师范生顶岗实习凉山州支教计划的通知（川教函〔2019〕310 号），［2019-06-20］内部发行。

7月动员大会后利用暑假邀请一线教育专家和学校专任教师，对支教大学生进行风俗文化、班主任技巧、教育教学等岗前培训，提升了支教学生的工作水平和适应能力①；四川师范大学采取“在线学习5天＋集中面授3天”的岗前培训模式，成都体院、宜宾学院等都开展了各具特色的岗前培训②。

2019年秋季学期开始，《通知》要求的14所省属开设师范类专业的院校开始执行师范生顶岗实习凉山州支教计划，向凉山州11个深度贫困县共派出支教师范生1813名，2020年春季学期派出1824人。随后两年都派出数量大致相当的支教学生，极大地缓解了凉山州11个贫困县乡村师资短缺的问题。

三、“一对一”精准帮扶提升工程对实习支教工作的加持

针对凉山州教育在脱贫攻坚中的薄弱区域和积重问题，为夯实和扩展教育精准扶贫效果，2020年6月21日，在教育部关心和领导下，四川省教育厅启动“一对一”精准帮扶提升工程，在普格县召开“一对一”精准帮扶提升工程启动会，宣布由四川省教育科学研究院、成都师范学院、四川师范大学、乐山师范学院、西华师范大学、绵阳师范学院、内江师范学院7所院校“一对一”对口帮扶凉山州7个未摘帽深度贫困县（美姑、昭觉、布拖、越西、金阳、喜得、普格）。提升工程着力构建“1＋1＋N”对“1＋1＋N”的帮扶机制，即由一个教育部专家团队、一个省级承训机构、N个优质中小学，具体对接一个未摘帽县的一个研训机构和所有义务段学校，重点完成县域层面和学校层面的相关帮扶任务，打造深贫县教师发展示范区，着力提升未摘帽县乡村学校办

① 四川省教育厅高教处．教育厅实施师范生顶岗实习支教计划缓解凉山州基础教育师资不足问题［EB/OL］．(2019-10-29)［2022-01-25］．http://edu. sc. gov. cn/scedu/c100578/2019/10/29/165af04ce97a4b2380768a5056e13a12. shtml.

② 四川省教育厅高教处．我省第二批1824名师范生到凉山州深贫县顶岗实习支教工作顺利开展［EB/OL］．(2020-07-02)［2022-01-15］．http://edu. sc. gov. cn/scedu/c100494/2020/7/2/1833520410fe4a84bde2d31d4e9ace49. shtml.

学水平和育人质量。县域层面包括研制一份县级教师发展“十四五”规划，搭建一个具有丰富民族课堂教学资源的共享平台，建设一个研训一体的县级教师发展机构，培育一支带不走的校长教师培训团队，造就一批“五洗五会”好习惯的学生。学校层面的帮扶任务包括编制一个“一校一策”的学校发展规划（含片区所辖中心校发展规划），打造一个具有民族地域特色的校园文化，编制一套学校管理制度，建立一套同步主题研训的校本研修制度，凝练一份同课异构的课堂教学案例成果①。每个支援单位选取对口县的四所乡村中小学为试点，进行全方位改造，期望打造成乡村学校发展的样板，并总结整合改造经验在全州乡村学校推广。2020 年 7 月在“国培计划”网络研修班中期推进会上四川省教育厅副厅长崔昌宏以《精心谋划、精细诊断、精准帮扶》为题详细介绍了“一对一”精准帮扶提升工程的目标、实施方案和进展情况，获得与会教育部领导和国培专家的高度评价，被称为“蹲下身子的对症下药”，充分体现了“精”“准”“帮”“扶”的真正内涵②。

2020 年 9 月 10 日，四川省教育厅组织教育部会诊专家 21 人，与省内 7 所定点帮扶院校和凉山州 7 个未摘帽县教育局及教师发展机构人员一起在西昌市召开专家组工作会议。参会各方高度肯定了“一对一”精准帮扶工程的意义，并对各自责任和相互配合事宜进行了确认。11—12 日，以重庆市教育委员会副巡视员李源田为组长，会同湖北省中小学教师继续教育中心王金涛教授、吉林省教育学院蔡京玉教授，与 N 学院胡志金教授、庞超教授，N 市六中张应副校长和 N 市桐梓坝小学校王中华副校长共同组成专家组，通过观看校园、听取报告、听课看课、查阅资料、教师座谈、学生访谈、家长座谈等方式对越西县普雄民族小

① 葛仁鑫，钟兴茂．教育厅启动精准帮扶工程“一对一”提升凉山州未摘帽县教育质量［EB/OL］．（2020-06-30）［2022-01-15］．http://edu. sc. gov. cn/scedu/c100494/2020/6/30/83cbae2a4fb04e5da766bcd0f14e52ac. shtml.

② 四川省教育厅人事教师处．四川省教育厅“一对一”精准帮扶工程获国培专家高度评价［EB/OL］．（2020-07-31）［2022-01-15］．http://edu. sc. gov. cn/scedu/c100494/2020/7/31/2302a94c9d2a4b92831b7a2670904a67. shtml.

学、宝石小学和普雄民族学校的教育教学和教师发展等情况进行了深入细致的会诊工作。9 月 12 日下午，在越西县普雄民族学校召开了专家会诊反馈会。教育部专家充分肯定了民族地区学校在教学硬件改善和控辍保学方面取得的成绩，也对民族地区教师乐于奉献和辛勤工作的教育热情表达了尊重和感动。专家组从学校规划与教师成长、课程教学与教师成长、内部管理与教师成长等方面进行了细致有效的反馈，希望越西县加大对教师队伍建设的投入，增加师资配置，将校本研修和网络研修有效整合，不断完善教师发展保障机制，助力民族地区教师专业化发展，为提高教师教学能力和育人水平助力。同时也希望各参与高校从学校规划、课程建设、内部管理、校园文化和资源保障等方面持续帮扶定点学校，重点帮扶民族地区学校教师专业能力建设，通过校长引领、名师指导、骨干培养、远程互动等方式提升民族地区教师育人水平①。

第三节　内江师范学院在凉山州越西县实习支教的个案研究

2019 年四川省发布《四川省教育厅关于实施师范生顶岗实习凉山州支教计划的通知》（后简称“《通知》”）之前，参加实习支教的 14 所省属高校的师范生的综合实习大都是 2 个月的教育实习，实习学校以高校周边的城镇中小学为主。接到省教育厅的通知后，各高校均表现出高度的大局意识和责任意识，深刻认识派出师范生赴凉山顶岗支教的政治性、战略性和长远影响，积极响应省教育厅要求并落实到位。各高校都根据《通知》的精神和要求，做出本校的实施方案，对参加支教学生的政策支持、行前培训和指导教师选派及经费保障等进行了部署和落实。恰逢笔者在 2018 年转回家乡到内江师范学院工作，延续之前的研

① 内江师范学院教务处．内江师范学院“学校要闻”：我校协同教育部专家组赴越西开展精准帮扶会诊活动［EB/OL］．（2020-09-14）［2022-01-16］．http://www.njtc.edu.cn/content-1537a97437044b02b2bacc62d47f4582-52a930057470a2c201748c7371920d24.html.

究兴趣，以内江师范学院为个案，通过自己一学期驻点指导实习支教工作的经历和相关调研，剖析其对实习支教活动的组织、实施及其中存在的一些经验与不足。

一、内江师范学院开展实习支教概况

（一）内江师范学院实习支教的初步尝试

内江师范学院是省属全日制公立高等师范院校，学校位于地级市内江市。该学院现有 19 个二级学院，64 个本科专业，全日制学生 19000 余人，教职工 1400 多人。2017 年 7 月，内江师范学院就根据《教育部关于大力推进师范生实习支教工作的意见》（教师〔2007〕4 号）和《教育部关于大力推进城镇教师支援农村教育工作的意见》（教人〔2006〕2 号）精神，制定《内江师范学院教师教育专业学生实习支教工作管理办法》（下称“《管理办法》”），建立校地共同培养教师的机制，增强实习实践的有效性。

《管理办法》强调了实习支教对提高师范生教学能力、改革师范生培养模式、推进教师职前职后一体化建设、支持农村教育发展、全面加强教师队伍建设等方面的意义，成立了校长亲自挂帅，教务处、组织部、宣传部、学生工作处（部）、团委、招生就业处等多个职能部门负责人组成的实习支教工作领导小组，专门负责实习支教工作的组织、协调与保障。在教务处下设实习支教工作办公室，负责处理实习支教工作的日常事务。

《管理办法》明确了实习支教的各项内容：实习支教内容为教学实习和班主任工作实习，时间一般为一学期，乡村师资紧缺的学科如英语、美术等为一年，学生也可以自愿选择参加一学期还是一年。参加实习支教且成绩合格的学生，可获得 12 学分（其中 9 学分为教育实习课程学分，3 学分可用于充抵教育实践类课程或专业选修课程的学分），另外还可根据学校相关文件认定相应的第二课堂素质活动和德育学分。对参加实习支教的学生每月给予适当的生活补助，因回校参加学校统一安排的考试或教学活动，可凭有效票据报销学校与支教学校之间基本交通费。

《管理办法》同时对参加支教的学生的思想认识、安全和纪律等做出要求，如严格遵守支教学校的规章制度，虚心向支教所在学校教师学习，着装、发型及言行举止要符合教师身份，注意饮食卫生和气候变化，自觉维护学院与支教学校及当地各级组织的关系，不得有违背党的路线、方针、政策的言行等。不服从支教学校和指导教师的管理与教育的学生，可提前终止支教并按学校管理规定处理①。

学院根据地方要求和自身工作需要，先后向茂县教育局、泸州市叙永县分水中学和自贡市教体局等派出若干实习支教学生，在支援地方教育事业发展的同时开展本校教师教育培养模式改革的探索。

（二）内江师范学院开展实习支教的集中行动

1. 不断完善实习支教政策

省教育厅在2019年6月21日发出《通知》后，学院于6月27日召开了校长办公会，专门讨论审议了由教务处提出的凉山州实习支教议题，并形成决议。决议内容包括统一认识、政策支持、管理和经费保障等内容。

第一，明确向凉山州派出实习支教学生的重大意义。“教育扶贫是脱贫攻坚的重要举措，开展师范生顶岗实习凉山州支教计划是贯彻落实中央‘四个全面’战略布局的基本要求；开展师范生顶岗实习凉山州支教是治蜀兴川实现全面小康的重大举措；开展师范生顶岗实习凉山州支教是师范院校充分发挥自身优势履行服务社会职能的重要体现和特色优势。”②

第二，明确支教学生的选派标准、行前培训内容和政策支持。为保

---

① 《内江师范学院教师教育专业学生实习支教工作管理办法》，[2017-07-07] 内部发行。

② 内江师范学院2019年6月27日校长办公会. 关于师范生顶岗实习凉山州支教计划工作的会议纪要。

障支教质量，保证良好开局，第一批支教学生全部从党员、入党积极分子和班团干部中选拔，以至于各受援学校领导后来经常念叨第一批支教老师的素质较高。第二批及以后，随着同学们对对口受援县越西县的深入了解和对支教多方面收获的肯定，越来越多的同学主动要求参加支教，N学院便以自愿报名加二级学院选拔的方式确定人选。每一期支教学生都会进行行前培训，内容主要涉及对彝族文化的了解，思想意识教育和安全、纪律教育等。政策支持主要是对支教学生在学分认定、评优评奖等方面给予支持，包括：(1) 实习支教优秀学生在年度评优、优秀毕业生评选和各类奖学金评定时，同等条件优先。学校就业部门在该生就业时给予优先推荐。(2) 实习支教学生成绩合格，可获得12学分(其中9学分为教育实习课程学分，3学分可用于充抵教育实践类课程或专业选修课程学分)，另外根据学校相关文件认定相应的第二课堂素质活动和德育学分。(3) 对按计划完成实习支教的学生，由学校出具实习支教证明，存入学生个人档案①。

第三，精选指导老师和学科指导教师。对指导教师给予驻村扶贫待遇并计算平均课时量，要求指导教师品行端正、师德良好，政治觉悟要高、大局意识要强，并善于沟通协调，主要负责实习活动的现场组织与管理。同时为加强对学生的专业指导，要求各二级学院每半月选派一名学科指导教师赴凉山指导实习生的学科教学内容与方法等，以提升支教学生的专业能力和支教效果。

第四，明确经费保障，确定支教师生的生活补助、交通费用等标准。学校在精准扶贫经费中设立师范生顶岗实习凉山州支教计划专项经费，用于支持“脱贫攻坚支教奖学金”、支教学生生活补助、支教学生交通费补助、驻点指导教师生活补助及差旅费用。其中，给予每生每月500元生活补助，1000元交通费（包干）（初、末往返及学校统一安排

① 内江师范学院2019年6月27日校长办公会．关于师范生顶岗实习凉山州支教计划工作的会议纪要。

的活动由学校派车接送），完成支教工作的学生可以获得2000元的“脱贫攻坚支教奖学金”。驻点指导教师在按正常授课计平均课时，享受全额岗位津贴之外，学校给予每月2000元的生活补助，去往各支教学校的路费凭票据实报实销。

学院领导在检查实习支教工作、看望慰问实习支教师生的过程中，了解到越西县生活物资的物价水平较高，很多交通工具不提供报销凭证，原来的生活补助标准和经费补贴方式难以施行。为体现学校对学生和教师的关怀，并为后续支教选派工作奠定良好基础，2019年11月12日，学院再次召开针对凉山州实习支教的校长办公会，讨论通过了提高支教师生的生活补助和交通费的决议：支教学生按城市每月700元、乡村每月900元的标准发放生活补贴，脱贫攻坚支教奖学金额度不变；驻点指导教师补助按《N学院差旅费管理办法》中伙食补助费和公杂费标准执行[①]，并按此标准补发了第一批支教学生前几个月的补助。

（三）越西县的实习支教概况

按照四川省教育厅在《通知》中的要求，学院对口支援凉山州越西县，2019年秋季学期需要向越西县派出中学教师83名，小学教师86名，共计169名。以后每学期派出人数与越西县教体科局协商后确认。2019年秋季内江师范学院学校首批派出141名支教学生；2020年春季学期派出163人，秋季学期派出200名支教学生；2021年春季学期派出161名支教学生，两年总计派出665名大学生参与到越西的各中小学校实习支教。加上成都师范学院、四川民族学院和阿坝师范学院派出的支教学生总计300余人，对目前教师缺口1800人的越西县教育来讲，具有显著的支持意义。

N学院每学期派出2名驻点指导教师，对实习支教学生的日常工作进行管理和指导，具体内容包括与越西县教体科局领导联系接洽，与各

---

① 内江师范学院2019年11月12日校长办公会. 关于调整凉山州顶岗实习支教费用相关事宜的会议纪要。

支教学校领导联系共同开展支教生的管理，组织支教学生参加各种必须开展的活动（如免费师范生的教师资格认定考试、年度体测、党员考试等），最大的作用是在高校、县教体科局、支教学校和学生之间进行沟通与协调，如学生需要回高校参加教师资格证面试、办理毕业离校手续等，需要驻点教师统计人数、协调请假、做好往返旅途管理等。最日常的工作是去往各个支教学校，了解支教学生的生活条件、日常工作状况及教育教学中存在的困难，在给支教领导交换意见、保障支教生基本生活条件、为支教学生鼓劲打气、给予安全与纪律方面的指导与劝告的同时，还对支教学生在教学实习和班主任实习中遇到的困难进行探讨和建议。

为深入了解N学院实习支教工作的开展状况，笔者主动申请参加2021年春季学期的实习支教驻点指导。该学期N学院派出161名支教学生，2021年3月14日出发前往越西县。刚到达越西县教体科局就借用越西县第二中学的会议室进行了支教学校的分配，早已等候在侧的各校领导直接把支教生接到学校，安顿下来。第二天支教学生就进入工作状态。

2021年越西县共有各级各类学校178所，其中，幼儿园72所、义务教育阶段学校（教学点）104所、高中阶段学校2所。共有学生89426人，其中，学前教育阶段18750人、义务教育阶段66139人、高中阶段4537人。共有教师3409人，其中，学前教育阶段55人、义务教育阶段3094、高中阶段260人①。由于师资队伍不稳定和学校管理队伍不稳定，年轻化现象明显，教师队伍建设难度很大。

2021年春季学期，内江师范学院161名自愿参加支教的大学生被分到越西县18所中小学，含1所中职、2所高中、3所初中，12所小学。其中城镇中小学6所，乡镇中小学12所。人数最多的是其中一所

① 内江师范学院对接凉山州越西县中普雄片区“一对一”精准帮扶提升工程诊断报告，[2021-12-11] 内部发行。

M 小学，分去 29 名支教学生。M 小学不仅各种情况都比较特殊，师资短缺尤为严重，同时也是 M 学院“一对一”精准帮扶的 4 个对口学校之一，因此派出支教学生最多。在该学期的实习支教中，M 小学各种状况不断，是颇为典型的个案，值得着墨多一些进行呈现和分析。

二、M 小学实习支教个案分析

M 小学是一所距离县城 30 多公里的乡村民族小学，是县委县政府重点打造的一所民族地区重点寄宿制学校，也是越西县在脱贫攻坚和义务教育均衡发展中新建的 5 所学校之一（3 所新建小学主要为接收高寒山地脱贫搬迁人员子女入学）。总投资七千万元，占地 73 亩，建筑面积 11722 平方米，2020 年 5 月投入使用。2020 学年末有学生 1700 余人（以民族学生为主），教职工 81 人，在编教师 22 人，主要是从邻近的 Y 小学教师中分出来的，其余 59 人为临时聘用教师和顶岗支教教师。由于学校投入使用不久，与原来的 Y 小学仍有各种关系纠葛，加上县里人事工作受脱贫攻坚决战期和 2021 年春季学期迎接教育部对义务教育均衡的抽查等工作冲击，直到春季学期末该校也未能正式建制，学校没有自己的公章，发送公文甚至教师请假都需要到邻近的 Y 小学盖章。

受县财政经费不足、教师编制极少和优质教师流失严重等多方面影响，该校的师资情况与县里其他学校类似，但作为新建学校，师资短缺更为突出。每学期接收实习支教的大学生教师都保持在 20～30 人。同时，由于校长是初任校长一职，缺少管理学校的成熟经验，面对移民搬迁来的山地孩子和复杂学情，一时之间难以应对，教学常规和管理工作经常处于混乱之中。在对支教教师的使用和管理上，也经常出现各种状况。

（一）课程安排不尽科学，“教非所学”现象突出

由于越西县被抽中为教育部义务教育均衡检查的试点县，该县教育局和各学校的工作都围绕这项国检开展，正常教学受到一定影响。新任县教体科局局长对教学质量非常重视，打乱了各校原来用支教教师弥补

师资缺口的计划和安排。由于支教学生均为大三、大四师范生，多数需要参加教师资格证考试，为学生发展和后续就业考虑，N学院统一安排学生在校参加完3月12日的教师资格证考试再出发去支教（支教越西县的另两所高校四川民族学院和阿坝师范学院也同样如此安排）。这让2月23日就开学、接到上级通知国检可能在3月进行的越西县教体科局和各学校非常被动，既怕利用现有师资力量勉力支撑教学通不过国检——生师比不能达标，也会影响教学质量，又怕实习支教教师（高年级师范生，下同）到位太晚来不及适应教育教学就面临检查，只好决定由各校抓紧聘用临时教师，且让临聘教师至少承担一门主课一学期的完整教学。

按原来各中小学报送的学科对口安排的实习支教学生到达后，县教体科局深感已经无法按原来计划分派支教学生但一时之间又不好做出调整，也就顾不得学科专业对口问题直接分配，导致多数支教生或者不能按自己所学专业从事教学实践，或者在承担专业对应的学科教学外承担一门或多门非对应学科的教学。少部分支教学生存在所教学科与所学专业双向错位的情况：一些美术、音乐、体育等专业的学生在从事本专业的学科教学外还要承担语文、数学等主课的教学（主要是因为所在学校的主课教师临时聘用不到位或教学质量不佳），另一些数学、物理、化学等专业的学生则从事音乐、美术、体育等艺体学科的教学。驻点指导教师了解情况后，也向县教体科局反映过，但教体科局考虑到不可能让所有支教教师专业对口，小部分支教教师的学科调整会导致更多学生不满于自己的“教非所学”，同时国检当头也没那么多时间精力去细致摸排和协调，因而作罢。

（二）教师流动剧烈，课表一学期四变

2021年春季学期一开学，就传出教育部要对越西县的义务教育均衡发展进行抽检，此前已经得到消息并做好心理准备的各级领导和学校老师都开始忙碌起来。按照学段培养目标、课程标准和地方、学校特色精心设计教学方案和课程表，修订完善学校各项工作计划，查补此前遗

漏的各项活动的过程材料，认真准备本学期的教案等，越西县中小学在2月23日报到开课，而由于众多支教学生需参加教师资格证考试，3月14日才能到越西县。师资缺口严重的学校，如M小学就开始以临时聘用的方式自行补充教师，以保证学校正常运转和各门类课程开齐开足。由于能聘到的教师与学校需要的教师之间在学科专业上有些差异，上学期末安排好的课表发生第一次变化。3月14日29名支教教师到岗后，课表发生第二次变动。几天后，学校按县里要求解聘了部分临聘教师，课表发生第三次变动。考虑到M小学的教师短缺直接影响义务教育均衡验收，县里克服困难从其他各校抽调了19名带编教师到M小学，同时清理全部临聘教师，学校进行了第四次课表变动。四次课表变动不仅让负责编制课表的教务部门无所适从，也让刚去支教的大学生无所适从。不少支教学生都面临任教学科与班级的一变再变，个别支教学生到了4月中旬还在面对全新的班级与学科内容，几乎无法开展正常的课堂教学。

2021年秋季学期，M小学的教务主任因为子女就学问题调离该校。由教务副主任升任的新教务主任，教学、管理能力都颇强。但是，在2022年6月底的调研中，该主任也透露自己因特岗期满即将辞职去成都的私立学校任职。与之前座谈时M小学新任校长明确提到学校管理中层难选、难留是影响学校发展的一大问题相呼应。

（三）学情超出预期，对支教生的指导与支持双双乏力

M小学都是少数民族学生，很多是高山扶贫搬迁下来的孩子。乡村孩子性野爱动，许多行为习惯不适应学校生活，尤其不适应课堂教学。随意走动、相互打闹，给老师起不雅绰号、扯老师头发，犯了错误老师说轻了不听，说重了与老师对骂、对打等现象比较普遍。一些学生和家长会因为教师的收入和工作处境而缺少对乡村教师的尊重和对教育的重视，甚至相信“读书无用论”，既无家庭教育基础也不愿配合学校教育。加上第二语言学习（在2018年开始“学前学习普通话”项目前入学的少数民族学生汉语能力普遍较差，个别孩子不会说也听不懂普通

话）的影响，很多孩子在课堂上不想听也听不懂教师讲课。这些对课堂教学的组织和教学效果提出不小的挑战。支教教师面对与学习中假想情境极为不同的学情现实，通常手足无措，不知如何应对。部分有心的支教教师会跟老教师讨教，或者自己观察、琢磨，并适当结合所学理论知识，逐步掌握一些组织教学和管理课堂的小技巧，慢慢让教学有模有样，逐步走上正轨。但低年级学生和调皮学生较多的班级依然让支教教师崩溃，尤其当一段时间竭尽所能的努力在某一时刻倒退回原样，支教教师信心会很受打击，转而模仿本地教师用简单粗暴的方法管理班级和学生。少数上进心不够强的支教教师懒得想办法、费心思，一些新生代支教教师有“社交恐惧症”，工作中的主动性也不够强，不愿意主动寻求指导教师或其他教师的帮助，抱着“赖过一学期就好”的想法混日子。

笔者在驻点期间对支教学生做了态度动员、教学任务艰巨性说明，并对其在班级管理和教学实施中的各种问题给出一些原则意见和具体建议。但各校、各班、各个体具体情况不同，建议要么是原则性的，要么不太适合所有支教教师的具体情况，且支教教师在各种事务与活动中耗尽心力，很难静心思考、理性评判并应用驻点指导教师建议的方法。只有部分支教教师重视并尝试了驻点指导教师的建议，感觉比较有效。支教学校对支教教师的实践指导差异很大，少数基础良好、管理规范且经验丰富的学校对支教教师指导和管理都很重视，如越西二中同时接纳内江师范学院和成都师范学院的支教教师，专门开会为支教教师分配指导教师，会议邀请两校驻点指导教师参加。教务主任先说明越西二中和支教教师的总体情况和对支教教师、指导教师的工作要求，再让支教教师逐一与教学指导教师和班级管理指导教师见面，要求所有参会教师都加入专门组建的 QQ 工作群，再安排一名本校骨干教师专门负责支教教师的日常事务。文昌小学和文昌中学等大部分学校对支教教师都有必须上一堂公开课的要求。各方面尚未走上正轨的 M 小学由于学校领导和教务科对支教教师的实践指导重视不足，并未要求支教教师必须准备一次公开课，也没有针对支教教师设计专门的入职适应性教育和专题教研活动，虽然指定了指导教师，但教师缺口大且整体素质不高，指导的有效性相对较低。当支教教师遇到问题或工作中出现状况，各级领导较多是批评和指责，较少分享有效解决问题的经验，也没有可用的建议和策略。

（四）衔接推进不力，教育管理亟须加强

与实习学校与实习生沟通协调，解决双方之间的问题，是驻点指导教师的重要职责。但历任驻点指导教师发现，与校长沟通经常比较困难，而且难以解决问题，只能直接与县教体科局的人事科领导沟通，由他们出面通常可以迅速解决问题。在笔者的驻点指导经历中，多数校长是明理的、较好沟通的，但少数校长对支教工作认识有偏，沟通起来也很困难。比如，在四川省发布的实习支教工作要求中明确提到，接受支教教师的学校必须具备保障支教教师吃饭、住宿和洗浴等基本条件，否则不能选派支教教师。部分学校因为经费紧张和管理不善，从支教教师入校之初就承诺马上安装洗浴设备且一周内安好，但直到两周后仍在安装，安装后又出现故障无法使用，甚至到一学期支教结束也没让支教教师用上洗浴设备。支教教师只能自己烧水用桶盛装到卫生间简单擦洗。驻点教师在与其中一位校长沟通时，该校长满不在乎地说：“支教老师就是娇气，我们一年不洗澡也没问题。”当驻点教师把洗浴设备不能马上投入使用的问题反映到教体科局后，被教体科局领导训斥的校长马上打电话抱怨驻点教师为何小题大做。甚至有校长说，支教是来做奉献的，不是来享受的，不要对生活条件期望太高。最后是内江师范学院研究决定给“一对一”对口帮扶的四所中小学捐赠全套大功率洗浴设备，并于 2021 年下半年全部安装完毕投入使用。

驻点期间，与支教学校校长沟通最多的是支教教师的日常工作与纪律问题。支教教师在教学方面的问题学校反馈不多，通常是支教教师与学生、同学（同事）或领导发生矛盾时，驻点教师会主动与支教学校领导沟通。沟通过程中会针对具体情况给出一些关于支持保障及管理方式等方面的建议。沟通最多的是支教教师生活保障和请假问题。支教教师在支教过程中需要参加教资笔试面试、普通话等级考试、大学英语四六级考试、研究生复试、专业过级考试（如英语专业学生要考专四、专八）、毕业论文答辩及毕业手续办理等事项，内江师范学院不能协调到凉山州本地举行的，就必须请假回内江，往返需要 3～5 天的时间。校长就向驻点教师抱怨，一方面顶替的人手不好安排，另一方面因支教教师请假过多被县教体科局领导批评。M 小学因为师资紧缺校长对支教教师的请假特别头疼，每次都与驻点教师沟通，从开始证实情况到后面几乎请驻点教师代为做支教教师的思想工作。驻点教师只能查实情况后动员同学们尽量减少行程并节约时间。少数较为开明的校长深知支教教师自身尚有学习和发展任务，因此一律放行，只是要求支教教师自己做好教学工作的协调与安排。

在教育管理上，尚有许多地方需要改进。在 M 小学，支教教师不满学校管理而经常抱怨，在个别事件中甚至群情激奋。其中不排除现在一些大学生自我为中心且不能接受一点点的批评和委屈等因素，但支教学校的工作安排和管理方式也是重要原因。首先是支教教师的工作安排不够合理。统计支教教师任教学科发现时，一位数学专业的支教教师同时兼任数学、英语、科学、音乐、美术、生命生态与安全和思维训练 7 门课程。虽然以数学课为主，但其他课程也都需要视情况开展教学。受专业、时间、精力和经验等的限制，数学课以外的课程教学质量较难保证。其次是学校领导对学校管理工作不够熟悉和规范。因为是新建学校，校长也是初任校长，缺少管理学校的经验，尚未形成适合本校、行之有效的管理规范和模式，学校的各项工作处于维持基本运行的状态。2021 年秋季学期，县教育局对全县校长管理工作进行了摸排，分流出 17 个需要“回炉”的校长，其中 15 个校长免除了校长职务，M 小学校长也在其中。再次是受地方文化影响，校领导的沟通方式相对简单、粗暴。通常对犯了错误或出了状况的教师采取批评、呵斥、威吓等方式，这种简单粗暴的沟通方式与新时代对教师“反思性实践者”的定位相悖，无法激发教师内部的工作热情和发展动力。同时，与这种简单粗暴的沟通方式相伴的通常是管理工作的简单、粗暴——管理者对各项教育及教研活动缺乏周密的规划与精细的设计，也较少关注过程与细节，更没有为新进教师和能力较弱的教师提供策略建议和专业指导方面的有力支持。

三、实习支教的辩证效用

因为支教的火热开展，很多学校引进全职在编教师的工作被暂时搁置，各学校的进人计划通常被削减甚至落空，学校领导为此头疼不已。一位越西县教育管理者反思了越西教育发展中的问题，认为与各级管理者的教育理念与管理水平密切相关。因为各高校派出的支教学生暂时顶上了师资缺口，县里对引进和培育教师的急迫性认识不足，且投入不高，导致师资的引进、培训和稳定等多方面未能及时跟进。当然，在对县教育局各级领导和校长们的走访中了解到，教师的引进和培育主要受制于教师编制和教育经费，编制的制约影响更大于经费。2021 年下半年开始，在四川省多个厅、办的联合支持下，凉山州的编制问题已经得到极大的改善。

第四节　“四元多维”模式观照下的反思与建议

新疆南疆和四川凉山都是民族聚居区，也是连片特困区，都面临相似的乡村教育发展困境，都采用实习支教来缓解乡村师资缺口、提升乡村教育质量。在两地开展的实习支教工作中，都取得了充实乡村学校、锻炼未来教师、密切高校与中小学关系等效益。以“四元多维”模式为参照，反思两地的实习支教实践，可以发现还存在不少的问题。

一、对两地实习支教的反思

（一）项目整合度低，未形成“四元多维”关系

新疆南疆于 2008 年开始实习支教行动，起步较早，属于单纯实习支教模式，只有高校与乡村中小学之间的简单联系，即高年级师范生到

农村中小学顶岗实习，其中的实践主体仅有师范生、乡村学校教师和大学教师。内江师范学院在越西县的实习支教虽然因为“一对一”对口帮扶项目而多了对帮扶学校的师资培训（四校 262 名教师）、教学改进（分学段示范、评比等）、免费学历提升（2020 年 323 人，2021 年 146 人）、学校建设（含 M 小学在内的四所小学全部墙绘和教室环境设计）和管理改革等内容，属于改良的乡村教师置换培训，但缺少城乡师资交流等项目，可视为改良版的“置换培训”模式，高校与乡村学校建立起真正的伙伴协作关系。但这两种模式都只有高校与乡村中小学参与，缺少城市中小学的中介与强化作用。这两种模式中突出的问题就是农村学校缺少理论丰厚、实践突出、经验丰富的教师的指导，实习支教成为学生在盲目、慌乱的实践中“试误”“自悟”的活动。综合能力较强、工作态度认真且悟性较高的大学生可以在实习支教中获得全真实践场域和丰富训练资源，提升实践能力，促进理论与实践在个人知识中的融合。能力不足、主动性差的大学生在实习支教中只是了解到乡村教育的真实样态，熟悉所在学校的教育教学基本规范（未必合理、有效），更多的是紧张、困惑与挫败的体验，可能使他们对教师职业和教育实践产生无力感甚至是畏惧感，冲击其刚萌芽的教育信念和职业认同感。

（二）不同主体对实习与支教关系的认识各异，导致工作目标错位

尽管各方都不否认实习与支教是同一活动的双重目的，两者是“一体两面”的关系，但受各自目标与立场的局限，在处理两者孰轻孰重、如何兼容与平衡的问题时，总会出现认识上的分歧，这种分歧又导致实践活动中的偏差和彼此协作时的错位。实习主要关注学生在实践中的收获与成长，优质的指导是不可或缺的条件；支教则关心学生的使用及其效能，让学生顶岗、熟练工作是其热切期望。

高师院校从自身人才培养目标出发，认为实习支教首先是实习，让师范生在一线教师的有效指导下，在真实的教育场景中得到全方位锻炼和综合素质的提高是其首要的目标和任务。在完成该任务的同时，为农村基层基础教育补充师资，对农村基层教师的教育观念、教学方法与手段、教育教学管理等进行激荡与影响。可以这样理解，支教是实习的应

有效应，是实习的“副产品”。既然实习支教只是师范生的一个实践教学环节、一种实践教学形式，其自身的能力肯定是有欠缺的，其教学经验极少或近于空白是可以理解和接受的，去基层学校实习支教就是要增加师范生的实践经验。

受援学校则从自身的需要出发，认为在实习与支教的关系中，支教才是重点和关键。如果不是为了解决农村师资紧缺的问题，国家为什么下那么大的力气投入那么多的经费来开展实习支教？既然是要解决师资缺口问题，那就要求来支教的师范生来了就能用，用就要用得好。这就要求师范生的学科专业知识应当精深，教育教学理念应丰富先进，教育教学基本技能应当扎实，也要具备一定的教育教学实践经验。既然师资紧张，在职教师承担的教育教学任务就必然会很重，那就不可能有很多时间和精力来指导师范生的教学、班级管理等实习活动，师范生的实践能力的提高就只能靠单纯模仿和自己摸索。实习的意义和效果就会大打折扣。可以说，农村学校师资短缺严重与优质师资缺乏，既是促使实习与支教相结合的主要原因，同时又成为影响实习与支教质量，甚至导致实习与支教对立的关键因素。

（三）派出高校面临多重矛盾

1. 选拔学生时面临毕业生与非毕业生的矛盾

考虑到毕业生有更深的教育认识和更强的教育教学实践能力，且约三分之一的毕业生上学期曾参加越西县顶岗支教，2021 年秋季学期内江师范学院派出的支教学生以毕业生为主体。161 名实习支教学生中，除 16 人是 2018 年本科师范生（音乐学专业），16 人是 2019 级专科毕业生（小学教育专业，3＋2 学制），其余 129 名都是 2017 级本科毕业生，免费师范生又占本科毕业生的三分之二。匹配受援县各学科教师的需求，支教学生涉及中文、数学、外语、思政、物理、化学、生物、地理、历史、教育、音乐、美术、体育等十几个师范类专业，也有个别有志于从教且取得教师资格证的非师范专业学生报名参加（如商务英语专业 5 人，翻译 6 人）。由于年级各异、专业众多，在处理各类事务时需要考虑的因素就更多。比如，中学教师和小学、幼儿园教师教师资格证报考在面试和认定时分属不同的管理单位（幼儿园、小学和初中教师归N市下属的教体科局管，高中教师归N学院管），其体检和现场确认都没法回到大学及所在地教体科局去做，就需要跟不同的教育管理机构协调；英语教育专业11人加上商务英语和翻译专业总计22人，都要在第八学期参加专业八级或专业四级考试；本科毕业论文答辩需要教务处与各学院协调，最终除中文专业因一个班派出15名支教生而要求答辩老师来越西县组织现场毕业论文答辩外，其余支教学生均采用网络方式参与本专业的现场答辩。

此外，2021年春季学期毕业生面临考研面试、教师资格证面试、免费师范生选岗、各种招考面试、大学英语四六级考试、英语类专业的专业八级考试和毕业生办离校手续等事项，使得学生经常面临频繁请假的状况。虽然派出高校从支教工作整体安排和支教学生便利出发，尽可能把多数考试安排在本地，如学校自己能决定的党员理论考试、免费师范生教学技能考核、大学生体能测试等，也尽力协调把一些考试和相关考核、认证放在凉山州本地，如普通话测试、大学英语四六级考试和教师资格认定等，但总也有一些考试及其他事务因为客观原因不能安排在支教地，因而需要给学生提供时间并报销路费或包车接送。支教学校不希望支教教师请假过多影响工作安排与教学运转，但又不得不考虑学生个人的毕业和就业而放行。有校长抱怨说：“支教给我们带来援助力量的同时，让我们的教学管理变得更为困难了。”因此，建议高校尽量派大三或大四上学期的学生参加支教。

2. 加强实践加剧教师教育课程与学科专业课程的矛盾

增强师范毕业生的实践能力和业务素质，是当前教师教育改革的主要方向，也是对长久以来教师教育的学术性与师范性之争的明确回答。这就要求教师教育培养中增加实践教学比重，延长实践教学时间，提高实践教学质量。实习支教就是延长实践时间与缓解农村师资缺口的双赢举措。高年级师范生在半年或一年的时间里直接上岗，像职业教师那样承担教育教学任务，对其前期的职业技能准备要求更高。在总学分和课时量不变的情况下，留出一学期或一学年的现场实践时间，同时增开教师职业道德、教师专业发展等教师教育课程和案例研习、教师基本技能训练（三字一话）、微格教学等实践教学课程，使专业课程学习时间被严重挤压。一些高校只是简单地直接将原来安排在该学期的课程分散到其他学期，而不是缩减或整合专业课程，导致学生课程学习任务过重，无法腾出时间做专业阅读或参加各类课外拓展活动，专业学习、理论学习的时间显著减少，专业水平和综合素质发展都受到影响。这种专业学习与师范技能发展、理论学习与实践锻炼之间在时间上的矛盾，对高校培养目标厘定、课程结构优化尤其是课程整合提出了挑战。

（四）师资需求与支教学生学科结构不匹配影响实习支教效果

专业对口是实现实习目标的基本条件，但专业不对口既是乡村教师经常面临的状况，也是实习支教中容易出现的现象。调查中发现约四分之一的实习生存在专业不对口的情况，主要受到供需关系、偶发状况及工作安排等多种因素的影响。

首先专业是否对口首先受供需关系的影响。教师（主要是农村教师）需求与实习生供给的关系既包括数量是否基本一致，也包括学科专业是否基本匹配，这是影响实习支教活动效果和效益的重要因素。但教育培养的长周期性、效果滞后性等特点决定了中小学的师资需求与高师的实习生供给不可能完全匹配，总会出现供不应求或供大于求的状况。这时，数据的准确性、根据数据所做的合理分配就变得十分重要。

其次，原有教师队伍的不稳定性及偶发情况也会影响专业对口的结果。有教师突然调走或辞职会影响教师需求申报的准确性，教师中的突发状况（如生病、意外等）也可能影响到实习生专业对口的情况。如某位数学老师突然因病请长假，其他数学老师的教学任务较重不好顶替，则可能选择一位物理专业或化学专业的实习生来顶替数学老师的教学任务。

再次，对实习生任教学科的不合理安排会加剧专业不对口情况。南疆地区教育系统除了正常的教育教学工作，还需要完成双语教育、反恐维稳、民族团结、抵制宗教等多项工作，任务繁忙之下可能没有进行细致的教师需求统计，或者统计了需求却并不按需求计划执行（因为将任教学科与实习生所学专业完全匹配需要大量细致的工作），就大致按学段给各学校均匀匹配，重点关注的是各学校需求的总人数。这就容易导致将语文专业的学生分到需要数学教师的学校，或者将主科对应专业的学生分到音体美教师稀缺的学校等情况。加上个别学校领导（尤其是小学）在安排教学任务时不那么重视专业对口的作用或工作不够细致到位，凭主观意愿安排实习学生的任教学科，人为地加剧了专业不对口情况。

（五）多元文化教育开展不足不利于民族地区教育发展

多元文化既是现代社会发展过程中呈现出来的显著时代特征，也是民族地区无法忽视的社会与文化特征。开展多元文化教育则是顺应时代与地域特征的必要之举。多元文化教育的重心主要放在多民族或种族的教育上，我国也主要强调多民族教育。多元文化教育的目标是“通过改革学校、学院和大学，使来自不同种族、民族和不同社会阶层的学生享受到平等的教育”[①]，给予男女生体验成功与迁移的同等机会。其基本维度有内容整合、知识的建构过程、消除歧视、平等的教学法以及强化学校的文化和社会结构。

多元文化教育的内容极其丰富，包括帮助学生正确认识本民族的历史和文化，推动民族文化的传承和发展；了解自身文化以外的异文化，在客观评判不同文化的基础上形成宽容、公正的文化观念和跨文化理解能力，培养具有全球化意识和较强适应能力的世界公民；适应基础教育课程改革与课程文化建设需要，依据民族学生的文化心理及学习特点，提高少数民族学生学业成绩，提升其就业竞争力；帮助学生学会与来自不同文化族群的人们交往，提高其对多元文化的理解力、包容力，增强其多元文化交流能力，减少其日常交往中的文化冲突等。

民族地区教师需要深刻认识多元文化教育的意义，了解多元文化教育的背景，明确多元文化教育不仅是了解多民族和多文化族群的必要途

---

① 班克斯. 文化多样性与教育：基本原理、课程与教学［M］. 荀渊，译. 上海：华东师范大学出版社，2009：3.

径，更是一种“认识现实的方式和思考的方式”。应根据不同文化背景的学生的文化心理特征选择适宜的教学内容、教学策略与方法。

二、改进两地实习支教的建议

（一）高校适应实习支教要求，改革师范专业人才课程设置和培养模式

喀什师范学院在确定实习支教常态化后也进行了大规模的课程调整，力保支教生在派出时已达到一名合格教师的基本条件。内江师范学院多方考量权衡后采纳了受援学校的建议，对计划第6学期把参加支教的师范专业（第7学期参加支教的基本不变）课程设置进行了较大调整，将实习前需要完成的所有理论与实践课程分散或整合到1～5学期，导致部分师范专业的2020级学生（马上参加实习支教）在第5学期有20余门课程。突然加大的课程量让学生压力倍增，也给高校教育管理尤其是教务管理增加了难度。

由于受援地各学校对各学段各学科教师的需求是变动的，不可能完全匹配高校的实习支教总体安排，摄入城市中小学作为补充和缓冲就非常必要。高校既不能不顾支教地区学校的学科需求，又不能仅考虑乡村学校一方的需求（高校所在地的城市中小学对支教学生有充足的接纳量），中间的统筹协调就非常重要了。统筹协调不仅在高校内部，还可以在共同支援越西县的高校之间。以理科教师为例，如果内江师院第6学期主要派出数学与化学专业学生，第7学期主要派出物理与生物专业学生，那么同样在越西支教的成都师范学院则可以确定第6学期主要派物理与生物专业学生，第7学期主要派数学与化学专业学生。相近专业也可以替代，比如物理学专业支教生可以教初中数学或化学等。同一县域支教的两个或多个高校相互协调，基本上能解决供需矛盾。

此外，充分整合免费师范生项目，把“顶岗支教”作为免师生必须经历的实习，集中安排在第6学期或第7学期，既加强了免师生的实践，又非常符合免师生面向乡村培养师资的目标。目前内江师范学院仅有小学教育、汉语言文学、数学与应用数学、地理科学和美术学有免费师范生，且每个专业一个班40人的规模，虽然不能完全满足实习支教

的需要，但可以作为实习支教的主力军。

（二）进一步推动各方主体的深度合作

越西县2021年新上任的县委主要领导对教育工作十分重视，选任了积极有为的教育局局长。在两级领导的高度重视下，越西县教育投入和教育管理发生很大的改变。2022年6月底，内江师范学院学院应越西县委领导之邀，派出12人的专家团队帮助越西县诊断基础教育中存在的问题并提供解决方案和技术支持。团队分初中和小学两个组（每组内含教学和管理两个小组）赴越西县5所中学、5所小学进行了深入调研，并与县委、县教育局领导和部分学校领导、教师等进行了座谈交流。了解到当前凉山州州委州政府对教育发展非常重视，正在集中力量解决制约教育发展的教师编制和教育经费问题。2021年7月，州教体局陪同四川省人社厅、财政厅和编制办等单位深入各县调研教师编制情况后，给全州划拨了2000多个编制，其中划拨给越西县800个，加上越西县内统筹调拨的编制，近两年越西县补充在编教师1100余人，极大缓解了师资发展的瓶颈限制。但目前仍有800余个编制缺口，县里主要统一采用政府购买服务、临时聘用、各类支教等方式解决。

县委、县局和各学校充分肯定了N学院对越西教育的帮助，特别提到实习支教在当前越西师资不充分的情况下发挥了巨大作用。县委和县教育局领导都表达了与内江师范学院继续开展多方面深度合作的意向，也透露四川省教育厅在评估实习支教效果后有意继续实施实习支教政策。内江师范学院也要在巩固前期“一对一”帮扶成果的基础上继续与越西县开展师资培训、学历提升和教学改进等合作。

（三）加强实习支教中的多元文化教育

“四元多维”模式的设计中也充分关照和适应民族地区的教育需要。例如在新疆南疆民族地区借助“四元多维”模式实施多元文化教育，就可以从职前、职后两个阶段考虑。在职前教育阶段，把开设多元文化课程、改进课程实施方式和增强多元文化教育实践结合起来进行。

首先在民族教师教育课程体系中增设多元文化教育课程。通过在通识课程中增开文化人类学、维吾尔文化史等，培养未来教师对于不同文化特性及其与人、教育、社会发展关系的基本认识；通过开设维吾尔民俗艺术、南疆乡土考察等选修课程，扩展未来教师的跨文化知识及乡土文化知识，形成多元文化认同及地方性知识；通过增加多元文化教育、民族教育学、维吾尔教育史、质的研究方法等教师教育类课程，训练未来教师识别、理解、研究和采录民族文化和地方文化，观察与理解文化差异，进行跨文化教育、课程开发与教育教学的能力培养。

其次改进民族地区教师教育的教学方式。在内容拓展、案例选择、讨论主题和作业设计等方面尽可能融入不同民族的文化知识，引导各民族师范生了解不同文化，形成多重视角和全球视野；展示并分析跨文化交流过程与策略的典型案例，为未来教师的跨文化教育实践提供模型参照；依据不同民族师范生的心理特点及学习习惯等，采取针对性的教学策略提高教学的有效性。

最后要关注并强化多元文化教育实践。课程设置的改变只是为多元文化教育提供可能的框架和基础，教学中多元文化教育内容的融入也主要是增加未来教师的多元文化认知，真正促进未来教师多元文化教育能力发展的是实践，即在实践教学中进行的多元文化意识培养、多元文化知识渗透、多元文化案例分析及多元文化参与经验。依据贝克的三阶段模式，在参与阶段可以考察民族文化差异对儿童思维特点、学习策略及学习结果的影响等，撰写调查报告；可以观察和研究不同民族教师课堂教学的特点、差异及其原因等，进行案例分析或专题研究；可以结合热点时事讨论消除文化歧视、促进多元文化融合的策略与途径等。

对于中小学在职教师而言，可以通过多元文化教育专题培训提升其多元文化教育素养，专题培训的目标定位、内容设计和方法案例选择要结合地方多元文化实际和中小学教师的教育教学实践。当然，在校本专业发展逐步成为教师专业发展的主导形式的今天，培养和提高教师的多元文化教育素养更多的还是通过教育教学工作实践。在学校多元文化意识、观念引导及环境、行为塑造的同时，教师在学生特征分析、教学内容设计、教学方法选择及教育教学评价中更多关注不同民族文化的特征、其对教育的影响及对教育提出的特殊要求等，使教育教学既有丰富的多元文化内容，也有开放的多元文化观念，还有适宜的多元文化交流经验及策略。

此外，面对凉山州越西县开展实习支教的多所高校不仅需要内部共享信息、适当协调，也需要四川省教育厅从更高层次采取特定措施，如教师资格证和大学英语四六级等由省教育厅组织的考试是否可以在越西县设立特别考场，让目前在越西支教的4所高校约1600名学生都可以就近考试，既免去学生舟车劳顿节约经济成本，也不会影响各校教学的正常运行。

总体来看，两地的实习支教实践模式正由“单纯支教”向“置换培训”转变，尚未与城乡教师交流等项目整合联动，还未达到“四元多维”模式设计的理想状态。但内江师范学院对越西县的实习支教项目因为与“一对一”精准帮扶叠加，在某些方面的合作深度达到甚至超过“四元多维”模式的预期，比如免费校园文化建设、教师免费学历提升和设备设施捐助等。驻点教师与县教体局及其下属教研室的交流沟通较为充分，但与支教学校的沟通、合作还远远不足，其中既有行政体制与观念的影响，也有教育观念的错位。校长们对驻点教师颇有些“敬而远之”，驻点教师也不好因为支教工作而主动要求参与支教学校的其他活动甚至对其“指手画脚”。驻点教师与校长和教育管理者的教育观念错位也时有体现，如在2020年12月笔者作为“一对一”精准帮扶专家在双方（内江师范学院和越西县教研室）发起的“教学常规督导与检查”活动中，提出“加强校长领导力建设”的建议，被教研室领导评价为“过于理想化”。

第八章 “四元多维”模式的应用策略

作为一项复杂系统工程，“四元多维”模式的运行需要在科学发展观指导下，遵循教育发展规律、创新教育发展理念，走出急功近利的“压缩发展”误区，以生态重建实现贫困地区教育的理性跨越式发展。各参与主体要在关注全局、着眼长远、坦诚合作及互惠互利等原则关照下明确自身定位与责任，形成“高校牵头指导、政府保障协调、中小学积极参与”的互动运行机制，同时充分发挥自身主观能动性，不断创新模式内各要素联结与互动的路径与方式。

第一节 确立多元文化教育观，凝聚模式的文化精魂

一、理解文化多样性

文化（culture）是一个宽泛、复杂且多变的概念。不同学科、不同思想流派对文化的界定各不相同，文化的性质、内容、结构等的划分亦复杂多样。克莱德·克拉克洪在《人类之境》中用了27页的篇幅来讨论文化的概念，其复杂多义性可见一斑。Alfred L Kroeber 和 Clyde Kluckhohn 在梳理了160种文化定义之后总结到：“文化由明确而又含蓄的、通过象征符号所获得和传递的行为模式所构成，那些象征符号则存在于人类群体显著的成就之中，包括人类自身在人造物中的体现；构成文化核心的则是那些传统的（即在历史过程被赋予和被选择的）观

念，尤其是其附属的价值。”① 这一总结性定义得到了多数科学家的赞同。概言之，文化是人的生存方式的反映和积淀，既是一种社会现象，是人们长期创造形成的产物，同时又是一种历史现象，是社会历史的积淀物。文化是人类编织的具有象征与诠释作用的意义之网，是人生存策略的选择与表现，同时又是人类社会发展的重要资源和推动力。“文化形成过程”是对“人”和“文化”的双向塑造过程。

族群的多样性决定了族群文化的多样性，宏观文化（时代文化或国家文化）与微观文化（族群文化）的区分有利于理解文化的多样性。文化多样性是“各群体和社会借以表现其文化的多种不同形式，这些表现形式在他们内部及其间传承”②。“这种多样性的具体表现是构成人类的各群体和各社会的特性所具有的独特性和多样化。文化多样性是交流、革新和创作的源泉，对人类来讲就像生物多样性对维持生物平衡那样必不可少。”③“文化多样性是激发人类创造力和实现财富的最大源泉。”④文化的多样性反映了文化的民族特征，“保持文化的多样性就是保护民族的独立性”⑤。从表象看，文化多样性反映的是不同文化的差异和并存，实质则是不同文化的互补、融合、创新与嬗变。可以说，文化多样性是人类社会的基本特征，反映了不同主体在价值观念方面的差异和文化超越地域的复杂性；文化多样性是历史发展和文化进步的重要动力，是民族平等和人权保障的基础，也是构建和谐社会的基础。当前的全球化进程有可能危及文化的多样性。因此，有必要加强对文化多样性意义

---

① 班克斯. 文化多样性与教育：基本原理、课程与教学［M］. 荀渊，译. 上海：华东师范大学出版社，2009：66.

② 联合国教科文组织. 保护和促进文化表现形式多样性公约［EB/OL］.（2005-10-21）［2016-08-16］. http://www.moe.gov.cn/srcsite/A23/jkwzz_other/200510/t20051021_81305.html.

③ 民族文化与全球化研讨会. 世界文化多样性宣言［C］. 民族学通讯，2003（138）：12-14.

④ 联合国教科文组织. 反思教育：向“全球共同利益”的理念转变？［M］. 北京：教育科学出版社，2015：27.

⑤ 李丽娜. 文化多样性视域下我国少数民族文化建设研究［D］. 沈阳：辽宁大学，2014：16.

的宣传，让更多的人理解和接受文化多样性，并通过教育、经济及各种文化事业保护文化的多样性。

在“四元多维”教师教育模式中，文化的多样性既表现为族群文化的多样性，也表现为组织文化的多样性。族群既是孕育文化的单位，又是一种组织类型。族群并非在共同文化基础上形成的固定化群体，而是在文化差异基础上的群体建构过程；族群认同并不是独立的，它形成于各种吸纳和排斥的过程之中①。族群是其成员们自我归属和认同的范畴，具有人们之间有组织互动的特征。从这个意义上说，组织文化也是一种形式的族群文化，是基于文化差异、在各种文化的吸纳与排斥的过程中形成的，同时又推动组织成员进行组织化的文化互动。在“四元多维”教师教育模式中，教育主管部门推动下由区域内大学、城镇中小学和农村中小学结成的联合系统中，既有各组织内部不同民族、不同性别、不同阶层和不同地域的族群文化的碰撞，也有分属不同组织的群体在长期工作生活中经多种文化相斥相生所形成的族群文化。这两类族群文化在师师、生生和师生之间形成多样的文化接触、冲突、融合和创新，交织成绚烂多姿的多元文化图景，同时也给教育教学实践带来巨大的复杂性和无穷的生机。要实现“四元多维”模式促进教师发展、学校发展和教育发展的整体设计目标，就需要参与该项目的各类实践主体了解构成组织的不同族群，理解不同族群文化的多样性与差异性，并有在未来的组织及个体交往中进行文化融合与创新的潜在意识和心理准备。

二、形成多元文化教育观

教育作为人类再生产和文化传承的主要途径，是理解和保持文化多样性的主要方式和阵地。开展持久而有效的多元文化教育来帮助年轻一代形成对文化差异的认知、理解及正确应对方式，培养具有跨文化理解的现代人，是全球化、多元化时代背景对教育提出的新要求，在多民族

① BARTH F. Ethnicgroups and boundaries [M]. Boston: Little, Brown and Company, 1969: Introduction.

国家和民族地区显得尤为必要。美国于 1971 年在芝加哥召开以“迈向文化多元的教育和师范教育”为主题的会议，建议将多元文化教育纳入师范教育，倡议教育学院和大学携手为需要多元文化知识与能力的教学人员提供训练。其多元文化教育的主要目标有：增进教师对文化多样性的历史洞察；理解各少数民族的生活方式，特别是与学校教育有关的行为和态度；认识和消除个人的偏见；帮助教师形成多元文化社会所需的知识与能力①。这是较早对多元文化教育的系统关注和官方实践，为各国开展多元文化教育提供了有益借鉴。

多元文化专家班克斯分析了文化形成的要素及过程：种族/民族、阶层、性别、地域等因素决定了不同族群或群体的价值观和行为方式；语言和方言是反映并维持文化差异性的重要表征；文化认知代表对文化差异性的理性关注；非语言交流在不同微观文化群体的差异巨大；不同微观文化群体有不同的视角、世界观和参考框架；认同是对某种文化的目标、期望、利益甚至是价值观、标准的内化，但不同于认知。这些要素与特定历史高度相关，并且具有一定的逻辑联系。

基于文化形成基本框架及微观族群文化对个体的影响，班克斯主张加强多元文化教育的实施。他也指出多元文化教育的实施更多是从教育环境创设和教育政策干预着手，主要目的是引起人们对文化差异性的关注，却“不足以提供解决不同微观文化族群的需要之间的冲突、互动和交融的方式”②。也就是说，多元文化教育并不是单纯通过设计和提供某些课程及教学就能实现的，必须与教育政策改革、教育观念转变和教育环境改善等配套进行，是教育机构的整体改进，包括课程、教学、管理和主体（教职员的态度、观念与行为）转变及学校文化建设等多个方面，多元文化师资的培养是其中较为关键和困难的部分。

我国学者结合民族地区教育发展与改革实际指出，随着少数民族学

---

① 瞿葆奎. 教育学文集：美国教育改革［M］. 北京：人民教育出版社，1995：555.

② 班克斯. 文化多样性与教育：基本原理、课程与教学［M］. 荀渊，译. 上海：华东师范大学出版社，2009：74.

校双语授课以及民汉合校等改革措施的推进，少数民族地区学校的教师组成表现出各民族教师共存、共重的时代特征，少数民族地区的“双语双文化”甚至“多语多文化”现象日益显著。在民族地区实施多元文化教育有充分的理由和多元的目标，要求教师具有尊重多元文化的态度、跨文化交流的知识和开展多元文化教育的能力。可以说，培养和发展多元文化教育能力是教师专业发展的重要责任，是少数民族地区教育对教师提出的必然要求[①]。

在涉域广泛的“四元多维”模式中，面对错综交织的多元文化现象和来自多元文化背景的教育对象，教师们不能使用单一文化视角去看待、面对和解决教育中的目标、内容、方法及其间的各种问题，而是需要学习和研究多元文化教育，了解多元文化教育知识，形成多元文化教育观，掌握多元文化交流技巧并善于引导学生的多元文化交流活动。尤其在民族地区，多样的民族族群文化大大增加了教育的复杂性，使多元文化教育成为不可回避的教育目标之一。多元文化理解与交流成为民族地区教育活动的日常现象和影响民族教育过程及效果的重要因素和途径。王艳玲等学者结合教师专业标准将多元文化教师的教育能力划分为“态度与责任”“知识与理解”“技能与实践”3个一级指标，下含16个二级指标和59个三级指标[②]，值得学习和借鉴。当然，在多元文化教育观指导下开展多元文化教育实践时，不仅要注意培养和发展教师的多元文化教育能力，还要注意多元文化交互过程中的权力、角色及环境、氛围等因素。弗雷德里克·巴斯提醒关注多元文化教育中文化对角色的隐性压迫，因为宏观上多元文化的接合与分离可能对应于微观上角色压迫的系统化，即“族群认同暗示了一系列对允许个人扮演角色的各种限制，其合作人可以选择各种不同的交易”[③]。

尽管班克斯认为多元文化课程并不必然保证多元文化教育目标的实

---

① 孟凡丽. 论少数民族地区跨文化教师的培养［J］. 教师教育研究，2007（3）：12-16.

② 王艳玲，苟顺明. 多元文化背景下的教师能力：以中国西南少数民族地区为例［M］. 北京：人民教育出版社，2013：231-233.

③ 巴斯. 族群与边界［J］. 高崇，译. 广西民族学院学报，1999（1）：19.

现，但多数国家借助多元文化教育课程开展多元文化教育却是不争的事实。国外多元文化教育课程大致有单独学程模式、整合模式和三阶段模式三种。单独学程模式把实施多元文化教育的重点放在课程设置上，即在现有师范教育课程基础上，开设诸如多元文化教育、文化多元论、多元民族意识、人际关系等课程，以增进教师跨文化知识与能力。整合模式把实施多元文化教育的重点放在课程实施上，不改变现行师范教育的课程框架，只将多元文化相关的材料、经验等整合进课程内容，融入相关知识学习与实践当中，从而使未来教师形成多元文化视角和多元文化教育的策略与方法。三阶段模式把实施多元文化教育的重点放在实践教学上，即学习、发展和参与。在第一阶段学习社会基础学科知识的基础上，迈入形成多元文化教学观点的第二阶段，即发展，通过心理学等学科培养未来教师从不同族群视角看待事物的态度和习惯，再进入第三阶段的参与，即实践阶段，通过教学实习等使学生形成符合多元文化教育要求的教学技巧、策略①。“四元多维”模式可以在审视自身实际的基础上学习借鉴有益经验，既开设具有地域特色的多元文化课程，又采用侧重实践的三阶段多元文化教学模式，还关注各学校及区域教育系统的多元文化整体改进。

三、培育多元融合的组织文化

多元文化教育既是民族地区教育发展的时代需要，也为多元融合的组织文化的形成提供了基础和框架。组织文化是团体或群体在探索解决外部适应和内部统合问题时发现、创造和形成的一些基本假设所构成的模式，反映了组织的核心价值观，体现为组织中成员的基本规范和行为方式，往往通过口号或标志等表现出来②。组织文化有广义和狭义之分，广义组织文化是指在组织建设和发展中形成的物质文明和精神文明

① 孟凡丽. 论少数民族地区跨文化教师的培养 [J]. 教师教育研究，2007 (3)：12-16.

② 李晨彦. 组织文化对组织效能影响的实证研究 [D]. 上海：华东师范大学，2005：13-15.

的总和。狭义组织文化是组织在长期的生存和发展中所形成的为组织所特有的，且为组织多数成员共同遵循的最高目标价值标准、基本信念和行为规范等的总和及其在组织中的反映。组织文化具有系统性、实践性、可塑性、独特性等特征和导向、约束、凝聚、激励、辐射等功能，由物质、行为、制度和精神四个层面构成。组织文化的显性标志有组织标志、工作环境、规章制度和管理行为，隐性标志有组织哲学、价值观念、道德规范和组织精神。组织文化反映和代表着组织的价值标准、发展理念、管理制度与信念、行为准则和职业道德。组织文化是决定组织行为方式的价值观或价值观系统，“作为一种文化管理模式，它能协调人际关系，增强组织凝聚力，培养团队精神，引导成员走向共同目标，在管理中具有重要意义”①。

在“四元多维”教师教育模式中，组织文化也有广义和狭义之分：广义组织文化是指区域教育系统通过“四元多维”模式设计、实施和推进而形成的系统组织文化，包含高校教师、城镇中小学教师、农村中小学教师、实习生等行为主体在合作教育教学研究实践中形成的大组织文化，主要依托实践共同体建设并表现为共同体的组织文化，既涵盖各具特色的各类教育的组织文化、具体学校的文化，又包括合作中形成的以多方共识为核心构成的共同文化。狭义组织文化指构成教育系统的各类型组织自身的文化，包括教育行政部门、高校、城镇中小学和农村中小学四元组织主体各自培育和建设的文化。已有研究从内容角度将学校文化分为教师文化、领导文化和学生文化等亚文化，从过程角度将组织文化建设区分为创建、维系和创新等基本阶段。本研究依据促进各类教师专业发展的目标和主要特征，重点分析区域教育协作中形成的以教师文化为主要内容的组织文化的创建、维系和创新。

霍夫斯泰德依据自己在IBM公司进行的文化差异调查研究提出组织文化的分析框架，在彭麦克补充下形成衡量价值观的五个维度：权力距离，不确定因素规避，个人主义/集体主义，男性化/女性化，以及长

① 季诚钧，肖美良. 中外学校组织文化研究之比较［J］. 教育研究，2006（3）：83-86.

期取向/短期取向。这对“四元多维”模式下的组织文化培育有较强的启示和借鉴。权力距离的大小在一定程度上影响组织中人们对自己位置的认识、态度和上下级之间的沟通方式，在权力距离小的组织中，下属对上级的依赖减小，两者间多是一种互依关系，且崇尚平等协商；在权力距离较大的组织中，下属对上级要么高度依赖，要么完全拒绝（即心理学上的反依赖，实质也是一种依赖，因为下属的决策和行为是非独立、非理性的）。不确定因素规避反映了组织成员对未知与不确定性的态度，回避程度高的组织文化比较重视权威、地位、资历、年龄、规制和绝对知识等，回避程度低的组织文化则较少规制，对于反常的行为和意见及哲学、宗教的不同主张比较宽容①。个人主义/集体主义反映了社会总体中人们对个人利益或者集体利益的取向及关注程度，个人主义取向的社会人际关系松散，人们主要关心自己和小家庭；集体主义取向的社会人际关系紧密，人们更多地关心大家庭，强调绝对忠诚。男性化/女性化反映组织文化中突出的性别特质，男性化组织文化推崇竞争性、独断性等男性气质，女性化组织文化则更强调谦虚、关爱等女性气质。长期取向/短期取向表明组织成员对延迟其物质、情感、社会需求的满足所能接受的程度，长期取向反映了有道德的生活价值追求性和来源合理性，对世界经济的发展有重要的影响。短期取向反映了重眼前实利的生活对传统的尊重和对社会责任的承担，其未来指向性相对较弱。

在“四元多维”模式的组织文化培育中，鉴于学校组织特征、多组织协作和组织成员多民族构成等状况，适宜建立权力距离小、不确定因素回避程度低、兼顾集体主义与个人主义取向、以女性特质为主要特征的长期取向的组织文化。学校是知识分子汇聚的场所，学校组织以科层制为主要组织形式，但又具有松散结合的特征，在学校中有教学系统和行政系统，还有大量非正式组织存在。权力距离过大，容易导致民主氛围和平等关系的破坏；在多组织协作进行的变革中，不仅变革本身有大量不确定因素，组织间的协作也会出现很多新的现象和问题，需要各组

---

① 李文娟．霍夫斯泰德文化维度与跨文化研究［J］．社会科学，2009（12）：126-129.

织成员平等协商、积极探索，形成回避程度低的组织文化；系统思维下的区域生态建设和实践共同体培育要求组织中的教师有一定的集体主义取向，而教师职业和专业发展的个体性又要求教师在具体教育教学实践中有一定的个人主义取向；实践共同体以关爱、共享、互惠为主要特征更符合女性文化特质；教育发展和生态建设的长期性要求组织文化必须偏重长期取向。

“四元多维”模式以实践共同体为载体进行广域系统性组织文化的建设，这一建设是建立在各学校自身文化建设的基础之上的，而学校组织文化的建设又会受到学校的组织形态和组织结构的影响。在终身学习背景下，学校理想的形态是建设成扁平型的学习型组织。彼得·圣吉在《第五项修炼》中提出超越自我、改善心智模式、建立共同愿景、团队学习和系统思考是改善个人与组织思考模式，是组织向学习型组织迈进的主要方式，而系统思考则是整合五项修炼的关键因素。据此可以认为，学校组织文化的理想形态是建设成由积极进取的成员及其构成的团队通过对学校及其发展的系统思考和创新实践而形成的锐意革新的共同文化愿景。

“四元多维”模式还需要立足各校组织文化建设实践共同体文化，这种共同体是由不同主体构成的不同层级的共同体嵌套而成，其组织文化也是由不同层级的共同体文化融合而成的。比如，学生实践共同体、师生实践共同体和教师实践共同体及跨域实践共同体尽管层级不同，但因部分主体的交叉构成了联系密切、功能多样且层次参差的实践共同体。在共同体文化的建设与承载中，基于系统思考而设计的“四元多维”模式，一方面要加强各成员组织的文化建设与改进，另一方面也要着力培育由各类学校协作共生而形成的实践共同体文化。广义组织文化建设与狭义组织文化建设同时推进，而狭义组织文化建设的基础和重点在教师文化的建设上。

建设教师文化的基础是对教师职业的认识。佐藤学依据沃勒的“飞镖”隐喻、洛蒂的“地方性流行病”隐喻分别提出教师职业的回归性、不确定性特征和教师职业实践中的“无边界性”特征，据此分析了教师职业的存在论危机，主张破除教学过程的法则性认识神话、普遍教学论神话、学科教育学神话、教学研究主导性神话，而将教学过程视为师生的文化和社会实践过程。“教师文化是紧扣课堂实践生成的，是处置对教师的过剩的期待与课堂的现实制约之间所产生的对立与冲突的副产品。教师文化的生成舞台是课堂，它的创造者是教师自身，它的根基在于课堂结构本身。”① 教师文化以制度文化为基础，遵循学校制度与课程所规定的“计划规则”，也会发展出基于学校人际关系的“行为规则”。明了教师文化的来源、基础和生成场域，可以为教师文化建设提供基础和依据。

教师文化的形成，在一定程度上取决于教师的形象设定。在公仆型实践者、劳动者式实践者向技术熟练型实践者，再到反思性实践者的教师形象转变中，反思性实践者的教师形象体现了对官僚制度文化的对抗和对专业文化的追求，更能反映教师实践的“回归性”“不确定”和“无边界性”特征。以课堂的经验世界为圆心的同心圆扩展为教师成长提供了契机，突出了教师实践的“反思性”特征，反映了教育实践的“语脉依存性、价值多元性和理论复杂性”，而同年级、同学科教师的见识和学校文化的成熟程度，是影响教师成长的决定性因素。走向共同体及其文化建设是对抗教育实践的“无边界性”的主要趋向②。

教师实践共同体文化的建设必须包含和经由合作。在教师与各领域专家合作开展“实践性讨论”时，若要形成以广泛的理论知识为基础的“实践性话语”，则必须建立在教学是“一种在复杂问题情境下以高度的专业见识为基础展开的不断的决策的实践”③ 的认识上。而合作进行的“实践性讨论”将进一步促进教师的实践性研究，成为提高他们专业见识的基础。不同领域的教师在合作研讨中丰富其理论性与实践性的同时，也能更好地确立教师的专业性和自律性。

① 佐藤学．课程与教师［M］．钟启泉，张华，译．北京：教育科学出版社，2003：262.
② 佐藤学．课程与教师［M］．钟启泉，张华，译．北京：教育科学出版社，2003：264-268.
③ 佐藤学．课程与教师［M］．钟启泉，张华，译．北京：教育科学出版社，2003：232.

第二节 改革高师实践教学，夯实模式的内在基础

高校推进教师培养模式改革，强化教师教育实践教学，以高质量的师范生输出作为“四元多维”模式建构的基础。借助免费师范生计划修正培养目标，调整课程结构；以培养“反思性实践者”为目标，以准教师的反思能力、实践能力和创新能力培养为重点，调整课程设置——增加通识课程、浓缩专业课程、突出教师教育课程的实践指向，并保证理论课程与实践课程的内在嵌合（包括时间上和内容上）；提高教师学历，将本科师范教育与教育硕士、教育博士教育贯通进行。这些都是提高高师师范生培养质量的必要举措，而加强和改革实践教学是其中的重点、核心，也是难点。改革高师实践教学需要系统的设计和全方位的努力，最为重要的是转变实践教学理念，变革实践教学内容，加强实践教学管理。

一、转变实践教学理念

教学不仅是知识的授受和技能技巧的形成，更是一种文化实践和社会实践。好的教学需要教师在教师、学生与学科形成的“疯狂三角”中，“应对不断变化的情境、学习需要、挑战、问题和两难”，学会在“教学内容目标和一般的课程目标以及关照学生兴趣、能力、起点和途径之间维持良好的辩证关系（这好像要同时完成两个螺旋重复地缠绕，分开，再缠绕）”①。这不仅要求教师具有广泛的、整合良好的知识——关于学习与发展、社会背景与文化、语言与表达、课程与教学等；而且要有正确的教学观——反对理论与实践“二分”的教学观，认识到教学是理论植根实践并与实践不可分离的专业；同时合理控制“学徒观察”可能带来的干扰——职前教师带到课堂的未经检验的信念，以

① 帕尔默. 教学勇气：漫步教师心灵［M］. 吴国珍，等译. 上海：华东师范大学出版社，2005：2.

合适的视角和切入点对其进行矫正；并以有力的临床实践来帮助未来教师学会教学——面对“像生命一样广泛和复杂”的学科和“远比生命更为广泛和复杂”的学生，平衡教学中各种复杂的变量，权衡“多维的有时甚至是相互竞争的目标”，协调不同内容的要求和个体与群体的需求①。

师范毕业生在就业中暴露出来的常识缺乏、经验太少、信念不明与能力不足等弊端，唤起了教育界对师范生培养过程及效果的反思。实践教学薄弱被一致地认为是产生这些问题的主要原因，加强实践教学成为近年教师教育改革的重点②。但是，人们对实践教学中理论与实践关系的认识依然没有发生本质的转变，对实践教学培养师范生专业素质和综合素养的作用及其作用发生机制依然缺少深入的研究和有说服力的研究成果，以致普遍认为加强实践教学就是要加大实践教学的量——增加时间和丰富形式，而对建立和完善实践教学体系及促进其与理论教学的协同配合关注不足。杜威等教育家洞悉了教育实践中实践教学薄弱的症结，提出反转理论与实践关系是重视实践教学并合理设计实践教学的前提：在教学类型的构成上，理论课与实践课的比例及关系可以得到科学的划分和有效促进；在课程设置上，理论课与实践课各自的体系及其间的互补关系得以进一步明确；在教学实施中，丰富多样、指向实践的教学方法形式更有利于学生对知识的掌握和应用；在教学效果评价上，更关注和突出实践教学对师范生的理念形成、素养提升和实践能力增强的作用。

重视实践教学的职前教师教育致力于培养未来教师的专业思考和专业行动（运用快速复杂的判断和熟练的技能诊断及分析非惯例式具体情境并做出适宜应对）。Linda Darling-Hammond 总结了有效教师教育的七个一般要素，全都跟实践教学密切相关：共同的、清晰的、好教学的愿景贯穿于所有课程与实践经验中；用界定清晰的实践和成绩标准指导和评价课程与临床工作；课程围绕儿童的知识和青少年的发展、学习、社

---

① DARLING-HAMMOND L. 有力的教师教育：来自杰出项目的经验 [M]. 鞠玉翠，等译. 上海：华东师范大学出版社，2009：27.

② 王华荣. 构建教师教育全程实践教学体系的探索 [J]. 中国大学教育，2010 (4)：87-89.

会背景、内容教学法，在实践背景中教学；广泛的实践经验以支持观念和实践同时呈现，与课程紧密结合；帮助学生的清晰策略（了解自身关于学习和学生的深层信念和假设，以及从不同于自身的人们那里学习经验）；紧密的关系、共同知识、分享的信念，中小学与大学合作；案例研究方法、教师研究、表现评估、档案袋评估，将学习应用于真实的实践问题[①]。

二、变革实践教学内容

传统实践教学在内容构成上较多地关注教师各项技能的训练而忽略了学生的学习，这一方面跟教师教育者的观念和行为高度相关——技术熟练者理念下的教师教育视教师基本技能为教育目标与任务的全部；另一方面也跟区域基础教育的发展实际密切相关——当区域教育的发展水平尚处在关注教师的基本技能及课堂教学常规的阶段时，学生的学习通常处于被忽略的状态。

改革实践教学内容不是简单增减或小修小补，而应依据理论服务于实践的理念和教学需综合考虑知识逻辑、儿童心理、社会环境等理论对实践教学进行重构，即系统设计贯穿全程、形式多样，既自成体系又相互配合的职前实践教学体系。鉴于不同专业课程设置上的差异，这里重点从教师教育课程角度进行职前教师培养的实践教学设计。

从类型上看，实践教学体系由课内实践、校内实践、配合课程的校外实践和自成体系的校外实践四部分构成。课内实践针对教师教育理论课和实践课而言，理论课教学中融入实践教学的内容和形式，以来自中小学一线的真实经验、困境及问题等为分析案例、讨论主题或研究课题，引导师范生关注一线教育教学实践，并在对实践问题的思考、分析、讨论及研究中形成相应的技能、策略和观念，并以情景扮演等方式模拟实践，尝试解决问题；实践课则重点培养师范生的从教技能与策略：从基础性的表达、沟通、批判思维及问题解决，到专门性的“三字

① DARLING-HAMMOND L. 有力的教师教育：来自杰出项目的经验［M］. 鞠玉翠，等译. 上海：华东师范大学出版社，2009：28-32.

一话”、现代教育技术、教师口语、微格教学、班主任工作、课堂教学管理等，再到综合性的“听—说—评”课、模拟上课等，使未来教师的技能日渐丰富和熟练，并逐步形成一些教育教学的策略与智慧。校内实践主要是充分利用大学校园的课外活动尤其是各种竞赛活动、社团活动训练和发展师范生的一般素养及能力，如演讲、外语、表演、艺术等。配合课程的校外实践主要以经典教师教育课程“心理学”和“教育学”为例设计，“心理学”主要关注通过专门量表测评、专题调研等方式掌握某学段儿童心理发展的总体特征、类别差异及特殊儿童个体特征等，重点是了解和研究目标儿童的学习心理，以便为未来的职业工作奠定良好的基础；“教育学”主要关注区域经济社会、地方文化及社区等对教育发展的影响，并对地方教育中的某些特定项目进行调查和研究。自成体系的校外实践从大一至大四全程设计，包括认知性实践（实地一般性了解对象）、研究性实践（深入了解特定对象）、体验性实践（体验特定角色或活动）、观摩性实践（看别人怎么做）、操作性实践（自己尝试怎么做）和改进性实践（反思改进后该怎么做）等类型；内容包括走进学校（了解校园建筑、安全、文化传统、组织结构及日常工作）、走近学生（了解学生的阶段特征、校风学风、特定年级/班级学生整体及两端学生的特点）、走近教师（了解教师职业、角色、工作内容；关注不同类型教师的差异）、走进课堂（“听—说—评”课为主）、走上讲台（短期教学实践），再经历实习支教和返校后的总结反思，体现远观—近触—体验—操作—改进的实践逻辑（表 8-1）。

在具体教学模式上，借鉴华中师范大学马敏、王坤庆等学者提出的“三结合整合式”教学，既注重知识积累与价值观养成、课堂与社会实践、授导与自主学习的结合，又整合传统课堂教学、网络平台上的自主探究和任务驱动下的社会实践①，促进学生综合素养的提升与持续发展能力的增强，最终成长为有良好知识与素养基础和较强适应能力的合格教师。

---

① 马敏，王坤庆，王继新．“三结合整合式”教学模式探索：《中国近代史纲要》课程教学改革的理论与实践［J］．教育研究，2009（3）：103-106.

表 8-1　职前教师教育全程实践教学体系举例

实践系列	课堂教学实践		校内活动实践	配合课程的实践		自成体系的实践	
	理论课程	实践课程		心理学	教育学	内容	时间/性质
实践形式/内容	案例分析	综合素养（演讲与口才；专题思维训练）	素养型课外活动	某学段儿童心理发展测评	教育与区域经济社会发展	走进学校（了解校园建筑、安全、文化传统、组织结构及日常工作）	大一上学期（认知性实践为主）
	主题探究	教师基础技能（“三字一话”；现代教育技术等）	技能型课外活动	不同儿童心理发展比较	地方文化与教育	走近学生（了解学生的阶段特征、校风学风、特定年级/班级学生及两端学生的特点）	大一下学期（研究性实践为主）
	讨论辩论	教师专项技能（教师口语；微格教学；班主任工作、课堂教学管理）	教师技能型课外活动	特殊儿童心理发展个案	社区教育发展状况调查	走近教师（了解教师职业、角色、工作内容；关注不同类型教师间的差异）	大二上学期（体验性实践为主）
	情景扮演	教学综合技能（“听—说—评”课；课堂教学管理实践）		不同阶段儿童学习策略比较	地方/校本课程调查	走进课堂（“听—说—评”课为主）	大二下学期（观摩性实践为主）
						走上讲台（短期教学实践）	大三上学期（操作性实践为主）
						实习支教	大三下学期或大四上学期（操作性实践为主）
						总结反思	大四上/下学期（改进性实践为主）

实践教学和学生自主实践活动在教师职前培养中最有价值却最为薄弱，源于人们对实践体验的误解和忽视。实践体验对未来教师的认识、眼界、襟怀和行动的影响是不可替代的。体验不仅可以帮助我们经历过程、深入事物及其关系的内部，获得身处其中的丰富而微妙的心理感受；更可以帮助我们明白自己的内心，了解自己的需要、向往、渴望或承受的阈限，发展出自己对所处环境、所面对事物的感情。诚如帕克·帕尔默所说：“体验是要冒险的。我们很少预知哪些东西会赋予我们生命与活力，哪些东西会削弱我们的生命与活力。”① 体验的作用不仅在于能丰富认识与情感，形成态度与作风，发展技能和能力，更对人们未来的选择产生重要的影响，人们总是视体验的结果来做出顺心明智的选择。只有在实践教学的实际体验中，我们才会形成对教育教学的某些特殊的认识与情感，才会明了自己内心对教育教学是否认同、是否喜欢、是否适合，也才能帮助师范生做出真实而可靠的选择。因此可以说，缺少实践体验的职前教师培养是不合格、不完整的，甚至是有害的。

三、加强实践教学管理

管理是通过对组织或活动中的人、财、物、时空、信息等要素的科学组合和充分利用，以实现组织目标的过程，包含决策、计划、组织、人员管理、指导与领导、控制、创新等职能，对活动的顺利开展起着导向、调控、促进等作用，主要目的是提高活动的效果、效率和效益。针对实践教学过程存在的主体不明、责任不清、内容随意、条件缺失、监控不力等问题，从管理活动四要素管理主体、管理客体、组织目的、组织环境或条件角度进行考察，加强实践教学管理需要选择和激励实践教学行动主体、明确和规范实践教学内容、建立和完善实践教学规制以及创设和保障实践教学条件。

---

① 帕尔默. 教学勇气：漫步教师心灵［M］. 吴国珍，等译. 上海：华东师范大学出版社，2005：16.

（一）选择和激励实践教学主体

高校实践教学的主体包括高校教师和师范生。无论不断更新的教育理念如何强调学生的主体地位，教师在实践教学中都负有不可或缺的组织、指导和激励责任。在职前教师教育实践教学中，教师教育者的素养与实践能力是关键的制约因素。现实的需要、政策制度的要求可以让教师教育者在较短的时间内深化对实践教学作用意义的认识，转变其实践教学观念，却不能迅速提高其综合素养和实践指导能力。针对调研中发现的承担职前实践教学的教师教育者普遍存在的实践意识较弱、实践能力不强、实践形式单调、实践指导不力等状况，高校的管理中急需解决的是实践教学教师的储备、提升和有效使用等问题。调查发现，不少地方高校的实践教学教师大多是从具体专业中分流出来的擅长理论思维和理论教学的教师，较少深入基础教育一线，自身也缺少中小学教学实践，在指导师范生时带有较强的“学科”痕迹和“高校”痕迹，在一定程度上制约或“误导”了师范生的实践能力发展。高校需要从多方面着手加强实践教学队伍的整体提升：首先，以加大引进力度和提前引导转型、专门培养等方式加强实践教学师资的计划、储备，避免“舍长用短”或“以次充好”。其次，以政策制度激励现有实践教学师资以自学、进修、学历提升或走入中小学等方式提高自身实践教学的示范和指导能力。最后，选拔优秀的中小学一线教师进入高校参与实践教学，为师范生现身说法、有效示范并客观点评。同样，作为主体的师范生则需要在教师的引导、激励下提高自身参与实践的主动性和积极性，学校和院系可以通过教育引导、素质教育认证、荣誉称号授予、与评优选先挂钩及现金奖励或补助等多种方式激发师范生参与实践教学的热情。

（二）明确和规范实践教学活动

尽管不同高校的管理重心和具体管理方式不同，但不能否认的是实践教学活动的顺利开展需要大学和院系的共同努力。大学需要引导和督促承担学科专业建设的各院系建构适应地方发展需要、突出专业特色并具有较强可操作性的实践教学体系，明确各专业实践教学的类型、内容、形式、时间及不同实践教学类型之间的关系及内部的行动逻辑，制定全面、客观、有效地评价实践教学质量的标准，加强实践教学过程的检查和督导，形成相应的奖惩制度，为实践教学的开展提供导向、条件和动力；院系则需要细化落实实践教学方案，做好实践教学的动员、计划、指导、监督、评价和改进等，保证实践教学活动顺利开展并取得预期效果。

（三）建立和完善实践教学规制

建立和完善高校和院系两级关于实践教学管理的规章制度，形成实践教学的日常运行机制、评价督导机制和反思改进机制。日常运行机制主要指确定并落实各种实践的目标任务、责任主体、实践形式、时间频次、实施过程、评价标准等常规性制度，包括高校内部的各种实践教学的运作机制（如课内实践、校内实践等）和高校与中小学合作开展实践教学的协同机制。评价督导机制则是建立针对实践教学活动过程的动态的、多元主体参与的单项评价和总体评价机制，并以此为依据展开督促与指导。评价和督导的主要内容包括设计是否合理、是否按设计要求实施、如有变更是否有合理解释、实施过程中教师的能力素养及具体方式方法对实践教学的影响、学生参与积极性的高低、实践教学效果是否达到预期等。督导的目标不仅在督促各种实践教学活动顺利展开，还需要针对发现的问题做好引导和指导，使实践教学的施行者和管理者获得新认识、新理念、新方法或新途径，这需要督导者的专业底蕴和实践经验。

（四）创设和保障实践教学条件

“教育是引导学生迈向理解和生存于世界的更真实的精神之旅”，教学是有意图地为学生的学习创造条件的行动，实践教学是让学生在观察和操作中认识、体验、思考的活动，诚如帕尔默所说：“无论我们做什么，最能获得实践效果的东西是，在操作中去洞悉我们内心发生的事。”[①] 实践教学不同于理论教学的不仅是理念和功用，还在于实施条

① 帕尔默. 教学勇气：漫步教师心灵［M］. 吴国珍，等译. 上海：华东师范大学出版社，2005：6-7.

件的不同。除课堂教学中的某些特殊实践形式外，其余类型的实践都需要相应的设施、场地或经费。观摩、见习、调研、实习等需要合适的对象和特定的场域，需要专门的时间、场地、器材或其他资源，管理部门的职能之一就是创设或提供一定的条件以保障实践教学顺利开展。就场地而言，多数实践课程需要专门的教学场地，如微格教学需要配有录播设备的微格教学训练室，有些校内实践需要专门的功能教室或场馆，配合课程的实践和自成体系的实践都以校外实践为主，需要在中小学一线建设实践基地。实践基地的建设需要考虑好选点和布局：一是根据学科发展需要和发展实际选择有较新发展理念、较强发展意愿和务实工作作风的中小学合作建设，如果有正在变革中的学校就更为理想；二是考虑中小学布局结构，选择特色较为鲜明、位置优势明显的中小学进行建设，也可以是对薄弱学校的改造，建成以后可以对周边形成辐射，有利于以点带面推动中小学教育改革。当前，有些高校与中小学采用“菜单勾选式”合作，罗列出高校对中小学的协作要求和高校能提供的各项服务，让有合作意向的中小学依据自己的需要和特色勾选合作项目，具有较强的针对性和适应性。就设施而言，大部分实践教学需要专门设施，如多媒体教学设备、摄像机、电脑等。就经费而言，带有竞赛性质和需要专门器材的实践活动以及校外实践都需要经费，这些经费不仅包括活动中消耗的材料和支付给学生的交通费及补贴，也包括教师的交通费、劳务费及聘请专业人员的费用，甚至还包括支付给实践基地的政府专项拨款（如实习支教中实习生的生活补贴）以外的各种费用。场地、设施、经费等基本实践条件的保障是做好实践教学的基础，是配合观念转变和行动改善、改进职前教师教育实践教学的前提条件。

第三节 细化实化模式设计，奠定模式的实施框架

《规划纲要》《中共中央关于全面深化改革若干重大问题的决定》及 2015 年教育部工作要点都要求推动并全面深化教育综合改革，为

“四元多维”模式的设计和实施提供了导向和依据。但在模式的应用过程中，尚需对模式做适应性分析和地方化改造，做好充分细致的奠基工作。经由多方会商形成合理可行的实施方案，建立多方协同发展的规章制度和实施机制，组建多主体参与的领导及协调队伍，合理调配人员及经费等，形成“四元多维”实践教学模式的实施框架，方能保障模式的顺利实施并彰显其综合效能。

一、形成合作意愿，明确各方权责

巴纳德社会系统理论认为，具有自由意志、有限选择能力和合作意愿的有限理性人的合作行为组成的合作系统构成了社会的各级组织，共同目标、平等地位和参与各方的异质性是构成合作的基本要素，合作意愿、共同目标与信息沟通三个核心要素在系统中的动态维持决定了合作系统的存在和运行状态①。在“四元多维”模式倡导的大范围多主体综合改革中，多方主体通过平等协商明确教育发展的共同目标，表达合作意愿，形成改革共识，依据自身发展需要表达各自的利益诉求，同时明确各方责任，在此基础上形成合理可行的合作方案，并充分论证方案的可行性，敲定协作条件及细节，才能形成成熟可行的实施方案。

（一）形成综合改革和协同育人共识

在教育领域进行综合改革，是中国特色社会主义发展在现阶段提出的新要求，是社会发展与教育发展自身的深层需要，是我国改革进程中的各种收效与矛盾在攻坚期、转折期的持续积累、集中爆发与根本调整。在这样的大趋势和明确的政策引导下，以渐进性教育改革为主要进路，“四元多维”模式的参与各方需要与时俱进，不断更新观念，在政策学习、发展实践中加深对教育发展的社会背景、时代需求和未来趋势的认识，在政府牵头、高校引领、多方协作及会商沟通中形成以下共识，方能激发改革活力，减小阻力，使改革行动保持必要的张力。

---

① 张俭民，董泽芳. 大学生评教如何从失真到归真：基于巴纳德社会系统理论的视角 [J]. 教育发展研究，2014 (19)：26-31.

共识一：深化教育领域综合改革是全面深化改革的必然要求和重要组成部分。2013 年中共第十八届中央委员会第三次全体会议通过《中共中央关于全面深化改革若干重大问题的决定》，指出改革开放三十五年来，我国在经济体制、政治体制、文化体制、社会体制、生态文明体制和党的建设制度等领域进行了改革并取得了丰硕的成果，开创和发展了中国特色社会主义，并进一步坚定了全面改革的决心。确定全面深化改革的总体目标是“完善和发展中国特色社会主义制度，推进国家治理体系和治理能力现代化”，围绕总目标从经济、政治、法治、文化、环境等多方面进行配套改革，必须更加注重改革的系统性、整体性、协同性。其中，“深化教育领域综合改革”作为“推进社会事业改革创新”的首要任务，与健全促进就业创业体制机制、形成合理有序的收入分配格局、建立更加公平可持续的社会保障制度、深化医药卫生体制改革一起，共同解决人民最关心、最直接、最现实的利益问题，体现了教育在经济社会发展中的基础性、先导性、全局性影响和战略基础地位。

共识二：进行教育领域综合改革是破解教育深层难题，促进教育整体发展的必需路径。世界的生成特性和事物间的内在联系决定了人类认识和实践的渐进性、整体性。教育改革进入深水区、攻坚期后体现出复杂性、艰巨性、发展性等特征，只有把握主动性，掌握规律性，发挥创造性，加强改革的整体性、系统性、协同性，才能集合不同范围、不同系统的力量集中破解教育难题。在教育机会公平基本得以解决之后，增强教育活力、提升教育质量成为当前最紧迫、最艰巨的改革任务，教育中利益相关者增多与教育对社会的影响日盛加剧了这一改革任务的紧迫性和艰巨性。通过强化统筹整合，使体系“上下贯通、左右衔接、相互协调、科学合理”，形成“主要环节相互配套、协调一致”的体制、“多方参与、合作共赢”的机制[①]，实现体系的重构、体制的转变和机制的完善，才能真正解决优质教育资源短缺与教育质量整体提升之间的矛盾。鉴于农村教育在我国教育总体系中的重点和难点地位，20 世纪

① 曾天山. 教育综合改革的现实意义和实践路径［J］. 教育研究，2014（2）：4-12.

80 年代我国开始进行农村教育综合改革，试图以“三教统筹”“农科教结合”及“燎原计划”“星火计划”“丰收计划”等一系列措施调整优化农村教育结构，提高农村劳动者综合素质，培养地方发展所需人才，逐步建立适应现代化需要的农村教育体系。21 世纪初，借鉴农村教育综合改革的成功经验和奠定的良好基础，开始推行城乡教育统筹改革，以解决我国城乡“二元对立”带来的城乡教育差异，促进城乡教育一体化发展。在苏州、昆山、成都等市级统筹城乡发展教育改革试验的基础上，重庆、上海、山东等地正在进行省级政府统筹下的教育综合改革试点并已初见成效。城乡统筹教育改革为农村综合教育改革提供长效动力和制度保障，两者共同服务于农村教育持续发展和农村社会整体改进的目标。

共识三：进行教育领域综合改革是深化课程教学改革的必要前提。综合教育改革比局部或单项教育改革更重视教育内部的系统性、整体性和教育与外部社会系统的辩证关系，更有利于统筹教育内部各种力量和资源，协调教育内部各部分、各要素之间的关系，为教育核心内容与关键环节的改革提供良好的环境和有力的支持。纵观新中国成立后我国的教育改革，早期基本着眼于教材、课程、教学等核心内容上，尽管决心巨大、投入良多但收效总不能满足预期，原因就在于教育是一项系统工程，各要素、环节之间相互影响和制约，只抓住部分而不着眼于整体的改革难免有“事倍功半”之嫌。只有在涵括办学方向、教育思想、教育体制、教育结构、教育管理、教学内容的整体改革的基础上，课程教学改革才能取得良效。当然，任何不触及或直面课程与教学的“区域推进都是肤浅的、局部的、低效的和不可持续的”①。2014 年 4 月，在第八次课程改革全面实施十年之后，为贯彻党的十八大和十八届三中全会提出的“立德树人”这一教育根本要求，教育部颁布了《教育部关于全面深化课程改革 落实立德树人根本任务的意见》，针对当前课程改革中存

---

① 武云斐. 合作 共生 共赢：大学与中小学合作变革的内生逻辑研究［D］. 上海：华东师范大学，2012：162.

在的重智轻德，高校、中小学课程目标有机衔接不够，招考、评价制度与课程改革不配套，教师育人意识和能力待加强，课程资源开发利用不足，支撑保障课程改革的机制不健全等问题，要求全面深化课程教学改革，整体构建符合教育规律、体现时代特征、具有中国特色的人才培养体系，建立健全综合协调、充满活力的育人体制机制，关键领域和主要环节的改革实现学段、学科、环节、教育力量、教育阵地五个“统筹”[①]，切实加强课程改革的组织保障[②]。

共识四：“四元多维”模式就是通过多主体协同配合实现多方共赢的教育综合改革。全面深化课程改革要着重实现三大目标：一是基本建成高校、中小学各学段上下贯通、有机衔接、相互协调、科学合理的课程教材体系；二是基本确立教育教学主要环节相互配套、协调一致的人才培养体制；三是基本形成多方参与、齐心协力、互相配合的育人工作格局，田慧生将其概括为“建成一个体系、确立一个体制、形成一个格局”[③]。“四元多维”模式正是从实践教学这一薄弱点切入，遵循高师与基础教育的内在逻辑，整合多方教育力量，设计贯通教育全程的课程、教材、教学，建立环节、形式配套协调的人才培养机制，在合作、协同的动态系统中形成异质、互惠、共在的共生关系。共生关系下各主体均可获得超越独立状态的自我发展和利益回报。只有形成共生意识，才可能抛开局部私利和井蛙之见，尽最大努力去创设良好教育生态；只有统合多方力量，才能发挥教育资源的整合优势，形成协同育人格局；只有

① “五个统筹”为《教育部关于全面深化课程改革 落实立德树人根本任务的意见》提出的“统筹小学、初中、高中、本专科、研究生等学段（包括职业院校）；统筹各学科，特别是德育、语文、历史、体育、艺术等学科；统筹课标、教材、教学、评价、考试等环节；统筹一线教师、管理干部、教研人员、专家学者、社会人士等力量；统筹课堂、校园、社团、家庭、社会等阵地”。

② 教育部. 关于全面深化课程改革 落实立德树人根本任务的意见 [EB/OL]. (2014-04-08)[2015-10-12]. http://www.moe.gov.cn/srcsite/A26/jcj_kcjcgh/201404/t20140408_167226.heml.

③ 田慧生. 落实立德树人根本任务 全面深化课程教学改革 [J]. 课程教材教法，2015 (1)：3-8.

加强协作机制的建立、实施和完善，才能保障协同育人活动的顺利实施，才能着眼于一定区域内教育的整体发展和生态建设，从根本上理顺和协调教育内部的各种关系，实现教育结构的优化和教育功能的整合。“四元多维”模式反映、维护和发展了高师与中小学既相互依存又相互制约的逻辑关系，使高师与中小学的关系从隔离、对立走向伙伴共生，同时强化地方政府在教师培养和教育发展中的作用与责任，使其成为高师与中小学协作的关键力量，为以实践教学为抓手的教育综合改革与区域教育生态建设提供导向、指引、环境和保障。

（二）表达各自合理的利益诉求

“四元多维”模式在地方政府统筹、引导与规范下，以实践教学为支点促进高师与中小学全面深度合作，也推动城乡中小学之间的交流、合作与均衡发展。参与该模式的各方既有在教师培养方面的共同而有区分的责任，也有各自的发展目标和任务，因此在统筹协作过程中，各方的利益诉求并不一致。尽管有国家政策与地方教育主管部门的引导、规范和保障，但协作本身还需要参与的四方主体主动、自愿，才能保障协作的内容、过程与效果。就高师而言，在“四元多维”模式中最直接的诉求就是希望城乡中小学提供良好的实习条件和有力的实习指导，确保实习生的实践质量和实践效果，抓好教师职前培养的关键环节，促进高师人才培养模式改革和人才培养质量提升。然而，师范生培养是多因素间复杂关系综合作用的过程与结果，人才培养方案的科学制定、课程设置与实施、教师教育者的素质等都是其中重要的影响因素，因此高校还希望城乡中小学能够参与高校人才培养并为教师教育者提供研究实践的机会，前者主要指城乡中小学选拔优秀教师参与高校人才培养方案制定、实践课教学及专题性的讲座、报告等，后者主要指高校教师深入城乡中小学工作（以支教、挂职等形式）、调研、合作科研、参与中小学学校发展规划等。就城乡中小学而言，在促进教师终身持续专业发展、全面深化课程改革及培养“反思性实践者”或“研究型”教师的背景下，中小学教育教学改革方兴未艾，学校成为教研的主体和主要阵地，校本教研成为教育教学改革的核心动力，教师则成为教研开放系统的中枢[①]。依据国家政策、地方教育发展和学校实际制定适宜的发展规划和实施方案，以培训、教研和小课题研究等方式开展促进教师专业发展的校本活动，学校正在或即将进行的教育教学改革等都需要教育专家、学科专家的指导和相应理论的支撑，在职教师的学历提升或集中培训尤其是订单式培训更离不开高校的支持，这些都是中小学对高校的诉求。在城乡中小学内部，农村的教师和学校的发展离不开城镇的教师和学校的支持，城镇教师到农村援教，农村教师到城镇学校跟岗学习，城乡学校结对发展，反映出薄弱的农村教育要求分享丰富、优质的城镇教育资源，以师资的相对均衡配置来缩小城乡教育差距，促进城乡义务教育均衡发展。作为联结主体的实习生，则对高校及高校教师、实习支教学校及指导教师等有给予自己成长体验、发展机会和发展支持的诉求。教育主管部门及其工作人员则希望通过政策执行、规范完善、技术指导和竞争激励等推动高校与城乡中小学间不同层次、维度的合作，形成合力兴教、协同育人的局面，不断提升区域教育实力。

需要注意的是，参与“四元多维”模式的各方在表达自身利益诉求时，都需要坚持基本价值导向并有效协调价值冲突，不仅教育政策是价值的“操作化陈述”及价值综合体[②]，教师的教育教学行为及多主体协作中的各种规范与行为也都是价值选择的结果，甚至各种制度、机制都是在互相冲突的价值中综合权衡做出选择抑或是多方利益主体的价值博弈的结果。

（三）明确并承担参与各方的责任

区域统筹下多要素协同参与的综合改革设计顺应了社会和教育发展的需求，但要警惕“属于所有人的财产是不属于所有人的财产”的“公地悲剧”[③]，在合作前明确各方责任可以有效避免这一悲剧的发生。明

① 黄迪皋. 从外推走向内生：新中国中小学教研制度研究［D］. 长沙：湖南师范大学，2011：159-164.

② 涂端午，魏巍. 什么是好的教育政策［J］. 教育研究，2014（1）：47-53.

③ 奥斯特罗姆. 公共事物的治理之道：集体行动制度的演进［M］. 余逊达，译. 上海：上海三联书店，2000：3.

确位元责任，做好分内事务是“四元多维”模式得以建构和运行的基本前提，也是各方参与“四元多维”模式的明智选择。明确责任在这里有三重内涵：一是宏观层次，高校、城乡中小学均应明确自身在教育体系中的定位和责任，思考自身的发展思路，制定发展规划和实施方案并贯彻执行，形成类别差异互补、类内各具特色的教育格局，这是模式得以建构的基础性前提；二是中观层次，“四元多维”模式的参与各方均应明确自身在教师培养与发展中的责任和作用，思考自身对教师发展应该而且能够做出的贡献，积极配合其他几方形成协同育师的局面；三是微观层次，在“四元多维”模式实践中明确并积极承担自身在具体活动或事务中的责任，建立健全协作机制和保障制度，主动积极地开展工作，尽可能根据现实需要与各方的行动协调一致。

政府、中小学和高校对区域教育的发展负有共同而有区别的责任。中小学要明确自身的“基础”属性，高校明确自身的“转承”地位，地方政府则需要在利用高校培养优质师资和引导、管理基础教育方面发挥积极作用。基础教育是整个教育系统的源头，对高等教育发展及教育整体质量提高具有奠基性、全局性影响。基础教育质量直接决定高校生源的质量，同时受制于高校提供的未来教师质量，而高校生源质量是影响教师培养质量的重要因素之一；高校对在职教师专业发展的指导与帮助的效果，反过来又成为影响基础教育质量的重要因素。基础教育与高师院校间形成循环制约关系，各方对自身责任的认识和履行程度决定了循环的属性是良性还是恶性。高校同时要积极参与区域政府教育决策与执行，以专业优势引导区域教育改革与发展方向，参与区域教育改革过程并为改革提供理论指导和智力支持。在高校、政府与中小学三方共同参与的基础教育学校发展规划制定及实施过程中，需要充分考虑社会的未来需求和学生的长远发展，重视学生的兴趣培养和能力生成，以学生的综合素养提升及可持续发展为终极目标，充分关注育人目标的内在一致性和学段衔接性，关注教育育人的本体功能与促进社会发展的派生功能的和谐统一。

高校、中小学和政府对教师发展负有共同而有区别的责任。在大学与中小学合作培养教师的过程中，需要达成三个目标：形成中小学的教师发展功能，形成中小学教师的专业生活方式，形成教育理论的实践建构①。同时，实现“两个回归”：研究者、理论工作者向实践的回归，广大教师的潜在研究能力的回归②。高校是培养和发展教师的主要阵地。在教师职前培养阶段，高校除在根据地方经济社会发展需求科学设置师范专业、制定适宜的培养目标、开设合理有效的课程及改革教学方法模式之外，还需要与中小学积极合作着力加强实践教学，为师范生的能力发展和素养提升提供优质的实践师资、充足的实践机会、良好的实践基地和有力的实践指导。在职后发展阶段，高校是教师集中培训的主要力量，也是在职教师校本发展渴望获得的指导和支持力量。当然，由于能参与“四元多维”模式实施的高校教师的数量较少，其指导和帮助只能是方向性、理念性和关键技术部分的。中小学要明确自身在教师培养与发展中负有的“主体”责任。中小学在师范生培养与教师专业发展中是责无旁贷的“主体”之一，有责任积极配合高校做好师范生实践的接纳、指导、协调、保障及组织在职教师进修等工作，主动接洽或积极配合高校做好双方互派教师深入参与对方工作的“渗透式”合作。地方政府要明确自身在教师发展中的导向、推动、保障等职责。师资是地方教育发展最核心的资源，也是地方政府可以介入、干预并取得持续效果的项目。在重视教师作用，保障教师地位，加强师资建设规划，给教师成长发展提供机会并完善相关制度与机制的建设与执行等方面，地方政府均是关键的力量并有巨大的可为空间。

高校、中小学和政府对“四元多维”模式的设计与实施负有共同而有区别的责任。比如，在支教初期，需要中小学对教师缺口进行详细、准确地统计并上报教育管理部门。教育管理部门汇总本县或本地区师资需求后，上报上一级教育主管部门备案，并与对口支教的各高校积极对接，在高校专业与中小学任教学科之间进行匹配，并在各高校内部平衡

---

① 宁虹，刘秀江. 教师发展学校的理念与探索 [J]. 人民教育，2003 (23)：16-17.

② 王长纯. 建设教师发展学校的基本思想 [J]. 中小学教师培训，2002 (5)：12-14.

各专业的需求人数，同时在本地中小学确定各高校支教大学生的分配原则、数量及可以置换的教师。再根据置换出的城乡教师的数量和质量，确定下一步参加城乡教师交流和高校集中培训的方案。这项工作看似简单，但因涉及不同单位且需要考虑的因素众多，统筹起来是相当复杂的，非常考验管理水平。而且，这项统筹工作也是后续活动安排的基础，直接影响后续开展的实习支教、城乡教师交流及教师集中培训的效果。

在“四元多维”模式中，高校要积极发挥引领作用，与中小学形成全方位、深层次的合作关系。引领与合作的关键是选派优秀合作教师。合作教师具有双重身份：一方面作为实习支教带队教师全面负责学生思想稳定、生活保障、人身安全及教育教学指导等工作；另一方面作为高校与中小学和教育主管部门合作的主要联络人，需要承担共同规划、动态协调、专业指导等工作，只有教学实践丰富、学术底蕴丰厚、工作态度严谨又长期扎根基础教育的优秀教师方能胜任。引领与合作也需要加强在职教师的培训，提升培训效果。区分教师专业发展的不同需求，开设时间不等、频次不一的“专家教师研讨班”“骨干教师培训班”和“教师进修班”，以合作实践中的鲜活案例和真实问题作为培训的主要课程资源，以案例教学、行动研究、课例分析和公开课展示等作为培训的基本方法，关注目标问题的持续改进和培训效果的循环改善。

在“四元多维”模式中，中小学要做好需求申报、生活保障、制度建设和过程指导等工作。根据学校发展规划和师资现实状况做好本校（区）教师缺口的统计、教师流动的计划与汇总、实习生的生活与安全保障及任务安排（尤其掌握好实习生的课程安排和课时量）等工作，并不断总结经验、查找问题、完善指导制度、强化指导队伍、创新指导方略。正是由于三方的通力合作，才能让不同类别的教师在共同的实践场域（中小学）实现生产和再生产，让职前教师和新教师在各类教师实践共同体中从边缘参与者逐步过渡到充分参与者，其中一部分持续提升为处于共同体核心的指导者。

在“四元多维”模式中，代表地方政府的教育主管部门需要做好协调、监督、保障等工作。改变政府远离教育现场的角色定位，明确政府在教育改革与发展中的“主导者”角色及相应责任，做好区域教育发展目标、过程及效果评价的统筹协调和动态调控。一是统筹教育改革与发展目标。根据区位分析和区域教育发展需要，会同各教育阶段专家制定本区域教育整体发展目标和各项子目标，以教师专业发展为主线，分析各项目标的内在联系及可整合程度，形成系统设计、层层细化的目标系列。二是统筹教育改革过程。出台相关制度，筹措专项经费，组建专门团队，建立具体工作机制，并对实践过程中出现的问题进行动态协调。如“四元多维”模式中一个关键性问题就是人员的计划与调配。实习生、农村教师缺口、可派出城镇教师及高校指导教师各是多少？置换出的城乡教师有多少可以参加城乡互置？有多少可以参加高校集中培训？……怎样对接才能既保证需要又不致闲置浪费？解决这些问题必须要做细致的摸底、计划和协调。三是统筹评价教育结果。综合评价各阶段各学校在教育整体改革及自身目标实现中的效果，重点衡量各级教育内部及其间在结构上的和谐程度，发现问题及时反馈与改进。

（四）论证方案可行性，敲定协作条件及细节

勾画和设计共同的、现实可行的教育未来发展蓝图，既是有效教育政策的要件，也是教育综合改革实践顺利推进并取得成效的前提。在设计、组织实施教育发展蓝图的过程中，要做好当前与长远、整体与局部方面的统筹兼顾。根据国家教育政策、地方教育发展实际和当前教育发展需要，地方政府、高校和中小学需要协调会商，做好以下几个方面的论证：

1. 多项目整合的可行性论证

“四元多维”模式以教师发展为主线，摄入多个教育改革项目，以实习生分别到城镇中小学和农村中小学顶岗实习，置换出的城镇教师和农村教师一部分到高校参加集中培训，另一部分城乡互换实践；高校教师则入驻选点建设的基地学校，以点带面与城乡中小学展开全面深入的合作，并积极辐射周边学校。在统筹教育改革的意义和必要性已经确证、统筹教育改革已经成为改革的主导趋势和现行政策的背景下，更需

要做的是根据本地区的实际情况论证多项目整合的可行性和整合的具体路径与方式。在“四元多维”模式摄入的项目中，教师教育实践教学改革、免费师范生和在职教师五年轮训均以教师培养和发展为直接目标，城乡义务教育均衡发展和学校改进则以教师质量整体提升和均衡配置为关键条件，围绕“教师”这一主线进行贯穿职前职后、突破空间场域的整合是可能的。将这些项目整合起来思考，在人员流转数量、场域转换频次、教育力量整合、机制建设和制度保障等多方面进行整体的设计和规划，并经多方磋商反复讨论，保证方案的完善与可行。

2. 人员有序、循环流转的合理性论证

人员流转是“四元多维”模式摄入多个项目、突破时空限制进行综合改革的重点和关键。人员双向循环流转是“四元多维”模式对已有实习支教模式的发展，也是该模式的显著特征之一。前述模式内涵图已经显示实习生、高校教师、城镇教师和农村教师间双向流转的理论合理性，在模式实践前还需要对人员总体规模、各类人员数量及合理匹配度、具体流转方向、流转数量、任务划分及工作衔接等具体内容进行商讨论证，做好“实习支教学生安排”“城乡教师交流”和“高校集中培训”等分类计划。做计划时既从长远发展与当前急需的辩证关系确定合适的人员流转数量，分步实现师资水平的稳步提升，又依据教育规律整合或重新规划各项具体任务，做好整体统筹和衔接协作，保障和提高教育质量。

3. 协作机制的可操作性论证

进行大范围多主体的统筹协作，需要科学完善的协作机制。主体的异质性是合作的前提和基础，也是合作中主要的阻碍。高师与城乡中小学不仅在工作目标、任务、内容、对象、场域等方面有差异，在价值观念、专业生活方式及组织文化等方面也有显著的差异。这些差异可能导致协作中观念、态度及行为方式等的冲突。城镇中小学与农村中小学尽管工作目标、任务、内容等基本相同，但教育对象的不同特征和教育理念、模式的差异仍然导致城乡教师观念行为有较大的不同，必须有明确稳定的机制在一定程度上限定或消除这种差异，避免合作中的对抗性、攻击性或消极懈怠。目前，高师与中小学的基本合作模式有两种：一种是政府主导的“自上而下”的政策型合作；一种是高校与中小学自发结成的“自下而上”的专业型合作。不同合作模式有不同的协作机制。基于双方共同改革与发展意愿及私人感情的专业主导型合作具有双方“情投意合”、主动性强等优势，双方容易就发展和改革的主要方向及具体问题较快地达成共识，具体问题的沟通解决也方便易行，但要如何克服“人走茶凉”及后劲不足等问题？政府引导下开展的政策主导型合作机制具有保障有力、可持续性良好等优势，但要如何激发改革与协作热情，解决被动应付、不推不动的惰性？这些都需要在具体实施前进行充分的考虑和可靠的论证。

4. 多方共赢效果的可预期论证

《财政部办公厅关于做好 2013 年“国培计划”实施工作的通知》中要求“各地要进一步创新完善置换脱产研修模式，细化项目实施流程，落实‘双导师’责任制，增加教师返岗实践环节，实现院校集中研修和优质中小学‘影子教师’实践有机结合，推动教师培养培训一体化改革”[①]。揭示了实习支教、置换培训、实践教学和城乡教师互换等在教师培养一体化中的关系。为保证实习、支教和在职提升的效果，需要综合考虑以下问题：根据城乡学校的需要合理分派实习生，协调和对接实习支教中顶岗、置换及在职教师交流及培训的人数；根据实习目标任务安排实习生的工作，尽量做到专业对口，人尽其用，用其所长；将城镇教师下乡援教和农村教师影子研修作为教师专业发展的重要内容和职称晋升的必要条件，鼓励教师积极参与并做好短期、中期和长期规划；每年根据中小学校教师缺口、教师专业发展计划和接纳的实习生人数，确定城乡教师交流人数和在职教师的集中培训人数；做好各类教师协同指导实习生并在互换互助中共同发展的规划，确定协作的主要内容、具体

① 教育部办公厅. 财政部办公厅关于做好 2013 年“国培计划”实施工作的通知 [EB/OL]. (2013-04-01)[2015-08-09]. http://www.moe.gov.cn/srcsite/A10/s7034/201304/t20130411_150803.

方式及运行机制等。

二、建立实施机制，开展制度性合作

传统的U-S合作是具有回报延时性和收益不确定性的协商性交易，政府的参与和作用加强是改变协作性质、保障协作效果的重要力量。当前，建立政府、高校与中小学协同培养教师的机制，尚存在理论研究滞后于实践探索、政策法规不完备、三方协同意识不强、内驱力不足、协同标准缺失等制约因素①，但最紧要的是规制建立这一多方协同改革的“软肋”和不能回避的难题。“四元多维”模式尝试打破实习生、高校教师、城镇中小学教师和农村中小学教师及其所属学校相互割裂、孤立发展的状态，以多主体间密切的、深度的、全面的协作促进各类教师的共同发展和教师、学校及教育的同步发展，需要有科学有效的实施机制和切实有效的制度保障。从过程看，需要建立开展协作的日常运行机制、协作过程中的评价督导机制、贯穿全程的激励约束机制、阶段性的总结反思机制和承前启后的改进完善机制等。

日常运行机制是“四元多维”模式正常运转的主体机制，主要是围绕合作目标和任务明确各方在协作中需要做好的准备性、基础性工作，确定各方负责人和联系协调人员，形成协商联席会议制度以便交换信息和看法、共同解决问题并及时反馈结果。具体包括组织领导机制、联络协调机制、工作运转机制、经费投入机制和条件保障机制等。

评价督导机制为主体机制提供监控，由教研员、高校专家和中小学优秀教师等共同组成评价督导小组，确定科学的、切合实际的评价标准、评价时间和评价方式，客观评估合作的总体效果、各主体的表现成就及各要素的作用发挥，诊断存在的问题及可能的原因，提出切实可行的改进意见，为后续的合作奠定良好的基础。

激励约束机制提供动力，主要是针对参与各方主体的现有基础和现实需要，通过共同愿景、特殊政策、专项经费、专门培训与特别晋升等

① 贺美玲．U-G-S协同的卓越教师培养模式研究［D］．南京：江苏大学，2015：45-47.

方式鼓励各方主体积极参与合作，保有清醒的认识、持续的热情和长期的努力，激发主动性和创造性，避免多方合作成为“一过式”“运动式”的应景或作秀，而将其作为长远性、常规性、长效性的路径与模式加以实践，促进教育的多个一体化发展，最终实现区域教育的内生式生态格局。

总结反思机制提供校验，主要指在一个阶段的任务结束后，参与各方的负责人、协调人、各具体项目的负责人及活动承担者代表，需要对总体情况和具体工作进行阶段总结与深入反思，对模式实施的方向以及其中的关系和所采用的方式方法进行检视，发现主要问题，分析原因，并提出可能的改进建议。

改进完善机制主要指创新性、渐进性改革，在无成功经验可以依循的情况下，应该允许依据反思总结结果对前期设计的方案、机制和制度等进行矫正和完善，大到合作目标的修正、合作内容的变更、合作机制的调整及相关制度的健全，小到实施过程中各种具体策略、方法、行动的改进。

三、组建领导及协调队伍，调配人员及经费

组建领导及协调队伍是综合改革不可或缺的“配置”。“四元多维”模式的领导工作小组由高校主管实践教学的领导、地方教育行政部门的领导及高校教育教学专家、地区教研员和推选的优质学校校长组成，其中，高校主管实践教学的领导和地方教育行政部门的领导主要负责改革的系统设计、整体状况的把握和合作的总体协调；高校教育教学专家主要负责综合改革的理念引领、理论指导及合作活动的框架设计、专业引领；地区教研员要负责中小学教学的专业引领、教研策划及评价监督；推选的优质学校校长主要负责运行机制、管理制度及主体间的协调。协调队伍主要由高校主管实践教学的教务部门领导、地级教育局师资科人员、各县市教育局代表、带队教师代表和指导教师代表等组成，负责协调人员交接、任务安排、常规问题汇集与解决、突发状况处理等事务。领导小组和协调小组的人员都要经过精心挑选，并做好动态调整的

准备。

调配人员主要指带队教师和指导教师的选拔。高校带队教师原则上选拔教学实践丰富、学术底蕴丰厚、工作态度严谨又长期扎根基础教育的优秀教师，但这样兼具理论与实践功力、综合素养较高的教师本就是“稀缺资源”，职前教师教育课程和职后教师培训的教学对其也有较大的需求，能够派往各县市基层学校的可能性非常小。解决的办法首先是改变对学科教学论的认识，明确其对师范生专业素养提升的重要意义，增加学科教学论教师的储备和培养；其次是设立单独的教学系列职称，引导教师关注课堂教学和中小学教育实践，分流一部分教师专门做实践研究和教学研究，搭建理论与实践之间的桥梁；再次是改变学院领导对实习支教及其带队工作的认识，在带队教师的选派上尽量不采用“田忌赛马”的策略——选派教学任务轻、责任心不强的老师下去“应卯”。中小学指导教师的选拔则需要兼顾责任心、任务量、教学素养和指导能力等方面，深化指导教师对中小学在培养教师中的责任与作用的认识，将指导实习生折算为工作量，加强对指导教师的考核和激励，加强对实习指导过程的督促与引导，将实习支教效果列为中小学校办学绩效考核目标，使其成为中小学的常规工作。新疆南疆地区莎车县网通中学在师资较充裕的条件下，将指导教师坐堂听课作为指导实习生的硬性任务和主要考核指标（指导教师将教学工作交给实习生，自己只负责指导），较好地保障了实习指导的质量。

参与教师培养使中小学增加了额外的工作任务，加大了教师和学校的压力。为了吸引中小学参与合作，保持其协作的热情，英国、美国等都采取将原属于大学的一部分经费直接划拨到通过审核的合作中小学。我国的高师与中小学合作不是英美国家的“点式”分布而更倾向于“面式”布局，实习支教中实习生散布于几乎所有的中小学，不能简单参照国外做法将大学的经费划拨到中小学。目前，只是由国家为实习生划拨生活补贴，其余由地方政府或中小学视自身财力酌情解决。而实施实习支教的地区一般为贫困或特困地区，地方财政本就捉襟见肘，在教育方面的投入十分有限，难以保障或增加实习支教的专项经费。因此，国家需要突破“按比例返还税收”和“一般性转移支付比例过低”的制度束缚，建立重心下移到县（市、区）政府的财政转移支付制度和与教育绩效责任挂钩的“契约式”专项财政转移支付新制度①，提高地方政府举办和保障教育发展的能力，并设立专项经费或专门政策以保障实习支教的投入，创设良好的基本条件，推动城乡教育双向一体化，保证该模式实施取得较好效果。

第四节 加强实施过程评估，强化模式的过程引导

实习在帮助师范生掌握教学技能、形成教学理念、提升专业素养及提高课堂教学效果等方面有毋庸置疑的作用，但前提是实习必须是有效的。影响实习有效性的因素很多，实习过程的评估与引导是其中较为重要的因素和较为关键的环节，以“顶岗”方式让实习生放手实践的实习支教更需要有力的、基于评估重在引导的过程管理。“四元多维”模式是可持续的循环过程，每一次循环为一个周期。过程评估就是对每一个周期的实施状况进行实时考察并加以及时改进和循环改善。在每一个实践周期中，主要考察组织主体和实践主体在“四元多维”模式运行中的组织管理和行为表现，重点考察初期、中期和末期几个关键节点，以总体评估模式运行过程及其效果，具体涉及实习支教学校工作安排和指导教师选拔、各类教师流转及新角色实践的行为及效果，模式参与各方的管理和总体协作及效果等方面。依据评估结果及时给予适宜的引导，保证各项具体工作有序、有效开展，保持复杂系统的方向、道路不偏离，整合效益明显。

一、抓好初始环节，形成良好开局

“四元多维”模式实施初期的主要工作是保证“人员到位”“任务到

① 邬志辉．城乡教育一体化：问题形态与制度突破［J］．教育研究，2012（8）：19-24．

人”和“工作启动”。前期计划可能因为考虑不周或形势突变而受到影响，需要做小幅的人员调整。调整时尽量在满足城乡学校需求的基础上保证实习生的合理安排，再据此调整好城乡教师交流和集中培训的人员数量。人员到位后，要根据计划合理安排各类人员的任务，并根据现实需要做好任务调整：实习生尽量专业对口、任务量适中，并配备由高校教师、城镇教师和农村骨干教师组成的联合指导小组；去城镇学校进行影子研修的农村教师既要有优秀教师的示范和指导，也要有充分的实践机会；去农村学校援教的城镇教师要同时肩负带动援教农村学校教师专业发展、指导实习和进行教学、教研、科研示范等任务；去高校参与集中培训的城乡教师要利用高校精心组织分类培训的机会，学习和传播新理念、新方法和新经验，促进理论与实践融合；高校教师则需要在指导实习和做好培训的同时，参与城乡中小学多项工作，包括引领教师专业发展、推动教研科研、参与课堂教学改革等，对选点建设的基地学校还需要参与学校的发展规划制定等工作。在各类教师的各项工作启动前后，还需要做好相应的动员、培训、指导、监督、检查等工作，确保用好的开始奠定成功的基础。

二、抓好中期环节，加强过程控制

“四元多维”模式实施中期的主要工作是实时督查、中期考核和初步调整。模式启动后，各方领导和督导检查组要关注各类教师的岗位职责履行情况，发现异常要及时纠正或排除，同时不仅仅停留在解决问题的层面，对于复杂和关系重大的问题要深入分析出现异常的原因，并给出解决的策略或指导意见。对前期不合适的人、事、制度安排可以做小范围的适当调整，从角色引导、技能指导、行为督导、效果制导等方面切实做好模式实施的中期检查和过程管理。比如，实习生因角色转变困难或能力不足，不能独立顶岗工作，就需要联系联合指导小组对其进行专门指导和特殊帮扶，帮助实习生尽快适应工作环境和工作要求，不断提高其实践能力，兼顾有指导的实习和有质量的支教的双重效果；实习生如果出现安全无法保障或生活严重困难等状况，就需要联系带队教师、所在县教育局和支教学校领导，及时商讨拿出对策、划拨经费并落实到行动。如果高校教师在指导实习过程中发现部分城乡中小学存在发展目标偏失、学校管理混乱、教研发展思路有误或教师专业发展有心无路等情况，可以汇报给联络协调小组和领导小组，经领导小组协商后按问题的重要和急迫程度确定开展系列“主题月”协同改进活动，经地区或县市教育局牵头，在问题突出的学校开展“学校发展月”“教育管理月”“教科研主题月”或“教师专业发展月”等主题活动，由高校教师讲座、多方座谈、实验试点、总结推广等多项活动构成，将理念引领、理论指导、政策保障和行动改善等充分结合起来，以实习支教为抓手带动学校整体改进，以学校改进优化实习支教的环境及效果。

实习支教必须配合中小学常规教育教学工作的步调，以一学期或一学年为一个周期的实习支教活动应与中小学校的工作周期是一致的，都有开学初、学期中、学期末等几个关键节点。学期中是一切工作步入正轨后体现过程和显现初步效果的时期，期中检查由此成为中小学甚至大学教育教学工作的惯例，只是一般多集中于教学检查。“四元多维”模式实施过程中，也需要通过期中检查（实质是中期检查）对工作开展状况进行阶段性评估，在以教学为中心的同时，兼顾其余各项工作，目的是通过较为集中、系统的检查，全面了解模式实施动态，及时反馈模式实施信息，对实施过程进行控制，并根据需要对实施计划进行适当调整。中期检查对模式实施过程中执行计划、调整计划、形成规范、健全制度、保障效果等有重要影响，是模式实施中必不可少的环节。“四元多维”模式的中期检查主要集中在以下几点：一是检查各支教学校的教学工作是否规范、有序、有质量地开展。教学既是中小学实现育人目标的核心途径，也是中小学校落实办学定位、促进学校发展的中心工作，还是“四元多维”模式促进各类教师专业发展的主要载体。教学工作的状态不仅是学校教研、科研、德育等各项工作的中心和基础，也是学校师资水平、教学条件、教学管理等的集中反映。检查教学工作时重点检查实习生的教学工作及其相应指导状况，包括实习生的任教科目是否对口，教学任务是否适中，教学表现是否合格，教学效果是否良好，教学反思是否深入，教师的指导是否足量、到位等。二是检查中小学的其他各项工作是否按计划、有实效地开展。其他工作包括支撑教学的教研、科研、培训、学习等，保障教学的安全、卫生、教学条件及后勤服务等，辅助教学的课外活动、社会实践及社区教育等，统领教学的学校发展规划和教育教学管理等。学校是个诸多因素影响下的小系统，每一项工作都可能影响到其他工作的开展和学校总体目标的实现，因此需要检查各方面工作的进展状况，以保证各项工作的顺利开展与彼此间的协调配合，共同服务于育人的总目标。三是检查各主体在“四元多维”模式实施中是否协调配合，形成教育合力。高校、城镇中小学和农村中小学不仅应在教育主管部门协调下以人员的循环流转和场域的有序转换形成协同培育教师的立体教育网络，也要借助经由实习支教形成的教育生态格局帮助各组织主体和实践主体得到全方位的发展和提升。在中期检查中要汇总各类教师的岗位工作及专业发展中存在的较为普遍的问题和各方协同配合中存在的主要问题，分析产生问题的主要原因，甄别现时可以改进的问题及影响因素，提出改进意见或对原计划进行调整，以取得更好的实施效果。

三、抓好结束环节，力争千了百当

当“四元多维”模式实施进入一个周期的结束环节时，意味着前期的设计和实施很快要出成果、见效果，需要认真结束所有工作，并保证多数工作做得稳当妥帖，为模式实施的一个周期画上休止符，保持和巩固前期工作成效。结束环节要做好以下工作：包括实习生在内的各类教师的工作收尾、个人工作总结、成绩评定（个人成绩和评优）等；各项工作及整体工作的总结与反思。各类教师做好自己的收尾工作，确保完成岗位任务。实习生要如期完成实习支教任务，结束期末考试、班级教育管理及学校安排的各项任务等，提交合格的完结材料，力争不拖延时间，不遗留问题。在农村学校支教的城镇教师除完成示范性教学任务外，还要做好教研、科研、培训等任务的完结和总结工作。在城镇学校跟岗学习的农村教师要完成自己的实践岗位工作和学习工作。参加高校集中培训的城乡教师要完成培训要求的各项任务，提交合格的论文、展示课、教学设计作品等。高校教师既要做好实习生结束阶段的通知、提醒、指导等，也要做好与协作小组的城乡中小学教师之间的各项合作工作，还要完成与选点基地学校合作开展的各项工作，提交各类阶段性收尾材料。各类教师都需要对自己一学期的工作进行总结与反思，撰写有深度的总结报告，准备好返校后分享交流的材料、资料。各参与“四元多维”模式的学校需要做好实习生、援教教师、跟岗学习教师、在职培训教师、实习指导教师和高校带队教师的工作成绩评定和评优选先工作。各学校和各项具体工作负责人还需要做好所在学校或团队的工作总结，从局部、参与的角度对一学期的工作进行全面盘点，肯定成绩、总结经验、明确优势、发现问题、查找原因并提出改进意见或措施，形成较高质量的总结报告，为下一周期的工作开展提供有价值的信息和参考。

尽管过程的重点在模式实施的三个关键环节，但模式实施一周期结束后的总结评估也是必要的。评估由“四元多维”模式的领导小组、协调小组、督导评估小组和各类教师代表参与，主要从整体、旁观的角度对“四元多维”模式实施中的各类主体、分项目及总体情况进行客观评估，具体包括对实践主体的行为及效果进行分类评估，对组织主体的分属责任完成情况进行评估与引导，对各项目完成情况和实施效果进行评估，对各主体、各项目间的协调与配合进行评估等。通过评估诊查问题、分析原因，重点查找阻碍协作和影响伙伴共生关系形成的问题及原因，提出改进策略与措施，以便在下一阶段改进和完善，避免因为实施中的问题影响模式设计的预期效果。

第五节 建设教师实践共同体，提供模式的现实承载

一、共同体及实践共同体

共同体（Community）一词较早由卢梭发展洛克的思想在《社会契

约论》中提出，认为国家是一个政治共同体，具有较强的政治学意味。社会学意义上的共同体概念由突尼斯在《共同体与社会》中最早提出，意指建立在自然基础上、由于共同条件或活动而结成的各种层级不等的人类群体，有血缘共同体、地缘共同体和精神共同体等基本形式，反映的是人们在持久的和真正的共同生活中的习惯、适应或共同记忆，并由此形成“共同体—社会”这样一对衡量现代性发展的常用变量模型。共同体既是人们认识社会的一种专门视角，如本尼迪克特·安德森将民族视为“想象的共同体”。在现实世界中也有各种实践形式，大到多个国家基于共同经济政治利益建立的跨国共同体（如欧洲共同体及后来的欧盟），各种国际性组织，国家与各种社会组织；小到村落、宗族等。

实践共同体是莱夫和温格在《情境学习：合法的边缘性参与》中提出的概念，是指在实践过程中通过共同参与、分享而逐步形成的特定共同体，并从描述性价值对实践共同体进行了直觉性定义：“实践共同体是人、活动和世界之间的一系列关系，这些关系是跨时间的，并与其他相切、重叠的实践共同体发生联系。”①实践共同体是替代和补充学校学习，整合工作、学习和创新的社会实践学习的主要载体和途径，是知识存在的内在条件，通过合法的边缘参与使共同体成员得到发展，并使共同体的社会文化实践得到维持和固化。莱夫和温格以实践共同体开辟了社会实践学习理论的分析视角，以文化实践的社会结构、权力关系、合法性的条件界定了学习的可能性，也用合法的边缘参与解释了能动者、活动和社会世界之间的关系②。在《实践共同体：学习、意义和身份》中，温格进一步阐述了实践共同体的特征：共同体成员有共同的关注点，致力于解决一组问题，或者为某个主题共同投入热情，并在共同的实践活动中持续相互作用从而使每个成员都得到发展。其构成要素有知识的领域、共同关注该领域的人的共同体以及在知识学习或问题解决中

① LAVE J，WENGER E. 情境学习：合法的边缘性参与［M］. 王文静，译. 上海：华东师范大学出版社，2004：98.

② 李茂荣. 实践共同体概念的转化与反思：基于文本的分析［J］. 教育学术月刊，2015（7）：27-34.

发展的共同实践①。“共同的文化传统”“相互依赖的系统”和“再生产循环”是实践共同体的重要特点。

共同体之所以必要，是因为“现代科学的领域是如此地广阔，以致任何单一个人只能相应地理解其微小的一个部分”②。只有以特定的形式进行力量的联合，才能以合力取得最大化的实践效果。“学习不是通过复制他人的作品而进行的，也不是通过获得教学中所传递的知识而进行的，学习是在周边共同体的学习型课程中通过向心性的参与而发生的。”③ 在任何特定的、具体的实践共同体中，共同体再生产的过程，就是活动与参与者关系的一个被历史建构的、进行中的、相矛盾的、彼此促进的构成过程，是参与者从新手到熟手再到专家的发展变化历程，也是学习与社会文化生产特别是身份复制的彼此联系和循环影响的悖论与张力过程——熟手既有帮助新手逐步走向中心参与的责任又有被成长起来的新手取代的风险，支持学习过程与反对学习过程构成两股力量的冲突。

二、教师实践共同体的特性

不同研究者从不同角度分析了教师实践共同体的特性，如学习为本的愿景体系、互惠性专业学习团队、实践知识的学习与创造、整合式专业学习路径等。本书主要从学习共同体视角分析“四元多维”模式中教师实践共同体的生成、学习和共生等特征。

（一）在动态发展中生成

共同体是一种生成的、动态的、特别的组织。这种动态系统具有创新和生成的特性，以反馈和递归生成回环，创造组织自我并实现着自我重组和自我生产。组织总是在生成的过程中生成和展现其最为本质的生

---

① 王海燕. 实践共同体视野下的教师发展［M］. 重庆：重庆大学出版社，2011：5.

② 波兰尼. 个人知识：迈向后批判哲学［M］. 许泽民，译. 贵阳：贵州人民出版社，2000：333.

③ LAVE J，WENGER E. 情境学习：合法的边缘性参与［M］. 王文静，译. 上海：华东师范大学出版社，2004：47.

成性特点[①]。实践共同体明确地体现了组织的生成特性，这种生成特性促成和实现了组织与组织成员之间的相互形塑，正如海德格尔所说：“任何自身——‘自己本身’——都不是现成的，而是在一种相互引发、相互作用的过程中发生和成为自己的。”[②]“四元多维”模式正是这样一种以系统整合思维和生态架构促进各类教师发展，又在各类教师发展中促进和整合教育生态建设的双向塑造系统，实践共同体则是实现双向塑造的主要载体和基本形式。帕尔默认为，师徒是人类古老的共舞舞伴，在教学这场代际共舞中，师生相互激发，并在接触交流中重新编织人类社会的结构[③]。根据玛格丽特·米德的“三喻文化”理论，当前正处在前喻文化、并喻文化和后喻文化同台共舞的时代，不同主体在共同体文化的传承与创新中都有各自不可替代的作用，又在共同的文化活动中形塑着不同的群体与个体。建设由不同年龄、类别、身份的教师和学生组成的各种不同属别的实践共同体，是时代发展和教育发展的双重需要。

佐藤学借用真木悠介在《现代社会的生成构造》中“自在性共同体”“群集性社会”和“自为性共同体”的划分分析课堂教学，对我们分析“四元多维”模式中的实践共同体有很好的启示：既有对共同体的直接性归属意识与对共同体之规范的无意识承认结合而成的原始共同体社会，也有由权利义务的契约关系与制度性的角色关系所构成的群集性社会，还有意识到前述两种关系并加以变革的实践中所形成的学习共同体[④]。借用这三种社会形态的划分考察“四元多维”模式尝试建立的实践共同体，可以发现其中既有以统一要求、严格管理和被动服从为特征的原始共同体社会的属性，也有以明确目标、主动承担各自责任（指导与学习）、履行契约任务为主要特征的群集性社会的属性，还有意识到

---

① 莫兰. 方法：天然之天性［M］. 陈一壮，译. 北京：北京大学出版社，2002：127.

② 邹文广，崔唯航. 论海德格尔“建构生成”的思维方式［J］. 社会科学战线，2001（5）：66-70.

③ 帕尔默. 教学勇气：漫步教师心灵［M］. 吴国珍，等译. 上海：华东师范大学出版社，2004：26.

④ 佐藤学. 课程与教师［M］. 钟启泉，译. 北京：教育科学出版社，2003：143-144.

前两种关系并进行了实质性变革的学习共同体的属性，是遵循互不相同的组织原理所构成的三种社会的混合体。

（二）在实践反思中学习

学习共同体既是实践共同体的异称，也是实践共同体的主要性质，甚至可以说，在终身教育思想下，所有的实践共同体都带有学习共同体的特性。在社会实践学习理论中，实践共同体首先是学习共同体。学校是兼具学习共同体性质的实践共同体。杜威主张的“学校即社会”就是把学校视为以“学习共同体”形式开展社会活动的社会组织。博耶认为把学校建成真正意义上的共同体是有效的学校教育的首要的和最重要的因素。在实践反思中学习既反映社会实践学习理论的实践特性，也是教师实践共同体的主要特征之一和基本运行形式。通过个体与群体的实践反思及其分享、讨论，各类教师获得经验、习俗、策略等实践性知识，逐步发展有效解决各类问题尤其是复杂问题的实践智慧。开展互惠型协作学习，实施共享型领导学习是教师学习共同体得以长期发挥作用的重要保障①。

在“四元多维”模式中，各类教师的专业发展虽然需要职前学习奠定的基础，但更多的是集工作、学习与创新于一体的社会实践学习，是在高度情景化的、复杂的实践中的学习。当实践中某些十分复杂的任务不能转化为简单的、泰勒式的标准化步骤时，实践主体就会在抽象的说明和情境的要求之间发生“机警的篡改”，这种“篡改”需要经验的借鉴或组合，也需要在大量实践中锻炼出来的“直觉”或“智慧”。以“叙事”“合作”和“社会建构”为主要形式和特征的实践共同体在教师个体及群体的经验借鉴、经验改组及实践智慧的生成方面有着不可替代的作用。而共同体提供的身份、规则有利于成员通过合法的边缘参与获得身份的认同，并随时间的推移使成员在从边缘走向中心过程中获得实践知识、发展技艺和形成智慧。此外，实践共同体的建设还会改变各类

---

① 杨甲睿，张洁. U-S 协作型专业学习共同体：国外教师专业化发展的新路径 [J]. 高教探索，2013 (2)：134-139.

教师对教育、教学的认识和态度，处于共同体中的教师们会把专业教学看作“合作的、有待于通过与同事共同学习和解决问题来发展的过程”①。总之，由各类教师构成的实践共同体在帮助教师转变教育教学观念、适应复杂情景、解决复杂问题、促进成员综合发展方面具有不可或缺的价值和作用。

（三）在伙伴协作中共生

突尼斯强调共同体是“关系紧密、守望相助、富有人情味”的生活群体，具有“强社会性支撑”的特征②。这种强社会性支持不仅指共同体对成员的作用，也指共同体的维持和发展对成员的要求，更反映出不同类型成员之间异质互补及所有成员彼此间伙伴协作、互促共生的关系。共同体在成员的合作、参与中得以发展、成熟，成员在共同体的滋养下得到成长。莱夫和温格将共同体视为“一群追求共同事业，一起从事着通过协商的实践活动，分享着共同信念和理解的个体的集合”，强调“协作”与“协商”是共同体开展活动的主要形式和“强社会性支持”的主要表现。

“四元多维”模式的实施要求建设以伙伴协作为主要特征的合作型实践共同体，它跨越纯粹地域、组织的边界，由多个不同组织之间不同范围、不同形式的合作构成层次不同、形式多样的实践共同体，最终汇聚成立体的、复杂的教育共同体。伙伴协作中参与主体的丰富性导致共同体的伙伴协作类型的多样性，在“四元多维”这个复杂的教育共同体及其下属的各级各类共同体中，存在和建设着各种不同层级、不同范围的实践共同体：有由各类教师、教育主管部门工作人员和教研人员参与的以建设区域教育生态为目标的系统的实践共同体；有由高校带队教师、城乡中小学教师参与的以在协作指导实习支教学生的过程中促进各

---

① DARLING-HAMMOND L. 有力的教师教育：来自杰出项目的经验［M］. 鞠玉翠，等译. 上海：华东师范大学出版社，2009：87.

② 赵健. 学习共同体：关于学习的社会文化分析［M］. 上海：华东师范大学出版社，2006：16.

类教师专业发展为主要目标的各区域（县或市）教师实践共同体；有高校教师与选点建设学校教师结成的以促进理论与实践结合和学校改进为目标的实践共同体；有中小学之间共享教师培训资源、互促发展而结成的实践共同体；有各学校内部为配合协作、促进自身发展并经常开展日常活动的实践共同体；还有在各级共同体滋养下教师个体在班级内与学生结成的实践共同体，充分体现了不同层级、不同范围的实践共同体之间相交、相切或重叠的关系。

以对实习教师的联合指导形成的教师共同体为例：无论在城镇中小学还是农村中小学，如果真正实现了各类教师的循环流动，实习教师的指导教师就有所在学校的指导教师、城乡交流过来的教师和高校带队教师；或者说，每一所选点建设学校都有一个由高校教师、城乡交流教师和本校指导教师组成的联合指导小组，共同负责实习教师的指导工作。一般来说，高校教师重在引导实习教师寻求理论的依据和解释并给予原理性、原则性的指导。中小学教师重在实践示范并针对具体情况给予行为建议。其中，本校教师与交流教师又略有不同，本校教师更了解本校学生状况、教师水平、领导导向及学校传统等，给实习教师的大都是符合本校实际的意见建议；城乡交流教师则要区分不同情况，支援农村学校的城镇骨干教师可能有先进的理念和经验，给实习教师的建议和指导可能会有更广阔的视野和更深入的规律性，是先进理念、实用理论与长期实践结合生成的个人实践性知识的显现；到城镇学校跟岗学习的农村教师尽管以学习为主，仍可能有自己的独特见解，可以给实习教师一些特别的建议。由于三类教师各有所长，在实践共同体中就需要通力协作，以合作指导实习教师为基础，沟通对学生、教学和教育的认识，深入交流、分享各自的观点，逐步形成教师培养目标、培养规格、培养方式、培养途径等方面的共识或互补性认识，在交流、共享与合作中促进各类教师的发展，进而促进各类学校的发展和区域教育的发展。

三、教师实践共同体的建设

建设教师实践共同体就是要在区域政府协调下将大学和中小学引入一个开放、持续和共同参与的变革框架中，建立协同创新机制，促进大学与中小学文化的互动、融合，实现参与各方优势互补、共同发展。依据教师教育共同体所具有的精神共同体、合作共同体和实践共同体三重意蕴①，“四元多维”模式在实施中主要是从引导建设共同体的意愿、形成建设共同体的制度和完善教师共同体的工作机制等方面入手，建设各级各类教师实践共同体的。以共同愿景凝聚成员间的期望，通过改善成员心智模式优化学习环境和文化生态，以创造性张力实现成员的自我超越，以深度会谈挖掘共同体智慧潜力②。

（一）引导建设教师共同体的意愿

首先要让参与“四元多维”模式实施的各类教师都认识到依托共同体建设开展团队协作的必要性和重要性。通过座谈、研讨、讲座及其他形式的学习、会议等引导各类教师明了高师院校与中小学对彼此的需要，认识到“教师的专业成长总是个体自觉和群体联动的合成品”③，意识到团队合作对个体发展的支持作用，了解实践共同体为个体发展提供的合法参与身份及共享式发展路径。

其次要引导各类教师形成对教师教育的共有理解和共同愿景。在随后展开的交流、合作中逐步形成各方对教师教育的共同理解、共同志趣和方向一致的价值追求，明了自身在教师教育中的不同责任和需求及其对教师教育发展的共同影响，在交流、合作中形成对有效的教师教育和生态型的区域教育的共同期待并愿意为之努力。

最后要引导参与各方形成利益共享理念和平等对话氛围。尽管共同

① 张景斌，蔡春．教师教育中的合作共同体建设［J］．教育科学研究，2012（1）：24-27．

② 朱桂琴，陈娜．U-G-S教师教育合作共同体的建构：戴维·伯姆对话理论的视角［J］．教育发展研究，2015（18）：80-84．

③ 陈晓端，龙宝新．教师专业学习共同体的实践基模及其本土化培育［J］．课程教材教法，2012（1）：106-114．

体成员“参与活动的直接目的是维持其固有的利益”①，但高师与中小学的协作遵循共存协变的互惠原理，以“相互革新”为目标，以“主题活动”为内容，建立“相互服务”的互惠机制，一般采用培养互惠意识，建立互惠信任，组织互惠交流，增加互惠投入，彰显互惠效益等策略②。不同教师群体间的文化差异在合作中实现视域融合，改造各自组织文化的同时催生出新的共同体文化，营造出平等对话的氛围，凝聚教师共同体的隐性内聚力。在彼此开放的教育实践中促进彼此理解，激活教师共同体的集体智慧，合力解决教师、学生及学校发展中的重大现实问题，在改进学校教育教学实践的同时促进多方共同成长。

（二）建立教师共同体的工作机制

一是建设合作共同体的组织领导机制。“四元多维”模式建设的是带有非线性、自适性、开放性等复杂系统特征的大型教师共同体，需要建立领导小组、协调小组、督导小组等组织承担共同体建设的计划、组织、协调、控制等管理机制，保障系统的有序运行。对每一种组织的人员构成、主要职能、任务考核、人员更替等进行明确和规范，形成共同体建设最为基础和核心的组织机制。避免出现领导小组形同虚设，联络员总是“神龙见头不见尾”等现象③。在进行不同层级、不同范围的共同体建设时，也需要有核心成员的选拔与更替、主题活动的内容与形式、活动过程与效果评价等具体工作机制。

二是建设规范的合作机制。“四元多维”模式需要大范围、多主体的合作，这种合作既以基于双方异质性资源依赖的自然合作为基础，又必须超越仅靠情感、惯性维系的“链式联盟”，以规范、完善的机制保持合作的可持续性、深入性和生长性。通过签署权责利明确的合作协议，包括合作的内容、形式、频次，经费的投入、要达成的目标及改进

---

① 瑞恩博得，等. 情境中的工作场所学习［M］. 匡瑛，译. 北京：外语教学与研究出版社，2011. 28.

② 杨甲睿，黄甫全. 院校协作的互惠原理［J］. 教育发展研究，2013（4）：48-53.

③ 张翔. 教师教育 U-S 共生性合作研究［D］. 重庆：西南大学，2012：107.

途径等，并建立全面而完善的合作机制，明确合作的各工作项目的具体开展机制和各类学习的主要形式，方能保障合作的规范有序及持续深入。

三是建立有效的沟通机制。有效的沟通是体现共同体分享、互助、互促特质的基本条件。在“四元多维”教师共同体中需要建立不同层次的沟通机制，包括常规信息交流机制、专题研究交流机制、主题讨论机制、跨学校联席会议制度等。其中以项目、课题为依托，以课堂教学中的问题为讨论主题是共同体交流的主要特色和内容。

四是建设自检与反思制度①。反思与自检既是改进与完善行动的重要机制，又是共同体建设的良好基础。在以“反思性实践者”为教师理想形象的理念引导下，自检与反思是各类教师适应环境、加速成长的“秘密武器”。自检是反思的前提和重要组成部分，自检可以让教师明确衡量标准，发现自身优劣，找出存在的问题，并积极分析原因，寻找对策。

五是建立动力激励机制。以终身学习理念、良好成长环境和浓厚学习氛围引发各类教师追求个体自主发展的内在需求，以共同愿景、竞争激励和物质精神奖励等激发和保持教师的内在发展动力，以内、外部发展动力的交融互促推动教师个体和共同体的持续有力发展及区域教育生态系统健康发展。建成后的教师教育共同体应对区域内中小学及其教师的发展具有示范、引领和辐射作用。

（三）建设与发展教师共同体发展的主要策略

1. 愿景诱导激励策略

愿景诱导激励策略包含诱导共同体成员生成愿景和运用愿景诱导激励成员两种内涵。诱导成员生成符合共同体期望的个人愿景，或者让成员了解共同体的基本愿景，在积极参与和讨论交流中形成明确的愿景目标，并以此激励成员努力付出、克服困难、勇于坚持。形成激励性愿景的关键是让各类教师明白学生发展、自身发展与学校发展的一体性和实

① 张景斌，蔡春．教师教育中的合作共同体建设［J］．教育科学研究，2012（1）：24-27.

现一体化发展的可行路径，既要从学生发展、学校发展、区域经济社会发展和民族、国家发展等多层次、多视角描绘共同体建设的美好前景，又要给予升职、荣誉等精神激励和薪酬、待遇、奖金等物质奖励。

在愿景的激励中，既要使成员明白共同体建设给各方组织和成员个体带来的利益，又要让其感受到共同体活动给成员及其组织带来的可能的智慧提升，还要让成员期待在分享与交流中对不同文化的了解、对异型文化的接受与认同及对自身文化的优化，充分展现共同体的利益联合、智慧补合和文化融合的预期功能①。

2. 点线面分级推进策略

从宏观看，“四元多维”模式是政府主导下高校牵头联合多所中小学校建成的大型共同体。为保证建设和实践效果，需要采用分级推进策略，在建设的目标、任务、学校的选点布局上形成梯度和梯队。对参与共同体建设的主体（主要是中小学校）进行筛选，依据目标和格局布点，连点成线，连线成面。在高校与基地中小学发展伙伴合作关系，将基地中小学建成区域样板学校的同时，实施集团化办学策略，以优质学校带动薄弱学校，双管齐下，共同推动区域教育整体发展，并形成良好的教育生态。

从中观看，高校与每一所中小学的合作都要经历抓核心、促重点、抓主线、带全面的合作历程，这是教师教育共同体的建设依据，也是教师教育共同体建设的主要目标。其中，学校改进是核心，实习支教是主要支撑和重点，教师专业发展是主线，教学、科研、德育等工作是基本面。

从微观看，在具体任务中形成的各种共同体是“四元多维”大型共同体的基本单元和结构基础。每一项具体合作任务都需要抓住中心和重点，然后考虑其余各部分并逐步完善，故而共同体的组建与培育也是一个由点到线及面的循序渐进的过程。以点带线，以线带面的发展策略符

① 吴康宁．从利益联合到文化融合：走向大学与中小学的深度合作［J］．南京师大学报（社会科学版），2010（3）：5-11.

合事物发展变化的基本规律，反映了教育改革的渐进性特征，有助于在改革实践中形成规划、分清主次和突出重点，保障教育综合改革的稳步推进，提升改革的综合效益。

3. 问题导向策略

共同体存在的价值不仅是促使成员对抗惰性、更加自觉积极地参与不同类型的学习，还在于其学习的内容和形式是其他任何学习或实践都无法替代的：通过对不同类型教师的各种实际教育教学问题，尤其是两难或复杂问题的呈现，由一群来自不同文化、知识背景，具有不同教育教学理念但都熟悉问题发生情境的成员的真诚、热烈、毫无拘束的交流与讨论，甚至是一开始对立观点的交锋和中间多次的实践验证，最终找到较为满意的解决方案与策略。这种学习对成员熟悉情况、了解传统、分析问题、比较差异及形成实践智慧有显著的效果，对其他集体与个体学习及个体实践反思有重要的支持性、提升性作用。运用问题导向策略培育实践共同体是体现理论与实践交互创生、促进大学与中小学共同发展的重要路径。

4. 项目驱动策略

项目是对重要理论和实践问题开展专门、集中且规范的研究以解决问题的特殊机制，是对急需解决问题的积极的政策性支持。项目建设是推动教育与经济社会发展的重要动力，以项目建设带动教师学习和教育教学改进是当前学校变革的主要形式。一方面，为快速而有效地解决某些重要或急迫的问题，项目研究要整合不同知识背景、学科领域、研究特长及性格特征的人才，形成一个志趣相投又异质互补的团队，在研究中经由大量实践性学习而迅速提升实力并形成紧密联系，这种小型、坚实的实践共同体逐渐成为大型共同体最基础、最核心的力量。另一方面，依托项目的经费、时间及人力、物力、信息等资源，共同体展开制度性的、深入的研究与学习才有基本保障和诸多便利。“研究性学习”具有开放式问题、真实性情境、渐进式解决和发展性评价等主要特征，教师即研究者、课程即实践、课堂即实验室的“课程行动研究”则是保障“研究性学习”得以实施、促进教师专业能力发展的基本策略①。

教师实践共同体的建设也是一项强调和谐、平衡与共生的系统工程，其建设还需要从生态学角度加以考虑。首先，社会性的迁移和生物性的潜移，使实践共同体成为物质、能力、信息和价值的富集地，教师实践共同体的建设可以充分而合理地利用各种资源，同时避免“富营养化”和功能降衰。其次，要注意对群体动力的激发和保护。群体动力（Group Dynamics）指群体各成员之间的相互作用与影响，表现为群体内部的同侪依慕、权威、利群、合作、共生、中性、竞争、侵犯、寄生、领袖等②。激发群里动力要注意对群体风气的建设，以从众和顺从行为带动成员上进好学，注意培养独立思考、友善交流、快乐共享的意识和能力；要引导亲和、利他行为的出现，减少或防止侵犯行为，在交流中达成理解、认同，而不是虚假地整饰或投其所好，也不宜引发紧张导致防卫行为，重点是倡导自我评价、反思与自省，适当利用暗示和感染。

---

① 钟启泉．研究性学习：“课程文化”的革命［J］．教育研究，2003（5）：71-76.

② 范国睿．教育生态学［M］．北京：人民教育出版社，2003：189-193.

结　语

教育一盘棋，教师是“棋眼”。培养高质量的未来教师和促进在职教师专业发展在教育发展中具有源头性、关节性的作用与影响，促进教师终身、持续的专业发展因此成为教育改革的重要目标和关键因素。加强实践、改进实践教学是教师培养与发展的重要举措。实习支教作为实践教学的创新形式和实践教学活动的集中体现，在联结职前职后教师教育、促进教师专业发展及推进教育实践与教育理论的交互创生等方面，具有不可替代的独特作用。

作为一项教育政策和实践活动，实习支教必须借助先进的理念和适宜的形式，通过循环改善的教育实验与实践逐步走向成熟，才能充分发挥其应有价值和预期效益。本书试图通过对现有实习支教模式缺陷的分析，从理论上建构时空广延、目标整合、要素循环、效益辐合的“四元多维”教师教育模式，从“应然”角度完善实习支教模式。研究定位于立足理论、面向实践的应用理论研究，以理论与实践融合的方式开展促进理论与实践融合的研究，并试图向前再迈进一步，在充分挖掘该模式建构的合法性内涵的基础上，探讨模式的建构原则、运行要求及应用策略，增强模式在实践中的实施与运行的可能性与可行性，搭建一座连接教师教育实践理论与教师教育实践活动之间的桥梁。

“四元多维”教师教育模式以实习支教为依托，实习生、农村教师、城镇教师和高校教师在不同场域转换中实现关系重构，使各自角色形象更为饱满，角色体验更为丰富，角色价值更为突出。教师专业发展绿色生态链的形成，为贫困地区应对和实现四个“一体化”，进而走向生态化搭建了基本框架。“四元多维”教师教育模式的建构与实践可以为贫困地区农村教育、教师教育发展及区域教育生态建设提供可资借鉴的新思路。模式的主要价值为：以实习支教为载体推动教师教育实践教学改革，促进教师教育实践教学一体化建设，提高教师教育质量；以实习支教为抓手进行教育综合改革，通过地市综合教育改革联结省级政府教育统筹改革与县域义务教育均衡发展，形成“省级统筹—地市协同—县域均衡”的改革框架；以教师为“棋眼”下好区域教育生态发展这盘棋，在教师、学校、教育的同步、可持续发展中实现教育质量提高和教育公平改进，最终服务于区域经济与社会发展。

诚然，再精心的理论建构都需要而且必须经由实践的检验。“四元多维”模式这样结构复杂、关涉面广的综合教育改革更会面临来自不同主体、不同项目的挑战和困难。“四元多维”模式尽管有符合我国教育改革与发展趋向的理念，有相对丰满、合理的内核，有较为周延的逻辑关系，也有建构原则、运行要求及应用策略方面的建议，但毕竟只是理论建构，而且是剥离了具体情境的、在相对理想的假想教育情境中的建构。理想状态下的设计，可能遭遇现实的冲击，比如环境制约（从生态学角度看有机体从一种生态进入另一种生态以后需要一定时间的适应和一定条件的支持）、观念阻力、能力缺陷、制度惯性等。此外，在各类组织主体与实践主体因项目合作而形成的纵横架构中，要关注和处理好竞争与合作、个人利益与集体利益、组织本位利益与模式整体利益之间的关系。这需要充分发挥管理科学的作用，大胆设计与谨慎推进并行、科学架构与细节优化并重、机制导引与能动实践并举。更需要从小范围试点中，依托模式实施的每个周期的不断改进探查解决问题，积累成功经验，不断优化和细化模式，增强其应用的适应性。

在应用“四元多维”模式时，还需要对实践地的教育、经济、社会、文化及其他影响因素进行具体分析，对模式本身做适当的适应性、应用性改造，把抽象的内涵、关系、原则等通过理解使之与教育现实状况相结合，变成有针对性的、具体的、可操作的规则制度或行为要求。同时，深入细致地做好模式实施前期的准备工作、实施中的过程管理及一周期结束后的总结反思，方能体现模式的价值，发掘其较广的适应性和持续的生长性。

总起来说，“四元多维”模式的设计思路是“理顺、打通、延伸、开放”，通过系统设计理顺教育内部各部分之间的关系，打通不同教育类别（城乡教育、职前教师教育与职后教师教育、高师教育与中小学教育）之间的联结路径，延伸不同教育类别（主要是教师教育）的实践场域，形成开放的教育发展格局和良性教育生态系统。模式的运行与实施要求“共识 、共情、共行、共赢”：只有形成对教育、教育发展及综合改革的共识，才有协作的需要和可能；只有具备对教育、教育改革的共同热情和对参与各方的共情性理解，才能持续参与、通力协作；只有共同行动起来并在行动中协作、磨合，才能形成和发展不同教育之间的共生关系，真正实现多方共赢。

本书的创新之处在于依据时代需求和政策导向，针对教师教育实践教学的现实困境，在相关理论指导下建构了一个相对成熟的实习支教理论模型——“四元多维”模式，并对模型进行了比较充分的、相对深入的论证，对模型在实践中的应用进行了结合实际的思考，提出了一些具体的、可操作的策略与建议。在系统思想关照下，对与“四元多维”教师教育模式的实施密切相关的教师教育职前实践教学改革进行了设想和设计。

限于自身能力，本书还存在诸多不足之处。试图建构的“四元多维”模式涉及的要素众多，要素间关系较为复杂，且模式的内涵较为丰富，因此容易出现多个主题或多个分支，在写作时驾驭比较困难。具体为：围绕主题进行的文献梳理在深度和广度上都有不足，可能影响对模式的认识和呈现；在从不同侧面观察和分析模式时，同一重要对象可能在不同视角或主题中出现，在分析和表述时存在边界不够清晰，或者部分地交叉重复的现象；由于笔者关注联系的思维习惯，在思考和表达时容易出现主题不够突出、广度有余深度不足等缺陷；尽管有对实践的研究和经验作为模式建构的基础（文中实例均来自笔者的研究实践），但纯粹理论建构的方式使模式缺少相关实证研究结果的支撑，显得不够丰满有力。这些不足和遗憾将在以后的研究中加以克服和弥补，同时希望有机会将“四元多维”模式应用于实践，并在实践中不断改进与完善。

参考文献

（一）著作

［1］联合国教科文组织. 教育：财富蕴藏其中［M］. 北京：教育科学出版社，1996：14.

［2］联合国教科文组织. 学会生存：教育世界的今天和明天［M］. 北京：教育科学出版社，1996：26.

［3］联合国教科文组织. 反思教育：向全球共同利益转变？［M］. 联合国教育及科学文化组织中文科，译. 北京：教育科学出版社，2015：序.

［4］联合国教科文组织. 学会生存：教育世界的今天和明天［M］. 北京：教育科学出版社，1996：38.

［5］DARLING-HAMMOND L. 有力的教师教育：来自杰出项目的经验［M］. 鞠玉翠，等译. 上海：华东师范大学出版社，2009：17.

［6］布鲁贝克. 教育问题史［M］. 单中惠，王强，译. 济南：山东教育出版社，2012：497-508.

［7］第斯多惠. 德国教师培养指南［M］. 袁一安，译. 北京：人民教育出版社，1990：25.

［8］尼采. 教育何为［M］. 周国平，译. 北京：北京十月文艺出版社，2019：27-40.

［9］柯南特. 柯南特教育论著选［M］. 陈友松，等译. 北京：人民教育出版社，2017：153.

[10] 舒尔曼. 实践智慧：论教学、学习与学会教学 [M]. 王艳玲，等译. 上海：华东师范大学出版社，2014：译者前言 1-2.

[11] 颜泽贤. 复杂系统演化论 [M]. 北京：人民出版社，1993：6.

[12] 联合国教科文组织. 全球教育发展的历史轨迹：国际教育大会 60 年建议书 [M]. 赵中建，译. 北京：教育科学出版社，1999：522.

[13] 刘婕. 专业化：挑战 21 世纪的教师 [M]. 北京：教育科学出版社，2002：170.

[14] 吴林富. 教育生态管理 [M]. 天津：天津教育出版社，2006：11.

[15] A SCHON D . 反映的实践者：专业工作者如何在行动中思考 [M]. 夏林清，译. 北京：教育科学出版社，2007：33.

[16] 刘力. 协作与共赢：教师教育实践教学研究 [M]. 北京：北京师范大学出版社，2012：2.

[17] 石中英. 知识转型与教育改革 [M]. 北京：教育科学出版社，2001：3-4.

[18] 波兰尼. 个人知识：迈向后批判哲学 [M]. 徐泽民，译. 贵阳：贵州人民出版社，2000：25.

[19] 奥克肖特. 经验及其模式 [M]. 吴玉军，译. 北京：文津出版社，2005：277-279.

[20] 布鲁贝克. 教育问题史 [M]. 单中惠，王强，译. 济南：山东教育出版社，2012：504.

[21] 杜威. 人的问题 [M]. 傅统先，等译. 上海：上海人民出版社，1965：55.

[22] 张广君. 教学本体论 [M]. 兰州：甘肃教育出版社，2002：本书的基本命题（代前言）3.

[23] 黄福涛. 外国高等教育史 [M]. 2 版. 上海：上海教育出版社，2008：12.

[24] 黄炎培. 黄炎培研究文集（3） [M]. 成都：四川人民出版

社，2009：251.

[25]《面向21世纪高等农林教育教学内容和课程体系改革计划》工作协调指导小组. 构建21世纪高等农林教育体系的探索与实践[M]. 北京：高等教育出版社，1999：285.

[26] 郭德辉，刘文翠，艾美华. 高等教育改革实践与探索[M]. 乌鲁木齐：新疆人民出版社，2007：3.

[27] 杨晓光，JANIN，云美萍. 高品质城市交通系统研究及实践[M]. 上海：同济大学出版社，2008：11.

[28] 刘仁坤. 远程教育模式：理论与实践[M]. 北京：中央广播电视大学出版社，2009：367.

[29] 傅忠贤. 科学发展观视域下高校思想政治教育创新研究[M]. 成都：四川大学出版社，2010：9.

[30] 石中英. 教育哲学导论[M]. 北京：北京师范大学出版社，2004：241.

[31] 孟兆怀. 实践教学的行与思（第一辑）[M]. 成都：电子科技大学出版社，2009：270.

[32] 杨汉正. 高等卫生职业教育论[M]. 南京：南京大学出版社，2009：167-169.

[33] 佐藤学. 课程与教师[M]. 钟启泉，译. 北京：教育科学出版社，2003：169-242.

[34] 聂毅. 高职专业实践教学及其管理概论[M]. 长沙：湖南科学技术出版社，2003（12）：27-32.

[35] 胡知凡，李燕. 幼儿教师教育的实践与探索[M]. 北京：中国人民大学出版社，2012：179-192.

[36] 王叔新，鲍思伟，陈亦人，等. 高师小学教育专业实践教学模式改革探索[M]. 杭州：杭州出版社，2007：55.

[37] 段作章. 教育实习必读[M]. 南京：东南大学出版社，2000：12.

[38] 吴茂江. 教育实习导论[M]. 银川：宁夏人民出版社，

2009：18-22.

[39] 北京师范大学，等. 高等师范院校教育实习理论与实践 [M]. 重庆：西南师范大学出版社，1990：176-178.

[40] 陈嘉弥. 师徒式教育实习之理论与实践 [M]. 台北：心理出版社，2004：13-15.

[41] 范国睿. 教育生态学 [M]. 北京：人民教育出版社，2003：6.

[42] 吴鼎福，诸文蔚. 教育生态学 [M]. 南京：江苏教育出版社，2000：134-137.

[43] 任凯，白燕. 教育生态学 [M]. 沈阳：辽宁教育出版社，1992：120.

[44] 库恩. 科学革命的结构 [M]. 金吾伦，胡新和，译. 北京：北京大学出版社，2003：157-171.

[45] DARLING-HAMMOND L. 有力的教师教育：来自杰出项目的经验 [M]. 鞠玉翠，等译. 上海：华东师范大学出版社，2009：39.

[46] 刘徽. 改变教学的36部教育名著 [M]. 上海：华东师范大学出版社，2010：153-156.

[47] 波兰尼. 个人知识：迈向后批判哲学 [M]. 徐泽民，译. 贵阳：贵州人民出版社，2000：133.

[48] 布兰思福特，布朗. 人是如何学习的：大脑、心理、经验及学校 [M]. 程可拉，等译. 上海：华东师范大学出版社，2002：14.

[49] LAVE J，WENGER E. 情境学习：合法的边缘性参与 [M]. 王文静，译. 上海：华东师范大学出版社，2004：26.

[50] 黄志成. 西方教育思想的轨迹：国际教育思潮纵览 [M]. 上海：华东师范大学出版社，2008：383.

[51] LAVE J，WENGER E. 情境学习：合法的边缘性参与 [M]. 王文静，译. 上海：华东师范大学出版社，2004：2-3.

[52] 联合国教科文组织. 反思教育：向全球共同利益转变？[M].

联合国教育及科学文化组织中文科，译. 北京：教育科学出版社，2015：16.

[53] 陈永明. 现代教师论 [M]. 上海：上海教育出版社，1999：176.

[54] 李婉玲. 教师发展：理论与实践 [M]. 台北：五南图书出版有限公司，2005：14.

[55] 舒志定. 教师教育哲学 [M]. 北京：北京大学出版社，2012：189-191.

[56] CLANDININ D J，CONNELLY F M. Teachers' professional knowledge landscapes [M]. New York：Teachers College Press，1995：7.

[57] 科克伦，史密斯，等. 教师教育研究手册（下册）[M]. 范国睿，译. 上海：华东师范大学出版社，2017：709.

[58] 布兰思福特，布朗. 人是如何学习的：大脑、心理、经验及学校 [M]. 程可拉，等译. 上海：华东师范大学出版社，2002：217.

[59] ZEIGHER K，LISTON D. Reflective teaching：an introduction [M]. Mahwah：Erlbaurn，1990：4.

[60] 布兰思福特，布朗. 人是如何学习的：大脑、心理、经验及学校 [M]. 程可拉，等译. 上海：华东师范大学出版社，2002：193.

[61] 卡西尔. 人论 [M]. 甘阳，译. 上海：上海世纪出版集团，上海译文出版社，2003：351.

[62] 库恩. 科学革命的结构 [M]. 金吾伦，胡新和，译. 北京：北京大学出版社，2003：23.

[63] 李伟. 实践范式转换与实践教学改革 [M]. 北京：教育科学出版社，2010：109.

[64] 丁立群，等. 实践哲学：传统与超越 [M]. 北京：北京师范大学出版社，2012：92.

[65] 怀特海. 观念的冒险 [M]. 周邦宪，译. 贵阳：贵州人民出版社，2000：293-314.

[66] DARLING-HAMMOND L. 有力的教师教育：来自杰出项目的经验 [M]. 鞠玉翠，等译. 上海：华东师范大学出版社，2009：79.

[67] A SCHON D . 反映的实践者：专业工作者如何在行动中思考 [M]. 夏林清，译. 北京：教育科学出版社，2007：35 .

[68] 海德格尔. 存在与时间 [M]. 陈嘉映，等译. 北京：生活·读书·新知三联书店，1987：83.

[69] 吉登斯. 现代性的后果 [M]. 田禾，译. 南京：译林出版社，2000：32.

[70] VALL L. Reflective teacher education：cases and critiques [M]. New York ：State University of New York Press，1922：100 .

[71] A SCHON D . 反映的实践者：专业工作者如何在行动中思考 [M]. 夏林清，译. 北京：教育科学出版社，2007：40-45.

[72] 舍恩. 培养反映的实践者：专业领域中关于教与学的一项全新设计 [M]. 郝彩虹，等译. 北京：教育科学出版社，2008：前言.

[73] BROOKFIED S D. Understanding and facilitating adult learning [M]. San Francisco：Jossey-bass，1986：10-15.

[74] 范国睿. 教育生态学 [M]. 北京：人民教育出版社，2003：276.

[75] 刘森林. 实践的逻辑 [M]. 北京：社会科学文献出版社，2009：1-9.

[76] 邓友超. 教师实智慧及其养成 [M]. 北京：教育科学出版社，2007：49.

[77] 佐藤学. 课程与教师 [M]. 钟启泉，译. 北京：教育科学出版社，2003：142.

[78] 施皮格伯格. 现象学运动 [M]. 王炳文，张金言，译. 北京：商务印书馆，2011：701.

[79] 博尔诺夫. 教育人类学 [M]. 李其龙，等译. 上海：华东师范大学出版社，1999：90.

[80] 布迪厄，华康德. 实践与反思 [M]. 李猛，等译. 北京：中央编译出版社，1998：133-134.

[81] 波兰尼. 个人知识：迈向后批判哲学 [M]. 徐泽民，译. 贵阳：贵州人民出版社，2000：202-204.

[82] A SCHON D . 反映的实践者：专业工作者如何在行动中思考 [M]. 夏林清，译. 北京：教育科学出版社，2007：36-37.

[83] 吴鼎福，诸文蔚. 教育生态学 [M]. 南京：江苏教育出版社，2000：81-92.

[84] 任凯，白燕. 教育生态学 [M]. 沈阳：辽宁教育出版社，1992：56-69.

[85] LAVE J，WENGER E. 情境学习：合法的边缘性参与 [M]. 王文静，译. 上海：华东师范大学出版社，2004：50.

[86] 陆炳炎. 一体化：师范教育改革的思考与实践 [M] 上海：华东师范大学出版社，2000：56.

[87] 瞿葆奎，郑金洲. 中国教育研究新进展（2002）[M]. 上海：华东师范大学出版社，2004：497.

[88] 《教育综合改革丛书》编委会. 城乡统筹，质量领先 [M]. 北京：教育科学出版社，2012：总序 3-4.

[89] 丁志同. 高校教师绩效提升的动力机制研究 [M]. 苏州：苏州大学出版社，2013：31.

[90] 汪霞. 国际教育改革与发展的比较研究 [M]. 南京：南京大学出版社，2011：148.

[91] 佐藤学. 课程与教师 [M]. 钟启泉，译. 北京：教育科学出版社，2003：59.

[92] 杜威. 确定性的寻求：关于知行关系的研究 [M]. 傅统先，译. 上海：上海世纪出版集团，上海人民出版社，2005：1-5.

[93] 布迪厄. 实践感 [M]. 蒋梓骅，译. 南京：译林出版社，2003：79-80.

[94] 康德. 实践理性批判 [M]. 邓晓芒，译. 北京：人民出版

社，2003：22.

[95] 舒尔曼. 实践智慧：论教学、学习与学会教学 [M]. 王艳玲，等译. 上海：华东师范大学出版社，2014：176.

[96] 阮青. 价值哲学 [M]. 北京：中共中央党校出版社，2004：6.

[97] 尚凤祥. 现代教学价值论 [M]. 北京：教育科学出版社，1996：8.

[98] 鲍曼. 全球化：人类的后果 [M]. 郭国良，徐建华，译. 北京：商务印书馆，2001：1.

[99] 吉登斯. 现代性的后果 [M]. 田禾，译. 南京：译林出版社，2000：18.

[100] 王岳川，尚水. 后现代主义文化与美学 [M]. 北京：北京大学出版社，1992：10.

[101] 阿伦特. 人的境况 [M]. 王寅丽，译. 上海：世纪出版集团，上海人民出版社，2005：10.

[102] 怀特海. 观念的冒险 [M]. 周邦宪，译. 贵阳：贵州人民出版社，2000：330.

[103] 联合国教科文组织. 学会生存：教育世界的今天和明天 [M]. 北京：教育科学出版社，1996：139.

[104] SIROTNIK K A，GOODLAD J I. School-University partnerships in action：concept，cases，and concern [M]. New York：Teachers College Press，1988：38.

[105] 班克斯. 文化多样性与教育：基本原理、课程与教学 [M]. 荀渊，译. 上海：华东师范大学出版社，2009：3.

[106] 联合国教科文组织. 反思教育：向全球共同利益转变? [M]. 联合国教育及科学文化组织中文科，译. 北京：教育科学出版社，2015：27.

[107] BARTH F. Ethnic groups and boundaries [M]. Boston：Little，Brown and Company，1969：Introduction.

［108］瞿葆奎．教育学文集：美国教育改革［M］．北京：人民教育出版社，1995：555.

［109］班克斯．文化多样性与教育：基本原理、课程与教学［M］．荀渊，译．上海：华东师范大学出版社，2009：74.

［110］王艳玲，苟顺明．多元文化背景下的教师能力：以中国西南少数民族地区为例［M］．北京：人民教育出版社，2013：231-233.

［111］佐藤学．课程与教师［M］．钟启泉，译．北京：教育科学出版社，2003：262.

［112］帕尔默．教学勇气：漫步教师心灵［M］．吴国珍，等译．上海：华东师范大学出版社，2004：2.

［113］DARLING-HAMMOND L．有力的教师教育：来自杰出项目的经验［M］．鞠玉翠，等译．上海：华东师范大学出版社，2009：28-32.

［114］奥斯特罗姆．公共事物的治理之道：集体行动制度的演进［M］．余逊达，译．上海：上海三联书店，2000：3.

［115］LAVE J，WENGER E．情境学习：合法的边缘性参与［M］．王文静，译．上海：华东师范大学出版社，2004：98.

［116］王海燕．实践共同体视野下的教师发展［M］．重庆：重庆大学出版社，2011：5.

［117］波兰尼．个人知识：迈向后批判哲学［M］．徐泽民，译．贵阳：贵州人民出版社，2000：333.

［118］莫兰．方法：天然之天性［M］．陈一壮，译．北京：北京大学出版社，2002：127.

［119］帕尔默．教学勇气：漫步教师心灵［M］．吴国珍，等译．上海：华东师范大学出版社，2004：26.

［120］赵健．学习共同体：关于学习的社会文化分析［M］．上海：华东师范大学出版社，2006：16.

［121］瑞恩博得，等．情境中的工作场所学习［M］．匡瑛，译．北京：外语教学与研究出版社，2011：28.

［122］范国睿. 教育生态学［M］. 北京：人民教育出版社，2003：189-193.

（二）期刊论文

［1］宁虹. 重新理解教育：建设教师发展学校的思考［J］. 教育研究，2001（11）：49-52.

［2］赵昌木. 美国教师专业发展学校：理念、实施与问题［J］. 外国教育研究，2003（10）：42-46.

［3］赵中建. 美国80年代以来教师教育发展政策述评［J］. 全球教育展望，2001（9）：72-78.

［4］钟秉林，宋萑. 专业化与去专业化：美国教师教育改革悖论：中美教师教育比较研究之一［J］. 高等教育研究，2011（4）：56-61.

［5］李默. 美国教师教育大学化的发展历程、特点及启示［J］. 现代教育科学，2015（3）：157-160.

［6］巫锐. 师范性与学术性的张力：21世纪德国综合性大学教师教育课程体系改革研究［J］. 教育发展研究，2021（9）：56-62.

［7］宋萑，钟秉林. 走向实践与技艺化危险：中美教师教育模式改革研究：中美教师教育比较研究之二［J］. 高等教育研究，2011（9）：64-69.

［8］戴伟芬. 学术性与师范性的抉择与融合：美国教师教育课程思想流变［J］. 教师教育研究，2012，（1）：93-96.

［9］刘丽群，刘景超. 师范院校百年发展中的“师范”坚守与时代流变［J］. 大学教育科学，2018（6）：105-110.

［10］余宏亮，魏捷. 大学教师专业发展的困境与策略［J］. 中国高教研究，2009（6）：70-71.

［11］黎大志，姜新生. 综合性大学教师教育专业的反思：趋势、问题与出路［J］. 大学教育科学，2011（3）：60-64.

［12］高有华，方孙飞. 我国教师教育课程的设置研究：基于与美国教师教育课程的对比［J］. 高校教育管理，2011（2）：72-77.

[13] 叶澜. 一个真实的假问题:“师范性”与“学术性”之争的辨析 [J]. 高等师范教育研究,1999 (2):10-16.

[14] 陈向明. 实践性知识:教师专业发展的知识基础 [J]. 北京大学教育评论,2003 (1):104-112.

[15] 白玫. 试析美国教师教育选择性资格项目 [J]. 比较教育研究,2019 (4):98-105.

[16] 徐辉. 建立师范大学学术性与师范性的新结合模式 [J]. 教育研究,2004,25 (9):10-11.

[17] 高伟. 一个“劳而无功”的虚假性命题:评“教育理论与实践关系”之争 [J]. 北京大学教育评论,2005 (2):59-64.

[18] 卜玉华. 教师教育及其研究何去何从:从教育理论与实践的关系展开的思考 [J]. 教育理论与实践,2004 (11):51-55.

[19] 陈桂生. “教育理论与实践关系问题”的再认识 [J]. 湖南师范大学教育科学学报,2005 (1):8-10.

[20] 李润洲. 实践逻辑:审视教育理论与实践关系的新视角 [J]. 教育研究,2006 (5):15-18.

[21] 李秉德. 教学理论与教学实践“两张皮”现象剖析 [J]. 教育研究,1998 (7):32-33.

[22] 崔允漷,王少非. 教师专业发展即专业实践的改善 [J]. 教育研究,2014 (9):77-82.

[23] 宋萑. 论中国教研员作为专业领导者的新角色理论建构 [J]. 教师教育研究,2012 (1):18-24.

[24] 卢乃桂,沈伟. 中国教研员职能的历史演变 [J]. 全球教育展望,2010 (7):66.

[25] 崔允漷. 论教研室的定位与教研员的专业发展 [J]. 上海教育科研,2009 (8):4-8.

[26] 鱼霞,毛亚庆. 论有效的教师培训 [J]. 教师教育研究,2004 (1):14-19.

[27] 师范教育一体化课题组. 上海市教师教育一体化的战略思考

[J]. 高等师范教育研究，1998 (5)：3-7.

[28] 杨朝霞，王丽珍. 国内外中小学教师职前培养模式的比较研究 [J]. 黑龙江高教研究，2013 (5)：59-61.

[29] 王钰巧，方征. 从 TALIS (2013) 解密芬兰教师教育一体化的经验与启示 [J]. 外国中小学教育，2016 (5)：44-48.

[30] 刘继芳，李劲松. 俄罗斯师范教育结构及课程设置概述 [J]. 绥化学院学报，2005 (7)：85-87.

[31] 王艳玲. 英国“一体化”教师专业标准框架评析 [J]. 比较教育研究，2007 (9)：78-82.

[32] 刘学智，陈淑清. 日本基础教育中的教师教育改革：经验与启示 [J]. 东北师范大学学报 (哲学社会科学版)，2011 (4)：228-231.

[33] 徐莉. 对我国教师在职培训现存问题的思考 [J]. 教师教育研究，2004 (4)：21-25.

[34] 杨卫安，邬志辉. 城镇化背景下中国农村教育发展的路向选择 [J]. 社会科学战，2015 (10)：239-246.

[35] 徐学福. 理论失位与实践转向：20 世纪美国课程与教学研究的重心转移 [J]. 全球教育展望，2011 (5)：27.

[36] 顾明远. 教师的职业特点与教师专业化 [J]. 教师教育研究，2004 (11)：3-6.

[37] 舒尔曼. 理论、实践与教育的专业化 [J]. 王幼真，刘婕，编译. 比较教育研究，1999 (3)：36-40.

[38] 易连云，兰英. 免费师范生实践教学体系探讨 [J]. 西南大学学报 (社会科学版)，2007 (11)：16-19.

[39] 吕京. 师范生顶岗实习支教存在的问题及实现机制 [J]. 中国高教研究，2010 (6)：90-91.

[40] 宁虹. 教育的实践哲学：现象学教育学理论建构的一个探索 [J]. 教育研究，2007 (7)：8-15.

[41] 郭元祥. 教育理论与教育实践关系的逻辑考察 [J]. 华中师

范大学学报，1999（1）. 38-42.

［42］叶澜. 思维在断裂处穿行：教育理论与教育实践关系的再寻找［J］. 中国教育学刊，2001（4）：1-4.

［43］吴黛舒. 对教育理论与实践关系问题的本土反思［J］. 教育研究，2004（5）：24-29.

［44］龙宝新. “互涉”与“互摄”：教育理论与教育实践关系的时代解读［J］. 教育研究，2012（9）：32-37.

［45］SCHWAB J. The practical：a language for curriculum［J］. The School Review，1969，78（1）：1-23.

［46］温鲁普，范德瑞尔，梅尔. 教师知识和教学的知识基础［J］. 北京大学教育评论，2008（1）：21-38.

［47］李尚生. 近十年我国高等师范院校实践教学研究之评述［J］. 教育与教学研究，2009（3）：12-15.

［48］高等农林本科教育实践教学体系改革的研究与实践课题组. 实践教学体系的内涵与外延［J］. 辽宁高等教育研究，1998（4）：48-51.

［49］张英彦. 论高校实践教学目标［J］. 教育研究，2006（5）：46-49.

［50］JONASSEN D H. Objectivism versus constructism：do we need a new philosophical paradigm? ［J］. Educational Technology Research and Development，1991（3）：26-31.

［51］钟启泉. 教学实践模式与教师的实践思维：兼评“特殊教学认识论”［J］. 教育研究，2012（10）：108-114.

［52］王源远，王丽萍. 高校实践教学的理论认识与实践探索［J］. 实验技术与管理，2013（1）：11-14.

［53］石中英. 论教育实践的逻辑［J］. 教育研究，2006（1）：3-9.

［54］张守波，史宁中. 教师专业化进程中的高师院校实践性教学［J］. 教育研究，2008（7）：77-80.

[55] 朱元春. 高师实践教学模式创新的探索 [J]. 教师教育研究，2006 (5)：49-52.

[56] 刘晖. 构建师范生实践教学合作模式的研究 [J]. 教育与职业，2009 (3)：148-149.

[57] SHULMAN L S. Knowledge and teaching：foundation of the new reform [J]. Harvard Educational Review，1987 (1)：1-22.

[58] SHAVELSON R J，STERN P. Research on teachers' pedagogical thoughts，judgement and behavior [J]. Review of Educational Research，1981 (4)：445-498.

[59] 钟启泉. "教育实践学"的构筑：日本教育学者中村哲教授访谈 [J]. 全球教育展望，2007 (5)：3-7.

[60] 杨燕燕. 论教师职前实践教学的取向转换 [J]. 教育研究，2012 (5)：84-89.

[61] 张欣，柴颖. 适应创新教育的实践教学模式探讨 [J]. 辽宁教育行政学院学报，2004 (5)：117-118.

[62] 石利. 教师学习理论视角下的高师院校实践教学探讨 [J]. 黑龙江高教研究，2012 (2)：157-159.

[63] 李铁君，齐梅. 实践教育观：高等师范教育的抉择 [J]. 辽宁师范大学学报，2001 (3)：23-25.

[64] 常维亚，邢鹏，赵莉. 探索建立研究型大学本科实践教学模式 [J]. 中国高等教育，2004 (9)：24-25.

[65] 刘燕. 开放式教学，滚动式实践：师范教育中的重要教育模式 [J]. 贵阳师专学报 (社会科学版) (季刊)，2001 (3)：50-51.

[66] 张伶. "六环节"实践教学模式初探 [J]. 中国成人教育，2005 (11)：63-64.

[67] 王大钊. 高师院校师范生实践教学模式新探 [J]. 青海师范大学学报，2007 (2)：154-156.

[68] 曹素玲. 高师院校实践教学改革的新模式 [J]. 高教发展与评估，2008 (3)：109-114.

[69] 郑瑜. 试析师范专业课堂教学技能 422 实践教学模式 [J]. 黑龙江高教研究，2009 (10)：188-189.

[70] 熊文，钟英. 地方高师院校实施教师教育“双培计划”的实践与探索 [J]. 教育理论与实践，2008 (8)：28-30.

[71] 梁梅，潘立. 以实施“国培计划”为契机，推动师范生实践教学改革 [J]. 高教论坛，2012 (7)：20-22.

[72] 钟英. 创新实践教学模式，培养基础教育新型师资 [J]. 中国成人教育，2009 (21)：93-94.

[73] 王向华. 新时期地方师院人才培养模式改革的思考 [J]. 贵州师范学院学报，2010 (2)：69-71.

[74] 乔孟涛，王坤，刘海虹. 师范类专业学生四位一体实践教学模式的探究 [J]. 河北农业科学，2010 (10)：152-153.

[75] 丁邦平. 论美国教师教育的改革与创新：教师专业发展学校及其对我们的启示 [J]. 首都师范大学学报（社会科学版），2001 (2)：93-99.

[76] 王长纯. 教师发展学校建设标准参考纲要 [J]. 教师教育研究，2005 (4)：3-8.

[77] 杜丽娟. 构建 U-S 合作平台，培养反思性实践者：新乡学院教师教育专业人才培养的创新与实践 [J]. 中国教育学刊，2014 (11)：91-95.

[78] 刘益春，李广，高夯. “U-G-S”教师教育模式建构研究：基于教师教育创新东北实验区建设的实践与思考 [J]. 教师教育研究，2013 (1)：61-64.

[79] 李中国，辛丽春，赵家春. G-U-S 教师教育协同创新模式实践探索：以山东省教师教育改革为例 [J]. 教育研究，2013 (12)：144-148.

[80] 李秀云. “G-U-S-C”四位一体教师教育改革实验区系统论的理论构建 [J]. 教师教育学报，2020 (2)：44-51.

[81] SADLER T D. I won't last three weeks: pre-service science

teachers reflect on their student-teaching experience [J]. Journal of Science Teacher Education, 2006 (17): 217-241.

[82] KAIRES S, ALMEIDA. Teaching practice in initial teacher education: its impact on student teachers' professional skills and development [J]. Journal of Education for Teaching, 2005, 31 (2): 111-120.

[83] ZEICHER K M. Myths and realities: field-based experiences in pre-service teacher education [J]. Journal of Teacher Education, 1980 (6): 45-55.

[84] 刘宝存. 美国研究型大学的高峰体验课程 [J]. 中国大学教学，2004 (11): 60-64.

[85] 张迎春. 高师院校教育实习研究 [J]. 教育理论与实践，2006 (8): 16-17.

[86] 李建强，刘森，李庆达. 实习支教：高师院校“有为有位”的现实选择：河北师范大学开展师范生实习支教工作的实践探索 [J]. 教师教育研究，2007 (11): 67-71.

[87] 李思殿. 实习支教：一举双赢的教师教育改革举措：地方师范院校人才培养模式改革的实践和理论探索 [J]. 中国大学教学，2009 (5): 22-24.

[88] 吴靖. 地方高师院校教师教育实践教学改革探析 [J]. 前沿，2012 (20): 186-188.

[89] 王艳玲. 实习支教热的冷思考：兼议高师教育实习改革 [J]. 教育发展研究，2009 (4): 74-77.

[90] 张爱华，宋萍，刘兆丰. 高师院校人才培养模式探索：河北师范大学“3.5+0.5”顶岗实习支教模式研究 [J]. 教育研究，2009 (11): 101-104.

[91] 苏勇. 顶岗实习，置换培训：构建师范生教育实习与农村中学教师培训一体化新模式 [J]. 教育研究，2009 (8): 104-107.

[92] 刘力，梁梅. 高师院校教师教育“三位一体”实践教学模式

的构建与实施［J］．中国大学教学，2012（6）：77-79.

［93］范国睿．美英教育生态学研究述评［J］．华东师范大学学报，1995（2）：83-89.

［94］LI X Z，ZHANG X Q. The development of ecological education and higher education［J］. China Higher education，2004（10）：43-44.

［95］王如松，欧阳志云．生态整合：人类可持续发展的科学方法［J］．科学通报，1996（12）：47-67.

［96］邓小泉，杜成宪．教育生态学研究二十年［J］．教育理论与实践，2009（5）：12-16.

［97］舒尔曼．理论、实践与教育的专业化［J］．王幼真，刘婕，编译．比较教育研究，1999（3）：36-40.

［98］龙宝新．免费师范生在职读研的有效学习模式［J］．学位与研究生教育，2013（8）：19-24.

［99］奥努弗．建构主义的哲学渊源探析［J］．世界经济与政治，2006（9）：58-66.

［100］温彭年，贾国英．建构主义理论与教学改革［J］．教育理论与实践，2002（5）：17-22.

［101］秦亚青．建构主义：思想渊源、理论流派与学术理念［J］．国际政治研究，2006（3）：1-23.

［102］陈威．建构主义学习理论综述［J］．学术交流，2007（3）：175-177.

［103］BROWN J S，et al. Situated cognition and the culture of learning［J］. Educational Researcher，1989（1）. 32-42.

［104］朱旭东，周钧．教师专业发展研究述评［J］．中国教育学刊，2007（1）：68-73.

［105］袁利平，陈时见．人学视野下的教师专业发展［J］．高等教育研究，2007（12）：66-71.

［106］克兰迪宁．知识与课程开发：教师教育的新图景［J］．鞠玉

翠，译. 教育研究，2009（4）：48-54.

[107] 陈向明. 从教师“专业发展”到教师“专业学习”[J]. 教育发展研究，2013（8）：1-7.

[108] 钟祖荣. 教师学习：概念、理论、话题与研究趋势 [J]. 中国教师，2019（2）：62-68.

[109] SHULMAN L. Those who understand：knowledge growth in teaching [J]. Educational Researcher，1986，15（2）：4-14.

[110] 俞东慧，黄丽华，石光华. BPR项目的实施：革命性变革和渐进性变革 [J]. 中国管理科学，2003（2）：55-60.

[111] 林丹. 基础教育改革30年：策略转向与路线生成 [J]. 东北师大学报（哲学社会科学版），2008（5）：20-25.

[112] 林丹，柳海民. 渐进改革：当代中国基础教育改革路向的理性选择 [J]. 教育研究，2009（7）：27-32.

[113] 容中逵. 教育改革的文化逻辑 [J]. 教育研究，2016（6）：25-30.

[114] 李玲，黄宸，韩玉梅. 教育体制综合改革：理论、路径与评价 [J]. 教育研究，2015（6）：80-88.

[115] 易红郡. 英国保守主义政治思潮及其对教育改革的影响 [J]. 华东师范大学学报（教育科学版），2008（3）：84-92.

[116] 从春侠、陈成. 省级政府教育统筹综合改革：措施与风险分析：基于试点省市项目任务书的文本分析 [J]. 河北师范大学学报（教育科学版），2015（2）：55-60.

[117] 易连云，兰英. 免费师范生实践教学体系探讨 [J]. 西南大学学报（社会科学版），2007（11）：16-19.

[118] 史成明，曹健. 师范生实习支教的瓶颈及其突破 [J]. 黑龙江高教研究，2010（12）：79-81.

[119] 张爱华，宋萍，刘兆丰. 高师院校人才培养模式探索：河北师范大学“3.5＋0.5”顶岗实习支教模式研究 [J]. 教育研究，2009（11）：101-104.

[120] 唐松林. 解决中国农村教师发展问题的理论框架 [J]. 河南师范大学学报（哲学社会科学版），2006（5）：188-191.

[121] 韩延明. 理念、教育理念及大学教育理念探析 [J]. 教育研究，2003（9）：50-56.

[122] 樊香兰，孟旭. 逻辑与走向：当代教师教育道路的演变 [J]. 教育研究，2009（10）：80-84.

[123] 陶渝苏. 西方发达工业社会中人的变形：马尔库塞的《单向度的人》及其意义 [J]. 贵州大学学报，1994（3）：15-21.

[124] 汪天文. 时间理解的三个向度 [J]. 深圳大学学报（人文社会科学版），2004（2）：21-24.

[125] 吴国璋. 西方社会学对社会时间的研究 [J]. 学术界，1996（2）：46-48.

[126] 姜丽娟，刘义兵. 乡村教师专业发展内生动力的生成及培育 [J]. 教育研究与实验，2021（5）：79-83.

[127] 谢安邦. 教师教育一体化改革的理论探讨 [J]. 高等师范教育研究，1997（5）：5-8.

[128] 吴一凡，陈立，李春香. 教师教育一体化的影响因子及其关系研究：以海南师范大学为例 [J]. 继续教育研究，2008（6）：85-87.

[129] 王永颜，徐莉. 顶岗实习支教：教师教育一体化建设的突破口 [J]. 河北师范大学学报（教育科学版），2010（10）：124-128.

[130] 陈大兴. 城乡基础教育一体化的文化冲突与藩篱 [J]. 教育研究与评论（中学教育教学），2012（1）：91-92.

[131] 张旺. 城乡教育一体化：教育公平的时代诉求 [J]. 教育研究，2012（8）：13-18.

[132] 王克勤. 论城乡教育一体化 [J]. 普教研究，1995（1）：6-8.

[133] 翟博. 教育均衡发展：现代教育发展的新境界 [J]. 教育研究，2002（2）：8-10.

[134] 管培俊. 积极推进实习支教，提高教师培养质量和农村教育

水平 [J]. 人民教育，2006（Z3）：10-12.

[135] 易连云，卜越威. 探索与实施“顶岗实习支教”模式 促进农村中小学师资更新 [J]. 西南大学学报，2007（6）：113-117.

[136] 朱旭东. 论“国培计划”的价值 [J]. 教师教育研究，2010（6）：3-8.

[137] 杨小微. 探析区域义务教育优质均衡发展的新机制 [J]. 教育发展研究，2014（25）：1-9.

[138] 范先佐. 义务教育均衡发展与农村教育难点问题的破解 [J]. 华中师范大学学报，2013（2）：148-157.

[139] 朱家存. 论我国义务教育发展不均衡的成因及其矫正对策 [J]. 教育理论与实践，2003（23）：16-19.

[140] 吴春霞. 中国城乡义务教育经费差距演变与影响因素研究 [J]. 教育科学，2007（6）：1-5.

[141] 李鹏，朱德全. 义务教育学校标准化建设：进程问题与反思：基于 2010 年—2014 年全国义务教育办学条件数据的测度分析 [J]. 清华大学教育研究，2016（1）：110-117

[142] 别敦荣，陈廷柱，刘旭，等. “十五”规划应当重视解决农村教育问题 [J]. 教育发展研究，2000（8）：26-28.

[143] 郝文武. 价值理性、工具理性视角观照下的农村教育问题 [J]. 陕西师范大学学报（哲学社会科学版），2005（4）：107-112.

[144] 庞丽娟. 加强城乡教师流动的制度化建设 [J]. 教育研究，2006（5）：6-7.

[145] 刘畅. 教育部长袁贵仁：保证农村师资的关键是教师“下得去、留得住” [J]. 人民教育，2012（23）：37.

[146] 李长伟. 从实践哲学的角度透析近代教育学的分裂 [J]. 华东师范大学学报（教育科学版），2006（9）：21-29.

[147] 鲁洁. 教育：人之自我建构的实践活动 [J]. 教育研究，1998（9）：13-18.

[148] 姜勇. 论教育学的“实践”品性 [J]. 教育理论与实践，

2008 (8)：7-10.

[149] 刘朝锋. 理论与实践融合的职前教师教育模式研究：以美国恩伯利亚州立大学教师学院为中心 [J]. 外国教育研究，2014 (8)：94-99.

[150] 刘小强，蒋喜峰. 教师教育改革走向何方 [J]. 高等教育研究，2015 (1)：24-33.

[151] 戴伟芬. 职前教师教育理论与实践融合的第三空间研究 [J]. 教育研究，2014 (7)：94-100.

[152] 刘奔. 从历史观的高度研究哲学价值论 [J]. 求是学刊，2000 (6)：8-10.

[153] 李薇. 全球教育改革：国际化·区域化·本土化：第五届世界比较教育论坛综述 [J]. 世界教育信息，2015 (11)：3-7.

[154] 周利敏. "全球地域化"思想及对区域发展的意义 [J]. 人文地理，2011 (1)：24-28.

[155] 周利敏. 从"全球化""本土化"到"全球地域化"：课程教育研究的范式转型 [J]. 现代大学教育，2010 (5)：101-106.

[156] 衣俊卿. 现代性的维度及其当代命运 [J]. 中国社会科学，2004 (4)：13-21.

[157] 陈忠. 发展伦理、和谐世界与可选择的现代性 [J]. 马克思主义研究，2008 (11)：49-54.

[158] 瓦雷斯. 不同民族群体的文化发展：从人类学的角度探索教育 [J]. 国际社会科学，1986 (5)：67-83.

[159] 朱春艳，陈凡. 技术批判视野下的现代性问题探究：安德鲁·费恩伯格的"可选择的现代性"理论分析 [J]. 科学技术哲学研究，2010 (5)：72-76.

[160] 余进利. 教育变革：从理性—结构范式到战略—系统范式 [J]. 全球教育展望，2007 (11)：5.

[161] 何齐宗，周益发. 教育变革的新探索：迈克尔·富兰的教育变革思想述评 [J]. 教育研究，2009 (9)：86-91.

[162] 刘维民，何爽．组织支持研究进展综述 [J]．社会心理科学，2009 (5)：49-53.

[163] 刘国艳．基础教育变革中的教师及其发展 [J]．教育研究与实验，2006 (4)：50-54.

[164] 张景斌．大学与中小学的伙伴协作：动因、经验与反思 [J]．教育研究，2008 (3)：86.

[165] 吴康宁．从利益联合到文化融合：走向大学与中小学的深度合作 [J]．南京师范大学学报（社会科学版），2010 (5)：5-9.

[166] 卢乃桂，王夫艳．教育变革中的教师专业身份及其建构 [J]．比较教育研究，2009 (12)：20-23.

[167] 四川省教育厅《习近平总书记关于扶贫工作重要论述指引下的凉山深贫彝区教育助力乡村振兴路径研究》课题组．教育助力凉山深贫彝区乡村振兴 [J]．四川教育，2020 (Z3)：6-8.

[168] 赵岩．十年行动 利在千秋：四川省实施《民族地区教育发展十年行动计划》纪实 [J]．中国民族教育，2010 (9)：15-17.

[169] 汪健．西部民族教育向纵深挺进：解读《民族地区教育发展十年行动计划（2011—2020 年）》[J]．中国西部，2011 (9)：71-81.

[170] 孟凡丽．论少数民族地区跨文化教师的培养 [J]．教师教育研究，2007 (3)：12-16.

[171] 巴斯．族群与边界 [J]．高崇，译．广西民族学院学报，1999 (1)：19.

[172] 季诚钧，肖美良．中外学校组织文化研究之比较 [J]．教育研究，2006 (3)：83-86.

[173] 李文娟．霍夫斯泰德文化维度与跨文化研究 [J]．社会科学，2009 (12)：126-129.

[174] 王华荣．构建教师教育全程实践教学体系的探索 [J]．中国大学教育，2010 (4)：87-89.

[175] 马敏，王坤庆，王继新．“三结合整合式”教学模式探索：《中国近代史纲要》课程教学改革的理论与实践 [J]．教育研究，2009

(3)：103-106.

[176] 张俭民，董泽芳. 大学生评教如何从失真到归真：基于巴纳德社会系统理论的视角 [J]. 教育发展研究，2014 (19)：26-31.

[177] 曾天山. 教育综合改革的现实意义和实践路径 [J]. 教育研究，2014 (2)：4-12.

[178] 田慧生. 落实立德树人根本任务 全面深化课程教学改革 [J]. 课程教材教法，2015 (1)：3-8.

[179] 涂端午，魏巍. 什么是好的教育政策 [J]. 教育研究，2014 (1)：47-53.

[180] 宁虹，刘秀江. 教师发展学校的理念与探索 [J]. 人民教育，2003 (23)：16-17.

[181] 王长纯. 建设教师发展学校的基本思想 [J]. 中小学教师培训，2002 (5)：12-14.

[182] 邬志辉. 城乡教育一体化：问题形态与制度突破 [J]. 教育研究，2012 (8)：19-24.

[183] 李茂荣. 实践共同体概念的转化与反思：基于文本的分析 [J]. 教育学术月刊，2015 (7)：27-34.

[184] 邹文广，崔唯航. 论海德格尔"建构生成"的思维方式 [J]. 社会科学战线，2001 (5)：66-70.

[185] 杨甲睿，张洁. U-S 协作型专业学习共同体：国外教师专业化发展的新路径 [J]. 高教探索，2013 (2)：134-139.

[186] 张景斌，蔡春. 教师教育中的合作共同体建设 [J]. 教育科学研究，2012 (1)：24-27.

[187] 朱桂琴，陈娜. U-G-S 教师教育合作共同体的建构：戴维·伯姆对话理论的视角 [J]. 教育发展研究，2015 (18)：80-84.

[188] 陈晓端，龙宝新. 教师专业学习共同体的实践基模及其本土化培育 [J]. 课程·教材·教法，2012 (1)：106-114.

[189] 杨甲睿，黄甫全. 院校协作的互惠原理 [J]. 教育发展研究，2013 (4)：48-53.

[190] 钟启泉. 研究性学习：“课程文化”的革命 [J]. 教育研究，2003 (5)：71-76.

(三) 网络文献

[1] 旬况. 荀子·致士 [EB/OL]. (2022-07-24) [2017-07-28]. https://www.liuxue86.com/a/3337561.html.

[2] 中共中央，国务院. 关于全面深化新时代教师队伍建设改革的意见 [EB/OL]. (2018-01-20) [2022-08-08]. http://www.moe.gov.cn/srcsite/A10/s3735/202009/t20200903_484941.html.

[3] 教育部. 关于大力推进城镇教师支持农村教育工作的意见 [EB/OL]. (2006-02-26) [2014-08-18]. http://www.moe.gov.cn/srcsite/A10/s7058/200602/t20060226_81598.html.

[4] 教育部. 关于大力推进师范生实习支教工作的意见 [EB/OL]. (2007-07-05) [2014-08-18]. http://www.moe.gov.cn/srcsite/A10/s7011/200707/t20070705_145953.html.

[5] 国务院. 关于基础教育改革与发展的决定 [EB/OL]. (2006-10-13) [2014-05-08]. http://www.gov.cn/ztzl/nmg/content_412402.htm.

[6] 胡锦涛. 胡锦涛在中国共产党第十八次全国代表大会上的报告 [R/OL]. (2012-11-18) [2022-08-16]. http://cpc.people.com.cn/n/2012/1118/c64094-19612151.html.

[7] 教育部. 国家中长期教育改革和发展规划纲要（2010—2020年）[EB/OL]. (2010-07-29) [2014-05-08]. http://www.moe.edu.cn/srcsite/A01/s7048/201007/t20100729_171904.html.

[8] 教育部. 国家教育事业发展第十二个五年规划 [EB/OL]. (2012-06-14) [2014-05-08]. http://www.moe.gov.cn/srcsite/A03/moe_1892/moe_630/201206/t20120614_139702.html.

[9] 教育部. 关于大力推进教师教育课程改革的意见 [EB/OL]. (2011-10-08) [2014-05-08]. http://www.moe.gov.cn/srcsite/A10/

s6991/201110/t20111008_145604. html.

[10] 教育部. 关于加强师范生教育实践的意见 [EB/OL]. (2016-03-21)[2022-08-07]. http://www. moe. gov. cn/srcsite/A10/s7011/201604/t20160407_237042. html.

[11] 国务院. 关于加强教师队伍建设的意见 [EB/OL]. (2012-09-07)[2022-08-08]. http://www. gov. cn/zhengce/content/2012-09/07/content_5390. htm.

[12] 中共中央，国务院. 关于全面深化新时代教师队伍建设改革的意见 [EB/OL]. (2018-01-20)[2022-08-08]. http://www. moe. gov. cn/srcsite/A10/s3735/202009/t20200903_484941. html.

[13] 教育部等八部委. 关于印发《新时代基础教育强师计划》的通知 [EB/OL]. (2022-04-11)[2022-08-08]. http://www. moe. gov. cn/srcsite/A10/s7034/202204/t20220413_616644. html.

[14] 教育部等六部门. 关于加强新时代乡村教师队伍建设的意见 [EB/OL]. (2020-08-28)[2022-08-08]. http://www. moe. gov. cn/srcsite/A10/s3735/202009/t20200903_484941. html.

[15] 教育部，财政部，人事部，等. 关于实施农村义务教育阶段学校教师特设岗位计划的通知 [EB/OL]. (2006-05-15)[2022-08-08]. http://www. moe. gov. cn/srcsite/A10/s7058/200605/t20060515 _ 81624. html.

[16] 中共中央关于推进农村改革发展若干重大问题的决定（2008 年 10 月 12 日中国共产党第十七届中央委员会第三次全体会议通过）[EB/OL]. (2008-10-31)[2022-08-08]. http://www. gov. cn/test/2008-10/31/content_1136796. htm.

[17] 国务院办公厅. 关于印发乡村教师支持计划（2015—2020 年）的通知 [EB/OL]. (2015-06-08)[2022-08-08]. http://www. moe. gov. cn/jyb_xwfb/xw_zt/moe_357/jyzt_2017nztzl/ztzl_xyncs/ztzl_xy_zcfg/201701/t20170117_295043. html.

[18] 教育部. 对十二届全国人大四次会议第 6043 号建议的答复

[EB/OL]. (2017-01-16)[2022-08-08]. http://www. moe. gov. cn/jyb_xxgk/xxgk_jyta/jyta_jiaoshisi/201701/t20170116_294923. html.

[19] 教育部. 教育部 2001 年工作要点 [EB/OL]. (2001-01-22)[2022-08-08]. http://www. moe. edu. cn/publicfiles/business/htmlfiles/moe/moe_164/200408/3418. html.

[20] 国务院. 关于基础教育改革与发展的决定 [EB/OL]. (2006-10-13)[2014-05-08]. http://www. gov. cn/ztzl/nmg/content_412402. htm.

[21] 教育部. 关于“十五”期间教师教育改革与发展的意见 [EB/OL]. (2002-03-01)[2022-08-09]. http://www. moe. gov. cn/srcsite/A10/s7058/200203/t20020301_162696. html.

[22] 教育部. 教育部工作要点 (2004) [EB/OL]. (2004-01-01)[2014-06-15]. http://www. moe. edu. cn/publicfiles/business/htmlfiles/moe/moe_164/index. html.

[23] 国务院. 关于统筹推进县域内城乡义务教育一体化改革发展的若干意见 [EB/OL]. (2016-07-11)[2022-08-09]. http://www. gov. cn/xinwen/2016-07/11/content_5090312. htm.

[24] 国务院. 国务院批转教育部 2003—2007 年教育振兴行动计划的通知 [EB/OL]. (2008-03-28)[2022-08-09]. http://www. gov. cn/zhengce/content/2008-03/28/content_5687. htm.

[25] 教育部办公厅. 财政部办公厅关于做好 2013 年“国培计划”实施工作的通知 [EB/OL]. (2013-04-01)[2015-08-09]. http://www. moe. gov. cn/srcsite/A10/s7034/201304/t20130411_150803.

[26] 农村教师培训：农村基础教育的“阿喀琉斯之踵” [EB/OL]. (2014-11-01)[2021-08-22]. http://m. 21jingji. com/article/20141101/7b360f95a437fc0bcd993f89fe175ee2. html.

[27] 教育部师范生免费教育工作座谈会在沪举行：高质量高水平培养未来名师 [EB/OL]. (2014-10-22)[2015-01-23]. http://www. moe. gov. cn/publicfiles/business/htmlfiles/moe/moe_536/201410/177499.

html.

［28］进一步完善好实施好师范生免费教育：教育部党组召开会议学习贯彻温家宝总理在首届免费师范生毕业典礼上重要讲话精神［EB/OL］.（2014-11-01）［2021-08-22］. http://www. moe. gov. cn/publicfiles/business/htmlfiles/moe/s5987/201112/128381. html.

［29］教育部办公厅，财政部办公厅. 关于做好 2013 年“国培计划”实施工作的通知［EB/OL］.（2013-04-11）［2015-07-16］. http://www. moe. gov. cn/srcsite/A10/s7034/201304/t20130411_150803. html.

［30］国务院. 中华人民共和国乡村振兴促进法（2021 年 4 月 29 日第十三届全国人民代表大会常务委员会第十八次会议通过）［EB/OL］.（2021-04-30）［2022-08-10］. http://www. gov. cn/xinwen/2021-04/30/content_5604050. htm.

［31］全国人大. 中华人民共和国教师法（1993 年 10 月 31 日第八届全国人民代表大会常务委员会通过）［EB/OL］.（2005-05-05）［2015-07-10］. http://www. gov. cn/banshi/2005-05/25/content_937. htm.

［32］北京南山华德福：有爱与自由，学校却遭遇一场危机［EB/OL］.（2015-10-28）［2016-05-10］. http://news. m4. cn/2015-10/1290533. shtml.

［33］习近平. 全面贯彻党的十八届五中全会精神 依靠改革为科学发展提供持续动力［EB/OL］.（2015-12-09）［2022-08-16］. https://news. 12371. cn/2015/12/09/ARTI1449657713606273. shtml.

［34］林凌，梁现瑞，侯冲.《关于精准施策综合帮扶凉山州全面打赢脱贫攻坚战的意见》解读⑥：汇聚合力 决战脱贫攻坚不胜不休［EB/OL］.（2018-07-16）［2022-01-12］. https://cbgc. scol. com. cn/home/86182.

［35］凉山州人民政府. 五彩凉山［EB/OL］.（2021-08-20）［2022-01-12］. http://www. lsz. gov. cn/wcls/lsgk/lsgk_21388/202007/t20200709_1644995. html.

［36］凉山州统计局综合科. 凉山州 2020 年国民经济和社会发展统

计公报［EB/OL］.（2021-05-06）［2022-08-21］. http://tjj. lsz. gov. cn/sjfb/lstjgb/202105/t20210506_1899812. html.

［37］四川省教育厅. 四川省“四个三”推进彝区教育发展［EB/OL］.（2015-11-10）［2022-01-12］. https://www. sc. gov. cn/10462/10464/10465/10574/2015/11/10/10358325. shtml.

［38］吴浩，江芸涵.《关于精准施策综合帮扶凉山州全面打赢脱贫攻坚战的意见》解读②［EB/OL］.（2018-06-27）［2022-01-12］. http://www. sc. gov. cn/10462/10778/10876/2018/6/27/10453957. shtml.

［39］四川省教育厅. 教育厅实施师范生顶岗实习支教计划缓解凉山州基础教育师资不足问题［EB/OL］.（2019-10-29）［2022-01-15］. http://edu. sc. gov. cn/scedu/c100578/2019/10/29/165af04ce97a4b2380768 a5056e13a12. shtml.

［40］四川省教育厅. 我省第二批1824名师范生到凉山州深贫县顶岗实习支教工作顺利开展［EB/OL］.（2020-07-02）［2022-01-15］. http://edu. sc. gov. cn/scedu/c100494/2020/7/2/1833520410fe4a84bde2d31d4e9ace49. shtml.

［41］四川省教育厅. 教育厅启动精准帮扶工程“一对一”提升凉山州未摘帽县教育质量［EB/OL］.（2020-06-30）［2022-01-15］. http://edu. sc. gov. cn/scedu/c100494/2020/6/30/83cbae2a4fb04e5da766bcd0f14e52ac. shtml.

［42］四川省教育厅“一对一”精准帮扶工程获国培专家高度评价［EB/OL］.（2020-07-31）［2022-01-16］. http://edu. sc. gov. cn/scedu/c100494/2020/7/31/2302a94c9d2a4b92831b7a2670904a67. shtml.

［43］内江师范学院“学校要闻”：我校协同教育部专家组赴越西开展精准帮扶会诊活动［EB/OL］.（2020-09-14）［2022-01-16］. http://www. njtc. edu. cn/content-1537a97437044b02b2bacc62d47f4582-52a930057470a2c201748c7371920d24. html.

［44］联合国教科文组织. 保护和促进文化表现形式多样性公约［EB/OL］.（2005-10-21）［2016-08-16］. http://www. moe. gov. cn/

srcsite/A23/jkwzz_other/200510/t20051021_81305. html.

［45］教育部. 关于全面深化课程改革 落实立德树人根本任务的意见［EB/OL］. (2014-04-08)［2015-10-12］. http://www. moe. gov. cn/srcsite/A26/jcj_kcjcgh/201404/t20140408_167226. html.

（四）学位论文

［1］马敏. PCK论［D］. 上海：华东师范大学，2012：129.

［2］朱桂琴. 教师的实践性格［D］. 武汉：华中师范大学，2009：3.

［3］朱桂琴. 教师的实践性格［D］. 武汉：华中师范大学，2009：14.

［4］张金英. 城乡教育一体化的动力机制及战略研究［D］. 天津：天津大学，2010：90-91.

［5］张金英. 城乡教育一体化的动力机制及战略研究［D］. 天津：天津大学，2010：98-102.

［6］杨秀玉. 教育实习：理论研究与对英国实践的反思［D］. 长春：东北师范大学，2010：4.

［7］郭璇. 少数民族地区义务教育阶段标准化学校建设的问题研究：来自南疆尼勒克县的个案研究［D］. 长春：东北师范大学，2006：3.

［8］翟艳芳. 全球教育的理念与实践［D］. 武汉：华中科技大学，2010：31.

［9］杨秀玉. 教育实习：理论研究与对英国实践的反思［D］. 长春：东北师范大学，2010：7.

［10］杨秀玉. 教育实习：理论研究与对英国实践的反思［D］. 长春：东北师范大学，2010：7-27.

［11］曹俊军. 反思与构想：我国基础教育新课程改革研究［D］. 长沙：湖南师范大学，2008：59.

［12］满忠坤. 民生改善视域下民族地区义务教育质量优化研究：基于贵州侗族和凉山彝族的比较分析［D］. 重庆：西南大学，2015：

144-154.

[13] 李丽娜. 文化多样性视域下我国少数民族文化建设研究[D]. 沈阳：辽宁大学，2014：16.

[14] 李晨彦. 组织文化对组织效能影响的实证研究 [D]. 上海：华东师范大学，2005：13-15.

[15] 武云斐. 合作 共生 共赢：大学与中小学合作变革的内生逻辑研究 [D]. 上海：华东师范大学，2012：162.

[16] 黄迪皋. 从外推走向内生：新中国中小学教研制度研究[D]. 长沙：湖南师范大学，2011：159-164.

[17] 贺美玲. U-G-S 协同的卓越教师培养模式研究 [D]. 南京：江苏大学，2015：45-47.

[18] 张翔. 教师教育 U-S 共生性合作问题研究 [D]. 重庆：西南大学，2012：107.

（五）其他文献

[1] 瞿葆奎. 教育学文集：教师 [C]. 北京：人民教育出版社，1991：15-22.

[2] 高平叔. 蔡元培教育论著选 [C]. 北京：人民教育出版社，1991：329.

[3] 周国华，华巧红. “海宁模式”：义务教育均衡发展的新试验[C]. 南昌：教育管理学 2011 年年会会议论文集，2011：153-157.

[4] 波依尔. 学术水平反思 [C]. 国家教育发展研究中心. 发达国家教育改革的动向和趋势：第五集. 北京：人民教育出版社，1994：23.

[5] 教育部师范教育司. 加强与改革教师教育服务基础教育：教师教育文件、经验材料选编 2006 年卷 [C]. 北京：高等教育出版社，2006：28.

[6] 顾明远. 教育大辞典合编本 [Z]. 上海：上海教育出版社，2009：3331.

[7] 夏征农，陈至立. 辞海：第六版 [Z]. 北京：商务印书馆，2009：1817.

[8] MASTERMAN. The nature of paradigm [C]. Imre lakatos and alan musgrave criticism and the growth of knowledge：Volume 4. London：Cambridge，A. University Press，1970：278-282.

[9] WILSON B W，COLE P. Cognitive teaching models [A]. JONASSEN D. H. Handbook of research for educational communication and technology [M]. New York：Macmillan，1996：601-621.

[10] GRIFFIN G. Introduction：the work of staff develop-men [G] // Staff development：eighty- second yearbook of the national society for the study of education. Chicago：The University of Chicago Press，1983：2.

[11] CONNELLY F M，CLANDININ D J. Personal practical knowledge and the modes of Knowing [A]. Eighty-fourth yearbook of the national society for the study of education，Part 2 [C]. Chicago：University of Chicago Press，1985：174-198.

[12] 北京大学哲学系外国哲学史教研室. 西方哲学原著选读（下卷）[C]. 北京：商务印书馆，1982：300- 301.

[13] 黄蓉生. 缙云风：西南大学校报优秀作品及媒体报道精选（2005—2010）[C]. 光明日报出版社，2011：25.

[14]《中国教育年鉴》编辑部. 中国教育年鉴（2013）[Z]. 北京：人民教育出版社，2014：280.

[15] 石中英. 守住规律才能找到教育活力的密码 [N]. 中国教育报（手机公众号“第一缕阳光”），2017-05-02.

[16] 民族文化与全球化研讨会. 世界文化多样性宣言 [C]. 民族学通讯，2003（138）：12-14.